U0687924

高等职业教育教材

煤 化 学

薛彩霞 主 编
赵艳芳 陆津津 副主编

化学工业出版社
·北 京·

内容简介

《煤化学》介绍了世界能源和煤炭利用情况，系统阐述了煤的生成及外表特征，煤的有机质结构，煤的一般性质包括物理性质、固态胶体性质、化学性质、工艺性质，煤质分析及评价，煤的分类，煤炭的综合利用等内容，并附有煤质分析实验。教材重视实际操作能力的培养，兼具基础性和实用性。

本书可作为高等职业教育煤化工技术专业、煤炭清洁利用工程专业以及其他煤化工相关专业的教材，也可供从事煤化工生产和管理的工程技术人员参考。

图书在版编目（CIP）数据

煤化学 / 薛彩霞主编；赵艳芳，陆津津副主编.
北京：化学工业出版社，2025. 7. --（高等职业教育教材）. -- ISBN 978-7-122-48406-2

I. TQ530

中国国家版本馆 CIP 数据核字第 20250VK129 号

责任编辑：王海燕　　　　　文字编辑：夏　慧　师明远
责任校对：王鹏飞　　　　　装帧设计：刘丽华

出版发行：化学工业出版社
　　　　　（北京市东城区青年湖南街 13 号　邮政编码 100011）
印　　装：北京云浩印刷有限责任公司
787mm×1092mm　1/16　印张 18½　字数 454 千字
2025 年 9 月北京第 1 版第 1 次印刷

购书咨询：010-64518888　　　售后服务：010-64518899
网　　址：http://www.cip.com.cn
凡购买本书，如有缺损质量问题，本社销售中心负责调换。

定　　价：49.90 元　　　　　　　　　版权所有　违者必究

前言

在新时代职业教育改革发展的浪潮中，煤炭清洁高效利用已成为实现"双碳"战略目标的重要支撑。本教材积极响应《国家职业教育改革实施方案》要求，紧密对接煤化工产业转型升级对高素质技术技能人才的需求，通过职业岗位工作任务的分析，以职业岗位工作过程知识、能力与素质的要求来重构教材内容，兼顾应用理论和应用实践的比例。

教材编写团队立足产教融合、校企合作理念，联合中煤鄂尔多斯能源化工有限公司等企业专家共同编撰。编写过程中严格遵循教育部发布的专业教学标准，参照煤质分析工、煤制气工等国家职业资格标准，将行业新技术、新工艺、新规范有机融入教学内容。

全书共分七章和实验部分，介绍了世界能源和煤炭利用情况，系统阐述了煤的生成及外表特征，煤的有机质结构，煤的性质包括物理性质、固态胶体性质、化学性质、工艺性质，煤质分析及评价，煤的分类，煤炭的综合利用等内容，并附有煤质分析实验。为帮助学生理解重难点内容，配套了 20 多个二维码数字资源。全书注重理论联系实际，突出学生实际操作能力的培养，兼具基础性和实用性。

本书由内蒙古化工职业学院薛彩霞任主编，内蒙古化工职业学院赵艳芳、陆津津任副主编，中煤鄂尔多斯能源化工有限公司高晓春参编。具体编写分工如下：绪论由薛彩霞和高晓春编写；第一章由薛彩霞和赵艳芳共同编写；第二章、第四章及附录由赵艳芳编写；第三章由薛彩霞编写；第五章和第六章由陆津津编写。全书由薛彩霞统稿，内蒙古化工职业学院李继萍教授主审。

在教材编写过程中得到了编者单位领导和化学工业出版社的帮助与支持，在此一并表示衷心感谢。

本教材适用于高等职业院校煤化工技术专业、煤炭清洁利用工程专业以及其他煤化工相关专业，还可供普通高等学校化学工程与工艺（煤化工方向）等相关专业使用和企业技术人员参考。

由于编者水平和能力所限，书中不妥之处恳请读者指正，以便今后修改完善。

编者
2025 年 1 月

目录

2 第二章
煤的有机质结构 // 038

3 第三章
煤的一般性质 // 061

第四章
煤质分析及评价 // 127

第五章
煤的分类　// 198

6

第六章
煤炭的综合利用 // 216

附录　煤质分析实验 // 241

配套二维码资源目录

绪论

本章学习目标

本章学习目标

1. 知识目标
① 了解世界能源概况及煤炭的现状及特点；
② 了解我国能源概况及煤炭的现状及特点；
③ 了解能源的分类及特点；
④ 明确中国能源利用的指导思想，煤的发展、特点及应用；
⑤ 了解煤炭在煤炭加工领域的应用。
2. 能力目标
① 能够根据能源的分类及定义准确划分各种能源属类；
② 能够根据中国煤炭的特点指导煤炭的应用；
③ 能够判断世界煤炭的特点及应用方向；
④ 能够利用煤化学的知识指导煤炭的工业应用；
⑤ 能够分析煤炭利用存在的环境问题；
⑥ 培养爱国、低碳、环保、节能的意识。

本章思维导图

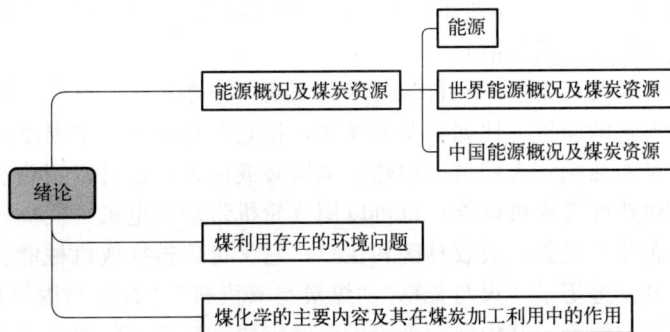

煤（coal），又名煤炭，是由一定地质年代生长的繁茂植物，在适宜的地质环境中，经过漫长地质年代及复杂的化学和物理变化逐渐形成的固体可燃性矿物质。主要组成为碳、氢、氮、氧、硫等元素及无机矿物质。通常存在于煤床或煤层的岩石地层中或矿脉中。根据煤化程度不同，分为泥煤、褐煤、烟煤、无烟煤。

煤炭是古代植物埋藏在地下经历了复杂的生物化学和物理化学变化逐渐形成的固体可燃性矿物，因为全身乌黑，所以古人称它为"乌金石"，煤的形成是大自然的造化。中国是世界上开发利用煤最早的国家。古人刚发现煤炭时，不是用它来生火，而是以它为墨写字，据说"煤"字的读音就是"墨"字演变来的。后来，有人发现它与木炭的形态很相像，就试着把它与木炭一同放进火里烧，果然，黑石头烧红了，而且比普通木炭烧得更猛烈，烧得更持久。从此，人们就挖掘煤炭来代替木炭生火。上古时期的百科全书《山海经》中称煤为"石涅"，并记载了几处"石涅"产地，经考证都是现今煤田的所在地，例如书中所指"女床之山"，在华阴西六百里，相当于现今渭北煤田麟游、永寿一带；"女几之山"在今四川双流和什邡煤田分布区域内。在汉代的一些史料中，有现今河南登封、洛阳等地采煤的记载。当时煤不仅当作柴烧，而且成了煮盐、炼铁的燃料，现如今河南巩义市还能见到当时用煤饼炼铁的遗迹。汉朝以后，煤被称为"石墨"或"石炭"。可见中国劳动人民不仅有悠久的用煤历史，而且积累了丰富的找煤经验和煤田地质知识，在现代地质学诞生之前，就已经创造出在当时具有一定水平的煤田地质科学技术。

希腊和古罗马也是用煤较早的国家，希腊学者泰奥弗拉斯托斯在公元前约 300 年著有《石史》，其中记载有煤的性质和产地；古罗马大约在 2000 年前已开始用煤加热。

欧洲人用煤的历史比中国晚得多。元朝时，来中国旅行的意大利人马可·波罗，回国后在所写的一部《游记》中描写道：中国有一种黑石头，像木柴一样能够燃烧，火力比木柴强，从晚上燃到第二天早上还不熄灭，价钱比木柴便宜。于是欧洲人把煤当作奇闻来传颂。

地球上化石燃料的地质总储量中，煤炭约占 80%，是能源世界的主将，它被誉为"工业的食粮"。

一、能源概况及煤炭资源

1. 能源

"能源"即能量的来源，能源的科学定义是指能为人类利用并可获得能量的资源。能源按来源可分为来自太阳的能量（如太阳光热辐射能、煤炭、石油等）、来自地球本身的能量（如地下热水、地下蒸汽、地壳内铀和钍等核燃料所蕴藏的原子核能）、月球和太阳等天体对地球的引力产生的能量（如潮汐能）。

能源的范围随着人类社会生产和科学技术的发展而不断扩大。它在一定条件下可以转换为人们所需的某种形式的能量。比如薪柴和煤炭，把它们加热到一定温度，就能和空气中的氧气反应并放出大量的热能。人们可以用热能来取暖或做饭；也可以用热能来产生蒸汽，用蒸汽推动汽轮机，使热能变成机械能；也可以用汽轮机带动发电机，使机械能变成电能；如果把电送到工厂、企业、机关、农牧林区和住户，它又可以转换成机械能、光能或热能。

人类对能源的利用经历了"火与柴草""煤炭与蒸汽机""石油与内燃机""新能源与可持续发展"四个阶段的演变，其中前三个阶段已经完成，第四个阶段正在发生与演变。在世界能源利用总量不断增长的同时，能源结构也在不断变化。每一次能源时代的变迁，都伴随着生产力的巨大飞跃，极大地推动了人类经济社会的快速发展。

从以柴草为主的能源时期一直到 18 世纪以前的数千年中，生产力的发展相对低下。到了 18 世纪，煤的开采、蒸汽机的应用开辟了资本主义的第一次产业革命。19 世纪 70 年代，电能的利用实现了资本主义的工业化，人类才有了现代的物质文明。到了 20 世纪 50 年代，以石油为主的能源时代来临了，不少国家依靠石油实现了现代化。目前世界能源发展正处于重要时代，化石能源耗竭的危险日益临近。2008 年以来，国际金融危机给世界经济造成的深层次影响错综复杂，远未消除。国际石油消耗迅速，能源危机时代已经来临。面对新形势，各国将目光转向新能源，这给新能源的开发利用注入了动力，人类将迎来"新能源的春天"。

为了便于研究，人们从不同的角度对能源做了分类。

① 按照能源的生成方式划分，可分为一次能源和二次能源。一次能源也叫初级能源，是自然界现已存在，可以直接使用而不改变其基本形态的能源，如煤炭、石油、天然气、水力、太阳辐射等。二次能源也叫次级能源，是指由一次能源加工转换而得到的产品能源，如电能、汽油、沼气、火药、酒精等。

② 按照能源的形成和再生性划分，可分为可再生能源和不可再生能源。可再生能源一般指不会随人类的开发利用而递减的能源，即能够重复产生的自然能源，如水力、潮汐、太阳辐射、风力、地热等。不可再生能源指经过漫长的地质年代生成，一旦使用，在短期难以再生成的能源，如化石燃料、核燃料。

③ 按照能源的利用历史和使用状况划分，可分为常规能源和新能源。常规能源指在一定历史时期和科学技术水平下，已经被人们广泛应用的能源。在当今，水力、煤炭、石油、天然气、核裂变材料均属常规能源。新能源指随着科学技术进步新发现的能源资源或利用先进技术新开发的能源产品；过去曾被利用过而现在又以新的方式利用的能源也属于新能源。前者如太阳能、地热能、海洋能、沼气（生物质能）等；后者如风能，人类早在柴草能源时期就广泛利用风力带动风车汲水、推磨碾米，后来被电动机所代替，之后利用风力发电，风能重新引起人们的重视，所以风能是一种"古老的"新能源。然而，常规能源和新能源是相对的概念，在不同的历史时期和不同的科学技术水平条件下，其范围是不同的。18 世纪末，蒸汽机刚开始使用时，煤炭曾是那时的新能源，而现在煤炭却已是常规能源了。20 世纪 50 年代，核能刚被利用，被人们称为新能源，随着科学技术的进步，现在全球已建立了 300 多座核能发电站，工业发达国家已把核能看成是常规能源，但发展中国家仍把它看作新能源。

④ 按照能源使用方式划分，可分为燃料性能源和非燃料性能源。燃料性能源指通过直接燃烧而产生能量的能源，如矿物燃料、生物燃料、核燃料等。非燃料性能源指不需通过燃烧就可获得能量的能源，如风能、水能、潮汐能、地热能、太阳能等。

⑤ 根据能源使用过程中对环境污染的情况，还可把它分为清洁性能源和污染性能源。前者如太阳能、水能和海洋能等，后者如煤炭、石油、裂变核燃料等。

2. 世界能源概况及煤炭资源

我们所处的时代堪称"能源时代"，人们从来没有像今天这样重视能源，世界能源形势的热点问题更是举世瞩目。人类的发展史就是能源的开发利用史，能源的不断发展加快了人类改造自然的速度，人类迫切地改造自然又迫使能源不断发展革新。

（1）世界能源构成

能源是工业的"粮食"，是国民经济发展的基础。世界能源结构以化石能源为主，未来化石能源在较长时期内将仍然是人类生存和发展的能源基础。目前全世界能源年总消费量约为 134 亿吨标准煤，其中石油、天然气、煤等化石能源占 85％，大部分电力也是依赖化石能源生产的，核能、太阳能、水力、风力、波浪能、潮汐能、地热等能源仅占 15％。化石能源价格比较低廉，开发利用的技术也比较成熟，并且已经系统化和标准化。虽然 20 世纪 70 年代发达国家遭受两次石油危机打击后，千方百计摆脱对石油的过度依赖，但是今后 20 多年，石油仍然是最主要的能源，全球需求量将以年均 1.9％的速度增长；煤仍然是电力生产的主要燃料，全球需求量将以每年 1.5％的速度增长。可见化石能源仍然是人类赖以生存和发展的能源基础。

世界能源储量最多的是太阳能，在可再生能源中占 99.44％，而水能、风能、地热能、生物能等占不到 1％。在不可再生能源中，利用海水中的氘资源产生的人造太阳能（聚变核能）几乎占 100％，煤炭、石油、天然气、裂变燃料加起来也不足千万分之一。所以，人类使用的能源归根到底要依靠太阳能，太阳能是人类永恒发展的能源保证。表 0-1 是 2022 年世界及主要国家和地区一次能源消费占比。

表 0-1   2022 年世界及主要国家和地区一次能源消费占比   单位:％

项目	石油	天然气	煤炭	核能	水能	其他可再生	非化石能源
世界	31.6	23.5	26.7	4.0	6.7	7.5	18.2
中国	17.7	8.5	55.5	2.4	7.7	8.3	18.4
俄罗斯	24.4	50.8	11.0	7.0	6.4	0.3	13.7
美国	37.7	33.1	10.3	7.6	2.5	8.8	18.9
日本	37.1	20.3	27.6	2.6	3.9	8.6	15.1
加拿大	30.2	31.0	2.8	5.5	26.4	4.2	36.1
法国	34.7	16.4	2.5	31.6	5.0	9.7	46.2
德国	34.6	22.6	18.9	2.5	1.3	19.9	23.7
英国	36.5	35.4	2.9	5.9	0.7	18.6	25.2
意大利	40.2	38.3	5.0	0.0	4.2	12.4	16.6
欧盟	38.0	21.2	12.0	9.4	4.5	14.8	28.7
OECD 国家	37.5	27.6	12.3	6.9	5.6	10.0	22.6

（2）世界煤炭资源概况

煤是一种能源燃料，从 18 世纪末的工业革命开始，随着蒸汽机的发明和使用，被广泛地用作工业生产的燃料，给社会带来了前所未有的巨大生产力，推动了工业向前发展，随之发展起煤炭、钢铁、化工、采矿、冶金等工业。煤炭热量高，标准煤的发热量为 7000kcal/kg。

世界煤炭资源地区分布广泛且具有不平衡性。全世界拥有煤炭资源的约有 80 个国家，共有大小煤田约 2400 个。古生代的石炭纪、二叠纪，中生代的侏罗纪，以及新生代的第三纪，是地质史上最主要的聚煤期。从煤炭资源的地区分布看，主要集中在北半球，北半球北纬 30°～70°之间是世界上最主要的聚煤带，占有世界煤炭资源量的 70％以上，尤其集中在北半球的中温带和亚寒带地区。

世界煤炭资源的地理分布，以两条巨大的聚煤带最为突出，一条横亘欧亚大陆，西起英国，向东经德国、波兰、前苏联，直到我国的华北地区；另一条呈东西向绵延于北美洲的中部，包括美国和加拿大的煤田。南半球的煤炭资源也主要分布在温带地区，煤炭资源比较丰富的有澳大利亚、南非和博茨瓦纳。

世界煤炭资源的地理分布特点，直接影响世界煤炭生产的地理分布。一般煤炭资源比较丰富而经济又比较发达的地区，也是煤炭产量较高的地区。从各大洲来看，欧洲、亚洲和北美洲三洲的煤炭产量约占世界总量的90%，其中欧洲就几乎占了一半。

截至2024年，全球煤炭探明储量主要集中在10个国家（表0-2），数据主要基于BP《世界能源统计年鉴》（2023年版）和美国能源信息署（EIA）的公开报告。

表0-2　2024年全球煤炭探明储量前10国家的探明储量（百万吨）及全球占比

排名	国家	探明储量/百万吨	全球占比
1	美国	248941	23.2%
2	俄罗斯	162166	15.1%
3	澳大利亚	150227	14.0%
4	中国	143197	13.3%
5	印度	111052	10.3%
6	德国	35900	3.3%
7	印度尼西亚	34869	3.2%
8	乌克兰	34375	3.2%
9	波兰	28395	2.6%
10	哈萨克斯坦	25605	2.4%

2025年，英国能源研究院（Energy Institute，EI）与毕马威（KPMG）、科尔尼（Kearney）联合发布的《世界能源统计年鉴2025》显示：

① 过去三年里，亚太地区的煤炭产量超过需求。2024年的过剩量创下纪录，产量超过需求的6%。

② 全球煤炭需求达到了创纪录的165艾焦耳，其中83%集中在亚太地区，中国占67%。

③ 尽管可再生能源投资持续创下新高，但煤炭在中国电力部门中仍然占据主导地位，2024年煤炭发电量占总发电量的58%。在欧洲，煤炭消费量下降了7%。历史上首次，煤炭对满足欧洲总能源需求的贡献低于核能。

④ 2024年，印度煤炭需求增长4%。与之相对应的是，自2007年以来一直在下降的经合组织国家的煤炭需求2024年下降了4%，而过去十年的年均下降率为6%。

⑤ 平均而言，全球煤炭价格继续下降，2024年比上年下降了约11%，而与2023年的历史最高点相比下降了52%。

煤炭的国际能源战略地位日益增强的主要原因是，亚洲地区的经济增长速度比世界其他地区要高，经济增长在很大程度上依赖于能源供应的增加。迄今为止，煤在亚洲许多国家和地区的能源结构中仍占有很重要的地位。在未来100年内，煤炭不可避免的仍将是一种主要能源。未来的任务是寻求更有效的、环境可接受的途径，使每吨煤发更多的电，并减少污染物的排放总量。煤炭的综合利用是今后的发展方向，现在世界各国正在执行清洁煤技术计划，这将是造福人类的伟大举措。

3. 中国能源概况及煤炭资源

（1）中国的能源构成

中国的能源构成呈现多元化发展趋势，但仍以化石能源为主，近年来清洁能源占比持续提升。截至 2023 年，来源于国家统计局、国家能源局、中国电力企业联合会等官方数据如下。

① 传统化石能源（主体部分）。煤炭占比约 55%（2023 年），仍是主导能源，但比重逐年下降，中国是全球最大煤炭生产国和消费国，年产量超 47 亿吨；石油占比约 18%，对外依存度高达 70% 以上，主要依赖进口；天然气占比约 9%，消费量快速增长，进口依存度约 40%。

② 清洁能源（快速增长）。可再生能源中水电占比约 15%，装机容量全球第一（约 4.2 亿千瓦）。风电的装机容量超 4 亿千瓦（全球占比超 40%），发电量占比约 9%；光伏的装机容量超 6 亿千瓦（全球占比超 38%），发电量占比约 5%；生物质能的占比不足 1%，但稳步发展。

③ 核电。核电占比约 5%，装机容量约 7000 万千瓦，在建规模全球第一。

2014～2023 年中国主要能源品种生产总量见表 0-3。

表 0-3　2014～2023 年中国主要能源品种生产总量

年份	原煤产量/亿吨	原油产量/万吨	天然气产量/亿立方米	发电量/亿千瓦时
2014	38.74	21142.90	1301.57	57944.57
2015	37.47	21455.58	1346.10	58145.73
2016	34.11	19968.52	1368.65	61331.60
2017	36.98	19150.61	1480.35	66044.47
2018	36.98	18932.42	1601.59	71661.33
2019	38.46	19162.83	1753.62	75034.28
2020	39.02	19476.86	1924.95	77790.60
2021	41.26	19888.11	2075.84	85342.48
2022	45.59	20472.24	2201.10	88487.12
2023	47.10	20902.60	2324.30	94564.40

数据来源：国家统计局。

国家统计局发布的《中华人民共和国 2024 年国民经济和社会发展统计公报》显示，2024 年全年一次能源生产总量 49.8 亿吨标准煤，全年能源消费总量 59.6 亿吨标准煤，煤炭消费量占能源消费总量比重为 53.2%。

（2）中国能源消费结构存在的主要问题

能源是国民经济的命脉，关系到经济社会正常运行和发展，关系到经济安全和国家安全，关系到生态环境，关系到广大人民的正常生活，更关系到子孙后代的生存与发展。能源安全直接影响到国家安全、可持续发展及社会稳定。

① 石油短缺与能源安全　对于石油这种不可再生能源，一旦石油能源安全出现问题，

后果将不堪设想。我国人口众多，且是发展中国家，经济和科技水平相对落后，能源发展面临巨大挑战，安全问题日益突出。

a. 石油已探明储量相对较少，人均占有量少　我国虽然地大物博，且拥有较为丰富的化石能源资源，但在这些能源中煤炭占主导地位，已探明的石油储量少之又少，加之我国人口数量庞大，人均占有量更是微不足道。

b. 石油进口来源地相对集中　我国石油进口来源国家主要集中在中东、非洲等地。而从世界范围来看，中东、非洲和中南美洲是国际原油主要出口地，而沙特、伊朗和俄罗斯是位居前列的原油输出国。一旦有关国家政权更替、政局动荡，我国将首当其冲深受其害，石油安全的风险系数将随之攀升。同时，由于一些西方大国为抢夺石油资源在中东、非洲和中南美洲展开激烈的角逐，加剧了这些地区动荡与不安，也对我国获得稳定的石油供给造成威胁。

c. 国民经济受石油供给情况的影响大　我国是石油能源进口大国，国民经济极易受国际油价波动的影响。石油价格升高，不但增加经济体系运行成本，加大了通货膨胀的压力，而且能源消费开支比例上升，反过来又会抑制其他领域的消费。石油短缺也给人们生活带来不便，上海、南京、杭州等地曾出现的"油荒"让人记忆犹新。

d. 能源运输安全面临诸多潜在威胁　我国进口石油运输有海运、铁道运输和管道运输三种方式。由于石油进口的来源地主要集中在中东、非洲等地，而要把这些地方的原油运到国内主要依靠海上油轮运输，期间要经过一些重要的海上战略通道，如霍尔木兹海峡、好望角和马六甲海峡，尤其是霍尔木兹海峡和马六甲海峡，给中国能源运输安全带来潜在威胁。

② 煤炭消耗与环境恶化　中国是全球最大的能源消费国之一，能源消费总量呈现快速增长趋势。能源生产和消费过程中产生了大量的污染排放，在环境保护问题上面临着严峻的挑战。2019 年中国的煤炭消费总量达到 33.4 亿吨，约占全球总消费的 50%。而煤炭燃烧排放出的二氧化碳和空气污染物已成为全球环境污染的主要来源之一。能源消耗给环境带来的负面影响如下所述。

a. 空气污染　煤炭的燃烧会导致二氧化碳、一氧化碳和硫化物等污染物的排放，这些污染物会导致空气污染。空气污染会危害人们的健康，包括对呼吸系统、心血管系统等多个方面的影响。

b. 土地破坏　煤炭消耗会导致土地的破坏和污染。例如，开采煤矿会破坏地下水和土地，使当地环境面临破坏和污染的威胁。此外，煤炭能源的开采和使用也可能会导致土地毁坏和荒漠化。

（3）中国煤炭资源特点

我国是煤炭资源丰富的国家，目前，除上海等少数地区外，在我国的大多数省区都赋存有煤炭资源。从整体上来说，我国煤炭品种齐全，资源丰富，但是，也存在着资源分布不平衡、资源赋存的地质条件较差的情况。

① 煤炭资源与地区经济发达程度呈逆向分布　我国煤炭资源在地理分布上的总格局是西多东少、北富南贫，而且主要集中分布在山西、内蒙古、陕西、新疆、贵州、宁夏等 6 省（自治区），它们的煤炭资源总量为 4.19 万亿吨，占全国煤炭资源总量的 82.8%。据国家统计局的数据，2020 年中国煤炭生产总量为 38.4 亿吨。我国经济最发达，工业产值最高，对外贸易最活跃，需要能源最多，耗用煤量最大的京、津、冀、辽、鲁、苏、沪、浙、闽、台、粤、琼、港、桂等 14 个东南沿海省（市、区）煤炭资源量只有 0.27 万亿吨，仅占全国

煤炭资源总量的 5.3%，资源十分贫乏。

我国煤炭资源赋存丰度与地区经济发达程度呈逆向分布的特点，使煤炭基地远离了煤炭消费市场，煤炭资源中心远离了煤炭消费中心，从而加剧了远距离输送煤炭的压力，带来了一系列问题和困难。随着今后经济高速发展，用煤量日益增大，加之煤炭生产重心西移，运输距离还要加长，压力还会增大。因此，运输已成为而且还将进一步成为制约煤炭工业发展，影响国民经济快速增长的重要因素。

② 煤炭资源与水资源呈逆向分布　我国水资源比较贫乏，仅相当于世界人均占有量的1/4，而且地域分布不均衡，南北差异很大。以昆仑山—秦岭—大别山一线为界，以南水资源较丰富，以北水资源短缺。与此相反，这些水资源短缺地区却蕴藏着丰富的煤炭资源，不仅数量多，而且埋藏相对较浅，煤质好，品种齐全，是我国现今和今后煤炭生产建设的重点地区，也是我国现今与未来煤炭供应的主要基地。

由于这一地区煤炭资源过度集中，并与水资源呈逆向分布，不仅对当地的煤炭生产发展产生了重要影响，而且解决不好还将制约整个煤炭工业的长远发展，影响煤炭的长期供应。因此，开发这一地区的煤炭资源，除了运输困难以外，煤炭生产和煤炭洗选过程中的工业用水和民用水源问题也比较突出。同时，由于大规模的采矿活动和用水量加大，必然会使本来就很脆弱的生态环境进一步恶化，使本来已经得到控制的沙漠继续向外蔓延。因此，国家在制定开发规划时，一定要综合考虑矿区水源、外运能力、环境保护和人口容量等诸多因素，将其控制在一个协调、适度的发展规模上。这样，才有利于全面推进，健康发展。

③ 优质动力煤丰富，优质无烟煤和优质炼焦用煤不多　我国煤类齐全，从褐煤到无烟煤各个煤化阶段的煤都有赋存，能为各工业部门提供冶金、化工、气化、动力等各种用途的煤源。但各煤类的数量不均衡，地区间的差别也很大。我国非炼焦用煤储量丰富，特别是其中的低变质烟煤（长焰煤、不黏煤、弱黏煤及其未分类煤）占比较大，共有保有储量4262亿吨，占全国煤炭保有储量的 42.5%，占全国非炼焦用煤的 58.3%，资源十分丰富。从总体上看，不黏煤和弱黏煤的煤质均好于全国其他各煤类。例如，闻名中外的大同弱黏煤和新开发的陕北神府矿区和内蒙古西部东胜煤田中的不黏煤，灰分为 5%～10%，硫分小于0.7%，被誉为天然精煤，是世界瞩目的绝好资源。该类煤不但是优质动力用煤，而且部分还可作气化原料煤。其中部分弱黏煤还可作炼焦配煤。所以说，我国的低变质烟煤储量大，煤质好，是煤炭资源中的一大优势。

无烟煤除作动力用煤外，在工业上也有着广泛的用途。我国无烟煤保有储量为 1156亿吨，仅占全国煤炭保有储量的 11.5%，主要分布在山西和贵州两省，其次是河南和四川。因此，我国优质无烟煤不多。

我国炼焦用煤（气煤、肥煤、焦煤和瘦煤）的保有储量为 2549 亿吨，占全国煤炭保有储量的 25.4%，不仅占比不大，而且品种也不均衡。其中气煤占炼焦用煤的 40.6%，而肥煤、焦煤和瘦煤三个炼焦基础用煤，分别仅占 18.0%、23.5% 和 15.8%。炼焦用煤的原煤灰分一般在 20% 以上，多属中灰煤，基本上没有低灰和特低灰煤，而且硫分偏高，约有20% 以上的炼焦用煤硫分超过 2%，而低硫高灰者可选性一般较差。因此我国优质炼焦用煤也不多。

综上所述，我国虽然煤类齐全，但真正具有潜力的是低变质烟煤，而优质无烟煤和优质炼焦用煤都不多，属于稀缺煤种，应当引起各方面的高度重视，采取有效措施，切实加强保护和合理开发利用。

④ 煤层埋藏较深，适于露天开采的储量很少　一般来说，京广铁路以西的煤田，煤层埋藏较浅，其中晋北、陕北、内蒙古、新疆和云南少数煤田的部分地段还可露天开采；京广铁路以东的煤田，煤层埋藏较深，特别是鲁西、苏北、皖北、豫东、冀南等地区，煤层多赋存在大平原之上，上覆新生界松散层多在 $200\sim400m$，有的已达 $600m$ 以上，建井困难，而且多需特殊凿井。与世界主要产煤国家比较而言，我国煤层埋藏较深。同时，由于沉积环境和成煤条件等多种地质因素的影响，我国多以薄至中厚煤层为主，巨厚煤层很少，因此可以作为露天开采的储量甚微。

⑤ 共伴生矿产种类多，资源丰富　我国含煤地层和煤层中的共生、伴生矿产种类很多。含煤地层中有高岭岩（土）、耐火黏土、铝土矿、膨润土、硅藻土、油页岩、石墨、硫铁矿、石膏、硬石膏、石英砂岩和煤成气等；煤层中除有煤层气（瓦斯）外，还有镓、锗、铀、钍、钒等微量元素和稀土金属元素；含煤地层的基底和盖层中有石灰岩、大理岩、岩盐、矿泉水和泥炭等。共 30 多种共伴生矿产，分布广泛，储量丰富，有些矿种还是我国的优势资源。

总之，我国含煤地层中的共生、伴生矿产资源非常丰富，很有前景。但是煤炭开发企业以开采煤炭为主，因此对其共生、伴生矿产资源研究得不多，开发利用很少，目前仅对少数常见矿产进行部分开发。

二、煤利用存在的环境问题

煤是不洁净能源，在给人类带来光明和温暖的同时，也给人类赖以生存的环境造成了破坏，煤所造成的污染贯穿于开采、运输、储存、利用和转化等全过程。就开采而言，仅统配煤矿每年产生矿井酸性涌水约 14 亿立方米；采煤排放的甲烷约占人类活动排放甲烷量的 10%；中国堆积的煤矸石已超过 15 亿吨，占地 $86.71km^2$，煤矸石堆容易自燃，而且会排放出大量的污染气体和液体。每年约有 6 亿吨煤靠铁路长途运输，使用敞篷车造成约 300 万吨煤尘排放在铁路沿线，造成污染。储存煤不仅占据大面积土地，而且储存时间长的煤在氧化、风化作用下，炼焦煤会失去黏结性，煤堆会自燃，造成环境污染。

中国煤的利用以燃烧为主，约 90.4% 的煤用于发电、工业锅炉、工业炉窑、民用炉灶和铁路。由于燃烧技术落后，供煤不合理，煤的利用率很低，这样既浪费能源，又污染环境。据估计全国排放到大气中的 80% 烟尘和 90% SO_2 来自燃煤。某炼焦过程中由于炉体结构不严密、排烟除尘装置不完善，排散出大量烟气、粉尘、CO、烃类、H_2S、NH_3、SO_2 和 NO_2 等，同时排放出的焦油中含有致癌作用的多环芳烃（如 3,4-苯并 [a] 芘、二苯并 [a.h] 蒽等），严重污染大气和工业用水。

煤的气化和液化工艺的优点是可生产比较洁净的气体燃料和液体燃料，消除燃煤所造成的污染，但气化和液化过程本身仍然有污染问题。气化所得煤气中含有 H_2S、CO、COS、NH_3 和 HCN 等污染物，气化洗涤水中含有酚类、焦油、悬浮固体、氰化物和硫化物等污染物；煤的液化产生浮渣、含油废水及 H_2S、CO、NH_3 和多种有害的多环芳烃气体。另外，煤中的砷燃烧时形成剧毒物质 As_2O_3 进入大气，在人体内累积诱发癌症，因此食品工业用煤的砷含量必须控制在 $8\mu g/m^3$ 以下。大气中 As_2O_3 含量国内外规定应小于 $3\mu g/m^3$，水中应小于 $50\mu g/m^3$，但某些燃煤电厂附近大气中 As_2O_3 含量高达 $100\mu g/m^3$。

中国煤炭利用技术的选择标准应该是：减少环境污染——清洁；提高煤炭使用效率和减少无效投入（如高灰分煤的运输）——高效。为此，需尽早开发多种煤炭利用的新技术，以便使中国的煤炭利用技术逐步完成向新技术的转变。

三、煤化学的主要内容及其在煤炭加工利用中的作用

煤化学起源于 18 世纪末的工业革命，由于工业革命对煤炭的需求，客观上需要了解煤炭的来源、性质等基本问题。在 19 世纪 30 年代至 20 世纪初，以元素化学为研究手段，诞生了煤岩学。煤岩学技术的发展，促进了对煤的生成、组成、性质以及煤炭应用的深入研究。现在，煤岩学已经成为煤化学不可或缺的重要组成部分。基本化学手段和显微镜技术的联合应用，在煤炭研究和指导煤炭应用方面发挥着重要的作用。

煤化学是研究煤的生成、组成（包括化学组成和岩相组成）、结构（包括分子结构和孔隙结构）、性质、分类以及它们之间相互关系的科学。广义煤化学的研究内容还包括煤炭转化工艺及其过程机理的研究。

煤的组成和结构复杂，而且极不均匀。从组成上来说，它是由上千种有机物和几十种无机物组成的复杂混合物。有机物是煤炭利用和研究的主体，无机物对于煤的利用基本上是不利的甚至是有害的。迄今为止，对于煤中的有机物种类及其分子结构还不是十分清楚。煤的组成和性质受多种因素的影响，主要有成煤原始植物的种类、植物遗体堆积和积聚的环境（气候、水质、水流、水深、地质、土壤、地理位置等）、埋藏深度、沉积时间、地壳运动、地下水质及水流等。由此可见，煤的组成和性质的复杂性不是偶然的，人类对于煤的认识还有很长的路要走。

虽然煤化学的发展已经有 200 多年的历史，但对于煤的许多问题还不明了，特别是煤的分子结构问题是目前困扰科学家的最大难题。虽然遇到了很大困难，但对于煤分子结构的研究和认识也有了很大的进展，特别是大量先进的科学表征方法，如：小角 X 射线散射（SAXS）、计算机断层扫描（CT）、透射/扫描电子显微镜（TEM/SEM）、扫描隧道显微镜（STM）、原子力显微镜（AFM）、X 射线衍射（XRD）、紫外-可见光谱（UV-Vis）、红外光谱（IR）、核磁共振谱（NMR）、电子顺磁共振谱（EPR）、X 射线光电子能谱（XPS）等的应用，大大深化了煤分子结构的研究，取得了很多的研究成果。相信在不久的将来，人类一定能够揭开煤分子结构之谜。

煤化学是一门涉及多个学科领域的综合性学科，它以化学为基础，利用地球化学、地理学、沼泽学、微生物学、地质学、高分子化学、胶体化学、电化学、表面化学、煤岩学等学科的知识和手段，对煤的基础科学问题和应用问题进行交叉分析和研究。

煤的组成和性质是煤化学研究的核心，也是指导煤炭加工利用的基础。现代煤炭加工利用的各种工艺均离不开煤的组成和性质的分析，简单归纳如下。

① 煤炭分选：确定分选工艺必须要知道原煤的灰分、硫分、变质程度、密度、矿物质与煤的结合情况等基本指标。

② 粉煤成型：确定成型工艺和配方必须要知道原煤的灰分、挥发度、水分、硫分、密度、粒度组成等基本指标。

③ 动力煤配煤：确定配煤工艺和配方必须要知道原煤的灰分、挥发度、水分、硫分、发热量、灰熔点、密度、粒度组成等基本指标。

④ 水煤浆：确定制浆工艺和添加剂的用量必须要知道原煤的灰分、挥发度、水分、硫分、发热量、灰熔点、密度、粒度组成、表面性质等基本指标。

⑤ 煤炭燃烧：选择合适的燃烧设备必须要知道原煤的灰分、挥发度、水分、硫分、发

热量、灰熔点、黏结性、粒度组成等基本指标。

⑥ 煤炭气化：选择合适的气化工艺必须要知道原煤的灰分、挥发度、水分、元素组成、发热量、灰熔点、灰黏度、黏结性、反应性、结渣性、粒度组成等基本指标。

⑦ 煤炭液化：选择合适的液化工艺必须要知道原煤的灰分、挥发度、水分、元素组成、矿物组成、黏结性、粒度组成等基本指标。

⑧ 煤炭焦化：制造优质冶金焦炭必须要知道原煤的灰分、挥发度、水分、硫分、矿物组成、黏结性、粒度组成等基本指标。

⑨ 煤基碳素耐火材料：制造优质煤基碳素耐火材料必须要知道原煤的灰分、挥发度、水分、硫分、矿物组成、粒度组成等基本指标。

⑩ 电极糊：制造优质电极糊必须要知道原煤的灰分、挥发度、水分、硫分、导电性、矿物组成、粒度组成等基本指标。

⑪ 炭质吸附剂：制造优质炭质吸附剂（活性炭、炭分子筛）必须要知道原煤的灰分、挥发度、水分、硫分、矿物组成、粒度组成等基本指标。

以上列举的是煤炭加工利用的常规工艺对煤的组成和性质的要求，对于特殊工艺来说，要求的性质可能更多，如煤的导电性、磁性质、岩相组成等。总之，煤化学是解决煤炭加工利用问题的理论基础。

习题

1. 能源可以从哪些角度分类？分别分成什么类型？
2. 中国煤炭资源的储量及分布有何特点？
3. 中国能源构成有何特点？其发展趋势是什么？
4. 煤化学涉及哪些学科领域？有什么特点？
5. 世界能源的构成是什么？
6. 世界煤炭资源的特点是什么？

第一章

煤的生成及外表特征

本章学习目标

1. 知识目标
① 了解年代地层系统；
② 理解并掌握煤炭生成的条件、过程及煤炭的性质；
③ 了解植物的演化过程、性质、转化成煤的过程等；
④ 理解植物的有机组成；
⑤ 理解成煤物质对煤炭性质的影响；
⑥ 理解成煤作用过程；
⑦ 掌握煤的外表特征。

2. 能力目标
① 能分析说明煤炭生成与成煤条件之间的内在联系；
② 能根据植物的组成、演化过程及性质分析煤炭的性质；
③ 能分析成煤作用的过程；
④ 能根据煤的外表特征初步判定煤的种类；
⑤ 会利用已知的化工基础知识分析煤炭生成须具备的条件；
⑥ 会根据煤炭的基本性质指导煤炭的应用方向；
⑦ 明确煤炭生成的不可逆性，培养节约能源的品质。

本章思维导图

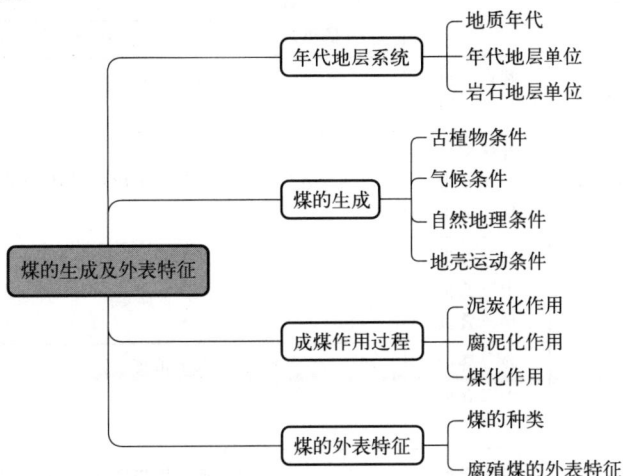

```
                                              ┌─ 地质年代
                              ┌─ 年代地层系统 ─┼─ 年代地层单位
                              │                └─ 岩石地层单位
                              │
                              │                ┌─ 古植物条件
                              │                ├─ 气候条件
                              ├─ 煤的生成 ─────┼─ 自然地理条件
                              │                └─ 地壳运动条件
  煤的生成及外表特征 ────────┤
                              │                ┌─ 泥炭化作用
                              ├─ 成煤作用过程 ─┼─ 腐泥化作用
                              │                └─ 煤化作用
                              │
                              │                ┌─ 煤的种类
                              └─ 煤的外表特征 ─┴─ 腐殖煤的外表特征
```

煤是植物遗体经过生物化学和物理化学的作用而转变成的沉积有机矿物，是多种高分子化合物和矿物质组成的混合物。煤是极其重要的能源和工业原料，煤与煤之间的性质千差万别，不仅不同煤田的煤质差别较大，即使是同一煤田中不同煤层的煤质，其差异也很大；在同一煤田同一煤层不同地点采的煤样，其煤质也有较大的差别；甚至是同一煤田同一煤层同一地点采样，而采样时，将煤层从上到下分成若干个分层采样，各分层的煤质也有差别。引起煤质千差万别的原因有成煤物质、成煤环境和成煤作用。

第一节　年代地层系统

一、地质年代

地球的年龄有 45.5 亿～46 亿年，地质年代就是地球发展的时间表，通过研究地质生成次序编制而成。根据地质生成的先后次序，由老到新排列的一个地质年代表如表 1-1 所示。最先形成的地层代表的时间最老，最后形成的地层代表的时间最新。某地质年代内形成的岩层，称为该地质年代的地层。划分地层、确定地层生成次序的主要依据是古生物化石。生存于某一段地质历史时期的生物，称为古生物；而保存在地质中的古生物遗骸和遗迹，称为化石。其中演化快、生存时间短而且分布又广泛的生物化石，称为标准化石。

表 1-1　地质年代表

代	纪	世	距今年龄（亿年）	开始繁殖时期	
				植物	动物
新生代	第四纪	全新世 更新世	0～0.018	被子植物大量繁殖，为成煤提供原始物质	古人类出现
	新近纪	上新世 中新世	～0.238		
	古近纪	渐新世 始新世 古新世	～0.65		哺乳动物

代	纪	世	距今年龄（亿年）	开始繁殖时期	
				植物	动物
中生代	白垩纪	晚白垩世 早白垩世	~1.442	被子植物	
	侏罗纪	晚侏罗世 中侏罗世 早侏罗世	~2.03	裸子植物极盛,为成煤提供原始物质	
	三叠纪	晚三叠世 中三叠世 早三叠世	~2.51		爬行动物
古生代	晚古生代	二叠纪	晚二叠世 中二叠世 早二叠世	~2.98	裸子植物	
		石炭纪	晚石炭世 早石炭世	~3.54	孢子植物极盛,为成煤提供原始物质	两栖动物
		泥盆纪	晚泥盆世 中泥盆世 早泥盆世	~4.10		
	早古生代	志留纪	顶志留世 晚志留世 中志留世 早志留世	~4.40	裸蕨植物	鱼类
		奥陶纪	晚奥陶世 中奥陶世 早奥陶世	~4.95	海藻大量繁殖,为石煤的形成提供原始物质	无脊椎动物
		寒武纪	晚寒武世 中寒武世 早寒武世	~5.45		
新元古代	震旦纪	晚震旦世 早震旦世	~6.80		
	南华纪	晚南华世 早南华世	~8.00		
	青白口纪	晚青白口世 早青白口世	10.00	菌藻类	
中元古代	蓟县纪	晚蓟县世 早蓟县世	14.00		
	长城纪	晚长城世 早长城世	~18.00		
古元古代	滹沱纪		~25.00		
新太古代			~28.00		
中太古代			~32.00		
古太古代			~36.00		
始太古代			~45.00		

在划分地层系统的基础上，依据地层中发现的古生物化石，可以将地壳的发展历史相对地划分成若干级地质年代单位，即为宙、代、纪、世、期。现将常用的地质年代单位（表 1-1）的意义解释如下。

1. 代

代与地层的界相对应，代表形成一个界所经历的地质年代。代可划分为若干个次一级的地质年代单位——纪。

2. 纪

纪是国际通用的第二级地质年代单位，它与地层的系相对应，代表一个系所经历的地质年代。纪又可以划分为若干个更低一级的地质年代——世。

3. 世

世是国际上通用的第三级地质年代单位，它与地层的统相对应，代表形成一个统所经历的地质年代。通常，一个纪可分为早、中、晚三个世，少数的纪仅分为早、晚两个世。

二、年代地层单位

国际上通用的年代地层单位，即宇、界、系、统、阶、带六级。宇是最大的年代地层单位。现将常见的年代地层单位解释如下。

1. 界

界的划分主要是根据生物界演化史上大的阶段，不同界中生物界有较明显的差别。界可划分为若干次一级的地层单位——系。

2. 系

系指一个纪的时间内形成的地层。它是界的组成部分，每个系均有其特征的生物群。系又可划分为若干个更次一级的地层单位——统。

3. 统

统相当于一个世的时间内形成的地层，它是系的组成部分。通常，一个系可分为若干个统。

表 1-2 是根据世界和全国各地层发育情况综合得出的地层单位名称及代号。对于某个煤矿区来说，当地的地层不可能是完整无缺的，由于受地壳运动和风化、剥蚀等因素的影响，总会发生沉积间断和地层损失。例如华北的煤矿区普遍缺失上奥陶统、志留系、泥盆系和石炭系下部地层，四川东南部的煤矿区缺失志留系上部、泥盆系和石炭系。

表 1-2　地层单位名称及其代号

界（代号）	系（代号）	统（代号）
新生界（KZ）	第四系（Q）	全新统（Qh）
		更新统（Qp）
	新近系（N）	上新统（N2）
		中新统（N1）
	古今系（E）	渐新统（E3）
		始新统（E2）
		古新统（E1）

续表

界（代号）	系（代号）	统（代号）
中生界（MZ）	白垩系（K）	上白垩统（K2） 下白垩统（K1）
	侏罗系（J）	上侏罗统（J3） 中侏罗统（J2） 下侏罗统（J1）
	三叠系（T）	上三叠统（T3） 中三叠统（T2） 下三叠统（T1）
古生界（PZ）	二叠系（P）	上二叠统（P3） 中二叠统（P2） 下二叠统（P1）
	石炭系（P）	上石炭统（C2） 下石炭统（C1）
	泥盆系（D）	上泥盆统（D3） 中泥盆统（D2） 下泥盆统（D1）
	志留系（S）	上志留统（S3） 中志留统（S2） 下志留统（S1）
	奥陶系（O）	上奥陶统（O3） 中奥陶统（O2） 下奥陶统（O1）
	寒武系（$\in$）	上寒武统（$\in_3$） 中寒武统（$\in_2$） 下寒武统（$\in_1$）
新元古界（Pt3）	震旦系（Z） 南华系（Nh） 青白口系（Qn）	
中元古界（Pt2）	蓟县系（Jx） 长城系（Ch）	
古元古界（Pt1）	滹沱系（Ht）	
新太古界（Ar3）		
中太古界（Ar2）		
古太古界（Ar1）		
始太古界（Ar0）		

三、岩石地层单位

　　岩石地层单位与年代地层单位完全是并列的，在煤矿区的地层系统表中，经常见到的是一些岩石地层单位，如群、组、段、层等。

1. 群

群是最大的岩石地层单位。群与统是两套不同的地层单位，没有可比性，群有时也可大于统，甚至大于系。

2. 组

组是基本岩石地层单位。如华北二叠系下部的含煤地层称为山西组，华南二叠系上部的含煤地层称为龙潭组。

3. 段

段是小于组的地方性岩石地层单位。根据岩性特征等标志的不同，可以把组划分为若干段。例如，四川华蓥山南段矿区的龙潭组分为五段，主要可采煤层大多赋存于第一段中。

第二节　煤的生成

煤的生成是指从植物死亡、遗体堆积直到转变成煤所经历的一系列演变过程。地质历史时期存在着大量植物，这些植物是否都能转变成煤呢？研究证实，并不是所有植物都能成煤，要想成煤，必须具备植物、气候、古地理和地壳运动四个条件，且相互配合默契、持续时间长，才能形成煤层多、储量大的重要煤田。

煤的形成

一、古植物条件

虽然煤的开采、利用可以追溯到远古时期，但是在19世纪以前，对于成煤的原始物质并没有正确的认识。有人认为煤和地壳中的其他岩石一样，有地球就存在；有人认为煤是由岩石转变而成。随着生产和科学技术的发展，人们在生产实践中常常发现在煤层中有保存完好的古植物化石和由树干变成的煤，有的甚至还保留着原来断裂树干的形状；煤层底板多富含植物根化石

成煤的条件

或痕木化石，证明它曾经是植物生长的土壤；在实验室用树木进行人工煤化试验，可以得到外观和性质与煤类似的人造煤。有人认为煤可能是由植物形成的，但缺乏直接证据。直到19世纪以后，发明了显微镜，人们利用显微镜在煤中观察到许多植物的细胞结构，例如，把煤磨成薄片放在显微镜下观察，可以看到煤中保留着植物的某些原始组分（如木质细胞结构孢子、木栓质、角质层等），甚至有时还能观察到植物生长的年轮。最终揭开了成煤原始物质之谜，证实了煤是由植物转变成的，至此，煤是由植物而且主要是由高等植物转变而来的观点已成为人们的共识。

植物是成煤的物质基础，只有植物大量繁殖的时期才是成煤的有利时期。在植物发展史上，早期出现的植物（如菌类、藻类）是生活在水中的低等植物，分布于中国南方省份的石煤就是由低等植物演变而成的。随着植物的进化，从晚志留世、早泥盆世植物开始"登陆"，出现了陆生的高等植物（裸蕨），裸蕨只能生活在水盆地的边缘，数量较少且个体矮小，未能形成大规模的煤层。到了石炭纪、二叠纪，陆生植物飞速发展，不仅数量多，而且发育成

高大的木本植物，为成煤提供了大量的物质基础，形成大量具有工业价值的煤层。为了证明植物与成煤的关系，有人曾做过实验估算：5～10m 厚的植物遗体能形成 1m 厚的泥炭，时间需 400～500 年；而 5～10m 厚的泥炭能形成约 1m 厚的褐煤，时间约需上万年。还有人根据成煤过程中的变化，估计 10m 厚的植物遗体堆积层可形成 1m 厚的泥炭，进而转变为 0.5m 厚的褐煤或 0.17m 厚的烟煤。可见，只有当植物大面积分布，且持续繁殖才能形成储量丰富的煤田。

1. 植物的演化

地质历史时期，植物的演化是由单细胞到多细胞，由低级到高级，由简单到复杂，由水生到陆生逐步进化和发展的。

植物可简单分为低等植物和高等植物。最早出现的植物是低等植物，低等植物是由单细胞或多细胞构成的丝状和叶片状植物体，没有根、茎、叶等器官的分化，如细菌和藻类。低等植物大多生活在水中，细菌的生存环境十

植物的演化

分广泛，它们是地球上最早出现的生物；藻类从太古代、元古代开始一直发展到现在，其种类达两万种以上。高等植物有根、茎、叶等器官的分化，包括苔藓植物、蕨类植物、裸子植物和被子植物，地史上这些类别的植物除苔藓外，常能形成高大的乔木，具有粗壮的根和茎，成为重要的成煤物质。

不同种类的植物体在体形大小上差异巨大，如最小的支原体直径仅 0.1μm 左右，而最大的北美巨杉可高达 142m。在结构上，最简单的植物仅由 1 个细胞组成，如衣藻、小球藻等；有的是多细胞的低级类型，如蘑菇、木耳等；有的是多细胞的高级类型，出现了组织分化，产生了维管组织，形成了具有根、茎、叶分化特征的高等植物，如草本植物、木本植物等。不同植物的寿命差异也很大，短命菊经过一周就能完成其整个生命过程，而银杏树可以生存 3000 年以上。植物的生存适应性极强，在地球上分布广泛，无论是高山、平原还是海洋、湖泊，无论是干旱的荒漠还是多水的热带，无论是湿热的赤道地区还是寒冷的两极，均分布着不同的植物类群。

植物的演化发展主要经历以下几个阶段：

① 菌藻植物时期   中志留世以前，植物界以水生的菌类、藻类植物为主，如蓝绿藻等。

② 裸蕨植物时期   晚志留世至中泥盆世，伴随着地壳上升，陆地逐渐扩大，促使那些能适应环境变化的植物由水生转变为陆生，产生了最古老的陆生植物群（裸蕨植物为主）。

③ 蕨类植物时期   晚泥盆世至早二叠世，随着原始的裸蕨植物逐渐被淘汰，比它更优越的石松类、真蕨类迅速崛起，节蕨类也重趋繁盛，植物界进入了大发展时期，出现了茂密的森林。当各种蕨类植物演化达到高峰时，由它们又演变出一种新的植物类群，即裸子植物的古老类型。其中，以种子蕨纲和科达树纲的迅速发展为代表。

④ 裸子植物时期   晚二叠世至早白垩世，气候逐渐干旱，适宜在温暖潮湿环境生活的各种蕨类植物，除真蕨纲较能适应这一变化外，其他蕨类植物都逐渐衰退了。这一时期以裸子植物的苏铁纲、银杏纲、松柏纲为主，它们大量繁殖并形成茂密森林。这一时期，被子植物的祖先开始从裸子植物中脱胎而出。

⑤ 被子植物时期   晚白垩世至现代，随着古地理、古气候的变化，苏铁纲、银杏纲等裸子植物逐渐走向衰退和灭绝，松柏纲的数量大为减少。这一时期，被子植物迅速繁殖，成为占绝对优势的植物群。图 1-1 表示了最主要的植物门类在地史上的分布。

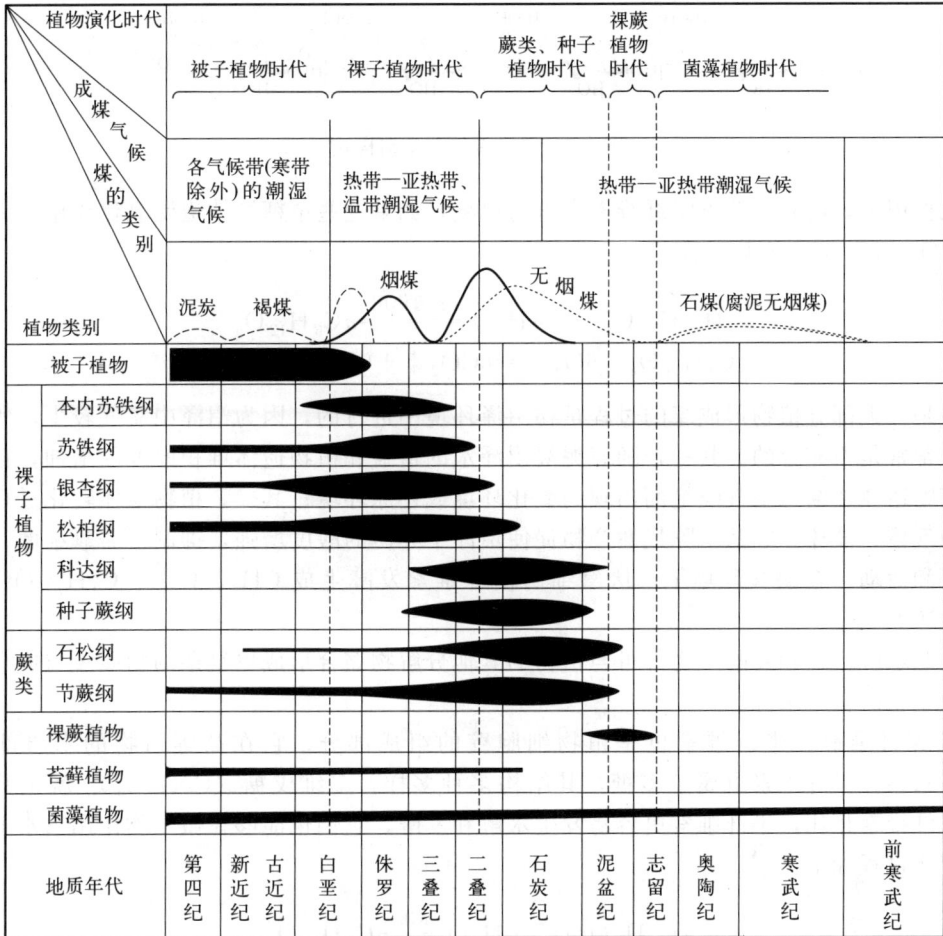

图 1-1　地史上主要植物群分布

2. 植物的有机组成

植物都是由细胞组成的，细胞是由细胞壁和细胞质构成的。细胞壁的主要成分是纤维素、半纤维素和木质素，细胞质的主要成分是蛋白质和脂肪。低等植物主要由蛋白质和糖类物质组成，脂类化合物含量也较高。高等植物的有机组成以糖类物质和木质素为主，高等植物除了根、茎、叶外，还有孢子和花粉等繁殖器官。植物有机组成的差异，直接影响它们在成煤过程中的分解与转化，并且影响煤的性质和煤的用途。植物的有机组成分为四类，分别是糖类及其衍生物、木质素、蛋白质和脂类化合物。

（1）糖类及其衍生物

糖类及其衍生物含有碳、氢、氧三种元素，常用通式 $C_n(H_2O)_m$ 表示，所以这类化合物常被称为碳水化合物。糖类及其衍生物包括纤维素、半纤维素和果胶等物质。

① 纤维素　纤维素是组成植物细胞壁的主要成分，是构成植物支持组织的基础。在高等植物的木质部分，纤维素约占 50%。纤维素是一种高分子化合物，属于多糖，分子式可用 $(C_6H_{10}O_5)_n$ 表示，分子结构式如图 1-2 所示。

纤维素在活着的植物体内很稳定，但植物死亡后，纤维素变得不稳定，在纤维素水解酶

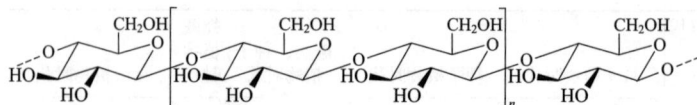

图 1-2   纤维素的分子结构式

的催化作用下，需氧细菌可将纤维素水解为单糖，如果这些单糖继续遭受氧化作用，则被分解为 CO_2 和 H_2O。变化过程如下：

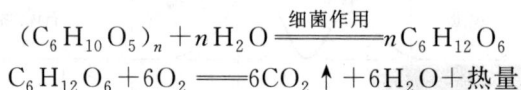

$$(C_6H_{10}O_5)_n + nH_2O \xrightarrow{\text{细菌作用}} nC_6H_{12}O_6$$
$$C_6H_{12}O_6 + 6O_2 \Longrightarrow 6CO_2\uparrow + 6H_2O + \text{热量}$$

但是，大部分植物形成煤的过程是在沼泽环境中进行的，因为沼泽中氧气较少，所以氧化分解常常是不充分的。其一，随着泥炭沼泽水的覆盖和植物遗体堆积厚度的增加，正在分解的植物遗体逐渐与空气隔绝而出现弱氧化环境或还原环境；其二，植物遗体转化过程中分解出的气体、液体和细菌新陈代谢产物促使沼泽中介质的酸度增强，抑制了需氧细菌、真菌的生存和活动。在缺氧环境下，厌氧细菌使纤维素发酵生成 CH_4、CO_2、C_3H_7COOH 和 CH_3COOH 等。

这些水解产物和发酵产物都可与植物的其他分解物缩合形成更复杂的物质参与成煤，或成为微生物的营养来源。

② 半纤维素   半纤维素也是植物细胞壁的组成部分，它在高等植物的木质部中占 $17\%\sim41\%$。半纤维素也属于多糖，其结构多种多样，多维戊糖（$C_5H_8O_4$）$_n$ 就是其中之一。与纤维素相比，半纤维素更容易发生水解和发酵，它们也能够在微生物作用下水解成单糖。变化过程如下：

$$(C_5H_8O_4)_n + nH_2O \xrightarrow{\text{水解}} nC_5H_{10}O_5$$

这种单糖的后续变化与上述纤维素的情况类似。

③ 果胶   果胶属糖的衍生物，呈果冻状，存在于植物的木质部或集中分布于植物的果实中。果胶分子中含有半乳糖醛酸 $HOC(CHOH)_4COOH$，故呈酸性，其分子结构式如图 1-3 所示。

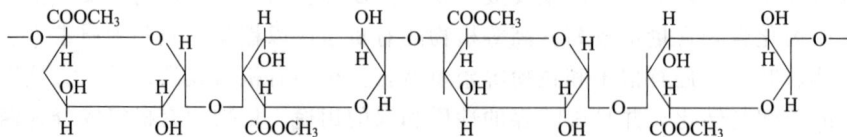

图 1-3   果胶的分子结构式

果胶不太稳定，在泥炭形成的开始阶段，可因生物化学作用水解成一系列的单糖和糠醛酸，进一步分解可形成脂肪酸类物质而参与成煤。

（2）木质素

木质素主要分布在高等植物的细胞壁中，包围着纤维素并填满其间隙，以增加茎部的坚固性。木质素是一类苯基丙烷类聚合物，在酶引发和化学作用下，通过对肉桂醇前体脱氢聚合而形成。木质素是具有芳香结构的化合物，它的结构复杂，至今还不能用一个结构式来表示，但已知它具有一个芳香核，带有侧链并含有—OCH$_3$、—OH、—O—等多种官能团。根据弗来格（FLaig）的研究，木质素的组成因植物种类不同而不同，木本植物的木质素含量高，针叶树的木质部中木质素含量比阔叶树多。目前已查明木质素有三种类型的单体，如表1-3所示。

表1-3　木质素的三种不同类型的单体

植物种类	针叶树	阔叶树	禾本
单体名称	松柏醇	芥子醇	γ-香豆醇
结构式	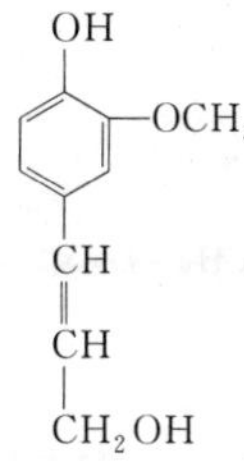 （结构式）	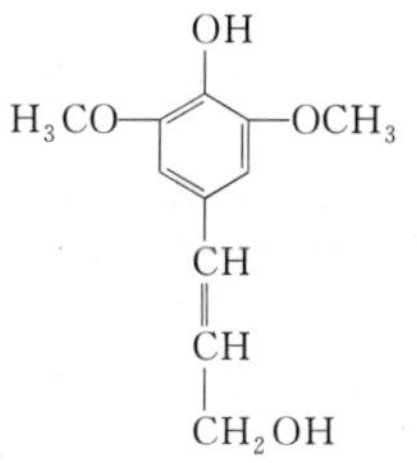 （结构式）	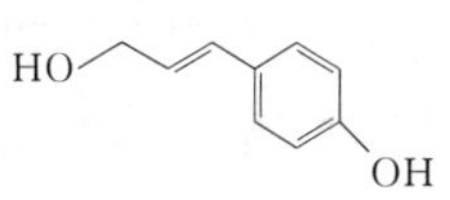 （结构式）

木质素的单体以不同的连接方式连接成三维空间的大分子，因而比纤维素更稳定，不易水解。但是在多氧环境下，经微生物的作用木质素可被氧化成芳香酸和脂肪酸。研究表明，木质素是成煤的主要植物成分。

（3）蛋白质

蛋白质是构成植物细胞原生质的主要物质，是生命起源最重要的有机物质基础，是由许多不同的氨基酸分子按照一定的排列规律缩合而成的具有多级复杂结构的高分子化合物（见图1-4）。一个氨基酸分子中的—COOH和另一个氨基酸分子中的—NH$_2$生成酰胺键，分子中的—CO—NH—成为肽键。蛋白质是天然多肽，分子量在10000以上，一般含有羧基、氨基、羟基、二硫键等。煤中的氮和硫可能与植物的蛋白质有关。植物死亡后，蛋白质在氧化条件下可分解为气态产物（NH$_3$、CO$_2$、H$_2$O、H$_2$S等）；在泥炭沼泽中，它可水解生成氨基酸、卟啉等含氮化合物，参与成煤，例如氨基酸可以与糖类发生缩合作用生成结构更为复杂的腐殖质，参与成煤。

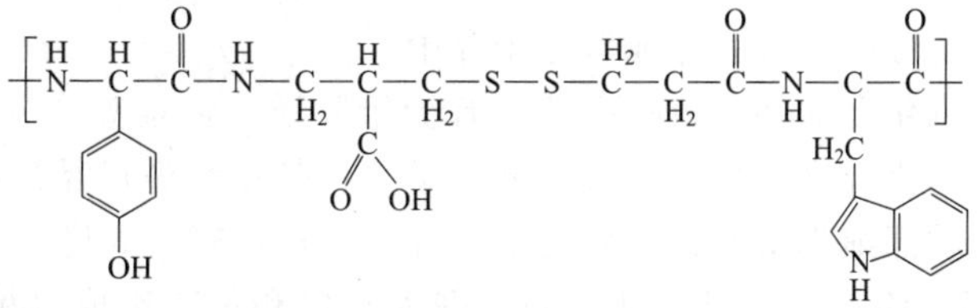

图1-4　蛋白质片段化学结构

（4）脂类化合物

脂类化合物通常是指不溶于水，溶于苯、醚和氯仿等有机溶剂的一类有机化合物，包括脂肪、树脂、树蜡、角质、木栓质和孢粉质等。脂类化合物化学性质稳定，能较完整地保存在煤中。

脂肪属于长链脂肪酸的甘油酯，是植物细胞内原生质的一种组成成分，如软脂酸甘油酯

（见图 1-5）。低等植物中脂肪较多，如藻类含脂肪可达 20％；高等植物中脂肪一般仅含 1％～2％，主要集中在植物的孢子或种子中。在生物化学作用下，脂肪可被水解生成脂肪酸和甘油，脂肪酸参与成煤。

树脂是当植物受创时，为了保护伤口而不断分泌出的一种胶状混合物质，其成分主要是二萜和三萜类的衍生物。高等植物中的针状物含树脂较多，低等植物中不含树脂。在树脂中存在的典型树脂酸有松香酸和右旋海松酸（见图 1-6）。这两种树脂酸具有不饱和性，能起聚合作用。树脂的化学性质十分稳定，不受微生物破坏，也不溶于有机酸，因此能较好地保存在煤中。我国抚顺第三纪褐煤中的"珀"就是由植物的树脂演变而成的。

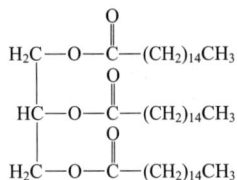

图 1-5　软脂酸甘油酯的结构式　　　　图 1-6　松香酸（a）和右旋海松酸（b）

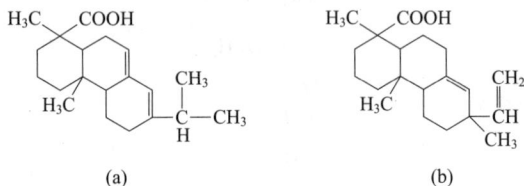

树蜡是由长链脂肪酸和含有 24～36（或更多）个碳原子的高级一元醇聚合形成的脂类（如甘油硬脂酸类），其化学性质稳定，遇强酸也不易分解，它的化学性质类似于脂肪，但比脂肪更稳定。树蜡呈薄层覆盖于植物的茎、叶和果实表面，以防止水分的过度蒸发和微生物的侵入，在泥炭和褐煤中常常发现有蜡质存在。

角质是角质膜的主要成分，其含量可达 50％以上。植物的叶、嫩枝、幼芽和果实的表皮常常覆盖着角质膜，可以防止水分的过度蒸发和微生物的侵入。角质是脂肪酸脱水或聚合的产物，其主要成分是含有 16～18 个碳原子的角质酸。

木栓质和角质都是植物保护组织产生的物质，木栓质是构成植物木栓层的主要成分。在木栓层中含木栓质 25％～50％。木栓质的主要成分是 ω-脂肪醇酸、二羧酸、碳原子数大于 20 的长链羧酸和醇类。角质和木栓质的化学性质稳定，因而由它们形成的植物组织常保存于煤中。

孢粉质是构成植物繁殖器官孢子和花粉外壁的主要有机成分，在孢子中孢粉质含量达 20％，具有脂肪-芳香族网状结构。它的化学性质非常稳定，耐酸碱且不溶于有机溶剂，能耐较高的温度而不发生分解，常完好地保存于煤中。

除上述主要的有机化合物外，植物中还含有少量鞣质、色素等成分。鞣质（又称单宁）是由不同组成的芳香族化合物（如单宁酸、五倍子酸、鞣花酸等）混合而成的，具有酚的特性。它存在于老年木质部细胞壁和种子外壳中，许多树皮中鞣质高度富集，如红树皮中鞣质达 21％～58％，铁杉、漆树、云杉、栎、柳、桦等现代和第三纪成煤植物的重要种属都含有鞣质。鞣质抗腐性强，一般不易分解。色素是植物内贮存和传递能量的重要因子，含有与金属原子相结合的吡咯化合物结构。

综上所述，高等植物、低等植物包括微生物都是成煤的原始物质，它们的各种有机组成都可能通过不同途径参与成煤，这是煤具有高度复杂性的重要原因之一。

3. 成煤物质对煤炭性质的影响

地质历史时期，植物的演化、发展经历了几个大的阶段，在不同的地质时期生物群的面貌存在很大差异。由于不同种类的植物其有机组分的含量相差悬殊，低等植物主要由蛋白质和糖类及其衍生物组成，脂肪的含量较高，而高等植物中则以纤维素、半纤维素和木质素为主。相同植物的不同部分有机组分的含量也不相同（见表1-4）；而且，不同植物的元素组成有差异，不同类型的有机组分其元素组成也有较大变化（见表1-5）。

表 1-4　植物的主要有机组分含量（质量分数）　　单位：%

植物		糖类及其衍生物	木质素	蛋白质	脂类化合物
细菌		12～28	0	50～80	5～20
绿藻		30～40	0	40～50	10～20
苔藓		30～50	10	15～20	8～10
蕨类		50～60	20～30	10～15	3～5
草本植物		50～70	20～30	5～10	5～10
松柏及阔叶树		60～70	20～30	1～7	1～3
木本植物的不同部分	木质部	60～75	20～30	1	2～3
	叶	65	20	8	5～8
	木栓质	60	10	2	25～30
	孢粉质	5	0	5	90
	原生质	20	0	70	10

表 1-5　成煤植物及其有机组分的元素组成

成煤植物及有机组分	元素组成/%			
	C	H	O	N
浮游植物	45.0	7.0	45.0	3.0
细菌	48.0	7.5	32.5	12.0
陆生植物	54.0	6.0	37.0	2.75
纤维素	44.4	6.2	49.4	—
木质素	62.0	6.1	31.9	—
蛋白质	53.0	7.0	23.0	16.0
脂肪	77.5	12.0	10.5	—
蜡质	81.0	13.5	5.5	—
角质	61.5	9.1	9.4	—
树脂	80.0	10.5	9.0	—
孢粉质	59.3	8.2	32.5	—
鞣质	51.3	4.3	44.4	—

从理论上讲，各种植物、植物的各个部分分解后的产物及参与分解的微生物都能参与成煤。但是，由于成煤植物及植物的不同部分在有机组成上存在差异，以及不同有机组分在化学性质、元素组成上的差异，不同植物和植物的不同部分的分解、保存和转化存在很大差别。例如，低等植物中蛋白质、脂类化合物含量高，由低等植物形成的煤（腐泥煤）中氢含量较高。最终导致煤的组成、性质存在差异，影响到煤的工业利用。

若成煤的原始物质主要是植物的根、茎等木质纤维素组织，则煤的氢含量就比较低；若成煤的原始物质是由含脂类化合物多的角质层、木栓层以及树脂、孢粉质所组成，则煤的氢含量就高；若成煤的原始物质是由藻类组成，则煤的氢含量就更高。这些煤在加工利用过程中，表现出来的工艺性质很不一样，所以成煤的原始物质是影响煤炭性质的重要因素之一。

二、气候条件

气候与成煤的关系非常密切，它对成煤的影响主要表现在两个方面。第一，气候能影响植物的繁殖，研究表明，干旱的气候环境不利于植物的生长，植被稀少；寒冷地区植物生长缓慢；只有温暖、潮湿的气候环境最适宜植物的生长繁殖，植物非常茂盛。第二，气候控制着泥炭沼泽的发育，当平均年降水量小于年平均蒸发量时，只有少数有水源补给的低洼地区可能沼泽化；而当平均年降水量大于年平均蒸发量时，可导致低洼地区大范围沼泽化。所以，温暖潮湿的气候条件最适宜成煤。

三、自然地理条件

研究表明，要想形成分布面积广、具有开采价值的煤层，必须具备良好的自然地理环境，以适宜植物大量繁殖，且在植物死亡后，植物遗体能良好保存。自然界中，只有泥炭沼泽具备这种条件。因为沼泽中常年积浅水，气候非常湿润，植物丛生，当植物死亡后，植物遗体能及时被沼泽中的水掩盖，避免植物被全部氧化，所以，泥炭沼泽是发生聚煤作用的良好古地理环境。

1. 泥炭沼泽的起源

沼泽是在一定的气候、地貌和水文条件下形成的。沼泽中常年积水或极其潮湿，内有大量植物生长和堆积，当植物死亡后，植物遗体被沼泽水覆盖，与空气呈半隔绝状态，植物遗体不会被完全氧化分解，经过生物化学作用转变为泥炭。泥炭沼泽的形成主要取决于四个方面，分别是古植物、古气候、古地理和大地构造。

① 古植物　泥炭形成的物质基础是植物遗体的大量堆积。尽管泥盆纪已有陆生植物出现，但数量不多，未能形成有工业价值的煤层。只有植物演化到一定阶段，高大的木本植物繁殖堆积，才可形成广泛的、有工业价值的煤层。

② 古气候　植物生长需要温暖潮湿的气候，其中湿度是最重要的。只要有足够的湿度，热带、亚热带、温带和寒带都可发育泥炭沼泽，并形成泥炭层。气温不仅会影响植物繁殖速度，而且也会影响植物遗体分解速度。在温暖潮湿的气候中，沉积的煤层中含有许多由粗大树干形成的光亮煤宽条带，而温和或微冷的气候下则光亮煤相对较少。

③ 古地理　煤炭是在常年积水的洼地中形成的。煤层的前身是泥炭和腐泥，它们是沼泽的产物。古地理环境决定了煤层发育的一般地段和最有利地段。虽然许多泥炭沼泽是由于海退形成的，但也有一些则是海浸的结果。

④ 大地构造（地壳运动）　地壳剧烈或过缓的沉降运动都不利于厚层泥炭层的形成，植物的堆积和地壳沉降的平衡决定了泥炭层形成的厚度。

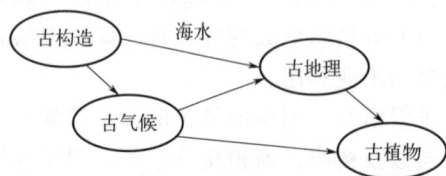

图 1-7　泥炭沼泽形成条件关系

以上4个条件中，大地构造因素往往起主导作用（见图 1-7），它影响到了古气候、古地理条件，而古植物的大量繁殖又是在合适的古气候、古地理条件下进行的。大地构造在区域上决定了海水进退，局部调节微地貌和水文条件，通过影响古地理进而影响沉积面貌和含煤性变化。但是大地构造因素并不能决定一切，因为某些古气候和古地理受全球性控制，与大地构造因素无关。

2. 沼泽分类

沼泽可发育在浅海的滨岸、潟湖海湾、水上三角洲、山间盆地、湖泊、冲积扇前缘、河漫滩阶地和牛轭湖等处。根据沼泽水的补给来源，沼泽可分为低位沼泽、中位沼泽和高位沼泽；根据沼泽距离海岸的远近，可分为近海泥炭沼泽和内陆泥炭沼泽；根据沼泽内的植物群，可分为草本泥炭沼泽和木本泥炭沼泽；根据沼泽水介质的含盐度，可分为淡水沼泽、半咸水沼泽和咸水沼泽。

四、地壳运动条件

地壳运动是地球运动、发展、变化的一种表现形式。地壳运动对成煤的影响表现在以下两个方面。

1. 地壳运动对自然地理环境起控制作用

当地壳发生沉降运动时，会使近海平原或内陆洼地积水，从而引起沼泽化，形成沼泽。地壳运动影响了沼泽的面积大小、覆水深度、演化过程等。

2. 地壳沉降速度直接影响泥炭层的沉积厚度

当地壳的沉降速度与植物遗体的堆积速度大致相等时，沼泽基底沉降的空间恰好被植物遗体的堆积所填充，沼泽中积水的深度基本保持不变，继续维持沼泽环境，这种平衡持续时间越长，泥炭层的沉积厚度就越大。

当地壳沉降速度小于植物遗体堆积速度时，沼泽基底沉降的空间不足以填充植物遗体，相当于沼泽中积水的深度变浅，这种状况持续一段时间后，沼泽被植物遗体填满，后续植物死亡后不能被水掩盖，因氧化而破坏，无法形成较厚的泥炭层。

当地壳沉降速度大于植物遗体堆积速度时，沼泽基底沉降的空间不能被植物遗体填满，相当于沼泽中积水的深度增大，这种状况持续一段时间后，沼泽逐渐演变为湖泊，植物的生长繁殖受到限制，泥炭层的沉积中断，不能形成较厚的泥炭层，转而沉积泥沙物质。

综上所述，在地质历史时期，聚煤盆地只有同时满足古植物、古气候、古地理和地壳运动这四个条件，且相互配合默契，持续时间长，才能形成煤层多、储量大的重要煤田。

第三节　成煤作用过程

植物转化为煤要经历复杂而漫长的过程，一般需要几千万年到几亿年的时间。当植物死亡后，遗体堆积在沼泽中，经过复杂的生物化学变化转变为泥炭或腐泥。随着地壳沉降运动，泥炭或腐泥被埋到地下深部，经过物理化学作用和地质作用，逐渐演变成腐殖煤或腐泥煤。植物转化成煤的顺序依次是植物、泥炭（腐泥）、褐煤、烟煤（长焰煤、气煤、气肥煤、肥煤、1/3焦煤、焦煤、瘦煤、贫瘦煤、贫煤）、无烟煤。根据成煤过程中影响因素和结果的不同，整个成煤作用过程分为泥炭化作用（或腐泥化作用）和煤化作用两个阶段。

一、泥炭化作用

泥炭化作用是指高等植物的遗体经过复杂的生物化学变化和物理化学变化转变成泥炭的

过程。在这个过程中，植物有机组分的变化非常复杂，根据引起变化的微生物类型又可分为两个阶段。

① 第一阶段　植物死亡以后，遗体被沼泽中的水掩盖，最初是处于泥炭沼泽的表层，由于表层覆水浅、阳光充足、空气流通，又有大量的有机质提供养料，很适宜微生物的生存。水中含有大量的需氧细菌，植物遗体在需氧细菌的作用下发生氧化分解和水解作用，转化成结构简单、化学性质活泼的有机化合物。例如，纤维素经需氧细菌水解后形成单糖，木质素被氧化分解成芳香酸和脂肪酸，蛋白质被分解为氨基酸。

② 第二阶段　随着地壳的沉降和植物遗体堆积，分解产物和未分解的植物遗体被埋到泥炭沼泽的中层和底层，氧化环境逐渐被还原环境取代，这时需氧细菌的数量不断减少，厌氧细菌的数量显著增多。在厌氧细菌的作用下，植物有机组分发生厌氧分解，其中纤维素、果胶经厌氧分解生成丁酸、乙酸等产物，蛋白质分解产生氨基酸，脂肪分解成脂肪酸。在厌氧细菌的作用下，分解产物之间、分解产物与植物残体之间又不断发生一系列复杂的生物化学变化，逐渐化合形成腐殖酸、腐殖酸盐、沥青质、硫化氢、二氧化碳、甲烷、氢气等，其中一部分不稳定的气体逸出后，剩下的物质沉积成泥炭。

泥炭沼泽的垂直剖面分为氧化环境表层、中间层和还原环境底层。泥炭沼泽氧化环境表层空气流通，温度高，又有大量有机质，有利于微生物的生存。在1g泥炭中含有微生物几百万个至几亿个。在低位泥炭沼泽的表层，含有大量需氧性细菌、放线菌和真菌，而厌氧性细菌数量较少。植物的氧化分解和水解作用主要是在泥炭沼泽表层进行的，因而泥炭沼泽表层又称为泥炭形成层。随着深度的增加，需氧细菌、真菌和放线菌的数目减少，而厌氧细菌活跃，它们利用了有机质的氧，留下了富氢的残留物。在微生物的活动过程中，植物的有机组分一部分成为微生物的食料，另一部分则被加工成为新的化合物。

各类微生物中，需氧性细菌中的无芽孢杆菌具有强烈分解蛋白质的能力，在分解植物遗体的初期占优势。真菌能分解糖类、淀粉、纤维素、木质素和鞣质等有机质。我国滨海红树林沼泽中就有很多真菌、放线菌以及芽孢杆菌，可分解纤维素、木质素、鞣质和较难分解的腐殖质。

分解纤维素的微生物种类很多，但当环境逐渐转化为缺氧时，纤维素、果胶又在厌氧性细菌作用下产生发酵作用，形成甲烷、二氧化碳、氢气、丁酸、醋酸等中间产物，参与泥炭化作用。反应过程如下：

$$3C_6H_{12}O_6 = 2C_4H_8O_2 + 2C_2H_4O_2 + 2H_2O + 2CH_4 \uparrow + 4CO_2 \uparrow$$

微生物也分解脂肪，首先从脂肪中分解出脂肪酸，脂肪酸再进一步氧化，则分解为二氧化碳和水。

蛋白质在微生物的作用下最后分解为水、氨、二氧化碳及硫、磷的氧化物等，在分解过程中也可以生成氨基酸、卟啉等含氮化合物，参与泥炭化作用。

比较稳定的木质素也能被特定的真菌和芽孢菌所分解。C. M. 曼斯卡娅在《木质素地球化学》一书中指出："真菌把木质素破坏后，形成简单的酚类化合物，随后细菌又将其芳香环破坏形成脂肪族产物。"脂肪族产物再进一步分解则变成水和二氧化碳，其分解速度比较慢。有人曾做过实验，把植物遗体埋在土壤中，一年后，在微生物的分解作用下，糖类消失99%，半纤维素消失75%，木质素消失50%，蜡质消失25%，而酸仅消失10%。总之，植物各有机组分抵抗微生物分解的能力是不同的，按其稳定性来看，最易分解的是原生质，其次是脂肪、果胶、纤维素、半纤维素，最后是木质素、木栓质、角质、孢粉质、蜡质和树脂。

植物的角质层、孢子、花粉和树脂具有抗微生物分解的性能，所以当其他组分已被分解消失之后，它们仍能很好地保存下来。当然，植物中各有机组分对微生物分解作用的稳定性是相对的，是随着条件的变化而变化的。近几年的研究表明，在通气条件好、pH 值高的条件下，孢子也能很快地分解，有的煤层中就发现了经过凝胶化作用和丝炭化作用的孢子。

由此可见，如果氧化分解作用一直进行到底，植物遗体将全部遭到破坏，变为气态或液态产物而逸去，就不可能形成泥炭。但是实际上，在泥炭沼泽中植物遗体往往不能充分地发生氧化分解作用，其原因是：

① 随着泥炭沼泽覆水程度的增强和植物遗体堆积厚度的增加，正在分解的植物遗体逐渐与大气隔绝。

② 在泥炭化过程中，植物分解出的某些气体、有机酸、酸胶体和微生物新陈代谢的酸性产物使沼泽水变为酸性，这不利于需氧性细菌的生存。所以泥炭的酸度越大，细菌越少，植物的结构保存得越完好。

③ 有的植物本身就含有防腐和杀菌的成分，如高位沼泽泥炭藓能分泌酚类，某些阔叶树有鞣质保护纤维素，某些针叶树含酚，并有树脂保护纤维素，都使植物不会完全分解。

随着植物遗体的不断堆积和分解，泥炭层底部的氧化环境逐渐被还原环境替代，分解作用逐步减弱。与此同时，在厌氧性细菌的参与下，分解产物之间的合成作用和分解产物与植物遗体之间的相互作用开始占主导地位。木质素、纤维素、蜡质、脂肪及其水解氧化产物都含有大量活泼的官能团，例如 $\diagdown$CO、—OH、—COOH 以及活泼的 α-H，大量活泼官能团可能相互作用，相互发生反应。由于微生物本身含有大量蛋白质，因此它也参与成煤作用。这种合成作用导致有一系列新产物生成，最主要的产物就是腐殖酸和沥青质。由植物转变为泥炭，在化学组成上发生了质的变化，见表 1-6。

表 1-6　植物与泥炭化学组成的比较

植物与泥炭	元素组成/%				有机组成/%				
	C	H	N	O+S	纤维素,半纤维素	木质素	蛋白质	沥青 A	腐殖酸
莎草	47.20	5.61	1.61	39.37	50.00	20～30	5～10	5～10	0
木本植物	50.15	6.20	1.05	42.10	50.60	20.30	1～7	1～3	0
桦川草本泥炭	55.87	6.35	2.90	34.97	19.59	0.75	0	3.50	43.58
合浦木本泥炭	65.46	6.53	1.20	26.75	0.89	0.39	0	0	42.88

从表 1-6 中可以看出，当植物转变成泥炭后，其化学组成发生了明显的变化。其中，植物中所含的蛋白质全部消失了，在植物中占主要地位的纤维素、木质素也所剩无几；而植物中原本没有的腐殖酸在泥炭中的含量却相当高。在元素组成上，泥炭的碳含量比植物高，氢、氮的含量有所增高，而氧、硫的含量降低较多。

在显微镜下可以看到泥炭中含有各种植物组织的碎片，这些碎片有的保存了植物的细胞结构，有的细胞壁已经膨胀而难以辨认，有的甚至彻底分解成碎细的小块或无结构的胶体物质。

成煤植物经过泥炭化作用形成的泥炭，是呈棕褐色或黑褐色的不均匀物质，含有大量的水分，达 70%～90%。开采出来的泥炭经过自然干燥，其水分可降至 25%～35%。干燥后的泥炭为棕褐色或黑褐色的土状碎块，其真密度为 1.29～1.61g/cm³，经风干后泥炭的体积约缩小 40%。

泥炭中含有大量未分解的植物组织，如根、茎、叶等残留物，有时肉眼就可以看出来。因此，泥炭中的碳水化合物含量很高，这是泥炭的主要特征。泥炭除含有碳水化合物外，还含有腐殖酸。泥炭具有胶体的特征，能将水吸入其微孔结构而本身并不膨胀。

二、腐泥化作用

腐泥化作用是指低等植物的遗体经过复杂的生物化学变化转变成腐泥的过程。

在停滞缺氧的还原水盆中，浮游生物和菌类死亡后的分解产物相互作用并沉入水底，通过厌氧细菌的作用，低等植物中的蛋白质、碳水化合物、脂肪等分解，又经过聚合作用和缩合作用，形成一种含水多的棉絮状胶体物质，该物质再进一步变化，去水致密，其密度增大逐渐形成腐泥，这就是腐泥煤的前身。在还原环境下，由低等植物转变为腐泥的作用，称为腐泥化作用。

腐泥是在滞水条件下堆积的有机软泥。腐泥可以在沼泽的深水地带或逐渐沼泽化的丛生湖泊中形成，也可以在淡水湖泊和半淡水湖泊中形成，还可以在半咸水的潟湖和海湾中形成。腐泥的有机质来源主要是水中的浮游生物（如绿藻、蓝绿藻等群体绿藻）和浮游微型动物等，此外，还有水底和浅水的植物群，有时也混入一些被风和水带来的高等植物遗体，如孢子、花粉、角质膜和植物组织的碎片等。腐泥中常混有细小的泥质和砂质颗粒。

腐泥常呈黄褐色、暗褐色、黑灰色等，新鲜的腐泥含水量很高，水分可达 70%～90%，是一种粥状流动的或冻胶淤泥状物质；干燥后水分降低至 18%～20%，成为具有弹性的橡皮状物质。在湖泊中形成的腐泥，其灰分可达 20%～60%，黏土矿物往往呈悬浮状态与有机质同时沉淀。森林沼泽深水地带形成的腐泥，一般灰分很低。

在现代的淡水湖泊、咸水湖泊和潟湖海湾中都有腐泥形成，例如俄罗斯一些由冰川湖泊发展起来的泥炭沼泽中，在泥炭层下部往往有腐泥层，厚 2～7m，最厚可达 40m，有些还含 80%～90%的藻类等浮游生物和少量高等水生植物的遗体。巴尔喀什湖的阿拉湖湾，有浮游生物发育和由藻类形成的相当厚的腐泥层，最厚可达 3m，在显微镜下可看到极少数结构模糊的藻类遗体，近似于胶泥。澳大利亚南部的库朗格腐泥是在潟湖和半咸水湖泊中由蓝绿藻形成的。

腐泥干燥后也可作燃料或肥料使用，干馏时腐泥的焦油产率很高。

三、煤化作用

煤化作用是指由泥炭转变为腐殖煤的过程，或由腐泥转变为腐泥煤的过程。根据作用条件的不同，煤化作用分为成岩作用和变质作用两个阶段。

1. 成岩作用

泥炭层沉积之后，由于地壳持续沉降，泥炭层被埋到地下一定深度，在以压力、温度为主的物理化学作用下，泥炭逐渐被压紧，失去水分，密度增大。当生物化学作用减弱以至消失后，泥炭中碳元素的含量逐渐增加，氧、氢元素的含量逐渐减少，腐殖酸的含量不断降低直至完全消失。经过这一系列的复杂变化，泥炭变成了褐煤，这种由泥炭变成褐煤的过程称为煤的成岩作用。泥炭变成褐煤后，化学组成发生了明显变化（见表1-7）。

表 1-7 成煤过程的化学组成变化 单位：%

	物料	C	O	腐殖酸(干燥无灰基)	挥发分(干燥无灰基)	水分(空气干燥基)
植物	草本植物	48	39			
	木本植物	50	42			
泥炭	草本泥炭	56	34	43	70	>40
	木本泥炭	66	26	53	70	>40
褐煤	低煤化度褐煤	67	25	68	58	
	典型褐煤	71	23	22	50	10~30
	高煤化度褐煤	73	17	3	45	
烟煤	长焰煤	77	13	0	43	10
	气煤	82	10	0	41	3
	肥煤	85	5	0	33	1.5
	焦煤	88	4	0	25	0.9
	瘦煤	90	3.8	0	16	0.9
	贫煤	91	2.8	0	15	1.3
无烟煤		93	2.7	0	10	2.3

一般认为泥炭化作用和成岩作用是逐步过渡的，随着泥炭的不断堆积，泥炭层底部已开始了成岩作用。

腐泥经过以物理化学作用为主的成岩作用可转变为腐泥煤。

2. 变质作用

褐煤形成后，由于地壳继续沉降，褐煤层被埋到地下更深的地方，褐煤继续受到深部不断增高的温度和压力的作用，进一步引起煤中有机质分子的重新排列，聚合程度增高，使煤的结构、物理性质和化学性质发生变化；同时元素组成和含量也在改变，其中碳含量进一步增加，氧和氢的含量逐渐减少，挥发分和水分的含量减少，腐殖酸完全消失，煤的光泽增强，密度进一步增大，褐煤逐渐演变成烟煤、无烟煤。这个变化过程称为煤的变质作用。

对于成岩作用与变质作用的分界线划在煤化作用的哪一个阶段，一种意见认为从泥炭转变为褐煤是成岩阶段，而从烟煤起则属变质阶段的开始，主要依据是烟煤已不含腐殖酸。另一种意见则认为成岩作用仅限于成熟的软褐煤阶段，软褐煤只进行少量的镜煤化作用，为暗褐色，多为土状、无光泽、孔隙大，水分含量高达 35% 以上；从暗褐煤阶段就进入了煤的变质阶段，暗褐煤能进行较强的镜煤化作用，为暗褐色到黑色，暗淡而略有光泽。褐煤与烟煤、无烟煤（超无烟煤）之间在物理性质、化学性质和转化的地质条件上都有差别，但同时又有一定的过渡关系。区分成岩阶段和变质阶段是有必要的，但又不应把它们之间的界限绝对化。煤变质作用的上限只包括到使煤转变成超无烟煤阶段为止，由于石墨已是一种矿物而非煤，故煤的变质作用不包括石墨化阶段。

引起煤变质的主要因素是温度、压力和时间。

（1）温度 温度是影响煤变质的主要因素。地球是一个庞大的热库，巨大的地热使地温从地表常温层随深度增加而逐渐升高。深度每增加 100m 时温度升高的数值叫地温（热）梯度。地温梯度一般恒为正值，即地温朝地下深处逐渐升高，尽管地热场的分布总是不均的。现代地壳平均地温梯度为 3℃/100m，其变化范围可由 0.5℃/100m 到 25℃/100m。由此可以推测成煤期的古代地温分布也是不均一的，但应有相同的变化趋势。

一方面，由于地温分布的这种规律性，在穿过含煤岩系的深孔中发现煤的变质程度向深部依次递增，这一事实是温度对煤变质具有强烈影响的有力例证。另一方面，温度因素的重要性也已被一系列的人工煤化实验所证明。1930 年，格罗普（W. Gropp）曾将泥炭置于密闭的高压容器内进行加热实验，在 100MPa 的压力条件下加热到 200℃时，试样在很长时间内并无变化；当温度超过 200℃时，试样开始发生变化，泥炭转变成褐煤；当压力升高到 180MPa，而温度低于 320℃时，褐煤一直无明显变化；当温度升到 320℃时，褐煤转变成具有长焰煤性质的产物；继续升温到 345℃，可得到具有典型烟煤性质的产物；当温度升至 500℃时，产物具有无烟煤的性质。可见温度是促使煤变质的重要因素。

当然，天然的变质过程不需要这么高的温度，而且除个别情况外，一般也不可能达到这么高的温度。应用地质-地球物理方法研究地热场的变化，用围岩矿化推测古地温及用热动力模拟计算煤化温度，得出了天然煤化作用所需的温度比人工煤化实验推断温度要低得多的结论。大量资料表明，转变为不同煤化阶段所需的温度大致为：褐煤 40～50℃，长焰煤＜100℃，典型烟煤一般＜200℃，无烟煤一般不超过 350℃。

根据变质条件和变质特征的不同，煤的变质作用可以分为深成变质作用、岩浆变质作用和动力变质作用三种类型。

深成变质作用是指煤在地下较深处，受到地热和上覆岩层静压力的影响而引起的变质作用。这种变质作用与大规模的地壳升降运动直接相关。煤的变质作用具有垂直分布规律，即在同一煤田大致相同的构造条件下，随着埋藏深度的加深，变质程度逐渐增高。一般埋藏深度每增加 100m，煤的干燥无灰基挥发分减少 2.3% 左右。这个规律称为希尔特（Hilt）定律。煤的变质程度还具有水平分布规律，在同一煤田中，同一煤层沉积时沉降幅度可能不同，按照希尔特定律，这一煤层在不同的沉降幅度上变质程度也就不同，反映到平面上可以造成变质程度呈带状或环状分布的规律。

岩浆变质作用是指煤层受到岩浆带来的高温、挥发性气体和压力的影响而使煤发生异常变质的作用，属于局部变质现象。主要由浅层浸入的岩浆直接浸入、穿过或接近煤层而使煤变质程度增高的叫作接触变质作用；由煤层下部巨大的浸入岩浆引起煤变质程度增高的叫作区域热变质作用。

动力变质作用是指地壳构造变化所产生的动压力和热量使煤发生的变质作用，也属于局部变质现象。

（2）压力　压力也是引起煤变质的因素之一。由于上覆岩层沉积厚度不断增大，地下的岩层、煤层受到很大的静压力，导致煤和岩石的体积收缩，在体积收缩过程中，发生内摩擦而放出热量，使地温升高，间接地促进煤的变质。此外在地壳运动的过程中，还会产生一定方向的构造应力，在构造应力的作用下岩石形成断裂构造，断裂两侧岩块发生相对位移时放出热量，也可引起煤变质。

压力可以使成煤物质在形态上发生变化，使煤的孔隙率降低、水分减少，还可以使煤的岩相组分沿垂直压力的方向定向排列和促使芳香族稠环平行层面作有规则的排列。一般认为压力是煤变质的次要因素。

（3）时间　时间是影响煤变质的另一重要因素。在温度、压力大致相同的条件下，煤化程度取决于受热时间的长短，受热时间越长，煤化程度越高，受热时间越短，煤化程度越低。例如，某地的石炭二叠纪煤系，形成于距今二亿七千万年前，煤系沉降深度约 5100m，受热温度约为 147℃，经取样化验，煤种属焦煤；另一地区从钻井深度约 5400m 的第三纪中新统地层中获取了煤的包裹体，包裹体所在位置温度约 141℃，第三纪中新世距今 1300

万～1900万年，经分析，煤包裹体属低煤化程度烟煤。另外，有人将长焰煤置于密闭的条件下加热，在温度、压力不变的情况下，加热96h后，得到具有肥煤特征的产物；加热150h后，则得到具有肥煤过渡到焦煤特征的产物。可见，时间在煤变质过程中具有重要意义。

（4）成煤环境和过程对煤质的影响　根据沼泽水的补给来源，沼泽分为低位沼泽、中位沼泽和高位沼泽。低位沼泽的水源主要靠地下水和地表水补给，水质为微酸性到中性，富含矿物质和无机盐类。由于低位沼泽的水中矿物质、无机盐丰富，且有地表水携带的泥沙沉积，所以低位沼泽中形成的泥炭灰分含量较高，干燥基灰分一般大于7%。高位沼泽的水源主要靠大气降水补给，水中矿物质含量低，形成的泥炭灰分含量低，干燥基灰分一般低于5%。中位沼泽的水源一部分靠地下水补给，另一部分靠大气降水补给，形成的泥炭灰分介于以上两者之间，干燥基灰分一般为5%～7%。

根据古地理环境，沼泽可分为滨海沼泽和内陆沼泽两类。滨海沼泽是由于地壳沉降，近海平原积水、沼泽化而形成的沼泽；内陆沼泽是由于湖泊中沉积物不断堆积，湖泊淤塞演变成沼泽，或由于地壳沉降，内陆洼地积水、沼泽化而形成沼泽。

首先，由于滨海沼泽的植物多生长在盐碱土上，植物本身的硫含量就较高；另外，滨海沼泽中水介质呈弱碱性，有利于硫酸盐还原菌的活动，硫酸盐还原菌利用植物有机质提供氢使海水中的 SO_4^{2-} 还原为 H_2S。H_2S 可与铁离子结合形成黄铁矿（FeS_2），或者与植物分解产物反应形成有机硫化物转变成煤中的有机硫。所以，在滨海沼泽中形成的煤硫含量通常较高，有时可高达8%～12%。而在内陆沼泽形成的煤硫含量一般较低，大多在1%左右。其次，受沼泽中水的深度、酸碱度、流动性、微生物的类型等因素的影响，滨海沼泽中形成的煤镜质组含量高，壳质组也占相当比例；内陆沼泽中形成的煤，惰质组和树脂含量高。

第四节　煤的外表特征

煤是由许多高分子碳氢化合物和少量无机矿物质组成的可燃性有机生物岩石。煤是一种主要的能源，在国民经济中起着举足轻重的作用。煤作为一种商品和工业原料，其性质、质量与煤的价格、煤的利用关系密切，为了有计划地开采和合理利用煤炭资源，就需要对煤质进行研究。在影响煤质的诸多因素中，成煤原始物质和成煤环境至关重要。

一、煤的种类

煤是由植物转变而成的，不同类型植物形成的煤的特征、性质都有差异。根据成煤原始物质和成煤环境的不同，可把煤分成腐泥煤、腐殖煤两大类。

煤的分类

1. 腐泥煤

指由低等植物和浮游生物经腐泥化作用和煤化作用形成的煤。根据植物遗体分解的程度，可分为藻煤和胶泥煤。藻煤中藻类遗体大多未完全分解，显微镜下可见保存完好、轮廓清晰的藻类；胶泥煤中藻类遗体多分解完全，已看不到完整的藻类残骸。腐泥煤中矿物质含量较高，光泽暗淡，常呈褐色，均匀致密，贝壳状断口，硬度和韧性较大，易燃，燃烧时有沥青味。腐泥煤常呈薄层或透镜状夹在腐殖煤中，有时也形成单独的可采煤层。

2. 腐殖煤

指由高等植物的遗体经过泥炭化作用和煤化作用形成的煤。腐殖煤是因为植物的部分木质纤维组织在成煤过程中变成腐殖酸这一中间产物而得名。腐殖煤在自然界中分布最广，蕴藏量最大，用途最广。绝大多数腐殖煤都是由植物中的木质素和纤维素等主要组分形成的，亦有少量腐殖煤是由高等植物经微生物分解后残留的脂类化合物形成的，称为残殖煤。单独成矿的残殖煤很少，多以薄层或透镜状夹在腐殖煤中。

由于储量、用途和习惯等，除非特别指明，人们通常讲的煤就是指主要由木质素、纤维素等形成的腐殖煤和腐泥煤，它们具有不同的外表特征和性质，其主要特征区别见表1-8。

表 1-8   腐殖煤与腐泥煤的主要特征

特征	腐泥煤	腐殖煤
颜色	多数为褐色	褐色和黑色,多数为黑色
光泽	暗	光亮者居多
用火柴点燃	燃烧,有沥青气味	不燃烧
氢含量/%	一般大于6	一般小于6
低温干馏焦油产率/%	一般大于25	一般小于20

二、腐殖煤的外表特征

腐殖煤是近代煤炭综合利用的主要物质基础，也是煤化学的重点研究对象。根据煤化程度的不同，腐殖煤又可分为泥炭、褐煤、烟煤以及无烟煤四个大类。每一种类型的腐殖煤都具有不同的特征和性质，因此它们的利用途径也有很大的差异。

腐殖煤的
外表特征

1. 泥炭

泥炭呈棕褐色或黑褐色，无光泽，质地柔软且不均匀，水分含量较高，一般可达 $85\%\sim95\%$（本书中如无特别说明，均指质量分数，下同）。自然干燥后，水分可降低至 $25\%\sim35\%$。风干后的泥炭为棕褐色或黑褐色土状碎块。实际上，泥炭属于植物成煤过程中的过渡产物。

泥炭的有机组成包括以下几个部分。

① 腐殖酸   腐殖酸是由高分子羟基芳香羧酸所组成的复杂混合物，具有酸性，是一种无定形的高分子胶体物质，是泥炭中最主要的成分。

② 沥青质   沥青质是由分解产物经化学合成作用形成的，也可以由树脂、树蜡、孢粉质等转化而成。

③ 未分解或分解不完全的纤维素、半纤维素、果胶和木质素。

④ 角质、树脂、孢粉质等稳定组分。

泥炭有广泛的用途。泥炭的硫含量平均为 0.3%（质量分数），属于低硫燃料，经气化可制成气体燃料或工业原料气，经液化可制成液体洁净燃料；泥炭焦化所得泥炭焦是制造优质活性炭的原料；泥炭通过不同溶剂萃取，可得到苯沥青、碳水化合物等重要的化工原料；泥炭能去除废水中的金属离子，是一种有效的吸附及过滤介质；泥炭还可以作为土壤改良剂和饲料添加剂，以及食用菌培养基。泥炭的开发和利用已引起国内外的广泛重视，近年来发展十分迅速。

2. 褐煤

褐煤是泥炭沉积后经脱水、压实转变为有机生物岩的初期产物。褐煤大多数无光泽，外观呈褐色或黑褐色，真密度 $1.10 \sim 1.40 \mathrm{g/cm^3}$。褐煤含水量较高，达 $30\% \sim 60\%$，自然干燥后水分降至 $10\% \sim 30\%$。褐煤易风化变质，含原生腐殖酸，含氧高，化学反应性强，热稳定性差。在外观上，褐煤与泥炭的最大区别在于褐煤不含未分解的植物组织残骸，且呈层分布状态。

根据外表特征，可将褐煤分为土状褐煤、暗褐煤、亮褐煤和木褐煤四种。

① 土状褐煤　是泥炭变为褐煤的最初产物，其断面与一般黏土相似，结构较疏松，易碎成粉末，沾污手指。

② 暗褐煤　是典型的褐煤，表面呈暗褐色，有一定的硬度，如将其破碎则形成块状而不形成粉末。

③ 亮褐煤　从外表看与低煤化度烟煤无明显区别，因而有些国家称其为次烟煤。但亮褐煤仍含有腐殖酸，外观呈深褐色或黑色，有的带有丝绢状光泽，有的则如烟煤一样含有暗亮相间的条带。

④ 木褐煤　亦称柴煤，有很明显的木质结构，用显微镜观察可清楚地看到完整的植物细胞组织。它除含有腐殖酸、腐殖质和沥青质外，还含有木质素和纤维素等。显然，木褐煤是由尚未受到充分腐败作用的泥炭形成的一种特殊形态的褐煤。

我国褐煤资源丰富，已探明储量达 1303 亿吨，主要分布在东北、西北、西南、华北等地，集中在内蒙古、云南和黑龙江等省（自治区）。其中内蒙古的褐煤储量最大，占全国褐煤储量的 77%。

3. 烟煤

烟煤呈黑色，水分含量较低，真密度 $1.2 \sim 1.45 \mathrm{g/cm^3}$，硬度较大，随着煤化程度的增加，烟煤的光泽逐渐增强，条带状结构明显。烟煤在自然界中分布最广，储量最大，品种也最多。根据煤化程度中国将烟煤分为长焰煤、不黏煤、弱黏煤、1/2 中黏煤、气煤、气肥煤、1/3 焦煤、肥煤、焦煤、瘦煤、贫瘦煤、贫煤。其中，气煤、肥煤、焦煤、瘦煤具有黏结性，适宜炼焦使用，称为炼焦煤。中国烟煤储量非常丰富，约 4058 亿吨，其中炼焦用煤2264 亿吨，不黏煤 1256 亿吨，弱黏煤 232 亿吨，长焰煤 306 亿吨。

4. 无烟煤

无烟煤呈灰黑色，具有金属光泽，真密度 $1.4 \sim 1.8 \mathrm{g/cm^3}$，硬度大，燃点高，高达$360 \sim 410 ℃$，因燃烧时无烟而得名，是煤化程度最高的腐殖煤。我国无烟煤预测储量为4740 亿吨，占全国煤炭总资源量的 10%，主要分布于山西省、河南省和贵州省等地。

上述四类腐殖煤的主要特征与区分标志如表 1-9 所示。

表 1-9　四类腐殖煤的主要特征与区分标志

特征与标志	泥炭	褐煤	烟煤	无烟煤
颜色	棕褐色、灰褐色	褐色、黑褐色	黑色	灰黑色
光泽	无	大多数无光泽	有一定光泽	金属光泽

续表

特征与标志	泥炭	褐煤	烟煤	无烟煤
外观	有原始植物残体,土状	无原始植物残体,无明显条带	呈条带状	无明显条带
在沸腾的 KOH 中	棕红色—棕黑色	褐色	无色	无色
在稀 HNO_3 中	棕红色	红色	无色	无色
自然水分	多	较多	较少	少
密度/(g/cm^3)	—	1.10～1.40	1.20～1.45	1.40～1.80
硬度	很低	低	较高	高
燃烧现象	有烟	有烟	多烟	无烟

📖 知识拓展　煤炭行业发展现状及发展趋势

　　煤炭行业是从事煤炭资源勘探、开发、生产、储运、加工转换和环境保护的行业,长期以来在世界经济发展中作为传统行业和基础产业发挥着重要作用。作为我国的基础能源和重要的工业原料,煤炭在一次能源生产和消费结构中的占比较高,为我国社会经济的平稳较快发展提供了有力支撑。我国煤炭产业经历了波澜壮阔的 40 年,基本实现了十大历史性转变和三大科技革命,尤其是 2002～2012 年煤炭行业"黄金十年"期间,煤炭价格节节攀升,煤炭产量快速增长。2012 年全国煤炭产量达到 36.45 亿吨,一次能源生产与消费结构中煤炭占比达到 76.5% 和 66.6%,但自 2012 年下半年之后,煤炭市场供需形势发生迅速逆转,出现"量价齐跌"的现象,企业亏损不断蔓延,中国煤炭行业挥手告别"黄金十年"。

　　在新时代新的历史时期,面对错综复杂的国际能源格局,煤炭产业作为我国主体能源,只有正确分析并识别判断我国煤炭产业现状及未来的发展趋势,才能对煤炭行业发展变局进行审慎应对,制定出符合相应发展阶段的发展战略,也能为行业发展树立一个标杆,对能源格局形成一个清醒的认识。

一、煤炭产业发展特点

　　当前我国煤炭产业发展已进入行业成熟期,这一阶段主要特征为:

　　① 产能达到顶峰,行业进入壁垒高,市场规模相对稳定。

　　② 行业之间上下游企业的横纵向兼并加剧,兼并、淘汰成为主要趋势,行业集中度大幅提高,各大煤企纷纷进行技术创新。

　　③ 由于在成长期集聚的规模和技术优势,煤炭行业中已经形成了规模化、低成本的先进生产力,煤价低位运行成为新常态,企业只能获取社会平均利润,甚至亏损。

　　④ 一些企业由于缺乏市场竞争力而被优势企业兼并重组,一些煤矿由于生产能力低下、自然灾害严重或资源衰竭将作为过剩或落后产能被淘汰。

　　⑤ 行业转型和技术创新成为主旋律,驱动因素可能是生态环境约束加强,清洁能源和可再生能源的利用或成为主流。

　　⑥ 随着我国可再生能源如水能、风能、太阳能等非化石能源使用占比的提高,对煤炭形成替代影响不断凸显。

⑦ 煤炭行业管理依然存在多头管理、管理主体职能越位缺位并存及管理体系有待进一步提升等问题。

二、煤炭产业发展现状

改革开放 40 多年来，我国煤炭行业整体面貌发生巨大变化，煤炭资源的高效安全开采与清洁利用水平已进入世界先进列，煤炭市场逐步由不完全的市场经济向市场经济、市场配置资源进行转变。目前我国煤炭行业基本上形成了煤炭开采、加工利用、现代物流、金融服务、矿区休闲旅游等多元协调发展的产业格局。

就煤炭资源分布及储量来看，中国煤炭资源丰富、品种齐全、分布广泛，全国 32 个省（区、市）中除上海市外，都有煤炭资源。但区域分布极不均衡，呈现出典型的"西多东少、北多南少"的特点。主要分布于华北以及西北地区，二者占比超过 79%。

从煤炭产销量变化来看，近十年来中国煤炭生产及消费量呈现出增长的态势，其中 2008～2018 年煤炭生产量复合增长率为 2.06%，消费量复合增长率为 1.71%，高于世界的 1.40% 与 0.74%。

从煤炭的产业结构变化来看，从原来长期的大中小煤矿并举、中小煤矿为主，转变为大型现代化煤矿为主。

从煤炭行业竞争格局上来看，经过几轮资源整合，煤炭行业集中度不断提升，煤炭行业前十大煤企产量占全国原煤产量的比例，由 2008 年的 29% 上升至 2019 年的 44.4%。

但与此同时，随着经济增速放缓，能源结构调整加快，能源需求强度下降，清洁能源快速发展，煤炭需求减弱，煤炭供需失衡矛盾日益突出，生产和利用环境约束加剧，煤炭发展空间受到压缩。同时，国际煤炭市场供需形势宽松，国内煤炭产能过剩，进口煤对国内市场冲击的加大，使煤炭行业发展形势日益严峻。

三、煤炭产业发展趋势

1. 煤炭消费逐渐下降，主体地位仍将保持

① 未来可再生能源使用量及占比将逐渐提升，全球向清洁能源逐步转型。但从目前全球能源消费结构看，可再生能源产业增速较快，占比较低。据英国石油天然气巨头 BP 公司预测，至 2025 年世界及中国能源结构中煤炭占比分别下降至 24.3% 及 51%，可再生能源占比分别增长至 8.1% 及 8.6%，仍未撼动石油、天然气和煤炭的主导地位，但对煤炭的挤压效应将逐步显现。

② 随着我国经济由高速增长转为中高速增长，经济增速放缓，固定资产投资下滑，能源消费强度下降，煤炭需求峰值提前到来，鉴于中国经济增速换挡，煤炭需求或难再创新高。据 BP 预测，至 2025 年，中国煤炭消费量将下降至 1886 百万吨油当量（见图 1-8），煤炭消费总量年均下降 0.75% 左右，占比年均下降 1% 左右。"十四五"期间，中国煤炭消费量缓慢下降。

③ 下游产业需求减少，煤炭消费不容乐观。电力、钢铁、建材、化工这四大煤炭下游产业总耗煤量占到煤炭消费量的 91%，几大行业总体趋势为消费量增速趋缓，对于煤炭消费需求的带动逐步降低。

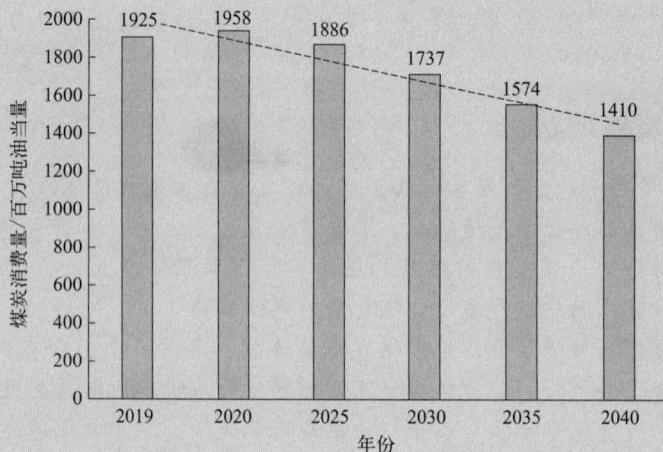

图 1-8   中国煤炭消费量变化预测

2. 政策推动西部地区发展，煤炭开发加速西移

① 2020 年 5 月 17 日，国家出台《关于新时代推进西部大开发形成新格局的指导意见》，提出加快形成西部大开发新格局，推动西部地区高质量发展。

② 山东、安徽、河南、黑龙江等东部和中部地区的煤炭产量缩减，陕西和新疆地区的煤炭产量增加，煤炭产业不断向西部迁移。

③ 目前，西部地区煤电装机量占全国煤电装机总量约 20%，但是新建项目主要集中在西部地区，煤炭化工转化项目主要在西部地区。随着西部地区煤制油、煤制天然气、煤制乙二醇、煤制烯烃等新型煤化工技术开发和产业化快速推进，技术趋于成熟，不断推动煤炭化工转化，未来煤化工耗煤量将逐步增加。

④ "十三五" 时期，全国煤炭开发总体布局是压缩东部、限制中部和东北、优化西部。在实施过程中以大型煤炭基地为重点，统筹资源禀赋、开发强度、市场区位、环境容量、输送通道等因素，优化煤炭生产开发布局。后期随着国家相关政策的倾斜、大型矿井的陆续投产，我国煤炭开发布局西移是大势所趋，未来西部产能占比将进一步提高，我国煤炭产业重心将逐步西移。

3. 行业竞争更加激烈，企业整合转型已成定势

① 根据国家相关部委文件，国家鼓励煤炭企业之间兼并重组，"十三五" 开局至今，不论在央企层面还是在省属国企层面，都有重组案例。"十四五" 期间，煤炭产业链上下游企业之间的兼并重组仍在继续。

② 煤炭企业同质化竞争加剧，具有一定发展潜力，但抗风险能力较弱的中小企业将被优势企业收购兼并，煤质差、成本高等缺乏竞争力的煤矿将会陆续退出市场。

③ 随着国内煤炭资源储量日益减少，煤炭企业为了获取更多的资源储备和市场空间，逐渐将眼光投向海外（如国家能源投资集团有限责任公司、开滦集团有限责任公司等）。同时出于对盈利及可持续发展的诉求，一些企业开始寻求多元化转型（如清洁能源布局、贸易品类延伸等）。

④ 全国煤炭转运能力大幅增加，影响煤炭运输与消费格局，区域煤炭市场竞争或更为激烈。

4. 安全、绿色、智能、高效开采将成为主流，产业升级成为必然

① 随着生态环保和应对气候变化压力增加，国家将保护环境确定为基本国策，煤炭发展的生态环境约束日益强化，要求必须走绿色开发与清洁高效利用的道路，加快发展煤炭清洁开发利用技术，着力提高煤炭集中高效发电比例，全面提高煤炭清洁利用水平。

② 为有效防范冲击地压事故，山东省于 2019 年 7 月出台了《山东省煤矿冲击地压防治办法》，结合山东省煤矿实际和防冲工作的实践，强化落实"三限三强"要求，将限采深、限强度、限定员、强支护、强监测、强卸压等防治冲击地压的硬措施纳入其中。该政策的出台对于地区煤矿安全生产要求进一步提高，未来国内将有更多地方政府出台相关系列安全政策。

③ 2020 年 3 月，国家发展改革委等 8 部委联合发布《关于加快煤矿智能化发展的指导意见》，提出到 2025 年，大型煤矿和灾害严重煤矿要基本实现智能化，煤矿智能化开采势在必行，"煤矿升级转型智能化""装备替人"已是大势所趋。

总之，我国是世界上最大的煤炭生产国和消费国，未来相当一段时间内煤炭将依旧作为我国能源供应主体。从我国能源资源赋存特点和保障能源安全的战略出发，未来在煤炭产业的长远发展道路中应加快结构调整转型升级，正确处理好转型与转产的关系。此外，坚持煤炭供给侧结构性改革不动摇，基于市场形势判断，正确处理好控制总量和保障供应的关系，为煤炭产业长远发展保驾护航。

习题

1. 成煤植物的主要化学组分是什么？它们各自对成煤的贡献如何？

2. 什么是腐泥煤？什么是腐殖煤？

3. 由高等植物形成煤要经历哪些过程和变化？

4. 试述决定泥炭沼泽形成的因素及其相互关系。

5. 试述影响煤质的因素。

6. 简述煤化作用指标、煤化作用跃变以及实质。

7. 什么是成煤作用？它包括哪几个阶段？简述成煤作用各个阶段经历的各种化学、物理、生物和地质作用。

8. 煤是如何形成的？

9. 腐殖煤的外表特征是什么？

10. 为什么木质素对成煤作用的贡献最大？

11. 高等植物和低等植物在化学组成上的区别是什么？

12. 煤炭形成需要哪些条件？

13. 什么是沼泽？按水的补给来源分，沼泽分为几类？

14. 什么是泥炭？泥炭的成分有哪些？包括哪些有机质？什么是泥炭化作用？

15. 从植物到泥炭，发生了哪些重大变化？其本质是什么？

16. 为什么在泥炭沼泽中，植物遗骸不会被完全分解？

17. 什么是煤化程度？煤化程度由高到低，煤种的序列是什么？

18. 泥炭化作用、成岩作用和变质作用的本质是什么？

19. 影响煤变质作用的因素有哪些？其中最关键的因素是什么？为什么？

20. 什么是煤层气？煤层气的主要成分是什么？

第二章

煤的有机质结构

✈ 本章学习目标

1. 知识目标
① 了解组成煤的基本结构单元;
② 掌握煤的结构与煤化程度的关系;
③ 了解煤结构的物理研究法;
④ 了解煤结构的化学研究法;
⑤ 了解煤的结构模型。
2. 能力目标
① 能根据煤的有机质结构比较煤化程度;
② 能理解组成煤的基本结构单元;
③ 能通过比较煤的结构参数判断煤的宏观性质;
④ 能够了解研究煤的主要方法;
⑤ 能基本理解煤分子结构的近代概念。

🌱 本章思维导图

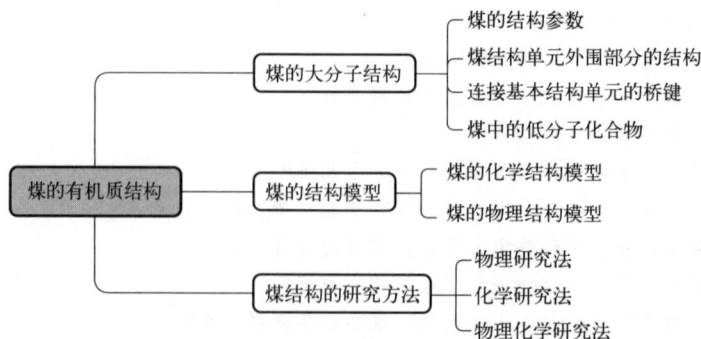

```
                                    ┌── 煤的结构参数
                    ┌── 煤的大分子结构 ──┤── 煤结构单元外围部分的结构
                    │                  ├── 连接基本结构单元的桥键
                    │                  └── 煤中的低分子化合物
                    │
煤的有机质结构 ──────┼── 煤的结构模型 ──────┬── 煤的化学结构模型
                    │                    └── 煤的物理结构模型
                    │
                    │                  ┌── 物理研究法
                    └── 煤结构的研究方法 ──┤── 化学研究法
                                        └── 物理化学研究法
```

　　对煤分子结构的研究一直是煤化学学科的中心环节,受到广泛的重视。但是,由于煤炭组成的复杂性、多样性和不均一性,所以煤不易分离成简单的物质进行结构和性质的研究分析。如利用溶剂法处理煤，仍得不到满意的结果，其主要原因是无法找到一种能完全溶解煤的溶剂，而溶于溶剂的只是煤中的一小部分，经抽提出来的仍然是一个复杂的混合物。不溶物的分子量比抽出物更大，化学结构仍很复杂。所以，无法用抽提的方法来观察煤结构。然而，要合理利用煤炭，测定煤的结构是十分重要的。目前煤结构的研究方法有三种：物理研究方法，如红外光谱、核磁共振波谱、X射线衍射、显微分光光度、扫描电子显微镜和各种物理性质研究以及利用物理常数进行统计结构分析；物理化学研究方法，如溶剂抽提和吸附性能研究等；化学研究方法，如氧化、加氢、卤化、水解、热解和官能团分析等。

　　长期以来，对煤的结构研究始终未能获得突破性的结论，只是根据实验结果分析推测，提出若干煤种的结构模型——化学结构模型和物理结构模型。近年来，对煤的结构研究取得一些进展。一般采用煤的镜质组作为结构研究的研究对象，其原因是镜质组在成煤过程中变化比较均匀以及矿物质含量低。

第一节　煤的大分子结构

　　煤是以有机体为主，由具有不同的分子量、不同化学结构的一组"相似化合物"组成的混合物。它不像一般的聚合物，是由相同化学结构的单体聚合而成的。因此，构成煤的大分子聚合物的"相似化合物"被称作基本结构单元。也就是说，煤是由许许多多的基本结构单元组合而成的。大分子基本结构单元包括规则部分和不规则部分。规则部分为基本结构单元的核心部分，由几个或十几个苯环、脂环、氢化芳香环及杂环（含氮、氧、硫）所组成，基本结构单元之间通过桥键连接，随着煤化程度的增大，苯环逐渐增多。如图2-1所示为典型的褐煤、次烟煤、高挥发分烟煤、低挥发分烟煤和无烟煤的基本结构单元或部分结构模型。

煤的结构类型

一、煤的结构参数

　　由于不能准确表示煤的基本结构单元，为了描述煤的基本结构情况，常采用四个"结构参数"，如芳碳率、芳氢率、芳环率、环缩合度指数加以说明。

　　① 芳碳率 f_{ar}^C　　$f_{ar}^C = \dfrac{N_{ar}(C)}{N_{total}(C)}$（$N$ 表示原子个数，下同），指煤的基本结构单元中，属于芳香族结构的碳原子数 $N_{ar}(C)$ 与总的碳原子数 $N_{total}(C)$ 之比。芳碳率 f_{ar}^C 随煤化程度的增加而增加，但在煤中达到90%以前增大并不显著，波动在 0.7~0.8 之间。对于烟煤，f_{ar}^C 不到0.8。

　　② 芳氢率 f_{ar}^H　　$f_{ar}^H = \dfrac{N_{ar}(H)}{N_{total}(H)}$，指煤的基本结构单元中，属于芳香族结构的氢原子数 $N_{ar}(H)$ 与总的氢原子数 $N_{total}(H)$ 之比。芳氢率 f_{ar}^H 随煤化程度的增加而增加，在煤中达到90%以前，f_{ar}^H 在 0.3~0.4 之间。对于烟煤，f_{ar}^H 大致在0.33。

　　③ 芳环率 f_{ar}^R　　$f_{ar}^R = \dfrac{N_{ar}(R)}{N_{total}(R)}$，指煤的基本结构单元中，芳香环数 $N_{ar}(R)$ 与总环数 $N_{total}(R)$ 之比。芳环率 f_{ar}^R 随煤化程度的增加而增加，煤中碳含量在 70%~83% 时，平均

环数为 2；碳含量在 83%～90% 时，平均环数增至 3～5；碳含量在 95% 以上时，平均环数剧增至 40 以上。对于烟煤，芳环率 f_{ar}^R 为 0.66 左右，无烟煤接近于 1。

④ 环缩合度指数 $2\left[\dfrac{N(R)-1}{N(C)}\right]$ $2\left[\dfrac{N(R)-1}{N(C)}\right]$ 中 $N(R)$ 为基本结构单元中缩合环的数目，$N(C)$ 为基本结构单元中碳原子数。环缩合度指数与芳碳率之间有如下关系：

$$2\left[\frac{N(R)-1}{N(C)}\right]=2-f_{ar}^C-\frac{N(H)}{N(C)}$$

褐煤

	干基/%	干燥无灰基/%
O	64.5	72.6
H	4.3	4.9
挥发分(V)	40.8	45.9

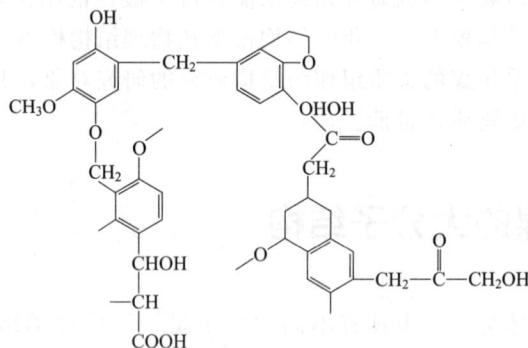

煤的基本
结构单元

次烟煤

	干基/%	干燥无灰基/%
O	72.9	76.7
H	5.3	5.6
V	41.5	43.6

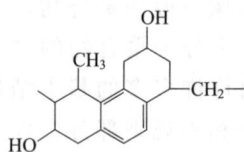

高挥发分烟煤

	干基/%	干燥无灰基/%
O	77.1	84.2
H	5.1	5.6
V	36.5	39.9

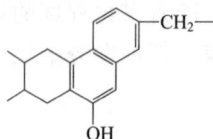

低挥发分烟煤

	干基/%
O	83.8
H	4.2
V	17.5

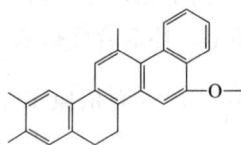

无烟煤

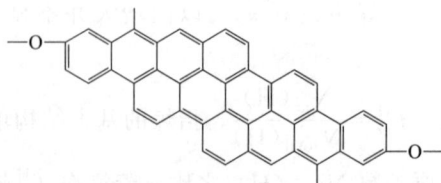

图 2-1　煤的基本结构单元（或部分结构）模型

二、煤结构单元外围部分的结构

煤的基本结构单元的核是缩合环结构，也称芳香环或芳香核。煤的基本结构单元不是一个均匀、确切的结构，但可以通过结构参数评价核的结构。不同煤化程度煤的结构参数列于表 2-1。

表 2-1　不同煤化程度煤的结构参数

碳含量/%	f_{ar}^C		f_{ar}^H		$H_{ar}/C_{ar}^①$	$H_{al}/C_{al}^②$	平均环数
	NMR	FTIR	NMR	FTIR			
75.0	0.69	0.72	0.29	0.31	0.33	1.48	2
76.0	0.75	0.75	0.34	0.33	0.36	0.74	2
77.0	0.71	0.65	0.33	0.24	0.34	1.89	2
77.9	0.38	0.49	0.16	0.14	0.42	1.32	1
79.4	0.77	0.77	0.31	0.31	0.31	1.91	3
81.0	0.70	0.69	0.31	0.34	0.34	1.45	2
81.3	0.77	0.74	0.30	0.36	0.35	2.11	3
82.0	0.78	0.73	0.36	0.32	0.34	2.14	3
82.0	0.74	0.76	0.33	0.31	0.33	1.74	3
82.7	0.79	0.73	0.32	0.29	0.31	2.34	3
82.9	0.75	0.79	0.39	0.39	0.38	1.59	3
83.4	0.78	0.69	0.33	0.29	0.32	2.31	3
83.5	0.77	0.69	0.34	0.29	0.36	2.42	3
83.8	0.54	0.56	0.18	0.16	0.31	1.69	1
85.1	0.77	0.80	0.43	0.45	0.36	1.38	3
86.5	0.76	0.78	0.33	0.42	0.36	1.75	3
90.3	0.86	0.84	0.53	0.50	0.35	1.91	6
93.0	0.95	—	0.68	—	0.23	2.06	30

① 芳香氢、碳原子比。

② 脂肪氢、碳原子比。

基本结构单元的核主要是由不同缩聚程度的芳香环构成的，同时含有少量的氢化芳香环和氮、硫杂环。低煤化程度烟煤的基本结构单元的核以苯环、萘环和菲环为主；中等煤化程度烟煤的基本结构单元的核以菲环、蒽环和吡环为主；在无烟煤阶段，基本结构单元的核芳香环数急剧增大，逐渐向石墨结构转变。

基本结构单元的缩合环上连接有数量不等的烷基侧链和官能团，通常它们的数量随煤化程度增加而减少。

（一）含氧官能团

氧是构成煤的有机质的主要元素之一，对煤的性质影响很大，尤其对年轻煤影响更大。氧的存在形式可分为两类：一类是含氧官能团，如羧基、酚羟基、羰基、醌基和甲氧基等，煤化程度越低，这一部分占的比例越大；另一类是醚键和呋喃环，它们在年老煤中占优势。

1. 主要含氧官能团的测定方法

① 羧基（—COOH）　它是褐煤的特性官能团，有酸性，且比乙酸强。常用的测定方法是将煤样与乙酸钙反应，然后以标准碱溶液滴定生成的乙酸，羧基含量以 mmol/g 表示（其

他官能团表示方法与此相同)。反应式如下:

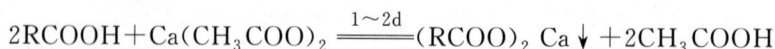

$$2RCOOH+Ca(CH_3COO)_2 \xrightarrow{1\sim 2d} (RCOO)_2Ca\downarrow +2CH_3COOH$$

② 酚羟基(—OH) 它存在于泥炭、褐煤和烟煤中,是烟煤的主要含氧官能团。常用测定方法是测定煤中的总酸性基团,包括酚羟基和羧基。总酸性基团用钡离子交换法,羧基采用乙酸钙交换法,酚羟基用差减法得到。反应式如下:

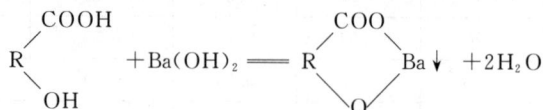

$$R\begin{matrix} COOH \\ \\ OH \end{matrix} +Ba(OH)_2 \Longrightarrow R\begin{matrix} COO \\ \\ O \end{matrix} Ba\downarrow +2H_2O$$

此外,还有 KOH-C_2H_5OH 溶液测定法和酯化法等。

③ 羰基(—C=O) 羰基无酸性,在煤中分布很广,从泥炭到无烟煤都含有羰基。比较简便的测定方法是使煤样与苯肼溶液反应。过量的苯肼溶液可用费林试剂氧化,测定 N_2 的体积即可求出与羰基反应的苯肼量,也可测定煤在反应前后的氮含量,根据氮含量的增加可算出羰基含量。

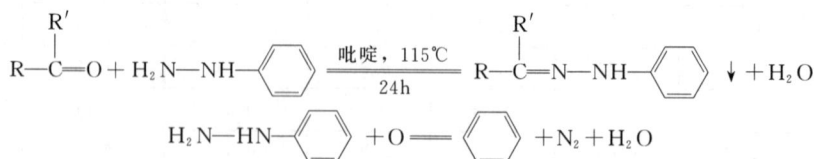

$$R-\overset{R'}{\underset{}{C}}=O+H_2N-NH-\bigcirc \xrightarrow[24h]{\text{吡啶,115℃}} R-\overset{R'}{\underset{}{C}}=N-NH-\bigcirc \downarrow +H_2O$$

$$H_2N-HN-\bigcirc +O=\bigcirc \Longrightarrow \bigcirc +N_2+H_2O$$

④ 甲氧基(—OCH_3) 它仅存在于泥炭和软褐煤中,能和 HI 反应生成 CH_3I,再用碘量法测定。

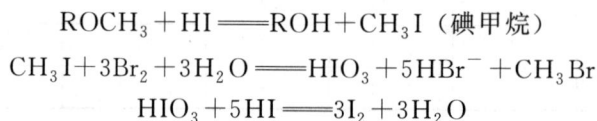

$$ROCH_3+HI \Longrightarrow ROH+CH_3I \text{(碘甲烷)}$$
$$CH_3I+3Br_2+3H_2O \Longrightarrow HIO_3+5HBr^-+CH_3Br$$
$$HIO_3+5HI \Longrightarrow 3I_2+3H_2O$$

⑤ 醚键(—O—) 醚键相对不易发生化学反应也不易热解,所以称为非活性氧。严格地讲,它不属于官能团,但可以测定,如用 HI 水解:

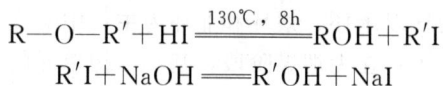

$$R-O-R'+HI \xrightarrow{130℃,8h} ROH+R'I$$
$$R'I+NaOH \Longrightarrow R'OH+NaI$$

然后,测定煤中增加的—OH 基或测定与煤结合的碘。不过,这种方法及其他测定醚键的方法均不能保证测出全部醚键。

2. 煤中含氧官能团随煤化程度的变化

煤中含氧官能团的分布随煤化程度的变化见图 2-2。

由图 2-2 可见,煤中的含氧官能团随煤化程度增加而急剧减少,其中以羟基为最多,其次是羰基和羧基。在煤化过程中,甲氧基首先

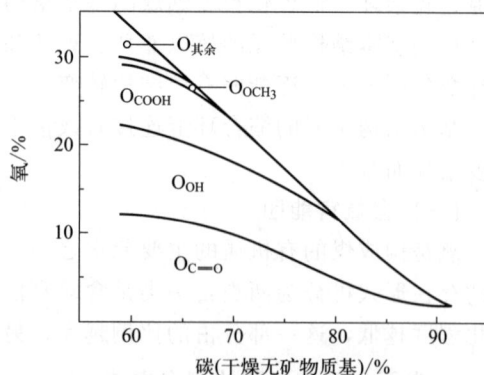

图 2-2 煤中含氧官能团的分布随煤化程度的变化

消失，接着是羧基，它们在典型烟煤中已不再存在，而羟基和羰基仅在数量上减少，即使在无烟煤中也还存在。图 2-2 中其余含氧主要指醚键和杂环氧，它们所占的比例在中等变质程度的煤中是相当大的。

（二）含硫和含氮官能团

硫的性质与氧相似，所以煤中的含硫官能团种类与含氧官能团差不多。

煤中的硫包括有机硫和无机硫。煤中有机硫的主要存在形式是噻吩，其次是硫醚键和巯基（—SH）。

煤中含氮量多在 $1\%\sim2\%$，其中 $50\%\sim75\%$ 的氮以吡啶环或喹啉环形式存在，此外还有氨基、亚氨基、氰基和五元氮杂环等。由于含氮结构非常稳定，故定量测定十分困难，至今尚未见到可信的定量测定结果。

（三）烷基侧链

煤的红外光谱、核磁共振波谱、氧化和热裂解的研究结果都已表明煤的基本结构单元上连接有烷基侧链。藤井修治在比较温和的条件下（150℃、氧气）把煤中的烷基氧化为羧基，然后通过元素分析和红外光谱测定，求得不同煤中烷基侧链的平均碳原子数（见表 2-2）。

表 2-2　煤中烷基侧链的平均碳原子数

煤中 $w(C)/\%$	65.1	74.2	80.4	84.3	90.4
烷基侧链平均碳原子数	5.0	2.3	2.2	1.8	1.1

由表 2-2 可见，烷基侧链随煤化程度增加开始很快缩短，然后变化渐趋平缓。年老褐煤和年轻烟煤的烷基侧链平均碳原子数为 2，无烟煤则减少到 1，即主要含甲基。另外，烷基碳占总碳的比例也随煤化程度增加而减少，煤中含碳量为 70% 时，烷基碳占总碳的 8% 左右；煤中含碳量为 80% 时，约占 6%；煤中含碳量为 90% 时，只有 3.5% 左右。

三、连接基本结构单元的桥键

桥键是连接基本结构单元的化学键，所以确定桥键的类型和数量对阐明煤的化学结构和性质至关重要。由于这一问题的高度复杂性，所以至今尚未得到可靠的定量数据。一般认为，桥键有以下四类。

① 亚甲基键：—CH$_2$—，—CH$_2$—CH$_2$—，—CH$_2$—CH$_2$—CH$_2$— 等；
② 醚键和硫醚键：—O—，—S—，—S—S— 等；
③ 亚甲基醚键：—CH$_2$—O—，—CH$_2$—S— 等；
④ 芳香碳碳键：C_{ar}—C_{ar}。

上述四类桥键在不同煤中不是平均分布的，在低煤化程度煤中桥键发达，其类型主要是前面三种，尤以长的亚甲基键和亚甲基醚键为多；中等煤化程度的煤中桥键数目最少，主要形式是—CH$_2$—和—O—；至无烟煤阶段桥键又增多，主要是芳香碳碳键。

四、煤中的低分子化合物

在煤的缩聚芳香结构中还分散着一些独立存在的非芳香化合物，它们的分子量在 500 左右，可利用普通有机溶剂如苯、醇等萃取出来。它们的性质与煤主体有机质有很大的不同，通常称它们为低分子化合物。

煤中的低分子化合物来源于成煤植物（如树脂、树蜡、萜烯等）、成煤过程中形成的未参与聚合的化合物以及低分子聚合物。低分子化合物与煤大分子主要通过氢键和范德瓦尔斯力结合。煤中低分子化合物的含量一般不超过 5%，但有的人认为实际含量远远大于此数值。在褐煤和烟煤中，低分子化合物可达煤有机质的 10%～23%。测值低是因为萃取时间短以及低分子化合物与煤的大分子结合太紧密而萃取不出来。煤中低分子化合物的含量虽然不多，但它们的存在对煤的黏结性能、液化性能等影响很大。

煤中低分子化合物可分为两类，即烃类和含氧化合物。煤中的烃类主要是正构烷烃，此外还有少量的环烷烃和长链烯烃。含氧化合物有长链脂肪酸、醇和酮，甾醇类等。

第二节　煤的结构模型

由于煤结构的高度复杂性，尽管将所有的传统结构测定方法和近年来发展起来的计算机断层扫描（CT）、核磁共振成像（NMRI）、扫描隧道显微镜（STM）、原子力显微镜（AFM）等新技术以及量子化学理论计算应用到煤结构的研究中，但到目前仍不能了解煤分子结构的全貌。于是根据获得的煤结构信息建立了煤分子结构模型来研究煤。

一、煤的化学结构模型

建立煤的结构模型是研究煤的化学结构的重要方法，主要根据煤的各种结构参数进行推想和假设而建立。用以表示煤平均化学结构的分子图示常称为煤的化学结构模型。这些模型并不是煤的真实分子的结构，但是在解释煤的某方面性质时仍然得到了成功应用。

1. Fuchs 模型

Fuchs 模型是 20 世纪 60 年代以前煤的化学结构模型的代表。如图 2-3 所示，是由德国的 W. Fuchs 提出，Krevelen 于 1957 年进行了修改，根据红外光谱（IR）、统计结构分析结果（根据元素组成、密度、折射率等计算）推断出来的煤结构模型。该模型将煤描绘成由较大的蜂窝状缩合芳香环和在其周围任意分布着的以含氧官能团为主的基团所组成。模型中煤结构单元的芳香缩合环很大，平均为 9 个，最大部分有 11 个芳环，芳环之间主要通过脂环相连。但模型中含氮官能团结构、含硫官能团结构的种类也不全面，所以该模型不能全面地反映煤结构特征。

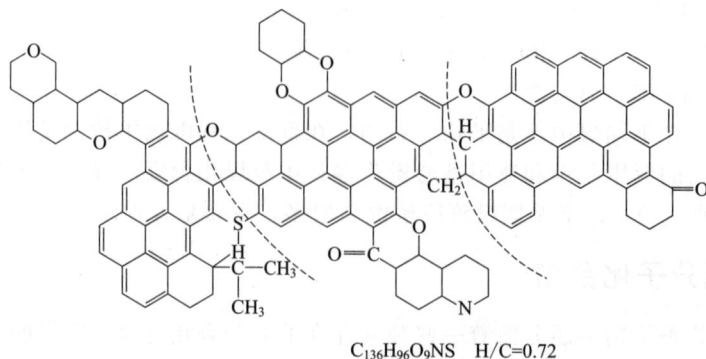

$C_{136}H_{96}O_9NS$　$H/C=0.72$

图 2-3　Fuchs 模型

2. Given 模型

Given 模型是英国的 P. H. Given 于 20 世纪 60 年代初采用 IR、H-NMR 和 XRD 法,对碳质量分数为 82.1% 的镜质煤分析,测得其芳香氢和脂肪氢的比例、元素组成、分子量、—OH 量等信息,将单体单元(9,10-二氢蒽)与随机分布的取代基团结合构造成共聚体,各共聚体再次聚合得到的 Given 模型。如图 2-4 所示,这是一种煤化程度较低的烟煤 [$w(C)$ 为 82%] 结构,分子中没有大的缩合芳香环(主要是萘环),分子呈线性排列并具有无序的三维空间结构。该模型中氮原子以杂环形式存在,含氧官能团有酚羟基和醌基,结构单元之间的交联键主要是邻位亚甲基。但此模型中没有含硫的结构,也没有醚键和两个碳原子以上的直链桥键。

20 世纪 60 年代以后,在煤的结构研究中采用了各种新型的现代化仪器,如傅里叶变换红外光谱仪和高分辨率核磁共振波谱仪等,得到了更为准确、详细的煤结构信息,为构建更合理的煤结构模型提供了数据。

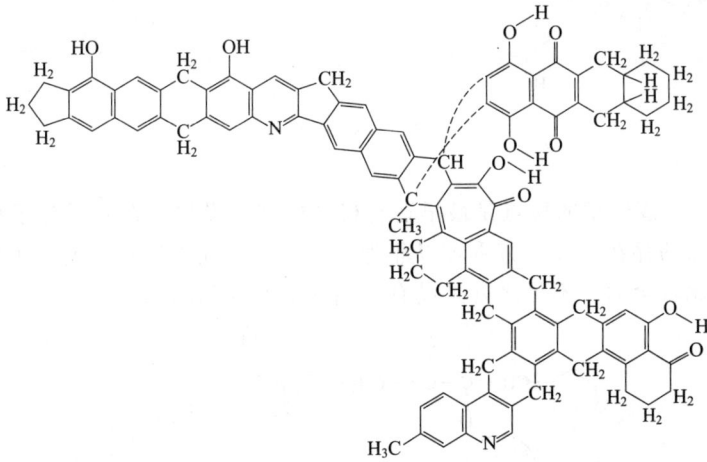

图 2-4　Given 模型

3. Wiser 模型

Wiser 模型是美国的 W. H. Wiser 于 20 世纪 70 年代中期对含碳 78.0%、氢 5.2%、氧 11.9% 的一种高挥发分烟煤进行分析而提出的煤化学结构模型。如图 2-5 所示,此模型也是针对年轻烟煤而言的,被认为是比较全面合理的一种模型。

该模型芳香环数分布范围较宽,包含了 1~5 个环的芳香结构,结构单元之间主要以 C_1~C_3 的脂肪桥键、醚键(—O—)和硫醚键(—S—)等弱键以及两芳环直接相连的芳基碳碳键(C_{ar}—C_{ar})连接。元素组成与烟煤一致,其中芳香碳占 65%~75%;氢大多存在于脂肪结构中,如氢化芳环、烷基结构和桥键等,芳香氢较少;氧、硫和氮部分以杂环形式存在。模型中含有羟基和羰基,由于是低煤化度烟煤,也含有羧基,还含有硫醇和噻吩等基团。此模型首次把硫以硫连接键和官能团形式填充到煤的分子结构中,揭示了煤结构的现代概念,可以解释煤的加氢液化、热解、氧化、水解等许多化学反应。

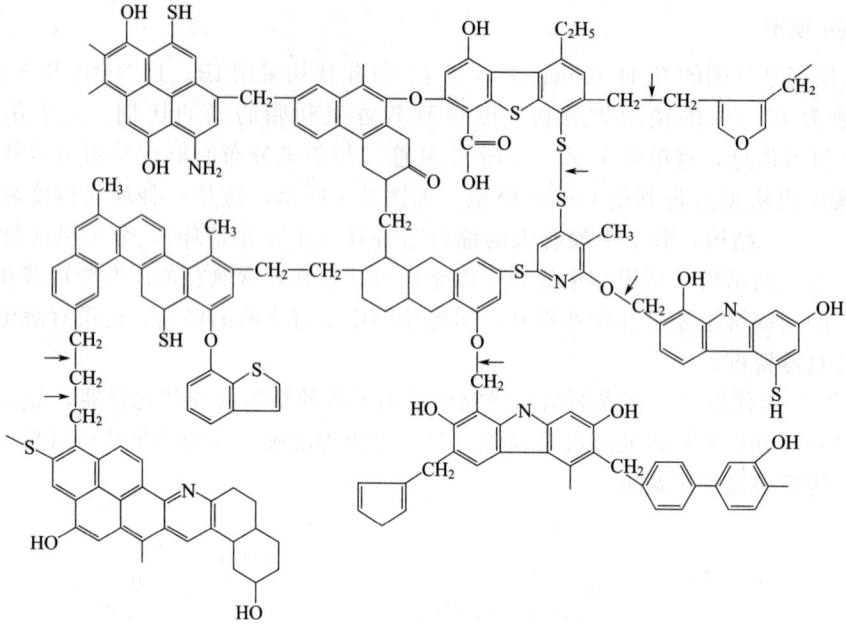

图 2-5   Wiser 模型

4. 本田模型

如图 2-6 所示，该模型的特点是最早在有机结构部分设想存在着低分子化合物，考虑到煤中低分子化合物的存在，缩合芳香环以菲为主，它们之间由比较长的亚甲基键连接，对氧的存在形式考虑比较全面。不足之处是没有包括含硫和氮的结构。

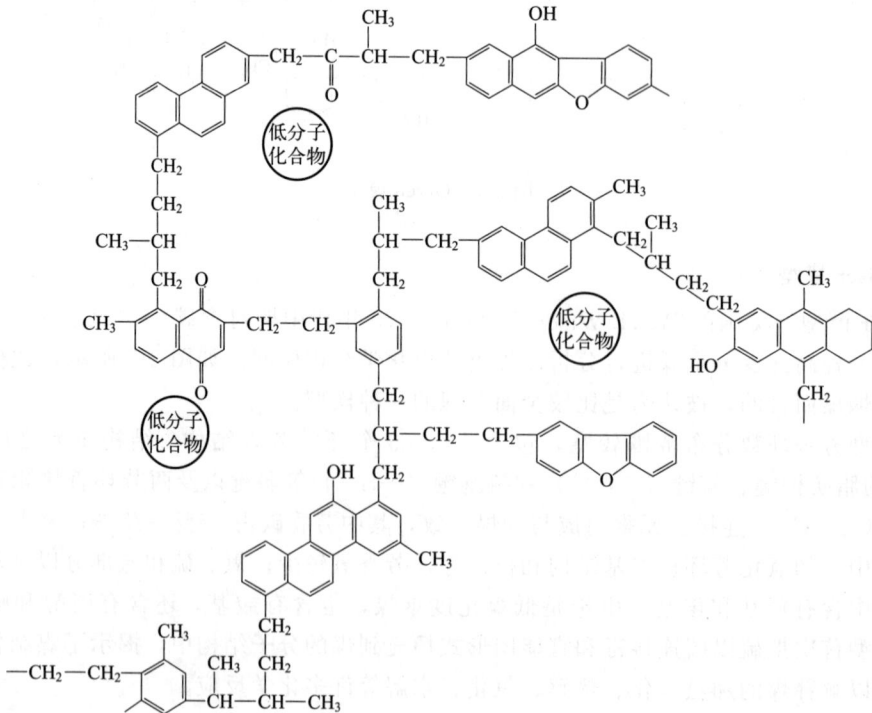

图 2-6   本田模型

5. Shinn 模型

此模型是目前广为人们接受的煤大分子结构模型，如图 2-7 所示，是根据煤在一段和二段液化产物的分布提出的，所以又称反应结构模型。它以烟煤为对象，以分子量 10000 为基础，考虑结构单元扩充至 $C=661$，通过数据处理和优化，得到分子式为 $C_{661}H_{561}O_{74}N_{11}S_6$。该模型假设，芳环或氢化芳环单元由较短的脂链和醚键相连，形成大分子的聚集体，小分子镶嵌于聚集体孔洞或空穴中，可通过溶剂抽提萃取出来。

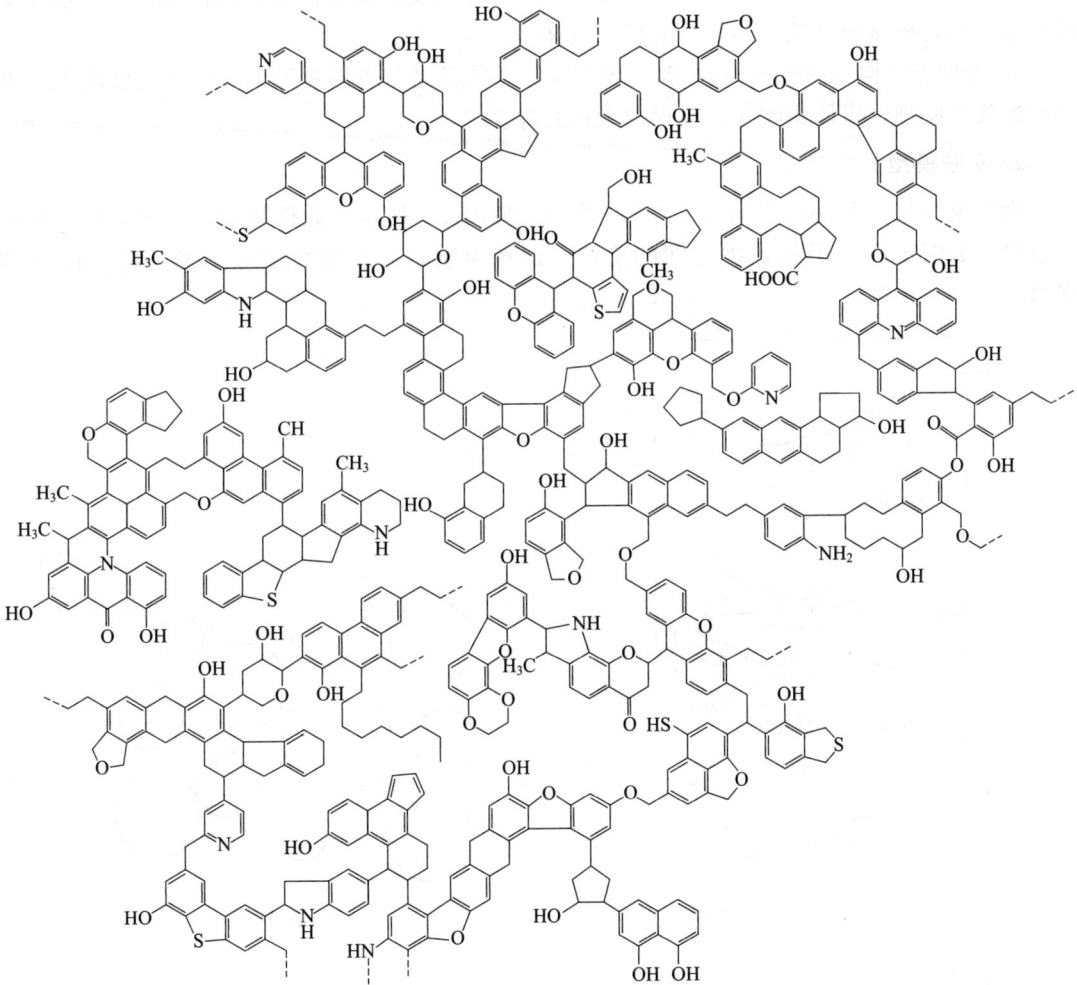

图 2-7　Shinn 模型

二、煤的物理结构模型

煤的化学结构反映了煤的大分子中各原子之间的相互关系，这些原子之间是通过化学键联系起来的。煤的物理结构是指分子间的堆垛结构和孔隙结构。

1. Hirsch 模型

1954 年 Hirsch 利用双晶衍射技术对煤的小角 X 衍射线散射进行了研究，认为煤中有紧密堆积的微晶、分散的微晶、直径小于 500nm 的孔隙，据此建立了 Hirsch 煤结构模型。该模型将不同煤化程度的煤划分为三种物理结构，如图 2-8 所示。

① 敞开式结构 [图 2-8(a)]：属于低煤化程度烟煤，其特征是芳香层片小，不规则的"无定形结构"比例较大。芳香层片间由交联键连接，并或多或少在所有方向上任意取向，形成多孔的立体结构。

② 液态结构 [图 2-8(b)]：属于中等煤化程度烟煤，其特征是芳香层片在一定程度上定向，并形成包含两个或两个以上层片的微晶。层片间的交联大大减少，故活动性大。这种煤的孔隙率小，机械强度低，热解时易形成胶体。

③ 无烟煤结构 [图 2-8(c)]：属于无烟煤，其特征是芳香层片增大，定向程度增大。由于缩聚反应剧烈，煤体积收缩，故形成大量孔隙。

2. 交联模型

交联模型是由 Larsen 等于 1982 年提出的，如图 2-9 所示。此模型中，分子之间由交联键连接，类似于高分子化合物之间的交联。这种模型很好地解释了煤不能被完全溶解的现象。

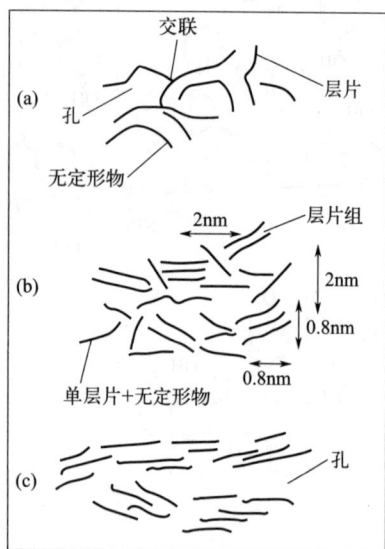

图 2-8　Hirsch 模型

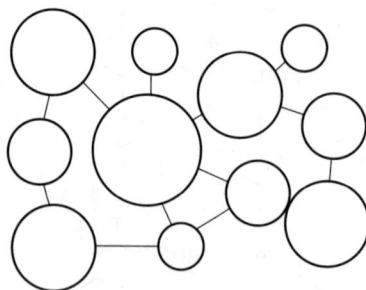

图 2-9　交联模型

3. 两相模型

两相模型又称主-客模型，是由 Given 等于 1986 年根据 NMR 氢谱发现煤中质子的弛豫时间有快和慢两种类型而提出的。如图 2-10 所示，该模型中煤中有机物大分子多数是交联的大分子网络结构，为固定相；低分子化合物通过非共价键力的作用陷在大分子网状结构中，为流动相。煤的多聚芳环是主体，对于相同煤种主体是相似的，而流动相小分子是作为客体掺杂于主体之中的。采用不同溶剂抽提可以将主客体分离。在低阶煤中，非共价键的类型主要是离子键和氢键；在高阶煤中，π-π 电子相互作用和电荷转移起主要作用。

4. 单相模型

单相模型又称缔合模型，是 Nishioka 于 1992 年提出来的。他在分析了溶剂萃取实验结果后，认为存在连续分子量分布的煤分子，煤中芳香族间的连接是静电型和其他型的连续力，不存在共价键。煤中的芳香族由于这些力堆积成更大的联合体，然后形成多孔的有机质，如图 2-11 所示。

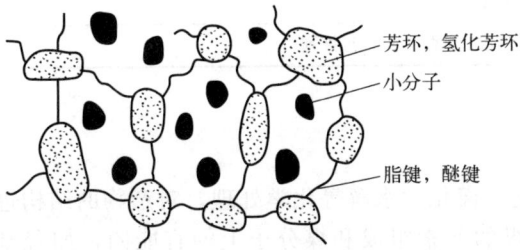

图 2-10　两相模型

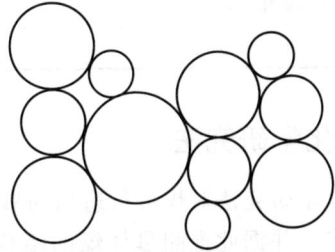

图 2-11　单相模型

第三节　煤结构的研究方法

煤结构的研究方法主要有三类，即物理研究法、化学研究法和物理化学研究法。

一、物理研究法

物理研究法主要是利用高性能的现代分析仪器，如红外光谱仪、核磁共振波谱仪、X 射线衍射仪、扫描电子显微镜等对煤结构进行测定和分析，从中获取煤结构的信息。表 2-3 列举了各种现代仪器用于煤结构研究及其提供的信息。

表 2-3　各种现代仪器用于煤结构研究及其提供的信息

方法	所提供的信息
密度测定 比表面积测定 小角 X 射线散射（SAXS） 计算机断层扫描（CT） 核磁共振成像（NMRI）	孔容、孔结构、气体吸附与扩散、反应特性
透射/扫描电子显微镜（TEM/SEM） 扫描隧道显微镜（STM） 原子力显微镜（AFM）	形貌、表面结构、孔结构、微晶石墨结构
X 射线衍射（XRD）	微晶结构、芳香结构的大小与排列、键长、原子分布
紫外-可见光谱（UV-Vis）	芳香结构大小
红外光谱（IR）-Raman 光谱	官能团、脂肪和芳香结构、芳香度
核磁共振谱（NMR）	C 和 H 原子分布、芳香度、缩合芳香结构
电子顺磁共振谱（EPR）	自由基浓度、未成对电子分布
X 射线光电子能谱（XPS） X 射线吸收近边结构谱（XANES）	原子的价态与成键、杂原子组分
Mossbauer 谱	含铁矿物
原子光谱（发射/吸收） X 射线能谱（EDS）	矿物质成分
质谱（MS）	碳原子数分布、碳氢化合物类型、分子量

方法	所提供的信息
电学方法（电阻率）	半导体特性、芳香结构大小
磁学方法（磁化率）	自由基浓度
光学方法（折射率、反射率）	煤化程度、芳香层大小与排列

二、化学研究法

化学研究法对煤进行适当的氧化、氢化、卤化、水解等化学处理，对产物的结构进行分析测定，并据此推测母体煤的结构。此外煤的元素组成和煤分子上的官能团，如羟基、羧基、甲氧基、醚键等也可以采用化学分析的方法进行测定。

1. 煤的高真空热分解

在高真空下对煤进行热分解，也称为煤的分子蒸馏。中国科学院山西煤炭化学研究所曾对其进行了研究，并设计和制造了不锈钢制的分子蒸馏装置，用来研究煤的结构和黏结性。

分子蒸馏的原理是在高真空中从一薄层的高分子有机物质，将它的分子蒸馏出来，并冷凝在冷凝器上。物质的蒸馏面与冷凝面之间的距离应当小于它的分子平均自由程（一个分子在碰撞另一个分子之前所经历的平均距离）。在133Pa真空时，分子平均自由程约为5cm，这代表一般分子蒸馏设备的蒸馏面与冷凝面之间的标准距离，设计距离应小于此标准距离，一般为3~5cm。这样一来，从蒸馏面离开的分子，在冷凝前（平均而言）不与其他分子碰撞，也不与比蒸馏面温度更高的面相遇。所以分子蒸馏技术是控制大分子有机物热分解的好方法，在研究复杂的有机化合物方面是一种新技术。

在高真空中对一薄层煤热分解时，煤中含有的或者由于热分解生成的、分子量比较低的物质能迅速蒸馏并附着在冷凝面上，所以这些低分子量的初次热解产物能迅速从加热面析出，在不再或很少进一步热分解或热缩聚的状态下将其冷凝取出。由此可知，高真空热分解是一种有效的研究煤的初次热分解产物数量和性质的方法。

中国科学院山西煤炭化学研究所曾对三种有代表性的煤进行了高真空热分解研究。A煤（$V_{daf}=33.6\%$）是黏结性最好的煤，而B煤（$V_{daf}=16.3\%$）及C煤（$V_{daf}=36.1\%$）则黏结性较差。试验所得冷凝蒸馏物是黄色树脂状固体，在空气中很快变成深棕色。用苯-醇（1:1）的混合液洗涤馏出物，蒸去混合液，得到干的馏出物，再溶于其体积10倍的戊烷中，将其分为溶于戊烷及不溶于戊烷的两部分。前者是一种无定形的棕色粉末，后者是一种软的树脂状物。

A煤馏出物中不溶于戊烷部分的质量平均为煤样质量的7.17%，B煤的为2.40%，而C煤的为0.42%。研究表明，黏结性最好的煤经过高真空热分解，将其热分解产物除去后，黏结性消失。根据研究结果得知：强黏结性煤的高真空馏出物中，不溶于戊烷部分占煤样重的百分率比弱黏结性煤大得多。

藤田等人对日本煤进行了高真空热分解的研究，其结果如图2-12所示。一方面，随煤化程度的加深馏出物的收率增加，含碳86%的煤馏出物的收率达到最大值为16%；此后，随着煤化程度的增加馏出物的收率急剧减少，含碳93%的煤馏出物的收率几乎为零。另一方面，煤气的收率对于含碳73%的煤约为23%，但其随煤化程度的加深而开始逐渐减少。对于含碳87%的煤，煤气收率约为13%；对于含碳93%的煤，煤气收率几乎为零。馏出物的平均分子量大致随煤化程度的加深而增加，其值为 $330\sim390$。

图 2-13 是兰德勒尔（Ladner）提出的高真空馏出物的结构模型，它是煤的黏结组分，其特点是芳香环之间以脂环作为桥键。

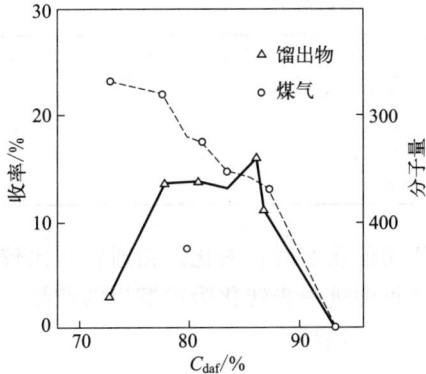

图 2-12　500℃高真空热分解产物
收率与煤化程度的关系

图 2-13　高真空馏出物的结构模型
$\left[(C_{36}H_{36}O_3)\ 分子量\ 516\right]$

2. 煤的加氢

煤与氢的反应称为煤加氢，是研究煤的化学结构与性质的主要方法之一。通过煤加氢，可以破坏煤的大分子结构，生成分子量相对较小、结构相对简单的烃类混合物，从而将煤转化为液体燃料油。煤加氢液化分轻度加氢和深度加氢两种。煤加氢可制取洁净的液体燃料，煤加氢脱灰、脱硫可制取溶剂精制煤，以及制取结构复杂和有特殊用途的化工产品，煤加氢还可改善煤质等。

煤和液体烃类在化学组成上的差别，在于煤的氢/碳（H/C）原子比较石油、汽油低很多。几种煤和其他燃料以及纯化合物的 H/C 原子比见表 2-4。从表中数据可知，所有煤转化过程都是要相对于原料煤大大提高产品的 H/C 原子比。这就需要对煤加氢，而加氢是个很困难的反应，所以煤的加氢除供氢溶剂外，还需要高压氢气以及催化剂等。因此不仅费用高，工艺和设备也较复杂。

除了要调节 H/C 原子比之外，还必须大大降低杂原子含量。煤液体中的含氧、硫和氯的化合物在精制过程中可使催化剂中毒，且对燃料性能有很大危害。煤中矿物质也必须除去，矿物质给液化过程中泵送和处理煤-油浆造成很大的困难，合成原油中的矿物质必须在精制和使用前除去。

表 2-4　若干普通燃料和纯化合物的 H/C 原子比

燃料或化合物	H/C（原子比）	燃料或化合物	H/C（原子比）	燃料或化合物	H/C（原子比）
甲烷	4.0	汽油	1.9	高挥发分 B 烟煤	0.8
天然气	3.5	石油原油	1.8	高挥发分 A 烟煤	0.8
乙烷	3.0	焦油砂	1.5	褐煤	0.7
丙烷	2.7	甲苯	1.1	中挥发分烟煤	0.7
丁烷	2.5	苯	1.0	无烟煤	0.3

人们对煤的直接加氢液化进行过很广泛的研究，现有的大多数煤液化方法都具有共同的特征，基本上都是 1913 年德国 F 伯吉乌斯（Bergius）早期工作的延伸。大部分转化工作

中，煤都先经过干燥和粉碎，再与煤衍生的循环油制浆，然后将煤浆打入高压反应器，在反应器中煤在高温和高压下加氢而被液化。大多数液化过程的操作温度和压力是类似的，如表 2-5 所示。

表 2-5   煤直接加氢液化的操作温度和压力

方法	温度/℃	氢压力/MPa	催化剂	方法	温度/℃	氢压力/MPa	催化剂
伯吉乌斯法	480	30～70	氧化铁	溶剂精炼煤法（SRC-Ⅱ）	460	13	无
SYNTHOIL 法	450	14～28	钼酸钴	道氏（Dow）煤液化法	460	14	乳化液
氢煤法（H-coal）	450	19	钼酸钴	CO-STEAM 法	450	20～30	无
供氢溶剂法（EDS）	450	10	无	科诺可氯化锌法	415	21	氯化锌

在温和条件下（低温低压或短时间反应）或不使用催化剂时，液化产物通常是比较重的油类，仅适于用作锅炉燃料。在比较苛刻的条件下，重油进一步转化为可馏出的产品。但不论在哪种条件下，产品通常都需要进一步提质才适于用作燃料。

（1）煤加氢液化的反应原理

从煤结构概念出发，固体煤加氢转化为液体，就是煤结构中某些键断开，并同时加氢，生成液体产物和少量气态烃。下面介绍煤加氢的主要化学反应和反应历程。

① 煤加氢的主要化学反应   煤加氢液化是一个极其复杂的反应过程，有平行反应，也有顺序反应，不可能用一个或几个反应式完整地进行描述。煤加氢液化的基本化学反应如下：

a. 热解反应。现已公认，煤热解生成自由基是加氢液化的第一步。煤热解温度在煤的软化温度以上，煤结构单元间易受热裂解的桥键主要有以下几种。

亚甲基和次甲基键：$-CH-$，$-CH_2-CH_2-$，$-CH_2-CH_2-CH_2-$ 等；

含氧桥键：$-O-$，$-CH_2-O-$ 等；

含硫桥键：$-S-$，$-S-S-$，$-S-CH_2-$ 等。

热解反应式可示意为：

$$R-CH_2-CH_2-R' \longrightarrow RCH_2 \cdot + R'CH_2 \cdot$$

这些桥键的键能较低，受热很容易裂解生成自由基"碎片"，自由基与氢结合生成稳定的低分子液态烃。

b. 供氢反应。煤加氢时一般都用溶剂作介质，溶剂的供氢性能对反应影响很大。研究证明，反应初期使自由基稳定的氢主要来自溶剂而不是来自氢气。煤热解过程中产生的自由基从供氢溶剂中获得氢生成分子量较低的产品，从而稳定下来。

$$H(供氢溶剂) + R \cdot \longrightarrow RH$$

供氢溶剂不足时，煤热解产生的自由基碎片进一步缩聚形成半焦。

$$n(R \cdot) \xrightarrow{\text{缩聚}} 半焦(R)_n$$

如果供氢溶剂足够时，供氢溶剂给自由基供氢后，又能从气相吸收氢，如此反复起到传递氢的作用。如四氢化萘、9,10-二氢菲和5,6,7,8-四氢喹啉等，反应式如下：

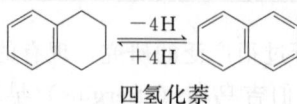

四氢化萘

9,10-二氢菲

5,6,7,8-四氢喹啉

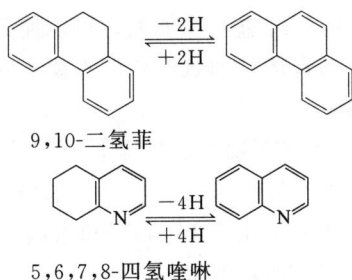

c. 脱杂原子反应。煤有机质中的 O、N、S 等元素称为煤中的杂原子，在加氢条件下与氢反应，生成 H_2O、H_2S、NH_3 等低分子化合物而从煤中脱除。这对煤加氢液化产品的质量和环境保护是很重要的。

d. 加氢裂解反应。它是煤加氢液化的主要反应，包括多环芳香结构饱和加氢、环破裂和脱烷基等。随着反应的进行，产品的分子量逐步降低，结构从复杂到简单。

e. 缩聚反应。在加氢反应中如温度太高、供氢量不足或反应时间过长，会发生逆向反应，即缩聚反应，生成分子量更大的产物，例如：

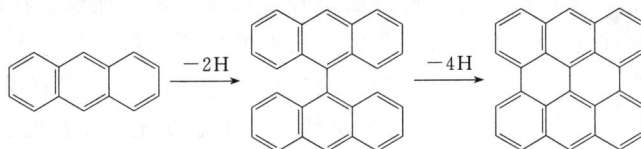

综上所述，煤加氢液化反应使煤的氢含量增加，氧、硫含量降低，生成分子量较低的液化产品和少量气态产物。

② 煤加氢液化反应历程　煤加氢液化反应包括一系列非常复杂的顺序反应和平行反应。顺序反应是因反应产物的分子量从高到低，结构从复杂到简单，出现先后大致有一个次序；平行反应是因在反应初期，煤刚开始转化就有少量最终产物出现，任何时候反应产物都不是单一的。人们对煤加氢液化反应历程做了大量研究，并提出了各种反应历程，综合起来可认为煤加氢反应历程如图 2-14 所示。

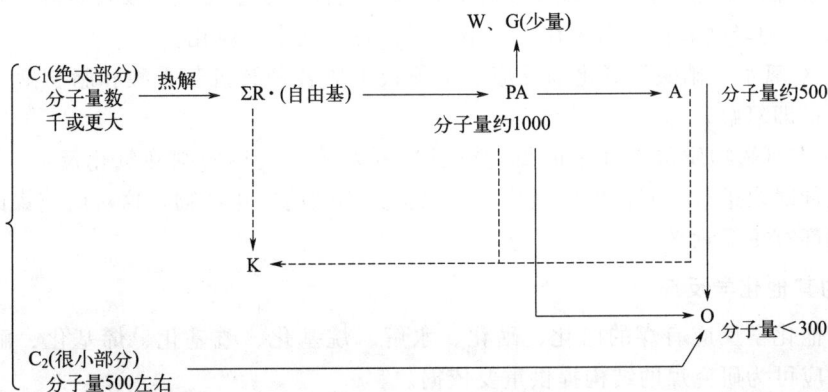

图 2-14　煤加氢反应历程

C_1、C_2—煤中成分；PA—前沥青烯；A—沥青烯；O—油；G—气体；W—水；K—半焦

煤是复杂的有机化合物的混合物，含有少量容易液化的成分，在反应初期加氢直接生成油；也存在少量很难甚至不能液化的成分，同时还有煤还原解聚反应。在加氢反应的初期由

于醚键等桥键断裂生成沥青烯，沥青烯进一步加氢，可能使芳香环饱和及羧基、环内氧、环间氧脱除，使沥青烯转变成油。沥青烯是加氢液化的重要中间产物。

（2）煤的深度加氢与轻度加氢

① 煤的深度加氢　深度加氢是煤在剧烈反应条件下与更多的氢进行反应，使煤中大部分有机质转化为液体产物和少量气态烃。深度加氢是制取液体燃料和化工原料的基本方法，也是研究煤结构的方法之一。该法通常在低于 450℃ 和很高的氢压（100～70MPa）下进行，也有采用较低氢压（15MPa）的催化加氢方法。

煤的深度加氢在低于 450℃ 下进行，煤中大分子只发生部分的破坏、解聚或裂解。在此条件下，可以认为煤的结构单元基本上保持不变，环状化合物基本上未发生破裂（至少不明显），脂肪族产物的碳骨架也未发生改变。因此，通过对煤加氢产物的组成和结构的研究，可较可靠地确定煤的原始结构比。

试验表明，煤的深度加氢产物组成中沸点在 200℃ 以上的产物主要由多环芳香族化合物组成，有时多环化合物具有脂肪族侧链。在高沸点产物中含有芘及其同系物，它们都是四环或五环以上的稠环芳香族化合物。

② 煤的轻度加氢　煤加氢的另一种方法是轻度加氢。轻度加氢是在较温和的反应条件下，也就是在较低的氢压（8～10MPa）和较低的温度（不超过煤的分解温度）下对煤进行加氢。加氢后煤的外形没有发生变化，煤的元素组成变化也不大，只有煤的分子结构发生了不大的变化，但煤的许多物化性质和工艺性质却发生明显变化。如轻度加氢后煤的黏结性、在蒽油中的溶解度、焦油产率、挥发分产率等发生明显变化。煤轻度加氢可改善煤的性质，因此具有工业意义，也可用来了解煤的分子结构。

3. 煤的氧化

煤的氧化过程是指煤同氧互相作用的过程（除燃烧外），煤在氧化的同时伴随着结构从复杂到简单的降解过程，故该过程也称氧解。

通常，煤与氧的作用有风化、氧解和燃烧三种情况。

① 煤在空气中堆放一定时间后，就会被空气中的氧缓慢氧化，煤化度越低的煤越易氧化。氧化会使煤失去光泽，变得疏松易碎，许多工艺性质发生变化（发热量降低，黏结性变差等）。这是一种轻度氧化，因为在大气条件下进行，通常称风化。

② 煤与双氧水、硝酸等氧化剂反应，会很快生成各种有机芳香酸和脂肪酸，这是煤的深度氧化，也即氧解。

③ 若煤中可燃物质与空气中的氧进行迅速的发光、发热的剧烈氧化反应，即是燃烧。用各种氧化剂对煤进行不同程度的氧化，可以得到不同的氧化产物，这对研究煤的结构和煤的工业应用都有重要意义。

4. 煤的其他化学反应

煤的其他化学反应有煤的卤化、磺化、水解、烷基化、酰基化、烯基化、解聚和电解等，这些反应可为研究煤的结构提供重要依据。

三、物理化学研究法

最常见的物理化学研究法是溶剂抽提法，早在 20 世纪初费歇尔（Fischer）、彭恩（Bonn）和惠勒（Wheeler）等相继采用溶剂抽提法，试图从炼焦煤中分离出结焦要素。随后，大量的研究工作转向通过研究溶剂抽提物来阐明煤的结构，另外，溶剂抽提还与煤的液化和脱灰有关，所以有关这方面的研究至今仍受到广泛重视。

1. 普通抽提

① 褐煤的苯乙醇抽提 以1:1的苯和乙醇混合溶液在沸点温度下抽提褐煤，所得抽提物为沥青，它是由树脂、树蜡和少量地沥青构成的复杂混合物。再用丙酮抽提时，可溶物为树脂和地沥青，不溶物为树蜡。树脂中含有饱和的与不饱和的高级脂肪烃、萜烯类、羟基酸和甾族化合物等。来源于褐煤的树蜡称为褐煤蜡。褐煤蜡基本上由高级脂肪酸（$C_{14} \sim C_{32}$以上）和高级脂肪醇（$C_{20} \sim C_{30}$以上）的酯以及游离的脂肪酸、脂肪醇和长链烷烃等构成，它具有熔点高、化学稳定性高、导电性低、强度高等优点，应用范围非常广泛。

② 氯仿抽提 为研究煤的黏结机理，对煤的氯仿抽提已进行过大量研究。表 2-6 为原煤和经预处理后的煤用氯仿在其沸点温度下抽提所达到的抽提率。由表 2-6 可见，原煤用氯仿抽提时，抽提率不到1%，经过快速预热、钠-液氨处理和乙烯化后，抽提率明显增加。黏结性好的煤经过预热后，氯仿抽提率增加。煤经过快速预热后，氯仿抽提物组成分析见表 2-7。中等变质程度烟煤的抽提率出现最高点，抽提物的平均分子量（M）在 500。抽提物的芳香度（f_a）随煤化程度增加而增加，其范围在 0.6~0.8 之间，抽提物的 C 含量与原煤相近或略高，但 H 含量明显高于原煤。

表 2-6 煤的氯仿抽提率 单位：%

抽提对象	抽提率		抽提对象	抽提率	
	气煤(C,82.2%)	焦煤(C,88.0%)		气煤(C,82.2%)	焦煤(C,88.0%)
原煤	0.8	0.9	钠-液氨处理过的煤	3.2	11.2
预热煤(400℃)	3.7	—	乙烯化的煤	10.9	6.9
预热煤(450℃)	—	6.8			

表 2-7 预热煤氯仿抽提物的化学组成

原煤(干燥无灰基)/%			预热至400℃的煤的氯仿抽提物					原煤氯仿抽提物	
V	C	H	$w(C)$(干燥无灰基)/%	$w(H)$(干燥无灰基)/%	M	f_a	抽提率/%	f_a	抽提率/%
15.1	91.3	4.3	89.3	6.2	—	0.80	0.25	—	—
19.2	89.8	4.7	93.1	5.1	509	0.82	1.09	—	—
23.5	88.9	5.0	88.3	6.2	508	0.78	3.64	0.73	0.20
28.5	87.9	5.5	87.8	6.6	547	0.73	6.12	0.69	0.57
34.5	84.0	5.5	84.6	6.9	494	0.73	4.42	0.60	0.48
38.3	80.4	5.7	83.5	7.1	480	0.62	2.28	0.58	0.72

2. 特定抽提

最常用的抽提溶剂是吡啶、有机胺类和甲基吡咯烷酮等。这些溶剂在抽提时，虽然煤的有机质尚未发生热解反应，但从抽提物和抽余煤中很难完全分离出溶剂，这说明少量溶剂分子已与煤的有机质发生了链反应。

（1）吡啶抽提 吡啶在沸点温度下对煤的抽提率和抽提物的碳、氢元素组成列于表 2-8。

由表 2-8 可见，吡啶的抽提率明显高于普通的有机溶剂（如表 2-6）。在烟煤阶段，抽提率先随变质程度的增加而增加，在煤中碳含量为 89% 时达到最大值，然后随变质程度的进一步提高而迅速下降。抽提物的元素组成与原煤很接近。

表 2-8　煤的吡啶抽提率和抽提物的组成

原煤 $w(C)$ /%	抽提率 /%	抽提物组成/%		原煤 $w(C)$ /%	抽提率 /%	抽提物组成/%	
		C	H			C	H
81.7	28.3	—	—	87.1	37.1	87.4	5.9
82.8	30.1	83.6	5.7	89.0	37.9	88.3	5.6
84.3	32.3	—	—	90.9	0.6	—	—
84.7	31.4						

由表 2-8 可知，煤的有机质中有相当大的部分可溶于吡啶。煤在吡啶中就像橡皮碰到油一样会发生溶胀现象，这是具有交联结构的聚合物的共性。由于吡啶具有很强的亲核性和形成氢键的能力，故与煤的有机质之间会产生较强的分子力，一方面吡啶分子不断被煤所吸引，另一方面两个交联键之间的线性结构向溶剂伸展，直到膨胀力与煤结构的弹性力平衡为止。

吡啶抽提物非常复杂，用不同溶剂分级可得许多级分，分级系统见图 2-15。

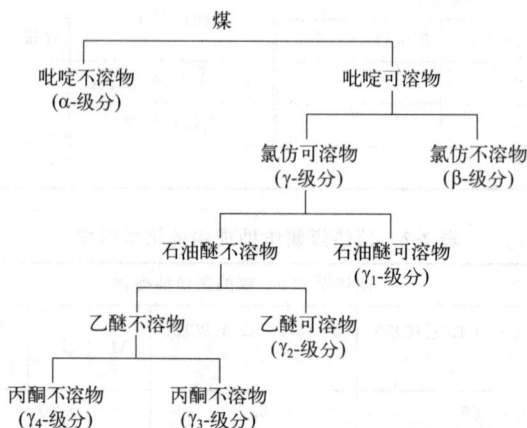

图 2-15　煤的吡啶抽提物的溶剂分级系统

（2）其他溶剂的抽提

① 胺类溶剂。这类溶剂中含有氨基，故和吡啶一样对煤具有良好的溶解能力，对高挥发分煤尤为突出。

② 甲基吡咯烷酮。它既含有氮又含有氧，虽然供电子性不如吡啶高，但对煤的抽提率一般都高于吡啶，可以达到 35% 以上。

③ 混合溶剂。由于某些溶剂具有协同作用，所以一定比例混合时对煤的抽提率高于单独溶剂。近几年发现 CS_2 是一个较好的混合溶剂成分，可以大大提高前述溶剂对煤的抽提率，其中对 N-甲基吡咯烷酮的效果尤为明显。如 CS_2 和 N-甲基吡咯烷酮为 1∶1（体积）时，室温下使用超声波抽提，日本新夕张煤的抽提率达到 55.9%，而单用 N-甲基吡咯烷酮

时只有 9.3%；对枣庄煤的抽提率可达 63%，其中吡啶可溶物为 28%，吡啶不溶物为 35%。其机理还不完全清楚，可能是由于 CS_2 有供电子性，可以取代可溶物分子而与煤的主体结构形成电子给予接受键；或者 CS_2 的加入降低了溶剂和溶液的黏度，有利于溶解能力的提高和物质的扩散，故吡啶不溶物也能抽提出。

3. 烟煤的超临界抽提

临界状态是物质固有的性质，物质的临界温度、临界压力是物性常数，如果状态温度和压力超过临界值，则液体和气体状态就没有区别了，物质的此种状态称为超临界状态。在临界温度附近加压，流体具有与液体相近的密度，与液体状态无大差别，此状态的流体称为超临界气体，或称为超临界流体。挥发性小的物质与具有超临界状态的溶剂相接触，能使物质的蒸气压增大，向超临界状态气体中汽化和溶解。

超临界抽提可以和蒸馏、萃取进行比较。蒸馏是利用向气相蒸发产生的蒸气压大小的差异达到分离的目的，蒸气压大的即挥发度大的进入气相多，挥发度小的留在液相多，经过多级塔板蒸馏达到分离目的。萃取是利用分子间作用力大小的差异、溶解度不同达到分离的目的。超临界抽提兼有蒸馏和萃取两个作用，在临界状态下物质的挥发度增大、分子间作用力增大，同时利用这两个作用达到分离物质的目的，一般认为分子间作用力这一因素是主要的。对一定的气体来说，施加一定的压力在其临界温度时密度最大，与溶质的分子间作用力增大，具备了作为溶剂的溶解能力。在温度一定的条件下，高压时超临界气体密度大，其溶解能力增大。因此选择超临界抽提过程温度应稍高于或接近所选择抽提气体的临界温度，所以称为超临界抽提。

超临界抽提技术是基于物质在超临界状态下挥发能力提高，在适宜的条件下其效应很大，挥发度可提高 1 万倍。因此，此法能在温度比其正常沸点低得多时抽提低挥发度物质。

此技术很适于抽提煤在 400℃ 左右加热时形成的液体，这些产物在此温度下难挥发出。如果升高温度来提高其挥发度，它们又容易发生二次热解生成气体、液体以及带自由基碎片聚合成大分子。后者是不挥发的，只有液体部分即煤焦油可以挥发出。利用超临界抽提可以避免发生不希望发生的热解反应，因为它们是在低温（煤热分解温度）下进行的，可抽提出较多的抽出物。将此挥发物转移到另一个容器中降至较低压力，"溶剂"气体密度降低，使之"溶解能力"降低，大部分挥发物析出。该气体被循环使用，而固体将沉淀下来被回收，可进一步加氢获得类似石油的液态产物。

溶剂选择的一般原则如下。

① 所用的超临界溶剂是高密度的　烟煤一般在 400℃ 左右开始分解，所以抽提温度必须比 400℃ 高，这样所选择溶剂的临界温度应该在 300～400℃ 的范围。临界温度比 400℃ 低是为了保持其在临界状态，但也不能太低，因为气体在临界状态下有最大的密度，临界温度太低，偏离操作温度愈远，其密度也愈低，会使其溶解能力降低。表 2-9 列举了几种溶剂的临界参数。

表 2-9　几种溶剂的临界参数

溶剂	临界温度/℃	临界压力/MPa	溶剂	临界温度/℃	临界压力/MPa
苯	289	4.9	二甲苯	343	3.5
甲苯	318	4.1	三甲苯	364	3.1

从表 2-9 可知，当工作压力为 10MPa 时，对于这四种溶剂都处在临界压力以上。若工作温度为 400℃，根据前面讨论，三甲苯将是较好的溶剂。

② 溶剂容易得到　溶剂价廉易得，如果所用溶剂很难得到，即使抽提率很高，从经济上考虑也可能不合算。相反，如果所用溶剂溶解能力稍差，但它价廉易得，从经济上考虑还是可行的。

③ 溶剂要稳定　溶剂的稳定性一方面影响溶剂的回收和再利用，另一方面还影响产品的质量。如果溶剂在抽提过程中与抽提物或其他物质发生化学反应，可能使产品受污染，导致产品质量下降。所以在选择溶剂时，必须考虑其稳定性。甲苯在煤的抽提过程中是稳定的。

英国国家煤炭局（NCB）进行了烟煤超临界抽提研究工作，用甲苯作溶剂，抽提温度约 400℃，压力约 10MPa，抽提物产率约 1/3（占干煤），剩余的煤作为固体回收，气体和液体产率很低。原煤及抽提物性质见表 2-10。

表 2-10　典型超临界抽提物、原煤及残渣的分析（daf）

参数	原煤	抽提物	残渣	参数	原煤	抽提物	残渣
$w(C)/\%$	82.7	84.0	84.6	H/C(原子比)	0.72	0.98	0.63
$w(H)/\%$	5.0	6.9	4.4	OH/%	5.2	4.4	4.8
$w(O)/\%$	9.0	6.8	7.8	灰分(干基)/%	4.1	0.005	5.0
$w(N)/\%$	1.85	1.25	1.90	挥发分/%	37.4	—	25.0
$w(S)/\%$	1.55	0.95	1.45	分子量	—	490	—

表 2-10 中所得抽提物是低熔点玻璃状固体，软化点为 50～70℃（与煤焦油中温沥青相近），完全不含灰分，是煤中富氢的那部分物质，是开链聚芳核结构，以醚键（—O—）或亚甲基（—CH_2—）连接。超临界抽提过程不用氢气，硫含量明显降低，氧和氮含量少有降低，抽提物的平均分子量为 500，按其组成和性质说明很容易转化成烃油和化学品。煤的超临界抽提比起多数煤转化过程，有许多优点：

① 不必供给高压气体，抽提介质像液体而不像气体那样被压缩，压缩能量低。

② 煤抽提物含氢高，分子量比用蒽油抽提时得到的更低，更容易转化为烃油和化学品。

③ 残渣为非黏结性的多孔固体，并有适量的挥发分，反应性好，是理想的气化原料，并适于作为流化床燃烧电站的燃料。

④ 抽提时仅有固体和蒸气相，所以残渣易从溶剂中分离，避免了通常煤液化所得高黏流体过滤困难的操作。

基于上述优点，超临界提取可以用于煤和油页岩等，代替一般抽提方法难以进行的过程。

知识拓展　煤分子结构的近代概念

煤的化学结构模型和物理结构模型虽然能够比较直观和形象地表示煤的结构，但一个模型不可能包罗万象、反映全面，还需要用文字做进一步说明。煤的分子结构可从下面七点进行描述。

1. 煤的主体是三维空间的高分子物质

煤的大分子不是由均一的"单体"聚合而成，而是由许多结构相似但又不完全相同的结构单元通过桥键连接而成。

2. 煤结构单元的核心为缩合芳香环

煤结构的缩合芳香环数随煤化程度增加而增加，$w_{daf}(C)$ 为 70%～83% 时，平均环数为 2；$w_{daf}(C)$ 为 83%～90% 时，平均环数为 3～5；$w_{daf}(C)$ 为 90% 以上时，缩合芳香环数急剧增多；当 $w_{daf}(C)$ 为 >95% 时，缩合芳香环数 >40。煤中碳的芳香度，烟煤一般 ≤0.8，无烟煤趋近于 1。

3. 煤结构单元的外围为烷基侧链和官能团

烷基中主要是—CH_3 和—CH_2CH_2—，官能团主要是酚羟基和羧基等。

4. 煤中氧、氮和硫的存在形式

煤中氧的存在形式除含氧官能团外，还有醚键和氧杂环；硫的存在形式有巯基、硫醚和噻吩等；氮的存在形式有吡啶和吡咯环、氨基和亚氨基等。

5. 结构单元之间的桥键

不同长度的亚甲基键、醚键、次甲基醚键和芳香碳碳键等都可以是结构单元之间的桥键。不同煤化程度的煤，其桥键的类型和数量都不相同。煤分子间通过交联键缠绕在空间以一定方式排列，形成不同的立体结构。交联键有化学键、非化学键。化学键如桥键；非化学键如氢键、电子给予接受键和范德瓦尔斯力等。

6. 低分子化合物

在煤的高分子结构中还分散着一定量的低分子化合物。煤中的低分子化合物主要是指分子量小于 500 的有机化合物，主要来自成煤植物的原始组分和成煤过程中形成的低分子化合物。这些低分子化合物可溶于有机溶剂，加热可熔化，部分低分子化合物还可挥发。煤中低分子化合物的含量随煤化程度的增高而降低。

7. 不同煤化程度煤的结构差异

低煤化程度的煤含有较多的非芳香结构和含氧基团，芳香核心较小，除化学交联发达外，分子内和分子间的氢键力对其也有重要影响。低煤化程度的煤结构无方向性，孔隙度和比表面积较大。中等煤化程度的烟煤（肥煤和焦煤）的含氧基团和烷基侧链减少，结构单元间的平行定向程度有所提高，分子间交联最少，附在芳香结构上的环烷烃较多，有较强的供氢能力，这种煤的许多性质在煤化过程中处于转折点。更高煤化程度的煤向高度缩合的石墨化结构发展，芳香碳碳交联增加，物理上出现各向异性，化学上具有明显的惰性。

综上所述，煤的分子结构可以这样概括：煤分子结构的基本单元是大分子芳香族稠环化合物，也称大分子六碳环平面网格。在大分子稠环周围，连接有很多烃类侧链结构、氧键和各种官能团，侧链和氧键又将大分子六碳环平面网格在空间以不同角度互相连接起来，构成了煤的复杂大分子结构。碳原子大部分集中在六碳环平面网格内，氢、氧等基本上集中在六碳环平面网格周围的侧链中。

📝 习题

1. 反映煤分子结构的参数有哪些？
2. 研究煤分子结构的方法有哪些？
3. 煤的溶剂抽提有什么意义？已有的抽提方法分为哪几种类型？
4. 如何理解煤的抽提机理？
5. 从煤的溶剂抽提得到了哪些有关煤结构的信息？有哪些证据可以证明这些煤结构信息？
6. 什么叫超临界抽提？它需要什么条件？有什么优点？煤烟的超临界抽提得到什么产物？
7. 煤分子结构单元是如何构成的？结构单元之间如何构成煤的大分子？
8. 煤分子结构现代概念是什么？
9. 随煤化程度的变化，煤分子结构呈现怎样的规律性变化？
10. 从煤的生成过程来分析，为什么煤的分子结构以芳香结构为主要特征？

第三章

煤的一般性质

✈ **本章学习目标**

1. 知识目标
① 明确煤的宏观特征和微观特征；
② 理解煤炭的煤岩组成；
③ 理解并掌握不同种类煤炭的物理性质；
④ 理解并能应用煤的固态胶体性质；
⑤ 理解并掌握煤的化学性质和工艺性质。

2. 能力目标
① 能应用煤炭的宏观特征和微观特征指导煤的应用；
② 能应用煤炭的物理性质初步判断煤炭的种类及应用；
③ 能利用煤炭的固态胶体性质分析煤炭的表面性质；
④ 能利用煤炭的化学性质分析指导煤炭的工业应用；
⑤ 能利用煤炭的工艺性质分析煤炭的工业利用。

🌱 本章思维导图

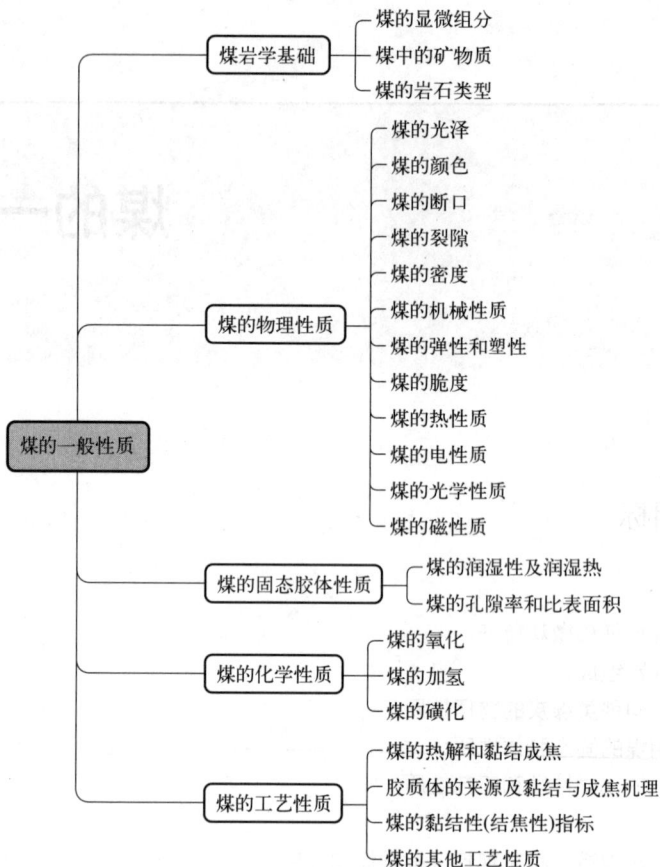

```
                                        ┌─ 煤的显微组分
                        ┌─ 煤岩学基础 ──┼─ 煤中的矿物质
                        │               └─ 煤的岩石类型
                        │
                        │               ┌─ 煤的光泽
                        │               ├─ 煤的颜色
                        │               ├─ 煤的断口
                        │               ├─ 煤的裂隙
                        │               ├─ 煤的密度
                        │               ├─ 煤的机械性质
                        ├─ 煤的物理性质 ─┼─ 煤的弹性和塑性
                        │               ├─ 煤的脆度
                        │               ├─ 煤的热性质
              煤的       │               ├─ 煤的电性质
              一般  ─────┤               ├─ 煤的光学性质
              性质       │               └─ 煤的磁性质
                        │
                        │                 ┌─ 煤的润湿性及润湿热
                        ├─ 煤的固态胶体性质 ┴─ 煤的孔隙率和比表面积
                        │
                        │               ┌─ 煤的氧化
                        ├─ 煤的化学性质 ─┼─ 煤的加氢
                        │               └─ 煤的磺化
                        │
                        │               ┌─ 煤的热解和黏结成焦
                        └─ 煤的工艺性质 ─┼─ 胶质体的来源及黏结与成焦机理
                                        ├─ 煤的黏结性(结焦性)指标
                                        └─ 煤的其他工艺性质
```

第一节   煤岩学基础

　　煤岩学是一门研究可燃岩石的学科，把煤作为有机岩石，以物理方法为主研究煤的物质成分、结构、性质、成因及合理利用，是煤地质学的一个分支。狭义地讲，它仅从岩层学的角度来研究煤的组成、成分、类型和性质等，它的主要研究领域是煤的显微镜学。至今煤岩学存在两大派系，即理论煤岩学和应用煤岩学。

　　从岩石学的观点看，煤是一种特殊的沉积岩——可燃有机岩。其物质组成较为复杂，当用肉眼仔细观察时，就可以看到它的物质组成，常可显示明显的不均一性。煤是有机物质和无机物质（矿物质）的混合物，有机物本身也因成煤原始物质和聚积条件的不同呈现出复杂性和多样性。

　　如果用显微镜对煤进行观察，其不均一性就更加明显，这种不均一性对煤的物理化学性质和加工工艺特性均有很大的影响。运用煤岩学的方法确定煤的岩石组成和煤化程度，是正确评价煤质、确定煤的合理利用途径的主要依据，也是研究煤的成因和变质程度的基础。

　　煤岩学研究方法是在不破坏煤的原生结构、表面性质的情况下，以物理方法为主，直接对煤的各方面性质进行研究。这种方法具有制作简单、操作方便、观察测试结果直观、分析快以及论据充分的优点。

运用煤岩学研究煤，有宏观研究法和微观研究法两种方法。宏观研究法就是利用肉眼或放大镜来观察煤，根据煤的颜色、条痕色、光泽、硬度、断口和密度等物理性质，确定煤岩类型和煤的光泽岩石类型，判断煤化程度，初步评定煤的性质和用途。宏观研究法简单易行，便于推广，但较粗略。微观研究法是利用显微镜来研究煤。通常采用的方法，一种是在透射光下研究煤的薄片（薄片尺寸为 2cm×2cm，厚 0.02mm），鉴定标志主要是颜色（透光色）、形态和结构等；另一种是在反射光下研究煤的光片，即将煤块或煤粉制成煤的光片（光片尺寸为 2cm×2.5cm、厚 1.5～2cm 的方柱体或直径 2cm、厚 1.5～2cm 的圆柱体），除根据颜色（反光色）、形态和结构外，还根据凸起、反光性等进行鉴定。反射光下的研究，又可分为普通反射光（物镜在空气介质中观察）和油浸反射光（物镜在油浸介质中观察）两种。由于油浸的折射率（一般采用 1.515～1.518）与物镜光学玻璃的折射率接近，减少了空气对折射的影响，使光线集中，从而使显微镜的特征更加明显，易于区别和辨识。

一、煤的显微组分

煤的显微组分（maceral）是指煤在显微镜下能够区别和辨识的最基本的组成成分，是显微镜下能观察到的煤中成煤原始植物残体转变而成的有机成分。煤不是均一的物质，而是由各种性质不同的组分组成。

煤中显微组分定义与分类的国际标准《ICCP system 1994》是国际煤岩学委员会（ICCP）历经 26 年时间（1991～2017）完成的，按照显微组分组和发表的时间，该标准共分 4 个部分，分别是镜质体、惰质体、腐质体和类脂体。

目前国际煤岩学委员会的显微组分分类方案（表 3-1）是侧重于化学工艺性质的分类，按其成因和工艺性质的不同，大致可分为镜质组、壳质组（稳定组和类脂组）和惰质组三大类。依据颜色、形态、结构和凸起等特征划分显微组分。根据各种成因标志，在显微组分中进一步细分出亚组分，如无结构镜质体分为四个亚组分即均质镜质体、胶质镜质体、基质镜质体和团块镜质体。有的显微组分根据形态和特征，以及它们所属的植物种类和植物器官，进一步又划分出若干显微组分的种，如结构镜质体又可细分为科达树结构镜质体、真菌结构镜质体、木质结构镜质体、鳞木结构镜质体和封印木结构镜质体等五种。运用特殊方法，如浸蚀法、电子显微镜法、荧光法，还可以在某些组分中发现显微镜下无法识别的结构及细胞特征，根据这些特征所确定的组分称为隐组分（cryptomaceral），如镜质组中可分出隐结构镜质体、隐团块镜质体、隐胶质镜质体和隐镜屑体。

表 3-1　国际硬煤的显微组分分类方案

显微组分组	显微组分	显微亚组分	显微组分的种
镜质组	结构镜质体	结构镜质体 1 结构镜质体 2	科达树结构镜质体 真菌结构镜质体 木质结构镜质体 鳞木结构镜质体 封印木结构镜质体
	无结构镜质体	均质镜质体 胶质镜质体 基质镜质体 团块镜质体	
	镜屑体		

续表

显微组分组	显微组分	显微亚组分	显微组分的种
壳质组	孢子体		薄壁孢子体 厚壁孢子体 小孢子体 大孢子体
	角质体		
	树脂体	镜质树脂体	
	木栓质体		
	藻类体	结构藻类体	皮拉藻类体 轮奇藻类体
		层状藻类体	
	荧光体		
	沥青质体		
	渗出沥青质体		
	壳屑体		
惰质组	半丝质体		
	丝质体	火焚丝质体 氧化丝质体	
	粗粒体		
	菌类体	真菌菌类体	密丝组织体 团块菌类体 假团块菌类体
	微粒体		
	惰屑体		

1. 镜质组（vitrinite）

镜质组是由植物的木质纤维组织受凝胶化作用转化形成的，是煤中最常见和最重要的显微组分组。凝胶化作用是指在泥炭化作用阶段成煤植物的组织在气流闭塞、积水较深的沼泽环境下，产生极其复杂的变化，一方面植物组织在生物化学的作用下，分解、水解、化合形成新的化合物；另一方面植物组织在沼泽水的浸泡下吸水膨胀，使植物细胞结构变形、破坏乃至消失，或进一步再分解为凝胶的过程。从低煤级到高煤级煤中，镜质组在油浸反射光下呈深灰至浅灰色，无凸起到微凸起，在透射光下呈橙红色—棕红色—棕黑色—黑色。部分低煤级烟煤中镜质组在蓝色激光下发暗褐色到褐色荧光，被称为富氢镜质体或荧光镜质体。与其他两个组分组相比，镜质组的氧含量较高，碳、氢含量介于二者之间。根据结构和形状的不同，镜质组又可分为下列三种显微组分。

（1）结构镜质体　结构镜质体指普通显微镜下植物细胞结构（木质、皮质和周皮细胞等）清楚或朦胧可见的镜质组分，即来源于植物的树干、树枝、茎、叶和根等植物组织器官，以细胞形态保留在煤中的镜质化（凝胶化）细胞壁。其细胞结构完整或受压变形，细胞腔往往被无结构镜质体填充，有时也被树脂体、微粒体或黏土矿物所填充。

（2）无结构镜质体　无结构镜质体是指在普通显微镜下没有显示植物细胞结构的镜质组分，它常作为其他各种显微组分碎片和共生矿物的基质胶体物或填充物。无结构镜质体可再细分为4种显微亚组分：a. 均质镜质体，一般在较厚的镜煤或镜质组层中出现，主要由植物的木质部和叶等组织经凝胶化作用转变而成，常呈宽窄不等的条带状和透镜状，均一、纯净，发育垂直裂纹，具有较正常的反射率，可作为测量反射率以确定煤级的标准组分；b. 胶质镜质体，数量很少，充填到与层理近于垂直的裂缝中和菌核的空腔中，甚至沿孢子外壳裂缝填充到孢子腔中，无确定形态，不含其他杂质，是一种真正没有结构的凝胶，并可见到其流动的痕迹，其反射率稍高，氢含量稍低；c. 基质镜质体，多见于微亮煤、微暗亮煤、微亮暗煤以及微三合煤中，不显示任何细胞结构痕迹，没有固定形态，胶结其他各种显微组分和矿物，作为镜煤化基质出现，具有稍低的反射率和稍高的氢含量；d. 团块镜质体，是一种均质体，大多数呈圆形或卵圆形，呈单体或群体出现，或者作为细胞填充物存在，一般大小与细胞腔相近，最大者可达 $300\mu m$。

（3）镜屑体　镜屑体是由镜质组碎屑颗粒（小于 $10\mu m$）所组成的，多呈粒状或不规则形状，偶呈棱角状。多数来源于成煤早期阶段已被分解的植物细碎片和腐殖泥炭的碎颗粒，很少一部分来源于压力下被挤碎的镜质组碎片。镜屑体在煤中较少见，其颜色、凸起、反射率与基质镜质体相近。

2. 壳质组（exinite）

壳质组包括孢子体、角质体、树脂体、木栓质体、树皮体、藻类体和壳屑体等显微组分，来源于植物的孢子、角质层、木栓、树脂、蜡、脂肪和油。壳质组是成煤植物中化学稳定性强的组成部分，在泥炭化和成岩阶段保存在煤中的组分几乎没有发生什么质的变化。从低煤级烟煤到中煤级烟煤，它们在透射光下呈透明到半透明，颜色呈柠檬黄色—黄色—橘黄色—红色，轮廓清楚，外形特殊。反射光下呈现深灰色，大多数有凸起；油浸反射光下呈现深灰色—灰黑色—黑灰色—浅灰色，低凸起，反射率较镜质组低；蓝色激光下发绿黄色—亮黄色—橙黄色—褐色荧光。中煤级煤至高煤级煤中壳质组与镜质组颜色不能区分。壳质组与镜质组和惰质组相比，具有较高氢含量和挥发分产率，并且多数壳质组组分具有黏结性。

（1）孢子体　孢子体是指孢子和花粉的外孢壁。孢子是孢子植物的繁殖器官，都是由单细胞组成的，一般雌性的孢子体称为大孢子，雄性的孢子体称为小孢子。大孢子一般直径为 $0.1\sim3mm$，有时可达 $5\sim10mm$，在煤中被挤压成扁平体，纵切面为封闭的长环状，折曲处呈钝圆形。大孢子表面常有瘤状、棒状和刺绣状等各种纹饰。有时 3 个或 4 个大孢子在一起，称为三孢体或四孢体。有些大孢子破碎成长条带状，其孢壁两边均较光滑，不显锯齿形而区别于角质层。

小孢子一般直径为 $0.03\sim0.1mm$，在煤中多呈现扁环状、细短线状和蠕虫状等，沿层理分布，有时堆在一起，为小孢子群。

花粉是种子植物的繁殖器官，其较小，一般直径小于 $0.05mm$，形状与小孢子相似但没有三射裂缝。

孢子多见于古生代的煤中，花粉主要出现在中生代、新生代的煤中。

（2）角质体　角质体是由植物的角质层转变而来的组分，主要由一种复杂的脂类混合物质所组成。它存在于植物的叶、枝、芽的最外层，具有保护植物组织的作用。在显微镜下角质体呈现宽度不等的长条带状，其一边外缘平滑，而另一边（内缘）呈现明显锯齿状，转折端为尖角状。有时角质体被挤压成叠层状或盘肠状，末端折曲处多带尖角状折曲等，故易于与大孢子相区别。

（3）树脂体　树脂体是植物分泌组织——树脂道的分泌物，当植物受伤时流出体外，保护植物不致干枯腐烂，并具有防止微生物侵袭的作用。它的化学性质稳定，能较好地保存在煤中。它的形状多样，主要为圆形、椭圆形，也有不规则形状，轮廓清楚，没有结构，有时填充在有细胞结构的细胞腔中，透射光下呈黄色—浅黄色—透明—半透明；反射光下呈灰色，低凸起，表面均一，无结构，轮廓清楚，易识别，其化石为琥珀，是工艺美术的原料。我国抚顺古近纪煤中富含树脂体。

（4）木栓质体　木栓质体是指植物木栓层细胞壁，主要是由植物茎（少数根）的周皮组织中木栓层转变而来的。具有木栓质化的细胞壁，其主要成分是木栓素，具有抵抗高温、强酸和细菌的能力，并具有不透水、不透气的特性，是构成植物良好的保护组织。因此，它能较好地保存在煤中。多数木栓质体保持原有木栓细胞的形态和结构特征，其纵切面呈叠砖状或叠瓦状构造，弦切面呈鳞片状，胞腔内填充鞣质或凝胶质，在煤中以碎片状和长条状存在。木栓质体多是褐煤显微组分，但我国中、新生代的低级烟煤中也常见木栓质体。

（5）树皮体　树皮体是由细胞壁和细胞腔填充物都已木栓质化的植物茎或根的形成层以外的所有组织形成的壳质组分。树皮体的颜色，在油浸反射光和透射光下都不均匀，蓝色激光下荧光中等或较弱。

树皮体是中国石炭纪至二叠纪煤中特有的显微组分，尤其在我国南方煤中普遍存在，含量很高，在煤中常以轮廓清楚的宽条带状或碎片状出现。世界闻名的"乐平煤"就是由树皮体高度富集形成的典型树皮残殖煤，其中树皮体含量大于50%或更高。

（6）藻类体　藻类体是由藻类形成的组分。煤中常见的藻类体是绿藻和蓝绿藻，如皮拉藻、轮奇藻等。它们是由几十个至几百个黄绿色单细胞组成的群体，单细胞个体直径为5～10μm，呈放射状、菊花状排列，纵切面为椭圆形、纺锤形。群体直径几十至几百微米，群体中有时中部有空洞或裂口，成为群体的中央空隙。群体外缘不规则，表面呈蜂窝状或海绵状结构，其中深色斑点为胞腔。分解程度较深时，结构模糊或完全不显结构。在透射光下，透明并呈淡黄绿色、柠檬黄色、黑褐色等；在反射光下，呈各种色调的灰色、深灰色，低凸起；在油浸反射光下，近乎黑色。山西浑源二叠纪煤中就有藻类体形成的煤。

（7）壳屑体　壳屑体是由孢子体、角质体、树脂体和藻类体等壳质组分的细碎屑颗粒所组成的，来源于植物的孢子、角质层、树脂和藻类等分解后的残余碎片。由于其荧光性，壳屑体只有在高倍荧光显微镜下才能和其他显微组分区分开。

3. 惰质组 （inertinite）

惰质组包括微粒体、粗粒体、半丝质体、丝质体、菌类体和惰屑体等显微组分。反射光下呈白色至亮白色，具有较高凸起和较高反射率；油浸反射光下呈灰白色、亮白色、亮黄白色，大多具有高凸起；透射光下呈棕黑色到黑色，微透明或不透明；蓝色激光下一般不发荧光。与其他两个显微组分相比其碳含量最高，氢含量最低，挥发分产率最少，没有黏结性（微粒体除外）。

（1）丝质体　丝质体是指常具有清晰而且比较规则的木质细胞结构的丝炭化组分。按成因的不同可分为火焚丝质体和氧化丝质体两种显微亚组分。火焚丝质体是植物的木质组织遭到火灾，被烧焦炭化而形成的。所以植物的细胞结构保存完好，甚至细胞的导管和胞间隙也清晰可辨，细胞腔较大，中空，只有少数被矿物质填充，故常构成所谓的"筛孔状结构"，如细胞壁受挤压破裂，则形成"星状结构"。在反射光下呈微带淡黄的亮白色，高凸起。氧化丝质体是在成煤作用的早期，经受丝炭化作用形成的。丝炭化作用是指成煤植物的组织在积水较少、湿度不足的条件下，木质纤维组织经脱水作用和缓慢的氧化作用后，又转入缺氧的环境，进一步经煤化作用后转化为氧化丝质体的过程。氧化丝质体中，植物的细胞结构保存不完全，反射光下呈白色，微凸起。丝炭化作用也可以作用于已经受不同程度凝胶化作用的组分上，但经丝炭化作用后的组分不能再发生凝胶化作用成为凝胶化组分。

（2）半丝质体　半丝质体是丝质体与结构镜质体之间的过渡型丝炭化组分。反射光下呈灰白色或浅白色，凸起较高；油浸反射光下，与丝质体相比颜色偏灰，凸起略低。半丝质体的细胞结构大多数没有丝质体保存完好。

（3）粗粒体　粗粒体是一种无结构或者没有明显结构的无定形丝炭化作用基质，胶结着孢子体、角质体、树脂体和丝质体等显微组分。它在暗煤中较常见，不具有固定的形态特征，其大小为$10\sim100\mu m$或更大。在反射光下呈白色，中等凸起，具有高反射率，在煤中数量较少。

（4）菌类体　菌类体大多是由真菌的遗体，包括菌核、菌丝和菌孢子等，或者高等植物的分泌物所形成的外形浑圆的惰质组分，在现代泥炭及近纪煤中常见。在显微镜下菌类体多呈大小不等的圆形或椭圆形，反射光下从浅灰色至黄白色，大多数具有高反射率，凸起明显。

（5）微粒体　微粒体的颗粒呈圆形，粒径很小，一般小于$1\mu m$。在反射光下呈灰白色至白色，无凸起。微粒体往往呈细分散状态存在于无结构镜质体中，有时充填于镜质组的胞腔中，或者聚集成显微微粒体层，其中可混有矿物质颗粒。微粒体多为煤化过程中的次生显微组分。

（6）惰屑体　惰屑体的粒度小于$30\mu m$，是由丝质体、半丝质体、粗粒体和菌类体的碎片所组成的，往往具有再沉积的特征，很少具有细胞结构。碎片的形状各异，多为棱角状或不规则状。

以上介绍的分类方案是偏重工艺研究的国际流行分类。煤的显微组分最早是由英国学者M. C. 司托普丝于1935年提出的，几十年来各国学者对煤的显微组分的分类和命名提出许多方案，归纳起来有两种类型：一种侧重于成因研究，组分划分较细，常用透射光观察；另一种侧重于工艺性质研究，分类较为简明，常用反射光观察。在各国学者提出的分类方案基础上，1956年在伦敦通过了由国际煤岩学委员会（ICCP）提出的显微组分分类草案。其后国际煤岩学委员会于1971年和1975年两次对过去的分类草案做了进一步的修改补充。首先，将褐煤和硬煤（烟煤和无烟煤）的显微组分的分类分开，这是由于褐煤和硬煤的显微组分不仅在物理、化学、工艺性质和成因等特点方面有很大的不同，而且在显微组分的组成上也很不一致，因此不宜采用统一的分类方案。为探讨镜质组的成因，协调镜质组与褐煤的腐殖组分类的差异，1995年国际煤岩学委员会将镜质组再次分出结构镜质亚组、碎屑镜质亚组和凝胶镜质亚组等三个亚组，并对镜质组的显微组分划分进行了调整，如表3-2所示。镜质组的两种分类系统（表3-1和表3-2），目前在国际学术界同时并行使用。显然，凝胶结构镜质体、凝胶碎屑体、团块凝胶体和凝胶体分别对应于均质镜质体、基质镜质体、团块镜质体和胶质镜质体。

表 3-2　按照 1994 年 ICCP 体系对镜质组的次级划分（1994 ICCP）

组	亚组	显微组分
镜质组	结构镜质亚组	结构镜质体
		凝胶结构镜质体
	碎屑镜质亚组	镜屑体
		凝胶碎屑体
	凝胶镜质亚组	团块凝胶体
		凝胶体

　　1978 年我国煤炭部地质勘探研究所提出了我国"烟煤显微组分划分和命名"方案。该分类一方面试图统一成因和工艺方面的分类原则，统一透射光和反射光下的两套显微组分的分类命名术语；另一方面对显微组分划分更细，并较接近于国际显微组分分类方案，这样便于和各国煤岩资料的对比和交流。它根据各种组分的化学工艺性质和成因，将有机显微组分划分为四类六组，二十个组分，二十九个亚组分；在透射光和反射光下使用同一术语，同时用反射率作为组别划分的定量依据。在评价煤质时，一般区分到组或组分；在研究成因等问题时，可细分到亚组分。之后，由煤炭科学研究总院西安分院起草国家标准《烟煤显微组分分类》（GB/T 15588—2013），代替《烟煤显微组分分类》（GB/T 15588—2001），规定了烟煤显微组分的分类、名称和代号，并给出了烟煤显微组分的特征描述，将"粗粒体"分为"粗粒体 1"和"粗粒体 2"两个显微亚组分。

　　我国煤炭资源丰富，各个煤田中煤的显微组分各不相同。但总的特点是镜质组含量高，而惰质组和壳质组含量低。

二、煤中的矿物质

　　煤是由有机成分和无机成分组成的。煤的有机成分是指煤的显微组分，是人们关注的中心。煤的无机成分是指在显微镜下能观察到的煤中的矿物，以及与有机质相结合的各种金属元素、非金属元素和化合物（无机质）。有些研究者习惯上称煤中无机成分为矿物质，它应包括煤中的矿物和无机质两种组分。

　　按成因划分，煤中矿物质可分为三类。

　　① 植物成因的原生矿物质：来自原始植物的无机成分。

　　② 陆源碎屑成因的矿物质：煤化作用第一阶段或煤矿床形成时由水或风带入其中的无机成分。

　　③ 化学和生物化学成因的矿物质：煤化作用第一阶段的同生成岩矿物和煤化作用第二阶段形成的次生、后生矿物。

　　植物是成煤的主要原始物质，但从植物个体生命开始到成煤作用的全过程，都有无机成分（矿物质）参与。因此，矿物质也是煤的重要组成部分。这些矿物质的存在还会对有机质的转化产生影响。有时由于煤中含有某种较丰富的稀有元素或放射性元素，如锗或铀，从而提高了煤的利用价值。因此，煤中矿物和无机质在煤的无机地球化学的研究中占有很重要的地位。

　　运用煤岩学方法研究煤的无机成分，大多是显微镜下可观察的具有晶质的矿物。而显微镜下看不见的分散的极细矿物、隐晶矿物和无机质的研究则是元素地球化学、无机地球化学等学科研究的范畴。

按矿物成分和性质，可将煤中的矿物质分为以下几类：

1. 黏土类矿物

黏土类矿物是煤中最常见、最重要的矿物质，它在煤中所占比例很大，分布极广。常见的黏土类矿物有高岭石、水云母、伊利石等。在煤中黏土类矿物常呈透镜状、薄层状，也有的呈细分散微粒状，散布于基质中或充填在植物的细胞腔中，这种浸染状的细分散黏土类矿物质，很难通过分选加以清除。

2. 硫化物类矿物

硫化物类矿物多为不透明矿物，在反射光下具有耀眼的金属光泽。此类矿物包括黄铁矿、白铁矿等。其中黄铁矿是煤中大量存在的矿物之一，常呈晶粒、透镜体、鲕状和球状结合在煤中出现，有时也能见到充填于植物细胞腔中或胶结孢子体（被黄铁矿完全替代）、角质体等。

3. 碳酸盐类矿物

碳酸盐类矿物主要包括方解石和菱铁矿。方解石常呈薄膜充填于煤的裂隙和层面内，显微镜下观察多呈脉状；菱铁矿多呈球状或粒状分布在基质中。

4. 氧化物类矿物

氧化物类矿物主要是石英。最常见的是陆源碎屑沉积的石英，多呈粉砂状、棱角状、半棱角状存在于煤中；其次是化学成因的自生石英颗粒，多以不规则的细粒或微粒分布于基质中。

5. 硫酸盐类矿物

硫酸盐类矿物主要是石膏，往往沿裂隙或层面呈微小晶粒出现，常在煤层近地表处可见到。

我国煤中常见的几种矿物，其反射光下鉴定的主要特征见表3-3。

表 3-3　煤中常见矿物反射光下的鉴定特征

矿物类别	常见矿物	空气反射光下			油浸反射光下	其他特征
		颜色	凸起	表面特征	颜色	
黏土类	微-隐晶黏土	暗灰色	不显	微粒状	深灰色、黑色	发褐色、褐黄色荧光
	结晶高岭土	灰色	微	有时不平整	深灰色、灰黑色	蠕虫状、手风琴状，发亮黄色荧光
碳酸盐类	方解石	乳灰色	微	光滑平整	灰棕色，内反射珍珠色	强非均质型，菱形解理，双晶
	菱铁矿	深灰色	低	平整	灰棕色，内反射珍珠色略带浅灰褐色	结核状、球粒状，表面放射状

续表

矿物类别	常见矿物	空气反射光下			油浸反射光下	其他特征
		颜色	凸起	表面特征	颜色	
硫化物类	黄铁矿	浅黄白色	很高	平整,有时呈蜂窝状	亮黄白色	各种形态,有时发血红色荧光
	白铁矿	浅黄白色	很高	平整	亮白色	常为"葵花"瓣,板柱状,强非均质型,偏光下呈绿黄色—淡紫色—蓝灰色
氧化物类	碎屑石英	深灰色	很高	平整	黑色	次棱角状、次圆状
	自生石英	深灰色	很高	平整	黑色	自形、半自形晶体

三、 煤的岩石类型

煤作为一种岩石,用肉眼或在显微镜下可以看出它在组成、结构和物理性质方面有不同的特点和差异,从这些标志入手可把煤划分出许多岩石类型。用肉眼观察时所作出的划分称为宏观煤岩类型,在显微镜下观察时所作的划分称为显微煤岩类型。

根据成因、化学性质和岩石性质,煤可被划分为腐殖煤和腐泥煤。煤的岩石类型(lithotype of coal)这一术语是指煤层中用肉眼可以识别的不同条带,是用肉眼区分煤的岩石分类的基本组成单位。表 3-4 列出了腐殖煤和腐泥煤的煤岩类型及其最重要的特征。

表 3-4 煤的类型和煤岩类型 (E. Stach,1992)

煤的类型	煤岩类型	肉眼可识别的特征
腐殖煤	镜煤	光亮,黑色,一般很脆,常具裂缝
	亮煤	半亮,黑色,极薄层状
	暗煤	暗淡,黑色或灰黑色,坚硬,表面粗糙
	丝炭	丝绢光泽,黑色,纤维状,软,极易碎
腐泥煤	烛煤	暗淡或弱油脂光泽,黑色,均一状,非层状,很坚硬,贝壳状断口,黑色条痕
	藻煤	像烛煤,但外观略带褐色,褐色条痕

1. 腐殖煤的煤岩类型

腐殖煤煤层通常由镜煤(光亮条带)、亮煤(半光亮条带)、暗煤(暗淡条带)和丝炭(矿物木炭)组成。其中镜煤和丝炭是简单的煤岩类型,亮煤和暗煤是复杂的煤岩类型。在光泽强度上丝炭和暗煤是暗淡的,镜煤和亮煤则是光亮的。

(1)镜煤 镜煤呈黑色、深黑色,光泽强,明亮如镜,因此而得名,是煤中颜色最深、光泽最强的类型。其质地纯净而均匀,以贝壳状或眼球状断口和垂直的内生裂隙发育为特征,性脆,但脆度次于丝炭,易破碎成棱角状小块,在煤中常呈透镜状或条带状,有时呈线理状夹在亮煤和暗煤中。镜煤的颜色、光泽和内生裂隙数目均随煤化程度变化而有规律地变化。

在显微镜下观察,镜煤轮廓清楚,质地纯净,主要是木质纤维组织经过凝胶化作用形成的，也是一种简单的煤岩类型（由结构镜质体和均质镜质体等组成）。镜煤的挥发分和氢含量高，黏结性强，矿物质含量较少。

（2）亮煤　亮煤是煤中最常见的煤岩类型，其光泽仅次于镜煤，性较脆，内生裂隙较发育，密度较小，有时有贝壳状断口。其均一程度不如镜煤，往往可见细微纹理，在煤层中常呈较厚的分层或透镜状出现。

在显微镜下观察，亮煤的组分也比较复杂，与暗煤相比，亮煤中的镜质组较多，而壳质组和惰质组较少。亮煤的各种物理、化学和工艺性质多介于镜煤和暗煤之间。

（3）暗煤　暗煤的颜色为灰黑色、暗黑色，光泽暗淡，致密坚硬，韧性较大，密度大，内生裂隙不发育，层理不清晰，断面粗糙，断口呈不规则状或平坦状，在煤中形成较厚的分层，甚至单独成层。

在显微镜下观察，暗煤组成相当复杂，一般镜质组较少，壳质组和惰质组较多，矿物质含量较高。由于其组成的复杂性，故各种暗煤的物理、化学和工艺性质均不相同。一般富含壳质组分的暗煤，往往略带油脂光泽，挥发分和氢含量高，黏结性好；富含惰质组分的暗煤略带丝绢光泽，挥发分低，黏结性差；富含黏土矿物的暗煤，则密度大，灰分高。

（4）丝炭　丝炭外观像木炭，颜色为灰黑色或暗黑色，具有明显的纤维状结构和丝绢光泽，疏松多孔，性脆易碎，能染指，其空腔常被矿物质填充，称为矿化丝炭，其致密坚硬，密度大。丝炭在煤层中一般数量不多，常呈透镜状沿煤的层面分布，多数厚 1～2mm，有的厚达数毫米，有时形成不连续的薄层。

在显微镜下观察，丝炭具有明显的植物细胞结构，有时还能看到年轮结构。丝炭组成单一，由惰质组的组分组成，是一种简单的煤岩类型。丝炭的氢含量低，碳含量高，挥发分低，没有黏结性。由于丝炭孔隙度大、吸氧性强，所以容易发生氧化和自燃。丝炭含量高的煤可选性差。

通过显微镜的观察，腐殖煤的四种煤岩类型（镜煤、亮煤、暗煤和丝炭）是由三种显微煤岩组分（镜质组、壳质组和惰质组）以不同的比例组合而成的。镜煤和丝炭的显微组成是单一的，暗煤和亮煤这两种复杂的煤岩类型是由不同含量的三种显微组分组合而成的。

腐殖煤的煤岩类型和显微组分之间的关系如图 3-1 所示。图中沿轴部分的长方形表示组分，圆圈表示四种煤岩类型，而箭头指出组分参与这种煤岩类型的组成，线的粗细或虚实表示每种组分的重要程度。

我国的一些煤田煤岩类型，在组成上的特点是镜煤和亮煤的含量很高，丝炭和暗煤的含量低。

2. 腐泥煤的煤岩类型

腐泥煤在显微镜下以其缺乏层理而区别于腐殖煤。腐泥煤呈均一状结构，强度很大。由于强度和韧度很大，在古代可用其制造手镯。低级腐泥煤的化学特征是氢含量和挥发分高，干馏时气体和焦油产率高。腐泥煤可分为烛煤和藻煤。

（1）烛煤　宏观上，烛煤为黑色，暗淡，有时具有弱油脂光泽，均一致密，贝壳状断口，韧性大。肉眼难区分烛煤与藻煤。显微镜下烛煤一般显示规则的显微层理，几乎不含藻类体，但含非常丰富的孢子体，因而常被称为"孢子煤"。同时它碎屑多，大小相近。烛煤易燃，燃烧时发出明亮的火焰，像蜡烛一样，故名烛煤。烛煤的挥发分、氢含量和焦油产率较高。

（2）藻煤　藻煤光泽暗淡，呈均一块状，贝壳状断口，韧性较大，灰分低时密度小，易

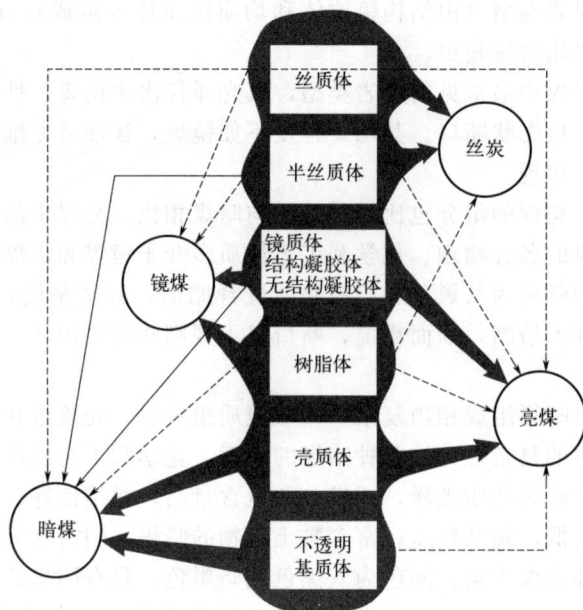

图 3-1 腐殖煤的煤岩类型和显微组分之间的关系

燃，有沥青味。宏观上，藻煤可以根据其淡褐色和褐色条痕而区别于烛煤。显微镜下，藻煤的显微组成以密集的藻类体为主，显微层理不明显。藻煤挥发分、氢含量和焦油产率较高，有时灰分也高。我国山西浑源、蒲县，山东的肥城、兖州均有藻煤。

我国对煤还划分出一种特殊类型——残殖煤。残殖煤主要是由高等植物中壳质组富集而成的，典型的残殖煤中壳质组含量一般都在 50% 以上。残殖煤常呈薄层或透镜体夹在腐殖煤中，或与其逐渐过渡，但有时也可能单独构成具有工业价值的煤层。残殖煤光泽暗淡，或具有油脂光泽，韧性较大，挥发分、含氢量和焦油产率较高，与腐泥煤相近。根据残殖煤的主要壳质组的组分可分为：角质残殖煤、树皮残殖煤、孢子残殖煤和树脂残殖煤等几种类型。

3. 煤的光泽岩石类型

煤岩类型是煤的岩石分类的基本单位。但其中的镜煤和丝炭一般只是细小的透镜体或以不规则的薄层出现，亮煤和暗煤虽然分层较薄，但常有互相过渡的现象，分层界限不明显。所以在了解煤层的岩石组成和性质时，如果以煤岩类型为单位，不便于进行定量，也不易于了解煤层的全貌。通常根据煤的平均光泽强度、煤岩类型的数量比例和组合情况划分煤的光泽岩石类型，作为观察煤层的基本单位。煤的光泽岩石类型是由不同煤岩类型组合而成的，不同煤岩类型的组合会表现出不同的光泽强度，如镜煤和亮煤组合在一起光泽就强，而暗煤和丝炭组合在一起光泽就弱。一般按平均光泽程度把煤的光泽岩石类型依次划分为光亮煤、半亮煤、半暗煤和暗淡煤四种类型。平均光泽强度是针对在同一煤层剖面上、相同煤化程度的煤而言的。

（1）光亮煤 光亮煤主要由镜煤和亮煤组成，光泽很强。由于成分均一，条带状结构不明显。内生裂隙发育，脆度很大，机械强度小，易破碎，常具有贝壳状断口。镜煤和亮煤占组成的 75% 以上，暗煤和丝炭少量或没有。同时黏结性较好，煤质好。

（2）半亮煤　半亮煤中镜煤和亮煤的含量在 $50\%\sim75\%$ 之间，暗煤和丝炭含量较少，光泽也较强，最大的特点是条带状结构明显，内生裂隙发育，常具有棱角状断口或阶梯状断口，是煤中常见的煤光泽岩石类型，煤质也很好。

（3）半暗煤　半暗煤由暗煤和亮煤组成，镜煤和亮煤占组成的 $25\%\sim50\%$，丝炭含量较多。光泽较弱，硬度和韧性大，呈条带状、线理状或透镜状结构。内生裂隙不发育，断口参差不齐，矿物质含量常常较高，煤质较差。

（4）暗淡煤　暗淡煤主要由暗煤和丝炭组成，镜煤和亮煤的含量小于 25%。光泽暗淡，通常呈块状构造，致密、坚硬、密度大、韧性强，层理不明显，呈粒状结构，断口呈棱角状或参差状。矿物含量往往很高，难分选，煤质差。

4. 显微煤岩类型

显微煤岩类型是指在显微镜下所能见到的各组显微组分的典型共生组合。国外在评价煤的工艺性质时，大多数采用国际煤岩学委员会提出的显微煤岩类型分类，见表 3-5。

表 3-5　国际显微煤岩类型分类（G. H. Taylor, 1998）

显微组分组成（不包括矿物）		显微煤岩类型	显微组分组的组成（不包括矿物）	显微煤岩类型组
单组分	无结构镜质体＞95% 结构镜质体＞95% 镜屑体＞95%	（微无结构镜煤）[①] （微结构镜煤）[①]	V＞95%	微镜煤
	孢子体＞95% 角质体＞95% 树脂体＞95% 藻类体＞95% 壳屑体＞95%	微孢子煤 （微角质煤）[①] （微树脂煤）[①] 微藻类煤	E＞95%	微稳定煤
	半丝质体＞95% 丝质体＞95% 菌类体＞95% 惰屑体＞95% 粗粒体＞95%	微半丝煤 微丝煤 （微菌类煤）[①] 微碎屑惰质煤 （微粗粒煤）[①]	I＞95%	微惰性煤
双组分	镜质组＋孢子体＞95% 镜质组＋角质体＞95% 镜质组＋树脂体＞95% 镜质组＋壳屑体＞95%	微孢子亮煤 微角质亮煤 （微树脂亮煤）[①]	V＋E(L)＞95%	V 微亮煤 E(L)
	镜质组＋粗粒体＞95% 镜质组＋半丝质体＞95% 镜质组＋丝质体＞95% 镜质组＋菌类体＞95% 镜质组＋惰屑体＞95%		V＋I＞95%	V 微镜惰煤 I
	惰质组＋孢子体＞95% 惰质组＋角质体＞95% 惰质组＋树脂体＞95% 惰质组＋壳屑体＞95%		I＋E(L)＞95%	I 微暗煤 E(L)

显微组分组成 （不包括矿物）		显微煤岩类型	显微组分组的组成 （不包括矿物）	显微煤岩类型组
三组分	镜质组、惰质组、壳质组均>5%	微暗亮煤 微镜惰壳煤 微亮暗煤	V>I,E(L) E>I,V I>V,E(L)	V 微三合煤 IE(L)

①括号中术语尚未通用。

注：V—镜质组；E(L)—壳质组（稳定组）；I—惰质组。

在垂直层理的切面上，其最小厚度为 $50\mu m$，或最小面积为 $50\mu m \times 50\mu m$，显微组分组合中，镜质组、惰质组和壳质组的含量分别以 5% 为界划分单组分、双组分和三组分的显微煤岩类型。属单组分的是指只有一种显微组分占绝对优势的显微煤岩类型，如微镜煤 V>95%，微惰性煤 I>95%；属双组分的则是指两组显微组分之和>95%；属三组分的则是指所含的三组煤显微组分各自都大于 5%。根据上述组合中出现的主要显微组分组，可划分出 7 个显微煤岩类型组，并可进一步根据具体的显微组分来划分和命名显微煤岩类型。显微煤岩类型的命名基本上与上述肉眼观察的煤岩类型一致，它们与显微组分间的相互关系如图 3-2 所示。

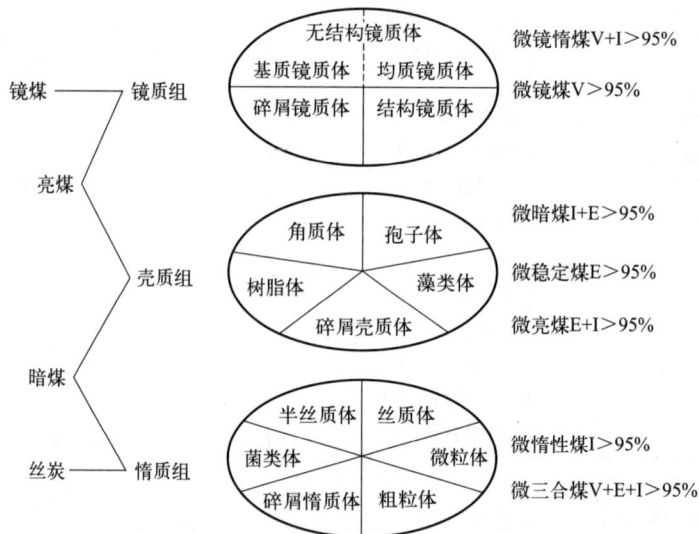

图 3-2　煤的显微组分组、显微组分、煤岩类型与显微煤岩类型间的相互关系

当显微组分组合中有矿物时，煤的密度增加，影响煤的可选性。当所含的硫铁矿为 5%~20%、黏土、石英、碳酸盐等矿物为 20%~60% 时，为显微矿化类型。按所含矿物不同，分别划分为微硫铁矿质煤、微泥质煤、微硅质煤、微碳酸盐质煤、微复矿质煤。若所含矿物超过微矿化类型上限时，为显微矿质类型，并可按所含矿物进一步划分和命名。

显微煤岩类型与煤的成因有密切关系，它可反映成煤泥炭沼泽的覆水深浅、水介质的酸碱性、水动力条件、植物分解的氧化还原程度等特征。因此，研究煤的显微煤岩类型具有重要的理论意义。同时，显微煤岩类型还与煤的炼焦工艺特征有很好的相关性。此外，显微煤岩类型的平均密度小于 $1500 kg/m^3$，显微矿化类型的密度为 $1500\sim2000 kg/m^3$，其含量的高低与煤的可选性关系很大，故研究显微煤岩类型也具有重要的实用意义。

5. 煤的结构和构造

（1）煤的结构 煤的结构是指宏观或显微镜下所见各种煤岩类型或显微组分单体的形态、大小所表现的特征。最常见的煤的宏观结构有下列几种。

① 条带状结构。煤岩类型多呈各种形状的条带，在煤层中相互交替而形成条带状结构。按条带状的宽度可分为细条带状（1～3mm）、中条带状（3～5mm）和宽条带状（>5mm）等。

② 线理状结构。煤中的丝炭和黏土矿物常以厚度小于1mm的线理分布在煤层各部分，呈线理状结构，在半暗煤中常见。

③ 透镜状结构。煤中的镜煤、丝炭、黄铁矿等常以透镜状散布在亮煤和暗煤中，呈现透镜状结构，常见于半暗煤和暗淡煤中。

④ 均一状结构。煤中组成成分较单纯，均匀。镜煤是典型的均一状结构，某些腐泥煤也具有均一状结构。

⑤ 粒状结构。由于煤中散布着大量壳质组或矿物质而呈粒状，某些暗淡型煤中具有粒状结构。

⑥ 木质结构。木质结构是植物茎部原有的木质结构在煤中的反映，一般在泥炭化作用阶段由于凝胶化作用中断而保存下来，多见于褐煤及低煤化程度的烟煤中。

⑦ 纤维状结构。纤维状结构是植物茎部组织经过丝炭化作用的产物，呈相互平行的细长纤维状，疏松多孔，常见于丝炭中。

⑧ 叶片状结构。叶片状结构是煤中大量的角质层或木栓层沿层面分布，具有细的层理，被分成薄片或纸状、叶片状，在煤中形成叶片状结构。

⑨ 碎屑结构。由细小的植物残体组成的土状软褐煤所表现的结构。

（2）煤的构造 煤的构造是指各种宏观煤岩类型或显微组分之间的共生关系、空间分布和排列方式等特点以及它们的相互关系。它与煤组成成分的自身特点（如形态、大小）无关，而与植物遗体的聚集条件和变化过程有关。

在烟煤中常见层状构造和块状构造，褐煤中常见交织或交叉构造。

① 层状构造（平行构造）。共生的呈条带状、线理状、透镜状的各种煤岩类型平行叠置、相互交替所显示的宏观总体特征称为层状构造。煤的最主要构造标志是层理，最常见的是水平层理，但多数为连续水平层理，也有不连续水平层理，偶见水平波状层理和斜波状层理，这些层理反映出在成煤时期水流波动较大、不稳定。

② 块状构造。层理不显、致密状、均一状煤层或分层所显示的特征称为块状构造。腐殖煤、腐泥煤常呈块状构造，某些暗淡型煤也具有块状构造。

③ 交织构造。腐殖化的植物根、茎残体相互交叉堆积，或原地埋藏的植物根、茎直立、斜插分布在碎屑状煤中所显示的交叉状构造称为交织构造。

第二节 煤的物理性质

煤是我国的主要能源，也是冶金和化工等行业的重要原材料。煤的物理性质是确定煤炭加工利用途径的重要依据，是煤的化学组成和分子结构的外部表现。由于在整个成煤作用过程中，煤的化学组成和分子结构是不断变化的，所以煤的物理性质也不断随之改变。

通常煤的物理性质指光泽、颜色、断口、机械性质（密度和硬度）、光学性质、电磁性质、热性质等。煤的物理性质与煤的成因因素、煤化程度、灰分（数量、性质与分布）、水分和风化程度等有关。

一般来说，煤的成因因素与煤化程度是独立起作用的因素。但是煤的变质程度愈深，用显微镜所观察到的各种成因上的区别变得愈小，并使这些区别对于物理性质的影响也愈小。因此，在煤化作用的低级阶段，成因因素对煤的物理性质的影响起主要作用；在煤化作用的中级阶段，变质作用成为主要因素；而在煤化作用的高级阶段，成因上的区别变得很小，变质作用成为唯一决定煤的物理性质的因素。

研究煤的物理性质首先是生产实践的需要，因为它们与煤的各种用途有密切的关系，了解煤的物理性质对煤的开采、破碎、分选、型煤制造、热加工等工艺具有很大的实际意义；其次也是煤化学理论的需要，因为这些性质与煤的成因、组成和结构有内在的联系，可以提供重要的信息。

一、煤的光泽

煤的光泽是指在正常光线下煤的新鲜断面对光的反射能力，是用肉眼鉴定煤的主要指标之一。观察煤的光泽时，首先要选择光洁的新鲜断面作为标准，其次以镜煤或较纯净的亮煤作为依据。根据煤的平均光泽强度可用肉眼把腐殖煤划分为四种煤岩类型：光亮型、半亮型、半暗型和暗淡型。

腐殖煤的光泽大致可分为沥青光泽、玻璃光泽、金刚光泽和似金属光泽等几种类型。常见的油脂光泽为玻璃光泽，它是由表面不平所引起的变种。此外，还有因集合方式不同造成的光泽变种。如由纤维状集合方式所引起的丝绢光泽，由松散状集合方式所引起的土状光泽等。我国云南某些晚第三世的年轻褐煤，常常呈微弱的像蜡一样的光泽，俗称蜡状光泽。腐泥煤的光泽多为暗淡光泽。

二、煤的颜色

煤的颜色是指新鲜煤块表面的天然色彩，这是煤对不同波长可见光波吸收的结果。煤的颜色随煤化程度的增高而发生变化。褐煤随煤化程度的升高由褐色变成深褐色、黑褐色；烟煤为黑色；无烟煤为灰黑色，常带有古铜色或钢灰色色彩。若煤中水分增加，会使煤颜色变深。而煤中矿物质增加会导致煤颜色变浅。煤粉色就是煤粉的颜色，一般指煤在瓷板上划出条痕的颜色，它反映了煤的真正颜色。不同煤化程度的煤的光泽、颜色和粉色（条痕色）见表 3-6。

表 3-6　不同煤化程度煤的光泽、颜色和粉色（条痕色）

煤化程度	光泽	颜色	粉色
褐煤	无光泽或暗淡的沥青光泽	褐色、深褐色、黑褐色	浅棕色
长焰煤	沥青光泽	黑色带褐色	深棕色
气煤	强沥青光泽、玻璃光泽	黑色	棕黑色
肥煤	玻璃光泽		黑色
焦煤	强玻璃光泽		黑棕色
瘦煤			黑色

续表

煤化程度	光泽	颜色	粉色
贫煤	金刚光泽	黑色带灰色	黑色
无烟煤	似金属光泽	灰黑色带古铜色	灰黑色

三、煤的断口

断口是指煤受外力打击断开后呈现凹凸不平的表面，但不包括沿层面或裂隙面断开的表面。在煤中常见有贝壳状断口、参差状断口、阶梯状断口、棱角状断口、粒状断口和针状断口等，根据煤的断口即可大致判断煤的物质组成的均一性和方向性。

四、煤的裂隙

煤的裂隙又称割理，是煤在成煤阶段中受自然界各种应力作用所产生的一种裂开现象。按裂隙的成因不同，可分为内生裂隙和外生裂隙两种。

1. 内生裂隙的特点

内生裂隙是在煤化作用过程中，煤中的凝胶化物质受到地温和地压等因素的影响，体积均匀收缩，产生内张力而形成的一种裂隙。内生裂隙的发育情况与煤化程度和煤岩显微组分有密切关系。通常以浮煤挥发分在 25% 左右的焦煤、肥煤类内生裂隙最为发育，随着挥发分的降低，煤的内生裂隙也逐渐减少，到无烟煤阶段达到最低值。挥发分大于 25% 的煤，其内生裂隙随挥发分的增高不断降低，所以内生裂隙数常以焦煤类最多，肥煤类次之，1/3 焦煤、气煤和长焰煤类依次减少，到褐煤阶段几乎没有内生裂隙。其特点如下：

① 出现在较为均匀致密的光亮煤分层中，特别是在镜煤的凸镜质或条带中最为发育。

② 一般垂直于层理面。

③ 裂隙面常较平坦光滑，且常伴生眼球状的张力痕迹。

④ 裂隙的方向有大致互相垂直或斜交的两组、交叉呈四方形或菱形，其中裂隙较发育的一组为主要裂隙组，裂隙较稀疏的一组为次要裂隙组。

⑤ 由于光亮煤中的内生裂隙在相同煤化阶段煤中的数目较为稳定，因此常以光亮煤的内生裂隙作为煤的煤化程度标准。

有人根据煤的内生裂隙方向的规则性而认为煤的内生裂隙是在褶皱运动以前形成的。

2. 外生裂隙的特点

一般认为煤的外生裂隙是在煤层形成以后，受构造应力的作用而产生的。其特点如下：

① 可以出现在煤层的任何部位，通常以光亮煤分层为最发育，并往往同时穿过几个煤岩分层。

② 常以不同的角度与煤层的层理面相交。

③ 裂隙面上常有波状、羽毛状或光滑的滑动痕迹，有时还可见到次生矿物或破碎煤屑的填充。

由于外生裂隙组的方向常与附近的断层方向一致，因此研究煤的外生裂隙有助于确定断层的方向。此外，研究煤的外生裂隙还对提高采煤率和判断是否会发生煤尘爆炸和瓦斯爆炸具有一定的实际意义。

五、煤的密度

密度是反映物质性质和结构的重要参数，密度的大小取决于分子结构和分子排列的紧密程度。煤的密度随煤化程度的变化有一定的规律，利用密度数值还可以用统计法对煤进行结构解析。由于煤具有高度的不均一性，煤的体积在不同的情况下有不同的含义，因而煤的密度也有不同的定义。

1. 煤的密度的四种表示方法

（1）真相对密度（TRD）　煤的真相对密度是指在 20℃ 时，单位体积（不包括煤的所有孔隙）煤的质量与同体积水的质量之比，用符号 TRD 来表示。

煤的真相对密度测定国家标准（GB/T 217—2008）中用的是密度瓶法，以水作置换介质，根据阿基米德定律进行计算。该法的基本要点是在 20℃ 下，以十二烷基硫酸钠溶液为浸润剂，在一定容积的密度瓶中盛满水（加入少量浸润剂），再放入一定质量的煤样，使煤样在密度瓶中润湿、沉降并排出吸附的气体，根据煤样的质量和它排出的同体积水的质量计算煤的真相对密度。

计算公式如下：

$$\text{TRD}_{20}^{20} = \frac{m_d}{m_2 + m_d - m_1} \tag{3-1}$$

式中　TRD_{20}^{20}——干燥煤的真相对密度；
　　　m_d——干燥煤样的质量，g；
　　　m_1——密度瓶加煤样、浸润剂和水的质量，g；
　　　m_2——密度瓶加浸润剂和水的质量，g。
干燥煤样的质量：

$$m_d = m \times \frac{100\% - M_{ad}}{100\%} \tag{3-2}$$

式中　m——空气干燥煤样的质量，g；
　　　M_{ad}——空气干燥煤样的水分，%。
在室温下真相对密度的计算：

$$\text{TRD}_{20}^{20} = \frac{m_d}{m_2 + m_d - m_1} \times K_t \tag{3-3}$$

式中　K_t——t℃下的温度校正系数。

$$K_t = \frac{d_t}{d_{20}} \tag{3-4}$$

式中　d_t——水在 t℃时的真相对密度；
　　　d_{20}——水在 20℃时的真相对密度。
TRD 是煤的主要物理性质之一，在研究煤的煤化程度、确定煤的类别、选定煤在减灰时的重液分选密度等时都要涉及煤的真相对密度这个指标。

（2）视相对密度（ARD）　煤的视相对密度是指在 20℃ 时，单位体积（不包括煤粒间的空隙，但包括煤粒内的孔隙）煤的质量与同体积水的质量之比，用符号 ARD 表示。

测定煤的视相对密度的要点是，称取一定粒度的煤样，表面用蜡涂封后（防止水渗入煤样内的孔隙）放入密度瓶中，以十二烷基硫酸钠溶液为浸润剂，测出涂蜡煤粒所排出同体积水的质量，再计算出蜡煤粒的视相对密度，减去蜡的密度后，即可求出煤的视相对密度。

在计算煤的储藏量和对储煤仓的设计以及在进行与煤的运输、磨碎、燃烧等过程有关的计算时都需要用煤的视相对密度这项指标。

（3）堆密度（散密度）　煤的堆密度是指单位体积（包括煤粒间的空隙，也包括煤粒内的孔隙）煤的质量，即单位体积散装煤的质量，又叫煤的散密度。在设计煤仓，计算焦炉装煤量和火车、汽车、轮船装载量时需要用堆密度这个指标。

（4）纯煤真密度　纯煤真密度是指除去矿物质和水分后煤中有机质的真密度。它在高变质煤中可作为煤分类的一项参数。

2. 影响煤密度的因素

（1）成因类型的影响　不同成因的煤密度是不同的，腐殖煤的真密度总比腐泥煤大。例如除去矿物质的纯腐殖煤的真密度在 $1.25g/cm^3$ 以上，而纯腐泥煤的真密度一般小于 $1.2g/cm^3$。

（2）煤化程度的影响　自然状态下煤的成分比较复杂，各种因素的综合影响使其密度大体上随煤化程度的加深而提高。煤化程度较低时，真密度增加较慢；接近无烟煤时，真密度增加很快。各类型煤的真密度范围大致如下：泥炭为 $0.72\ g/cm^3$，褐煤为 $0.8\sim1.35\ g/cm^3$，烟煤为 $1.25\sim1.50\ g/cm^3$，无烟煤为 $1.3\sim1.90\ g/cm^3$。

（3）煤岩组成的影响　对于同一煤化程度的煤，煤岩成分不同其真密度也不同。就腐殖煤而言，丝炭真密度最大，为 $1.37\sim1.52\ g/cm^3$，暗煤为 $1.30\sim1.37g/cm^3$，镜煤为 $1.28\sim1.30\ g/cm^3$。

（4）矿物质的影响　煤中矿物质的含量与组成对煤的密度影响很大，煤中矿物质的密度比有机物的密度大得多。例如，常见的矿物质黏土密度为 $2.4\sim2.6\ g/cm^3$，石英密度为 $2.655\ g/cm^3$，黄铁矿密度为 $5.0\ g/cm^3$。可以粗略地认为，灰分每增加 1%，则煤的密度增加 $0.01\ g/cm^3$。

六、煤的机械性质

煤的机械性质是指煤在机械力作用下所表现出来的各种性质，如硬度、脆度、可磨性等。这些性质对煤的开采、破碎、燃烧、气化和成型等工艺过程有实用意义。

1. 煤的硬度

煤的硬度是指在外来机械力的作用下煤抵抗变形或破坏的能力。由于机械力的不同，煤硬度表示的方式有刻划硬度（莫氏硬度）、弹性回跳硬度（肖氏硬度）、压痕硬度（努普硬度、显微硬度）和耐磨硬度（凸起）等。常用的是刻划硬度和显微硬度。

（1）刻划硬度　采用一套具有标准硬度的矿物刻划煤，得到粗略的相当硬度。标准矿物的莫氏硬度见表 3-7。根据莫氏硬度的划分，煤的硬度一般为 $2\sim4$。煤的硬度与煤化程度有关，中等煤化程度的焦煤硬度较小，为 $2\sim2.5$。随煤化程度的提高，硬度增加，无烟煤的硬度最大，为 4 左右。同一煤化程度的煤，惰质组的硬度最大，壳质组最小，镜质组居中。刻划硬度的准确性较

煤的硬度

差，在科学研究上一般采用显微硬度的指标。

表 3-7　标准矿物的莫氏硬度

矿　物	硬度级别	矿　物	硬度级别
滑　石	1	长　石	6
石　膏	2	石　英	7
方解石	3	黄　晶	8
氟　石	4	刚　玉	9
磷灰石	5	金刚石	10

（2）显微硬度　显微硬度属于压入硬度的一种。一般采用特殊形式（如角锥形、圆锥形）而又非常坚硬的压入器，施加一定的压力，使压入器压入样品表面，形成压痕，卸除压力后用显微镜测量压痕的尺寸。如用方形棱锥金刚石压入器时，测量压痕对角线的长度，即可计算出显微硬度值：

$$H = 2\sin\frac{\alpha}{2} \times \frac{P}{d^2} \tag{3-5}$$

式中　H——显微硬度，MPa；

　　　P——加在压入器上的负荷，N；

　　　d——压痕对角线长度，mm；

　　　α——方形棱锥体两相对锥面的夹角，一般为 136°。

从褐煤开始，显微硬度随煤化程度的提高而上升，在碳含量为 75％～80％之间有一个极大值；此后，显微硬度随煤化程度的提高而下降，在碳含量到达 85％左右最低；随后煤化程度再提高，显微硬度又开始上升，到无烟煤阶段，显微硬度几乎随煤化程度的提高而呈直线上升。

由图 3-3 可见，整个曲线像一个靠背椅，"椅背"是无烟煤，"椅面"是烟煤，"椅脚"为褐煤。在碳含量为 78％左右时，显微硬度有一个最大值；含量为 87％时，显微硬度最小。在无烟煤阶段，随煤化程度的升高，镜质组的显微硬度急剧升高，变化幅度很大，在 300～2000MPa 之间。因此，显微硬度可作为详细划分无烟煤的指标。在不同还原程度煤中，强还原煤的显微硬度比弱还原煤的小。

惰质组的显微硬度比镜质组高，惰质组中菌类体的显微硬度最高。因此，在煤的光片进行抛光时，惰质组比镜质组磨损得慢，所以惰质组比相邻较软的组分凸起得要高。对于图 3-3 所示煤的显微硬度与碳含量的关系可以从煤的结构和组成加以解释。

① 无烟煤具有高度芳香缩合结构，其机械性质由组成高聚物空间结构链的数量及坚固性所决定。随着相邻碳网的结合、增大及碳网序理性（排列的整齐程度）的加强，显微硬度必随之增大。因而碳含量大于 87％后，显微硬度急剧增大，这是由煤分子中芳香碳网的增大及分子排列的序理性的加强所致。

② 碳含量大于 78％的烟煤阶段，其显微硬度变化与 O/C 和 C 的关系相似（如图 3-4 所示）。煤中氧的存在形式及含量多少，对煤的性质具有巨大的影响。随着氧原子数的减少、氧桥（—O—）的减少，煤分子间结合力降低，反映在硬度上就出现了自不黏煤转化为黏结煤的硬度的渐次降低。

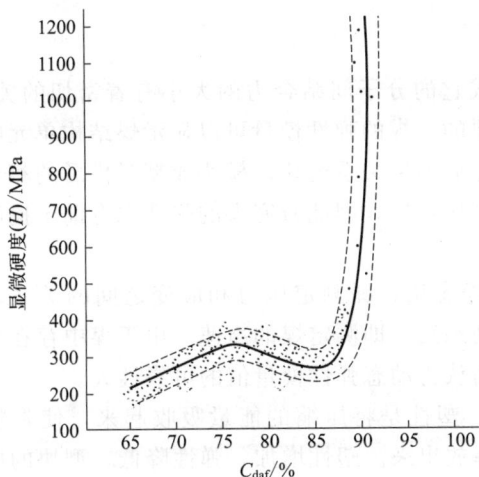

图 3-3　煤的显微硬度与碳含量的关系

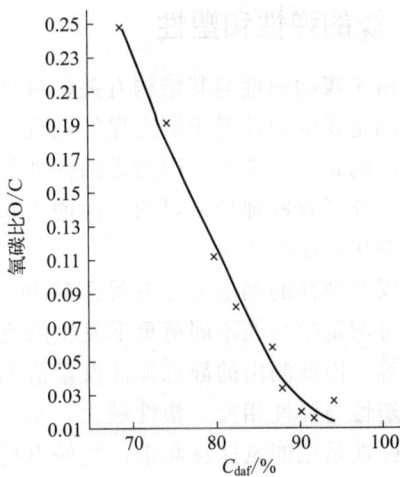

图 3-4　煤中碳含量和 O/C 的关系

③ 至于褐煤阶段，由于褐煤富有高塑性的腐殖酸及沥青质（一般含量约达 50%），这些成分的硬度很小。因此，褐煤的低显微硬度可能与这些高塑性物质的含量有关。

2. 煤的可磨性（HGI）

煤的可磨性是指煤磨碎成粉的难易程度。在有关的工业实践中，测定煤的可磨性具有重要的意义。火力发电厂与水泥厂，在设计与改进制粉系统并估计磨煤机的产量和耗电量时，常需测定煤的可磨性；在以应用非炼焦煤为主的型焦工业中，为了确定粉碎系统的级数及粉碎机的类型，也要预先测定煤的可磨性。

煤的可磨性

目前，国际上普遍采用哈特葛罗夫法测定煤的可磨性，其基本依据是研磨煤粉所消耗的功与新产生的表面积成比例。测定要点是：将美国某煤矿区的烟煤作为标准煤，其可磨性指数定为 100。测定时，先将四个一组可磨性指数各不相同的标准煤样在哈氏可磨仪上研磨，该标准煤样在规定的条件下，经过一定破碎功的研磨，以标准煤的 200 目网筛下物的质量为纵坐标，相应的可磨性指数为横坐标，得一直线，此直线就是该哈氏可磨仪的校准图。被测煤样在哈氏可磨仪上研磨后，根据 200 目网筛下物的质量在校准图上即可查出相应的可磨性指数，用 HGI 表示。HGI 越大，表示煤的可磨性越好，煤越容易被磨碎。

煤的可磨性随煤化程度呈现规律性的变化，在低煤化程度阶段，随煤化程度的增加煤的可磨性缓慢增加；在碳含量为 87%～90% 时，可磨性迅速增大；在碳含量为 90% 左右可磨性达到最大；此后随煤化程度的进一步提高而可磨性迅速下降。哈特葛罗夫可磨性指数与煤化程度的关系如图 3-5 所示。

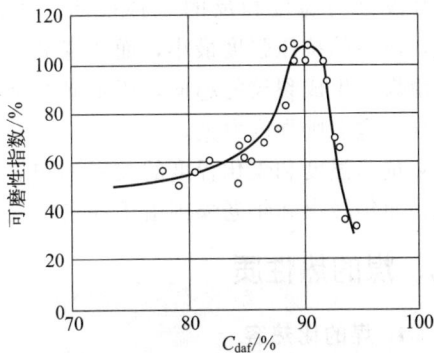

图 3-5　哈特葛罗夫可磨性
指数与煤化程度的关系

七、煤的弹性和塑性

由于煤的弹性与其结构有关，特别是与构成它的分子间结合力的大小有着密切的关系，因此测定煤的弹性对于研究煤的结构也是很重要的。煤的弹性模量可以显示煤结构单元间的化学键的特性。此外，因为煤的弹性与煤的压缩成型性关系密切，模块成型脱模后的相对膨胀率表征了煤的弹性，煤的弹性增大则会促使型块松散，因此研究煤的弹性也有助于提高型煤与型焦产品的质量。

煤的弹性的测定方法有静态法和动态法。静态法，即测定压力和应变之间的关系，例如，可测定煤块在不同荷重下发生的弯曲度；动态法，即测定煤的声速。由于煤中存在细微龟裂等，因此测出的静态弹性模量值偏低，因而认为动态弹性模量值的可靠性大。

塑性与弹性相反，塑性越大，成型越容易。塑性是将压缩的能量吸收起来，使颗粒靠近；弹性是把能量储存起来，当外力消失后又释放出来。塑性增加，弹性降低，型块的质量提高。年轻褐煤中含有较多的腐殖酸，塑性好，无黏合剂即可以高压成型。典型褐煤、年老褐煤、无烟煤不具有塑性，需加黏结剂（焦油、沥青等）或黏合剂（黄泥、纸浆废液等）压成型块。

煤的显微组分的塑性（压缩性）从小到大的次序为：壳质组、镜质组、惰质组。随变质程度的增加，其差别渐小。

八、煤的脆度

煤的脆度是用来表征煤被粉碎的难易程度的，是机械坚固性的一个指标。煤的脆度与煤的煤岩类型及煤化程度有关。煤岩类型的脆变按下列次序排列：丝炭最脆，镜煤、亮煤居中，而暗煤最硬。由于丝炭易碎，故煤粉中丝炭甚多。可见，研究煤的不同煤岩类型的脆度能为煤岩选择破碎提供理论依据。

煤的落下强度

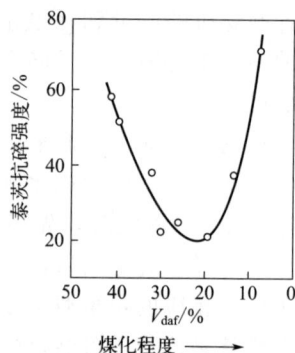

图 3-6　抗碎强度和煤化程度的关系

煤的脆度有如下两种表示方法：抗压强度和抗碎强度。抗压强度是与脆度相反的一种性质。因此，暗煤的抗压强度最大，丝炭的抗压强度最小，而镜煤和亮煤的抗压强度居中。纯的镜煤有生成裂纹的趋向，因而比较容易破碎。亮煤中的壳质组含量愈多则强度愈大。

抗碎强度和煤化程度的关系如图 3-6 所示。曲线在焦煤和肥煤位置出现最低点即脆性最大，而年轻煤和年老煤则由于各自不同的结构，脆度均小于中等变质程度烟煤。

九、煤的热性质

1. 煤的比热容

煤的比热容是指在一定温度范围内，单位质量的煤温度升高 1℃ 所需要的热量，用 c 表示。

煤的比热容与煤化程度、水分含量、灰分和温度的变化等因素有关。煤的比热容一般随着煤化程度的提高而减小。在碳含量为 60% 的褐煤到碳含量为 90% 的瘦煤、贫煤阶段，煤的比热容随煤化程度的提高呈直线下降，从 1.37J/(g·℃) 下降到 1.08 J/(g·℃) 左右；

此后煤化程度再增加，比热容迅速减小，碳含量从 90％增加到 98％，比热容则从 1.08J/(g·℃) 减小到 0.71J/(g·℃)。

煤的比热容随水分含量增大而提高，这是因为水的比热容较大。煤的灰分较多时，比热容则减小，因为灰分的比热容一般小于 0.72J/(g·℃)。当温度在 350℃以下时，比热容随温度升高而增大，在 270～350℃时达到最大值，这是由于煤大分子中的原子和原子团振动吸收能量；在 350～1 000℃时，比热容随温度升高而下降，这是因为在此温度下煤发生了热解，温度越高热解程度越高，分子结构越接近石墨，其比热容也越接近于石墨的比热容[0.82J/(g·℃)]。煤的比热容随温度的变化规律如图 3-7 所示，比热容和煤中碳含量的关系如图 3-8 所示。

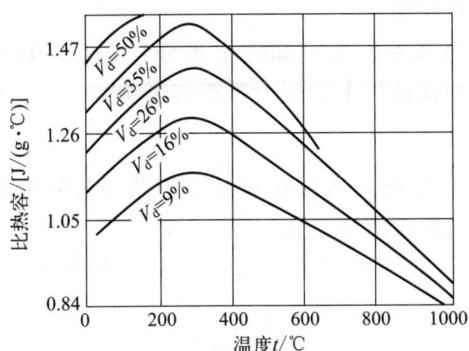

图 3-7　煤的比热容随温度的变化规律

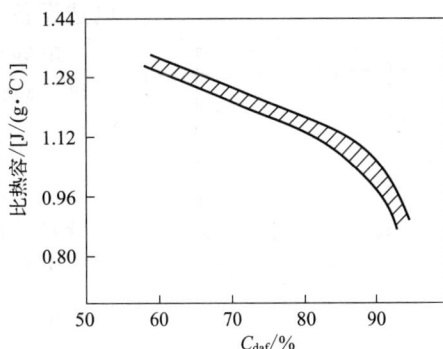

图 3-8　比热容和煤中碳含量的关系

2. 煤的导热性

煤的导热性包括导热系数 $\lambda[W/(m·K)]$ 和导温系数 $\alpha(m^2/h)$ 两个基本常数。它们之间的关系可用下式表示：

$$\alpha = \lambda/c\rho \tag{3-6}$$

式中　c——煤的比热容，$J/(kg·K)$；

ρ——煤的密度，kg/m^3。

从上式可以看出，导温系数 α 与导热系数 λ 成正比，而与热容量 $c\rho$ 成反比。λ 可表示煤的散热能力，$c\rho$ 表示单位体积煤温度变化 1℃所吸收或放出的热量，即煤的蓄热能力。

3. 煤的热稳定性

煤的热稳定性是块煤在高温下保持原来粒度的能力，用 TS 表示。在固定床燃烧或气化时，要求煤的热稳定性要好，否则块煤在炉中会大量破碎变成粉末，造成炉内阻力增大，恶化操作，降低气化或燃烧效率，甚至导致停产事故。

煤的热稳定性测定要点：取 6～13mm 的煤样在 850℃下加热并保温 15min，取出冷却后用 6mm 的筛子筛分，计算筛上物的质量占焦渣总质量的百分数，用 TS_{+6} 表示。TS_{+6} 值越大，则煤的热稳定性越好。一般褐煤的热稳定性最差，其次是无烟煤，烟煤则较好。

十、煤的电性质

1. 导电性

煤的导电性是指煤传导电流的能力。导电性常用电阻率 ρ（即比电阻）或电导率 σ（电阻率的倒数）表示。电导率越大，煤的导电能力越强。煤的导电有离子导电和电子导电两种形式，无烟煤以电子导电为主，褐煤以离子导电为主。

导电性随煤化程度的增加而增加，在无烟煤阶段提高更快。褐煤的电阻率较低，随煤化程度的加深电阻率增加，到长焰煤时达到最大。此后煤化程度增加，煤的电阻率呈缓慢下降趋势，到碳含量达到 90% 以上的无烟煤时，电阻率迅速下降。煤的导电性属于半导体或导体范围。如莫斯科近郊的褐煤在室温下的电导率为 $4 \times 10^4 \Omega \cdot cm$；美国某煤田的黏结性烟煤的电阻率为 $6 \times 10^7 \sim 15 \times 10^4 \Omega \cdot cm$；无烟煤的电阻率较所有低煤化程度煤低得多，某煤田无烟煤的电阻率为 $70 \sim 200 \Omega \cdot cm$；石墨是良导体，电阻率为 $0.42 \Omega \cdot cm$。利用煤与矿物质在导电性上的差异，可以在电选设备上分离煤和矿物质。

电导率与测定条件关系很大，如煤中水分含量、矿物质含量、粒度、温度和加在试样上的压力等都有影响。

2. 介电常数

物质的介电常数 ε 是指当物质介于电容器两极板间的蓄电量和两板间为真空时的蓄电量之比。

水分对煤的介电常数影响很大，其原因是水的极性大。故测定煤的介电常数时，必须用完全干燥的煤样。

煤化程度是影响煤的介电常数的主要因素（见图 3-9），随煤化程度的加深，煤的介电常数减小，在含碳量为 87% 左右达到最小，然后又急剧增大。因为年轻煤的极性含氧官能团多，极性大，所以 ε 较大；随煤化程度的加深，含氧官能团减少，介电常数也减小；而年老煤的介电常数增大是因为其导电性增大。

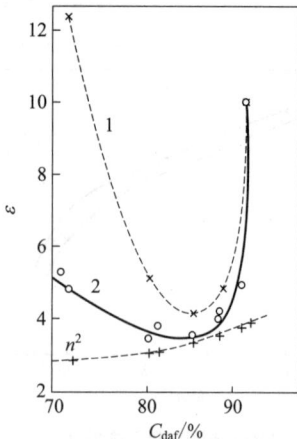

图 3-9　煤的介电常数和
折射率的平方 (n^2) 与
煤化程度的关系
1—空气干燥煤样；2—干燥样

十一、煤的光学性质

煤的光学性质主要有可见光照射下的反射率、折射率和透光率，以及不可见光照射下的 X 射线衍射、红外光谱、紫外光谱和荧光性质等。这里只介绍煤的反射率、荧光性、透光率。

1. 煤的反射率

煤的反光性随着变质程度的增大而增强。在反射光下，显微组分表面的反射光强度与入射光强度的百分比称为反射率，以 $R(\%)$ 表示。各组显微组分的反射率不同，镜质组反射率的变化幅度大，规律明显，而且大多数煤层的显微组成都以镜质组为主，因此通常以镜质组的反射率作为确定煤变质程度的标准。惰质组的反射率在变质过程中变化幅度很小，壳质组的反射率变化虽然大，但在高变质煤中已很少见，都不宜作为鉴定标准。在确定煤的变质程度（煤阶）时，以用油浸物镜测得的镜质组的平均随机反射率 R_{ran} 作为主要鉴定指标。

测定反射率时应用的是光电效应原理。目前使用的反射率测定装置是光电倍增管显微光度计，测定煤的反射率时需要和已知反射率的标准片对比。

褐煤的平均反射率为 $0.40\% \sim 0.50\%$，长焰煤为 $0.50\% \sim 0.65\%$，气煤为 $0.65\% \sim$

0.80%，气肥煤为 0.80%~0.90%，肥煤为 0.90%~1.20%，焦煤为 1.20%~1.50%，瘦焦煤为 1.50%~1.69%，瘦煤为 1.69%~1.90%，贫煤为 1.90%~2.50%，无烟煤为 2.50%~4.00%。

一般来说，褐煤在光学上是各向同性的。随着煤化程度的增加，煤由烟煤向无烟煤阶段过渡，分子结构中芳香核层状结构不断增大，排列趋向规则化，在平行或垂直于芳香层片的两个方向上光学性质的各向异性逐渐明显，反射率即能反映这一变化，这是由煤的内部结构决定的。

2. 煤的荧光性

荧光是一种有机物和矿物的发光现象，它是用蓝光、紫外光、X 射线或阴极射线激发而产生的。在 20 世纪初才开始应用荧光显微镜，自 20 世纪 70 年代以来，随着可定量显微镜光度计的出现，荧光光度方法在煤岩学方面得到广泛应用，它不仅可以直接用以鉴定显微组分，同时显微荧光光度参数还可以用来确定煤级。

煤的荧光性研究可使用光片、薄片和光薄片，可进行单色荧光强度测量、荧光变化测量、荧光光谱测量等。

3. 煤的透光率

(1) 透光率的表示　煤的透光率是指煤样和稀硝酸溶液，在 100℃（沸腾）的温度下加热 90min 后，所产生的有色溶液对一定波长的光（475nm）透过的百分比。透光率能较好地区分低煤化程度的煤，是区分褐煤和长焰煤的指标。

(2) 透光率的测定方法　将低变质程度煤与硝酸和磷酸的混合酸在规定条件下反应产生有色溶液，根据溶液颜色深浅，以不同浓度的重铬酸钾硫酸溶液作为标准，用目视比色法测定煤样的透光率，以符号 P_M 表示。

混合酸是由 1 体积含量 65%~68% 硝酸，1 体积含量不低于 85% 的磷酸和 9 体积水混合配制而成的。其中的磷酸主要起掩蔽三价铁的干扰作用，呈黄色的硝酸不能用。

十二、煤的磁性质

1. 煤的抗磁性

煤的有机质一般具有抗磁性，即在外磁场的作用下产生的附加磁场与外磁场的方向相反。磁化率是指磁化强度 M（抗磁性物质是附加磁场强度）与外磁场强度 H 之比，用 K 表示，即：

$$K = \frac{M}{H} \tag{3-7}$$

在化学上常用比磁化率 χ 表示物质磁性的大小。比磁化率是指在 1Gs 磁场强度下，1g 物质的磁化率。

在采取适当措施消除了煤中杂质的干扰后，本田等研究了煤的抗磁性比磁化率与煤化程度的关系，如图 3-10 所示。结果表明，煤的比磁化率随煤化程度的提高而呈直线增加，碳含量在 79%~91% 之间

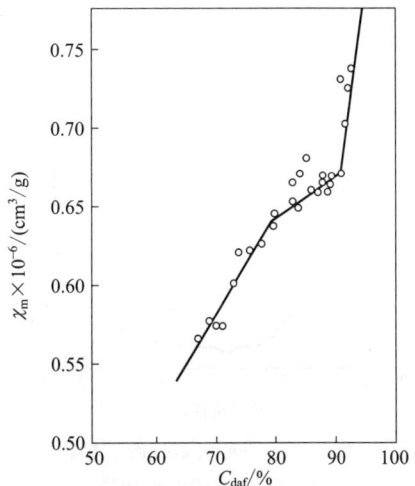

图 3-10　煤的抗磁性比磁化率与煤化程度的关系

出现转折，增大幅度减缓，此后则急剧增大。即煤的比磁化率在烟煤阶段增大幅度较小，无烟煤阶段最大，褐煤阶段居中。比磁化率的这种规律，反映了煤的分子结构随煤化程度的变化。

利用煤与矿物质在磁性上的差异可将它们分离，即磁选法选煤。

2. 煤的核磁共振

核磁共振是一个非常重要的有机结构分析方法，过去仅用于煤的溶剂抽提物和液化产品的分析，近几年由于核磁共振技术的发展已开始直接分析固体煤样。

核磁共振是原子核在强磁场作用下吸收一定波长射频的能量产生能阶跃迁的现象。

^{1}H 核磁共振可用于测定煤的溶剂抽提产物或转化降解产物的氢分布。图 3-11 是一种次烟煤吡啶抽提物的 ^{1}H 核磁共振图谱。根据大量分析结果，一般认为对于煤的抽提物或转化产物这样的复杂体系，共振峰和氢原子位置有以下的对应关系：

$\sigma = 0 \sim 1.0 \times 10^{-6}$ 　脂肪或不是芳环 α 位置上的—CH_3。

$\sigma = 1.0 \times 10^{-6} \sim 2.0 \times 10^{-6}$ 　脂肪或不是芳环 α 位置上的—CH_2—和 —CH。

$\sigma = 2.0 \times 10^{-6} \sim 3.6 \times 10^{-6}$ 　芳环 α 位置上的—CH_3、—CH_2—和 —CH。

$\sigma = 3.6 \times 10^{-6} \sim 5.8 \times 10^{-6}$ 　芳环之间作为桥键的—CH_2—和 —CH。

$\sigma = 5.8 \times 10^{-6} \sim 10.0 \times 10^{-6}$ 　芳香氢和酚羟基氢。

上述 σ 范围内吸收峰面积占总面积之比，即为对应氢原子占总氢原子数之比。

^{13}C 核磁共振、傅里叶变换红外光谱和电子计算机数据处理相结合，是核磁共振技术的重大发展，它可直接用于分析包括煤在内的固体样品。交叉偏振的 ^{13}C 核磁共振分析固体煤得到的图谱见图 3-12。这是两个相邻的宽峰，右边的代表脂肪碳，左边的代表芳香碳。从模型物质的数据可见结果基本上是正确的。

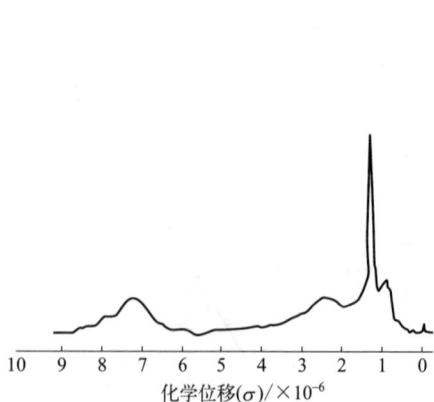

图 3-11　一种次烟煤吡啶抽提
物的 ^{1}H 核磁共振图谱

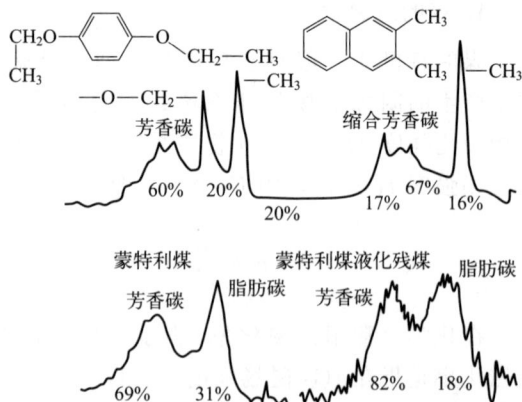

图 3-12　^{13}C 核磁共振分析固体煤得到的图谱

第三节　煤的固态胶体性质

一、煤的润湿性及润湿热

1. 煤的润湿性

润湿性是指液体与固体接触时，固体被液体所润湿的程度。当液体和固体接触时，如果固体分子与液体间的作用力大于液体分子间的作用力，则固体可以被液体润湿，反之，则不能被润湿。通常采用接触角表示煤的润湿性大小，接触角越大，煤的润湿性越差。

接触角的测定方法有粉末法、倾板法等。粉末法是将煤磨成 200 目以下的粉末，施加 15MPa 的压力成型。这种型块可看成是毛细管的集合体，再用液体润湿，同时在加液体的对侧通入氮气，阻止润湿过程的进行，当润湿恰好停止时，测定氮气的压力 p，可根据下式计算出接触角 θ：

$$\cos\theta = pr/2\sigma \qquad (3\text{-}8)$$

式中　r——毛细管半径，m；

　　　p——氮气的压力，Pa；

　　　σ——液体的表面张力，N/m。

煤的润湿性取决于煤表面的分子结构特点。通常分别用水和苯作为液体介质测定煤的接触角，以此来反映煤的亲水性和亲油性。日本学者太刀川等人用粉末法测定不同煤化程度煤的接触角，结果见表 3-8。

表 3-8　煤的接触角（粉末法）

碳含量/%	$\cos\theta$	
	氮-水系统	氮-苯系统
74.0	0.610	0.726
78.1	0.604	0.738
79.1	0.562	0.736
81.1	0.443	0.841
81.9	0.508	0.706
83.1	0.432	0.813
83.9	0.341	0.886
89.7	0.453	0.863
91.3	0.416	0.900

从表 3-8 可以看出，随着碳含量的增加，对于氮-水系统，$\cos\theta$ 呈下降趋势，即 θ 是增大的，所以煤对水的润湿性是下降的。与此相反，对于氮-苯系统，$\cos\theta$ 呈增加趋势，所以随煤化程度的提高，煤对苯的润湿性是增加的。通常，年轻煤对水介质的亲和性较强，中等以上煤化程度的煤对水的亲和力较差。在煤的浮选脱灰过程中，就是利用煤和矸石亲水性的差异进行分离的。矸石表现为亲水性，而煤一般表现为疏水性，但年轻煤由于分子中含有大

量的极性含氧官能团，表现为较强的亲水性，因而其可浮性较差，必须经过特殊加工处理后才能用浮选工艺脱灰。

2. 煤的润湿热

煤被液体润湿时会释放出热量，通常将 1g 煤被润湿时释放出的热量作为煤的润湿热。润湿热的大小主要与液体种类、煤的表面性质有关。常用的润湿剂是甲醇，甲醇能在几分钟

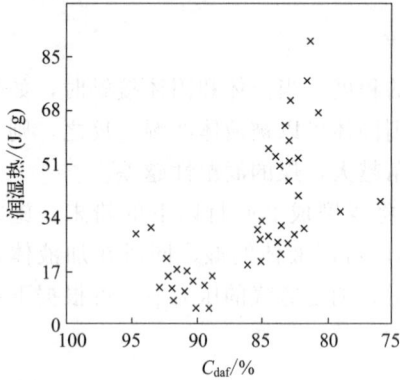

内将润湿热全部释放出来。润湿热与煤化程度的关系如图 3-13 所示。年轻煤的润湿热较高，但随煤化程度的提高而急剧下降，在碳含量为 90% 左右达到最低值，之后又有所上升。润湿热的产生实际上是液体在煤的孔隙内表面积上发生吸附作用的结果。吸附作用越强，比表面积越大，润湿热就越高。年轻煤的分子上含有较多的含氧官能团，易与甲醇分子产生强极化作用，而且年轻煤的比表面积大，因而润湿热较高。随煤化程度的提高，含氧官能团和比表面积均呈下降趋势，所以润湿热也随之下降。到了碳含量为 90% 以上的无烟煤阶段，润湿热上升是由于比表面积有所提高。

图 3-13　润湿热与煤化程度的关系

由此可见，润湿热的大小受多种因素影响，但主要与比表面积有关。试验表明，煤的润湿热大致为 $0.39 \sim 0.42 J/m^2$。利用润湿热可以大致估算煤的比表面积，但不准确。

二、煤的孔隙率和比表面积

1. 煤的孔隙率

煤是由远古植物在沼泽中形成的，植物在沼泽中分解形成胶体状物质，其中存在大量孔隙。转化成煤后成为煤中的孔隙，孔隙体积占煤总体积的百分比就是孔隙率。煤中孔隙的孔径并不均匀，通常根据孔径大小将其划分为大孔、中孔和微孔，分别用 V_{mac}、V_{mes}、V_{mic} 表示，总孔容用 V_t 表示。煤中孔容积的分布可参考表 3-9 中的数据。

表 3-9　煤中孔容积分布与煤化程度的关系

C/%	孔容积/(mL/g)				V_{mac}/V_t /%	V_{mes}/V_t /%	V_{mic}/V_t /%
	V_t	V_{mac}	V_{mes}	V_{mic}			
63.3	0.073	0.064	0.000	0.009	87.7	0	12.3
71.2	0.105	0.062	0.000	0.043	59.1	0	40.9
71.7	0.114	0.088	0.004	0.022	77.2	3.5	19.3
75.5	0.232	0.040	0.122	0.070	17.2	52.6	30.2
76.5	0.105	0.022	0.013	0.070	20.9	12.4	66.7
77.2	0.158	0.031	0.061	0.066	19.6	38.6	41.8
79.9	0.083	0.017	0.027	0.039	20.5	32.5	47.0
81.3	0.144	0.036	0.065	0.043	25.0	45.1	29.9
83.8	0.033	0.017	0.000	0.016	51.5	0	48.5
88.3	0.042	0.016	0.000	0.026	38.1	0	61.9
89.5	0.052	0.014	0.000	0.038	27.0	0	73.0
90.8	0.076	0.009	0.010	0.057	11.9	13.1	75.0

从表 3-9 中的数据可以看出：

① 随煤化程度的加深，总孔容积呈下降趋势，到碳含量大于 88% 以后，煤的总孔容又有所提高，孔隙率与煤化程度的关系如图 3-14 所示。

② 碳含量小于 75% 的褐煤，大孔占优势；碳含量为 75%～82% 之间的煤，中孔占优势；碳含量为 88%～91% 的煤，微孔占优势。

年轻煤中的孔隙主要是由胶体孔隙转化而来的，由于成煤作用中受到的压力较小，孔径也就较大；到了中等煤化程度的煤，由于煤化作用，分子结构的变化会使分子趋于紧密，因而孔隙减小；到了高煤化程度的无烟煤，煤分子缩聚加剧，煤的体积收缩，由于收缩不均，产生的内应力大于煤的强度时，就会在局部形成裂隙，这些裂隙基本以微孔为主。

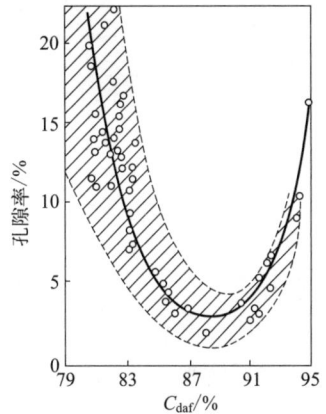

图 3-14　孔隙率与
煤化程度的关系

煤炭和焦炭等的孔隙率对其反应性有重大影响。一般泥炭、褐煤的孔隙率很大，而中等变质程度的煤孔隙率为 4%～5%，无烟煤块为 2%～4%，煤球的孔隙率为 14%～27%，焦炭的孔隙率为 45%～55%，型煤的孔隙率为 20%～30%，木炭的孔隙率为 70%。

2. 煤的比表面积

煤的表面积包括外表面积和内表面积两部分，但外表面积所占比例极小，主要是内表面积。煤表面积的大小通常用比表面积来表示，即单位质量的煤所具有的总表面积。测定煤比表面积最简单的方法就是甲醇润热法，这一方法误差较大，已不再使用。现在多用吸附法测定煤的比表面积，常用的吸附介质是氮气、氦气、氪气、氙气和二氧化碳。吸附介质不同时，测定结构差别很大，见表 3-10。

表 3-10　用不同吸附介质在不同温度下测得的煤比表面积　　单位：m^2/g

C_{daf}/%	N_2(−196℃)	Kr(−78℃)	CO_2(−78℃)	CO_2(25℃)	Xe(0℃)
95.0	34	176	246	224	226
90.0	0	96	146	146	141
86.2	0	34	107	125	109
83.6	0	20	80	104	62
79.2	11	17	92	132	84
72.7	12	84	198	139	149

表 3-10 中的数据表明，氮气吸附测定的比表面积值最小，二氧化碳吸附测定的最高。从孔的可接近性和扩散活化能来看，多数人认为 −78℃ 下用二氧化碳测定的结果较为可靠。

图 3-15 是煤的内表面积与煤化程度的关系。煤的内表面积随煤化程度的变化而变化，一般呈抛物线形，最小值大约出现在碳含量为 90% 处。这可认为是由于煤化程度的增加，煤在变质作用下结构逐渐趋紧密（也反映在胶粒的毛细管空间结构上），因此表现为内表面积在碳含量为 90% 前有下降的趋势。但当煤化程度较高（一般碳含量超过 90%）接近无烟煤阶段时，则由于煤结构的变化，分子排列趋向规则化甚至开始趋向于石墨晶体，从而使煤的内表面积呈增大的趋势。也就是说煤内表面积的变化反映了煤内部结构的变化。

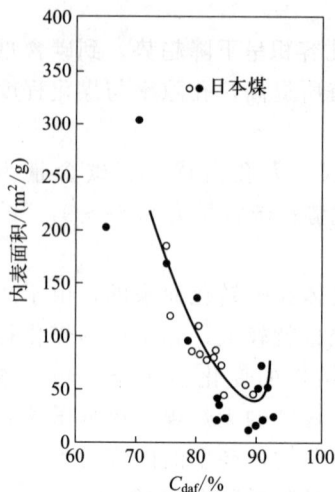

图 3-15　煤的内表面积与煤化程度的关系

第四节　煤的化学性质

　　煤的化学性质是指煤与各种化学试剂在一定条件下发生不同化学反应的性质。对煤的化学性质进行研究一向是研究煤化学结构的主要方法，同时也是煤的转化技术和直接化学加工利用的基础。煤的化学反应种类很多，有氧化、加氢、磺化、卤化、水解和烷基化等。

一、煤的氧化

1. 煤的氧化阶段

　　煤的氧化是研究煤结构和性质的重要方法，同时又是煤炭加工利用的一种工艺。煤的氧化是煤分子结构从复杂到简单的转化过程，氧化的温度越高、氧化能力越强、氧化的时间越长，氧化产物的分子结构就越简单，从结构复杂的腐殖酸到较简单的苯羧酸，直至最后被完全氧化为二氧化碳和水。常用的氧化剂有高锰酸钾、重铬酸钠、双氧水、空气、纯氧、硝酸等。煤的氧化可以按其进行的深度或主要产品分为 5 个阶段（见表 3-11），分别为表面氧化（Ⅰ）、轻度氧化（Ⅱ）、中度氧化（Ⅲ）、深度氧化（Ⅳ）和完全氧化（Ⅴ）。

煤的氧化

表 3-11　煤氧化的阶段

氧化阶段	主要氧化条件	主要氧化产物
Ⅰ	从常温到 100℃，空气或氧气中氧化	表面碳氧络合物
Ⅱ	100～300℃，空气中氧化	可溶于碱液的高分子有机酸（再生腐殖酸）
	100～200℃，碱溶剂中，空气或氧气中氧化	
	80～100℃，硝酸中氧化等	

续表

氧化阶段	主要氧化条件	主要氧化产物
Ⅲ	200~300℃,碱溶液中,空气或氧气加压氧化,碱性介质中 KMnO₄ 氧化及双氧水氧化等	可溶于水的复杂有机酸(次腐殖酸)
Ⅳ	与Ⅲ同,增加氧化剂用量,延长反应时间	可溶于水的苯羧酸
Ⅴ	高温,完全氧化	二氧化碳和水

(1) 煤的表面氧化　氧化条件较弱,一般在 100℃ 以下的空气中进行,氧化反应发生在煤的内外表面,主要形成表面碳氧络合物。这种络合物不稳定,易分解为 CO、CO_2 和 H_2O 等。煤经氧化后易于碎裂,表面积增加,使氧化加快。煤的表面氧化虽然氧化程度不深,但却使煤的性质发生较大的变化,如热值降低,黏结性下降甚至消失,机械强度降低,对煤的工艺应用有较大的不利影响。

(2) 煤的轻度氧化　当氧化条件有所增强,一般是在 100~300℃ 的空气或氧气中氧化、100~200℃ 的碱溶液中用空气或氧气氧化或在 80~100℃ 的硝酸溶液中氧化。氧化的产物主要是可溶于碱液的高分子有机酸,称为再生腐殖酸。

再生腐殖酸与煤中的天然腐殖酸结构和性质相似。通过研究再生腐殖酸可以得到煤结构的信息,同时腐殖酸又有许多用途,如作为肥料使用,可刺激植物生长、改良土壤、防治蔬菜病虫害,也可作饲料添加剂等;在工业上可用作锅炉除垢剂、混凝土减水剂、硬水软化剂、型煤黏结剂、水煤浆添加剂等。

泥炭、褐煤、风化煤被碱所抽提的物质称为腐殖酸。腐殖酸具有弱酸性,它不是单一的化合物,是由多种结构相似但又不相同的高分子羟基芳香酸所组成的复杂混合物。它的组分既不具有塑性,也没有弹性,而是一种高分子的非均一缩聚物。它不溶化,又不结晶,是一种无定形的高分子胶体。一般按腐殖酸在不同溶剂中的溶解度和颜色,可分成三个组分,即黄腐酸、棕腐酸和黑腐酸,如图 3-16 所示。

腐殖酸类物质是腐殖酸及由其派生出来物质的总称,它包括腐殖酸的各种盐类(钠、钾、铵

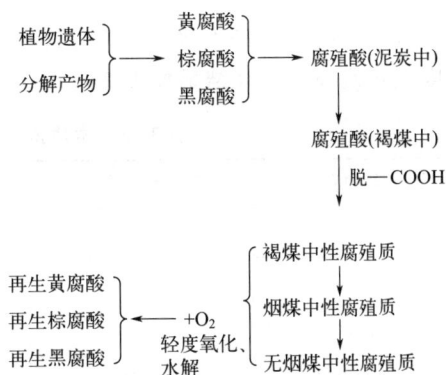

图 3-16　腐殖酸的种类

等)、各种络合物(络腐酸、腐殖酸-尿素等)以及各种衍生物(硝基腐殖酸、氯化腐殖酸、磺化腐殖酸等)。而硝基腐殖酸又是腐殖酸类物质中的一大类,它本身又包含各种盐类、络合物以及各种衍生物。广义地说,腐殖酸类物质也包括天然含腐殖酸的煤(泥炭、褐煤和风化煤)。

(3) 煤的中度氧化和深度氧化　在 200~300℃ 的碱性溶液中,用空气或氧气加压氧化(或在碱性介质中用高锰酸钾或双氧水氧化),产物是可溶于水的复杂有机酸。如果增加氧化剂用量或延长氧化时间,生成的产物可以继续氧化为苯羧酸,甚至氧化为二氧化碳和水。利用煤的中度氧化或深度氧化可以制备芳香羧酸。

煤经轻度氧化得到腐殖酸类物质,如果继续气化分解(在氧化第Ⅲ阶段和第Ⅳ阶段条件下),可生成溶于水的低分子有机酸和大量二氧化碳。低分子有机酸包括草酸、醋酸和苯羧

酸（主要是苯的二羧酸、三羧酸、四羧酸、五羧酸和六羧酸等）。深度氧化是研究煤结构的重要方法。制造水溶性有机酸的方法虽然很多，但目前尚没有实现工业化生产。

煤的深度氧化通常是在碱性介质中进行的，碱性介质的作用是使氧化生成的酸转变成相应的盐而稳定下来。常用的碱性介质是 $NaOH$、Na_2CO_3、$Ca(OH)_2$ 等。如果采用中性或酸性介质，则会使 CO_2 增加，而水溶性酸减少。煤的深度氧化过程是分阶段进行的，氧化时，首先生成腐殖酸，进一步氧化则生成各种低分子酸，如果一直氧化下去，则全部转变成 CO_2 和 H_2O。氧化过程又是一个连续变化的过程，也就是边生成边分解的过程。因此，适当控制氧化条件，可增加某种产品收率。

氧化剂的用量和氧化时间对氧化产物的收率影响很大，用高锰酸钾氧化煤时，高锰酸钾与煤的质量比对氧化产物的收率有重大影响（如表 3-12 所示）。

表 3-12　高锰酸钾与煤的质量比对氧化产物收率的影响

氧化产物收率/%	高锰酸钾与煤的质量比						
	0	1.0	3.0	5.0	7.0	8.1	12.8
未变化	100.0	81.9	56.1	32.4	10.9	4.4	0
腐殖酸	0.0	10.9	27.8	24.4	19.1	0	0
芳香族羧酸	0.0	6.0	23.0	35.1	51.0	46.8	41.8
草酸	0.0	2.0	8.0	13.2	20.0	17.0	20.8
醋酸	0.0	0.9	1.9	2.4	2.1	2.6	3.3

波内（Bone）等人将木质素、纤维素以及各种煤化程度的煤，用碱性高锰酸钾进行了深度氧化研究，研究结果如表 3-13 所示。

表 3-13　木质素、纤维素及各种煤的氧化产物收率　　　　　　单位：%

原料物质	二氧化碳	醋酸	草酸	芳香族羧酸
纤维素	48	3	48	—
木质素	57～60	2.5～6.0	21～22	12～16
泥炭	49～61	3.0～5.5	15～28	10～25
泥炭和褐煤	45～47	3.0～7.5	9～23	22～34
烟煤	36～42	1.5～4.5	13～14	39～46
无烟煤	43	2	7	50

从表 3-13 可知，醋酸的收率较低，随煤化程度变化甚微；草酸的收率较高，且随煤化程度增加而减小；芳香族羧酸收率也较高，且随煤化程度增加而增加，增加的幅度也比较大；二氧化碳的收率很高，且随着煤化程度的增加而显示出下降的趋势。

（4）煤的完全氧化　煤的完全氧化是指煤在高温空气中的燃烧过程，生成二氧化碳和水，并放出大量的热能。煤炭作为能源主要是以这种方式加以利用的。

2. 煤的风化与自燃

（1）煤的风化　离地表较近的煤层，经受风、雪、雨、露、冰冻、日光和空气中氧等的长时间作用，煤的性质发生一系列不利变化，这种现象称为煤的风化。在浅煤层中被风化了的煤称为风化煤。被开采出来存放在地面上的煤，经长时间与空气作用，也会发生缓慢的氧化作用，使煤质发生变化，这一过程也称为风化作用。经风化作用后，煤的性质主要发生以下一些变化。

① 化学组成　碳元素和氢元素含量下降，氧元素含量增加，腐殖酸含量增加。

② 物理性质　光泽暗淡，机械强度下降，硬度下降，疏松易碎，表面积增加，对水的湿润性增大。

③ 工艺性质　低温干馏焦油产率下降，发热量降低，黏结性煤的黏结性下降甚至消失，煤的可浮性变差，浮选回收率下降，精煤脱水性恶化。

风化煤中的腐殖酸常与钙、镁、铁和铝离子结合形成不溶性的腐殖酸盐，所以用碱液不能直接抽提出来，而要先进行酸洗。有些风化煤因风化程度较深，生成了分子量更低的黄腐酸，可以溶于酸并能用丙酮抽提出来。

(2) 煤的自燃　煤风化过程的实质是煤的氧化，也就是一个放热过程。如果煤氧化释放的热量不能及时散发，则会被煤吸收而使煤的温度提高。温度的提高又促使煤更加剧烈地氧化，放出的热量就更多，当温度达到煤的着火点时就会起火燃烧，这一过程称为煤的自燃。煤的自燃一般发生在较高的煤堆内部或通风不畅的采空区，因为这些地方的通风散热不好，易使氧化产生的热量积聚，促使煤堆或煤层温度缓慢上升而自发燃烧。

(3) 影响煤风化和自燃的因素

① 成因类型和煤化程度　腐泥煤和残殖煤较难风化和自燃，腐殖煤则比较容易风化和自燃，腐殖煤随煤化程度加深，着火点升高，风化和自燃的趋势下降。各种煤中以年轻的褐煤最易风化和自燃。

② 煤岩类型　煤岩类型的抗氧化活性一般按镜煤>亮煤>暗煤>丝炭次序递减，但丝炭有较大的内表面积，低温下能吸附更多的氧，丝炭内又常夹杂着黄铁矿，故能放出较多热量从而促进周围氧的释放。

③ 黄铁矿含量　黄铁矿含量高，能促进氧化和自燃。因为有水分存在的黄铁矿极易氧化并放出大量热。

④ 散热与通风条件　大量煤堆积，热量不易散失。自然堆放时，煤堆比较疏松，与空气接触面大，容易引起自燃。

(4) 风化和自燃的预防　针对上述因素，采取以下措施可以减少和防止煤的风化和自燃。

① 隔断空气。在水中或惰性气体中贮存煤（适合于实验室保存试样）；贮煤槽密闭；煤堆尽量压紧，上面盖以煤粉、煤泥、黏土或重油。

② 通风散热。不能隔断空气时可以使用换气筒等，使煤堆通风散热，这是消极办法。

③ 通过分选减少黄铁矿含量。

④ 不要贮存太久，尤其是年轻煤，应尽可能缩短贮存期。

二、煤的加氢

煤的加氢是十分重要的化学反应，是研究煤的化学结构与性质的主要方法之一，也是最具有发展前途的煤转化技术之一。煤的加氢又称煤的氢化，分轻度加氢和深度加氢两种，最初研究煤加氢的主要目的是制取液体燃料油。人们在研究了煤和烃类的化学组成后发现，固体的煤与液体的烃类在化学元素组成上几乎没有区别，仅仅是各元素含量的比例不同而已，特别是氢碳原子比。一般石油的 H/C 接近 2，褐煤、长焰煤、肥煤、无烟煤的 H/C 分别约为 0.9、0.8、0.7 和 0.4。从分子结构来看，煤主要是由结构复杂的芳香烃构成，分子量高达 5000 以上；而石油则主要由结构简单的直链烃构成，分子量小得多，仅为 200 左右。通过对煤加氢，可以破坏煤的大分子结构，生成分子量小、氢碳原子比大、结构简单的烃，从而将煤转化为液体油。煤与烃类的元素组成典型数据见表 3-14。

表 3-14   煤与烃类元素组成比较   单位：%

元素	无烟煤	中挥发分烟煤	高挥发分烟煤	褐煤	煤焦油沥青	甲苯	粗石油	汽油	甲烷
C	93.7	88.4	80.3	72.7	87.43	91.3	83.87	86	75
H	2.4	5.0	5.5	4.2	6.5	8.7	11.14	14	25
O	2.4	4.1	11.1	21.3	3.5				
N	0.9	1.7	1.9	1.2	2.2		0.2		
S	0.6	0.8	1.2	0.6	0.37		1.0		
H/C	0.31	0.68	0.82	0.86	0.9	1.14	1.76	1.94	4

1. 煤加氢反应的机理

煤加氢液化是一个极其复杂的反应过程，有平行反应，也有顺序反应，煤加氢液化的基本化学反应如下。

（1）热解反应 煤热解温度是指煤开始软化时的温度。煤结构单元间的桥键的键能较低，受热很容易分解生成自由基碎片。这些自由基在有足够的氢存在时，能得到饱和而稳定下来，生成低分子量的液体，如果没有氢的供应就会重新缩合。所以煤热解生成自由基是加氢液化的第一步，煤热解反应式为：

$$R-CH_2-CH_2-R' \longrightarrow RCH_2 \cdot + R'CH_2 \cdot$$

（2）供氢反应 煤在热解过程中生成的游离基从供氢溶剂中获得氢而稳定下来，生成分子量较小的产物。

$$H(供氢溶剂)+R \cdot \longrightarrow RH$$

当供氢溶剂不足时，煤热解生成带有游离基的碎片缩聚生成半焦。

有供氢能力的溶剂主要是四氢化萘、9,10-二氢菲和 5,6,7,8-四氢喹啉等。供氢溶剂给出氢后，又能与气相中的氢气反应恢复原来的形式，如此反复起到传递氢的作用。反应表示如下：

四氢化萘

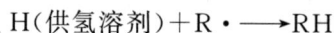
四氢喹啉

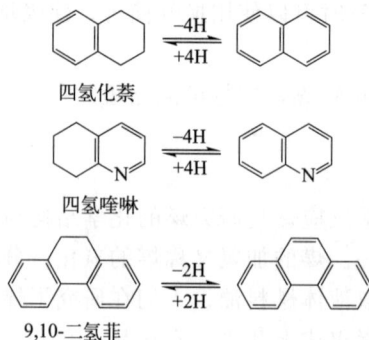
9,10-二氢菲

（3）脱杂原子反应　煤的有机质主要是由 C、H、O、S、N 等元素组成的，其中 O、S、N 原子称为煤中的杂原子。杂原子在加氢条件下能与氢反应，分别生成 H_2O、H_2S、NH_3 等，从而将杂原子从煤中脱除。这对提高煤加氢液化产品的质量和保护环境是很重要的。

煤的含氧量随煤化程度增加而减少，年轻褐煤含氧量在 20％以上，中等变质程度烟煤含氧量只有 5％左右，无烟煤含氧量更少；煤的含氮量变化不大，多在 1％～2％之间；煤的含硫量与煤化程度无直接关系，而与生成条件和产地有关，含硫量低的小于 1％，高的可达 5％以上。

煤加氢液化反应使煤中氢的含量增加，氧、硫的含量降低，生成低分子量的液化产物和少量的气态产物。煤加氢时发生的各种反应，因原料煤的性质、反应温度、反应压力、含氢量、溶剂和催化剂的种类等不同而异。因此，所得产物的产率、组成、性质也不同。如果氢分压很低、氢含量又不足时，在生成含氢量较低的高分子化合物的同时，还可能发生脱氢反应，并伴随发生缩聚反应而生成半焦；如果氢分压高、氢含量富裕时，将促进煤裂解和氢化反应的进行，并能生成较多的低分子化合物。所以加氢时，除了原料煤的性质外，合理地选择反应条件也是十分重要的。

2. 煤的性质对加氢反应的影响

原料煤对加氢反应的影响因素，主要包括煤化程度、煤岩组成、矿物质组成及含量等。

（1）煤化程度的影响　实验表明，煤加氢液化与煤化程度有关。一般认为，煤化程度越深，加氢液化越困难。高挥发分烟煤（长焰煤、气煤）和年轻褐煤是最适宜的加氢液化原料，中等变质程度以上的煤很难加氢液化。煤加氢液化产品的产率与煤化程度的关系如图 3-17 所示。

由图 3-17 可见，碳含量在 81％～83％时，液化油产率为最高；而碳含量大于 83％时，液化油产率明显下降。所以加氢液化应选氢碳原子比高的煤，一般氢碳原子比在 0.8～0.9 时，液化油的产率为最高。氢碳原子比高到一定程度，液化油的产率反而下降。这是因为煤化程度低的煤（H/C 高）含脂肪

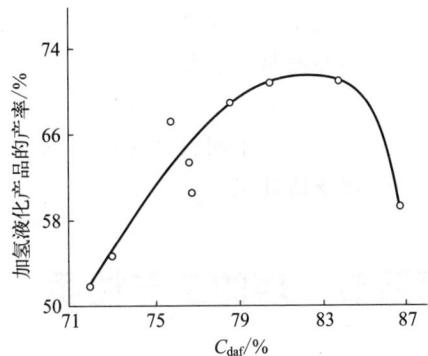

图 3-17　煤加氢液化产品的
产率与煤化程度的关系

族碳和氧多，加氢液化时生成的气体和水多，耗氧量大。当 H/C<0.6 时，为中等变质程度以上烟煤，加氢困难。所以液化常使用褐煤、长焰煤和气煤。

（2）煤岩组成的影响　加氢液化的难易程度与煤岩组成有关。当煤化程度较低时，镜质组和壳质组是活性组分，易加氢液化，其中壳质组比镜质组更容易加氢，而惰质组难液化或根本不能液化。随着煤化程度加深，镜质组液化转化率直线下降。

（3）煤中矿物质的影响　煤中矿物质的种类和含量与加氢液化的难易程度有关。矿物质的含量越低越好，5％左右最好，最大不超过 10％。高硫煤液化会消耗大量的氢气，但黄铁矿对加氢液化有催化作用。

三、煤的磺化

煤的磺化是煤与浓硫酸或发烟硫酸作用发生反应。

1. 磺化反应

磺化可在缩合芳香环和侧链上引入磺酸基。

$$RH + HOSO_3H \rightleftharpoons R-SO_3H + H_2O$$

因为浓硫酸具有一定的氧化作用，所以也有氧化反应进行，生成羧基和酚羟基。

2. 工艺条件

① 原料煤　采用挥发分大于20%的中等变质程度烟煤，为了确保磺化煤具有较好的机械强度，最好选用暗煤较多的煤种。灰分6%左右，不能太高；煤粒度2～4mm，煤粒太粗，磺化不易完全，煤粒过细，使用时阻力大。

② 硫酸浓度和用量　硫酸浓度应大于90%，发烟硫酸反应效果更好，硫酸与煤的质量比一般为（3～5）:1。

③ 反应温度　110～160℃较适宜。

④ 反应时间　反应开始需要加热，因磺化反应为放热反应，所以反应进行后就不需供热。包括升温在内总的反应时间一般在9h左右。

3. 磺化煤的用途

上述磺化产物经洗涤、干燥、过筛即得氢型磺化煤。磺化煤主要用途是：

① 锅炉水软化，除去Ca^{2+}和Mg^{2+}。

② 有机反应催化剂，用于烯酮反应、烷基化或脱烷基反应、酯化反应和水解反应等。

③ 钻井泥浆添加剂。

④ 处理工业废水（含酚和重金属废水）。

⑤ 湿法冶金中回收金属，如Ni、Ga、Li等。

⑥ 制备活性炭。

第五节　煤的工艺性质

煤的工艺性质是指煤在一定的加工工艺条件下或某些转化过程中呈现的特性，如煤的黏结性、结焦性，煤的其他工艺性质如煤的结渣性、煤的燃点、煤的反应性及煤的可选性等。

一、煤的热解和黏结成焦

煤的热加工是当前煤炭加工最主要的工艺，如大规模的炼焦工业。煤的热解化学的研究与煤的热加工技术有密切的关系，取得的研究成果对煤的热加工有直接的指导作用。

煤的热解是指煤在隔绝空气或惰性气氛条件下持续加热至较高温度时，所发生的一系列物理变化和化学反应的复杂过程，黏结和成焦则是煤在一定条件下热解的结果。在这一过程中放出热解水、CO_2、CO、石蜡烃类、芳烃类和各种杂环化合物，残留的固体则不断芳构化，结果转变为半焦或焦炭等产品。这一过程取决于煤的性质和预处理条件，也受到热解过程特定条件的显著影响。

烟煤的热解过程

研究煤的热解过程和机理，就能正确地选择原料煤、解决加工工艺问题以及提高产品

（焦炭、煤气、焦油等）的质量和产量。研究煤的热解、黏结成焦对研究煤的形成过程和分子结构等理论具有重要意义。充分了解煤的热解过程，有助于开辟新的煤炭加工方法，如煤的快速和高温热解、煤的热熔加氢以及由煤制取乙炔等新工艺。

煤的热解（pyrolysis）也称为煤的热分解（thermal decomposition）或干馏（carbonization）。按干馏（热解）的最终温度不同，可分为低温干馏（500～600℃）、中温干馏（700～800℃）和高温干馏（950～1050℃）。

1. 煤的热解过程

（1）黏结性烟煤的热解过程　黏结性烟煤的热解过程大致可分为三个阶段，如图 3-18 所示。

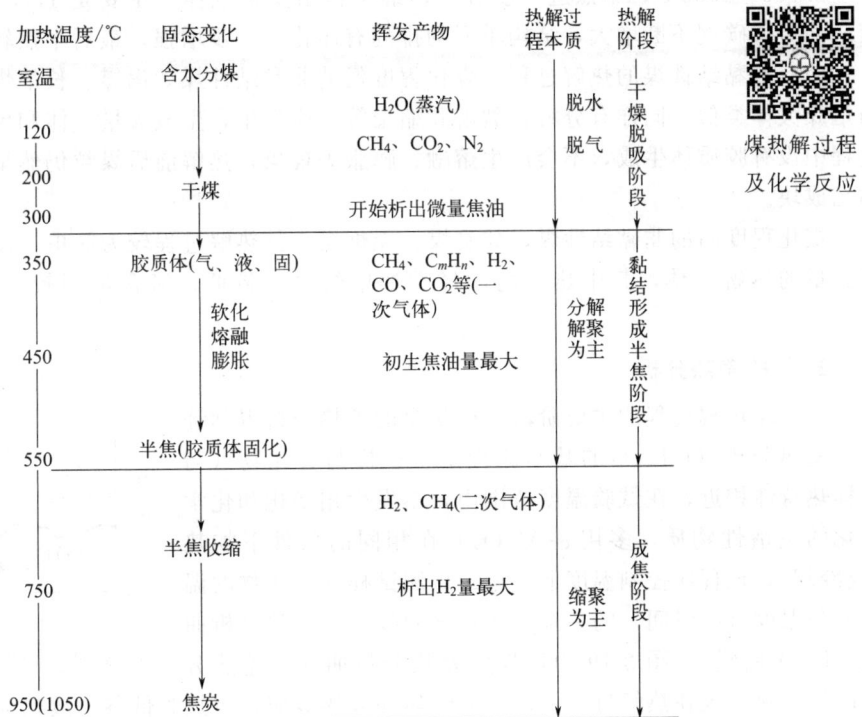

图 3-18　黏结性烟煤热解过程三个阶段

① 第一阶段：干燥脱吸阶段（室温～300℃）　从室温到300℃，煤中吸附的水分和气体在此阶段脱除，煤的基本性质不会发生变化。从室温～120℃是煤的脱水干燥阶段；120～200℃是煤中吸附 CH_4、CO_2、N_2 等气体的脱吸阶段；200～300℃时，年轻的褐煤会发生轻微的热解，释放出 CO_2、CO、H_2S 等气体，烟煤和无烟煤则没有明显的变化。

② 第二阶段：胶质体的生成和固化阶段（300～600℃）　该阶段以煤的分解和解聚反应为主，生成和排出大量挥发物（煤气和焦油），黏结性烟煤形成以液体为主的胶质体。在此阶段末期，胶质体固化形成半焦。

a. 300～450℃时，煤发生激烈的分解、解聚反应，生成了大量分子量较小的气相组分（主要是 CH_4、H_2、不饱和烃等气体和焦油蒸气，这些气相组分称为热解的一次气体）和分子量较大的黏稠液相组分。煤热解产生的焦油大约在450℃时析出量最大。烟煤（特别是中等煤化程度的烟煤）在这一阶段从软化开始，经熔融、流动、膨胀再到固化，出现了一系列特殊现象，在一定温度范围内产生了气、液、固三相共存的胶质体。胶质体的数量和性质决定了煤的黏结性和结焦性。固体产物半焦和原煤相比，部分物理指标差别不大，说明在生成半焦过程中缩聚反应还不是很明显。

　　b. 450～600℃时，胶质体分解加速，开始缩聚，生成分子量很大的物质，胶质体固化成为半焦。

　　③ 第三阶段：半焦转化为焦炭的阶段（600～1050℃）　该阶段以缩聚反应为主，由半焦转化为焦炭。

　　a. 600～750℃，半焦分解析出大量的气体，主要是 H_2 和少量的 CH_4，称为热解的二次气体。半焦分解释放出大量气体后，体积收缩产生裂纹。在此阶段基本上不产生焦油。

　　b. 750～1050℃，半焦进一步分解，继续析出少量气体，主要是 H_2，同时半焦发生缩聚，使芳香碳网不断增大，结构单元的排列有序化进一步增强，最后半焦转化成为焦炭。

　　（2）非黏结性煤的热解过程　煤化程度低的非黏结性煤如褐煤、长焰煤等，其热解过程与烟煤大体类似，同样有分解、裂解和缩聚等反应发生，生成大量气体和焦油。只是在热解过程中没有胶质体生成，不会产生熔融、膨胀等现象，热解前后煤粒仍然呈分离状态，不会黏结成块。

　　煤化程度高的非黏结性煤，如贫煤、无烟煤，其热解过程较为简单，以裂解为主，释放出少量的热解气体，其中热值高的烃类如甲烷含量较低，氧含量则较高，煤气热值相对较低。

2. 煤的差热分析

　　以上煤热解过程的主要阶段可以从煤的差热分析得到证实。差热分析（DTA）的基本原理是将试样与参比物（与试样热特性相近，在试验温度范围内，不发生相变化和化学变化的热惰性物质，多用 $\alpha\text{-}Al_2O_3$）在相同的条件下加热（或冷却），在程序控制温度下，记录被测试样和参比物的温度差与温度（或时间）的关系曲线，该曲线称为差热分析曲线（DTA曲线）。图 3-19 为焦煤的差热分析曲线。差热分析曲线反映了煤在热解过程中发生的吸热和放热效应，吸热为低谷，放热为高峰。

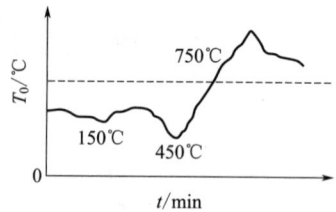

图 3-19　焦煤的差热分析曲线

　　吸热峰——被测试样温度低于参比物温度的峰，温度差 ΔT 为负值，差热曲线为低谷。

　　放热峰——被测试样温度高于参比物温度的峰，温度差 ΔT 为正值，差热曲线为高峰。

　　从焦煤的差热分析曲线（图 3-19）上可以发现有三个明显的热效应区：

　　① 在150℃左右，有一个吸热峰，表明此段是吸热效应，是煤析出水分和脱除吸附气体的过程，相当于煤热解过程的干燥脱吸阶段。

　　② 在350～550℃范围内，有一个吸热峰，表明此阶段为吸热效应。在这一阶段煤发生解聚、分解反应生成气体和煤焦油（蒸气状态）等低分子化合物，相当于煤热解过程的胶质体生成和开始固化阶段。

　　③ 在750～850℃范围内，有一个放热峰，表明此阶段为放热效应，是煤热解残留物互相缩聚、生成半焦的过程，相当于煤热解过程的半焦收缩阶段。

　　焦煤差热曲线上三个明显的热效应峰与煤热解过程的三个主要阶段发生的化学变化是一致的。差热分析方法证实了煤热解过程的热化学反应。由于不同的煤热解过程是不同的，因此其差热分析曲线上峰的位置、峰的高低也是有差别的。

3. 有机化合物的裂解规律和煤热解过程中的化学反应

煤热解过程中的化学反应是十分复杂的，包括煤中有机质的裂解、裂解产物中轻质组分的挥发、裂解残留物的缩聚、挥发产物在析出过程中的分解与化合、缩聚产物的进一步分解及再缩聚等过程。总体而言，包括裂解和缩聚两大类反应。依据煤的分子结构，通常认为热解过程是煤中基本结构单元周围的侧链和官能团等对热不稳定部分不断裂解，形成低分子化合物挥发出去的过程。基本结构单元的缩合芳香核部分对热稳定，互相缩聚形成固体产品（半焦或焦炭）。

（1）有机化合物热裂解的一般规律　从化学的角度看，煤的热解是煤中有机质大分子化学键的断裂与重新组合。形成化学键所释放的能量或该化学键断裂所需要吸收的能量称为化学键的键能。化学键键能越大，化学键越不易断裂，有机化合物的热稳定性就越高，反之则越低。有机化合物中各种化学键的键能如表 3-15 所示。

表 3-15　有机化合物中常见化学键的键能

化学键	键能/(kJ/mol)	化学键	键能/(kJ/mol)
B—F	644	$C=S(CS_2)$	577
B—O	515	C—Si	347
Br—Br	193	Cl—Cl	243
C—B	393	Cs—I	337
C—Br	276	F—F	153
C—C	332	H—H	436
$C=C$	611	H—Br	366
$C\equiv C$	837	H—Cl	431
C—Cl	328	H—F	565
C—F	485	H—I	298
C—H	414	I—I	151
C—I	240	K—Br	380
C—N	305	K—Cl	433
$C=N$	615	K—F	498
$C\equiv N$	891	K—I	325
C—O	326	Li—Cl	469
$C=O$	728	Li—H	238
$C=O(CO_2)$	803	Li—I	345
C—P	305	N—H	389
C—S	272	N—N	159
$C=S$	536	$N=N$	456

续表

化学键	键能/(kJ/mol)	化学键	键能/(kJ/mol)
N≡N	946	Pb—S	346
N—O	230	Rb—Br	381
N=O	607	Rb—Cl	428
Na—Br	367	Rb—F	494
Na—Cl	412	Rb—I	319
Na—F	519	S—H	339
Na—H	186	S—O	364
Na—I	304	S=O	—
O—H	464	S—S	268
O—O	146	S=S	—
O=O	498	Se—H	314
P—Br	272	Se—Se	—
P—Cl	331	Se=Se	—
P—H	322	Si—Cl	360
P—O	410	Si—F	552
P=O	585	Si—H	377
P—P	213	Si—O	460
Pb—O	382	Si—Si	176

　　a. 在相同条件下，煤中各有机物的热稳定次序是：芳香烃＞环烷烃＞炔烃＞烯烃＞开链烷烃。

　　b. 环上侧链越长越不稳定，芳环数越多其侧链越不稳定，不带侧链的分子比带侧链的分子稳定。例如，芳香族化合物的侧链原子团是甲基时，在 700℃ 才断裂；如果是较长的烷基，则在 500℃ 就开始断裂。

　　c. 缩合多环芳烃的稳定性大于联苯基化合物，缩合多环芳烃的环数越多（即缩合程度越大），热稳定性越大。

　　(2) 煤热解过程中的主要化学反应　煤的热解过程也遵循上述规律，煤热解过程中的主要化学反应分成以下几种。

　　① 煤热解过程中的裂解反应。

　　a. 结构单元之间的桥键断裂，桥键断裂后易形成自由基碎片。

　　b. 脂肪侧链热裂解，生成气态烃，如 CH_4、C_2H_6、C_2H_4 等。

　　c. 含氧官能团裂解，含氧官能团的热稳定顺序为：—OH＞ ＞C=O ＞—COOH。羧基热稳定性低，200℃ 就开始分解，生成 CO_2 和 H_2O；羰基在 400℃ 左右裂解生成 CO；羟基不易脱除，到 700～800℃，有大量氢存在，可氢化生成 H_2O。含氧杂环在 500℃ 以上也可能断开，生成 CO。

　　d. 煤中低分子化合物以脂肪族化合物为主，其受热后可分解成挥发性产物。

　　② 一次热解产物的二次热解反应。煤热解后的一次产物，在析出过程中受到二次热解，其二次热解的反应有：

　　a. 裂解反应

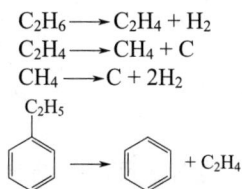

　　b. 脱氢反应

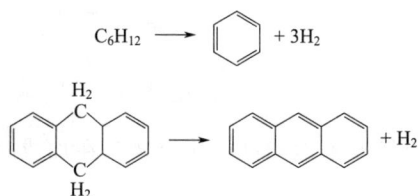

　　c. 加氢反应

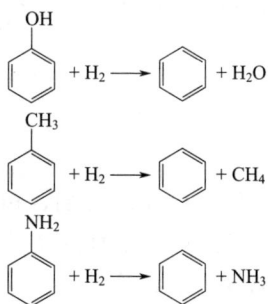

　　d. 缩合反应

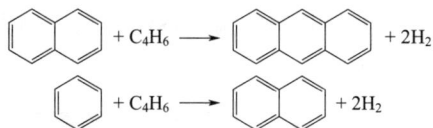

　　e. 桥键分解

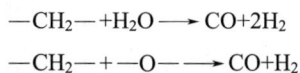

　　③ 煤热解中的缩聚反应。煤热解的前期以裂解反应为主，而后期则以缩聚反应为主。缩聚反应对煤的热解生成固态产品（半焦或焦炭）影响较大。

　　a. 胶质体固化过程的缩聚反应　　主要是热解生成的自由基之间的缩聚，其结果生成半焦。

+4H₂ → (结构式)

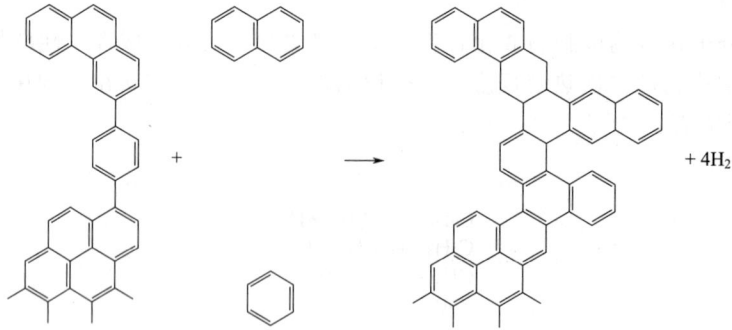

b. 半焦分解过程热解残留物之间的缩聚反应　结果生成焦炭。缩聚反应是芳香结构脱氢，苯、萘、联苯和乙烯参加反应。例如：

c. 加成反应　具有共轭双烯及不饱和键的化合物，在加成时进行环化反应。例如：

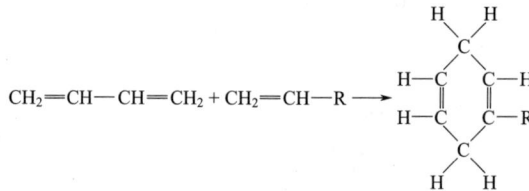

$$CH_2=CH-CH=CH_2 + CH_2=CH-R \longrightarrow$$ (环化结构)

4. 影响煤热解的因素

影响煤热解的因素很多，首先受原煤性质的影响，包括煤化程度、煤岩组成和粒度等；其次，煤的热解还受到许多外界条件的影响，如加热条件（升温速度、最终温度和压力等）、预处理、添加成分、装煤条件和产品导出形式等。

（1）煤化程度　煤化程度是最重要的影响因素之一，它直接影响煤的热解开始温度、热解产物的组成与产率、热解反应活性和黏结性、结焦性等。

① 随着煤化程度的提高，煤开始热解的温度逐渐升高，如表 3-16 所示，各种煤中泥炭的开始分解温度最低，无烟煤最高。

表 3-16　煤中有机质开始热解的温度

种类	泥炭	褐煤	烟煤					无烟煤
			长焰煤	气煤	肥煤	焦煤	瘦煤	
开始热解温度/℃	<100	约 160	约 170	约 210	约 260	约 300	约 320	约 380

② 煤化程度不同的煤在同一热解条件下，所得到的热解产物的产率是不相同的。如煤化程度较低的褐煤热解时煤气、焦油和热解水产率高，煤气中 CO、CO₂ 和 CH₄ 含量高，焦渣不黏结；中等煤化程度的烟煤热解时，煤气和焦油产率比较高，热解水较少，黏结性

强，固体残留物可形成高强度的焦炭；高煤化程度的煤（贫煤以上）热解时，焦油和热解水产率很低，煤气产率也较低，且无黏结性，焦粉产率高。因此，各种煤化程度的煤中，中等煤化程度的煤具有较好的黏结性和结焦性，如表 3-17 所示。

表 3-17　不同煤化程度的煤干馏至 500℃ 时热解产物的平均分布

煤种	焦油/(L/t 干煤)	轻油/(L/t 干煤)	水/(L/t 干煤)	煤气/(m³/t 干煤)
次烟煤 A	86.1	7.1	—	—
次烟煤 B	64.7	5.5	117	70.5
高挥发分烟煤 A	130.0	9.7	25.2	61.5
高挥发分烟煤 B	127.0	9.2	46.6	65.5
高挥发分烟煤 C	113.0	8.0	66.8	56.2
中挥发分烟煤	79.4	7.1	17.2	60.5
低挥发分烟煤	36.1	4.2	13.4	54.9

（2）煤岩组成　不同煤岩组分具有不同的黏结性。对于炼焦用煤，一般认为镜质组和壳质组为活性组分，丝质组和矿物组为惰性组分。煤气产率以壳质组最高，惰性组最低，镜质组居中；焦油产率以壳质组最高，惰性组没有，镜质组居中；焦炭产率以惰性组最高，镜质组居中，壳质组最低。通常在配煤炼焦中，为了得到气孔壁坚硬、裂纹少和强度大的焦炭，活性组分与惰性组分的配比必须恰当。

煤岩组分的性质在煤化过程中通常都会发生变化。而煤岩组分本身就不是化学均一物质，甚至在同一煤阶也是如此。所以，在研究煤岩组分对煤的热解过程的影响时，必须考虑到煤阶和煤岩组成的影响相互重叠的可能性。

（3）粒度　配煤炼焦粒度一般以 0.5～3mm 为宜。因为煤中总有惰性粒子，如煤的粒度过大，黏结性好的煤粒与黏结性较差的煤粒或不黏结的惰性粒子的分布就不均匀；如煤的粒度过小，粒子比表面就增大，接触面增加，堆密度就会降低，惰性粒子表面的胶质体液膜就会变薄，而胶质体是比较黏稠的，变形粒子表面会形成不连续的胶质体，所得焦炭强度就会降低。

（4）加热条件　煤开始热分解的温度与加热条件等因素有关。如表 3-18 所示，提高加热速度，煤的软化点和固化点都要向高温侧移动，但软化温度和固化温度增高的幅度不同，通常都是液态产物增加，胶质体的塑性范围加宽、黏度减小、流动度增大及膨胀度显著提高等。这表明煤的热解过程和所有的化学反应一样，必须具有一定的热作用时间。

表 3-18　加热速度对煤热分解温度的影响

煤的加热速度 /(℃/min)	温度/℃		煤的加热速度 /(℃/min)	温度/℃	
	气体开始析出	气体最大析出		气体开始析出	气体最大析出
5	255	435	40	347	503
10	300	458	60	355	515
20	310	486			

此外，煤热解的终点温度不同，热解产品的组成和产率也不相同。

（5）压力　煤的加压气化越来越重要，提高煤热分解过程中外部的气体压力可以使液态产物的沸点提高，因而它们在热解过程中的煤料内暂时聚集量增大，有利于煤的膨胀，煤的膨胀性和结焦性以及所产生的焦炭的气孔率都有所增大。例如，在高达 5MPa 的压力下，某些俄罗斯高挥发分烟煤的体积增大约 14%。

气体压力对炼焦结果的影响在很大程度上取决于所用煤的性质。增大气体压力可能增加焦炭强度，也可能使其减小或者保持不变。

将煤样机械压紧可以得到与增大外部气体压力相同的效果。因此在炼焦过程中为了改善黏结组分和不黏结组分之间的接触，可采用捣固装煤法。用此法可将堆煤密度由普通顶装法的 750kg/m³ 增加到 1100～1150kg/m³。如某种弱黏结性配煤的干燥无灰基挥发分（V_{daf}）为 30.5%，膨胀度为 16%，收缩度为 33%，用普通装煤法所得焦炭质量很差，M_{40} 为 74%，M_{10} 为 12%。采用捣固工艺后焦炭的 M_{40} 增至 81%，M_{10} 降至 7%。采用捣固装煤法提高了热分解过程中的气体压力，增大了气体析出的阻力，同时缩小了煤粒间的空隙，改善了煤粒间的接触，因而减少了黏结所需的液体量，从而使煤的黏结性大为改善。

（6）其他因素　煤形成或贮存过程中受到氧化（约在 30℃开始，50℃以上加速），会使煤的氧含量增加，黏结性降低甚至丧失；在炼焦过程中配入某些添加剂可以改善、降低或完全破坏煤的黏结性。添加剂可分为有机和惰性两大类。石油沥青、煤焦油沥青、溶剂精制煤和溶剂抽提物等属于有机添加剂，适量添加可改善煤的黏结性；惰性添加剂如 CaO、MgO、Fe_3O_4、SiO_2、Al_2O_3 和焦粉等，可使配合煤瘦化。添加剂的种类和数量与煤软化和固化温度之间并没有必然联系。

二、胶质体的来源及黏结与成焦机理

从粉煤开始分解到最终形成焦炭的整个过程称为结焦过程，分为黏结过程和半焦收缩过程两个阶段。具有黏结性的煤在高温热解时，从胶质状态到生成半焦的过程称为黏结过程。结焦过程中，煤的黏结过程至关重要，而黏结性的好坏取决于胶质体的生成及其性质。

1. 胶质体的来源和性质

当煤样在隔绝空气条件下加热至一定温度时，煤粒开始分解并有气体产物析出，随着温度的不断上升，有焦油析出，在 350～420℃ 时，煤粒的表面上出现了含有气泡的液相膜，此时液相膜开始软化，许多煤粒的液相膜汇合在一起，形成了气、液、固三相为一体的黏稠混合物，这种混合物称为胶质体。胶质体中的液相是形成胶质体的基础，胶质体的组成和性质决定了煤黏结成焦的能力。

（1）胶质体液相的来源　胶质体的形成是煤热解过程中氢再分配的结果。一些产物被氢饱和后形成稳定的饱和分子，而另一些则缺氢成为游离基或不饱和物质，参与缩聚反应、加成反应等。由于氢的再分配及部分中间产物被氢所饱和，因而形成了液相。

胶质体的来源

胶质体中液相的来源主要是芳香族化合物热解后，煤分子基本结构单元之间的桥键断裂，形成自由基碎片，其中分子量不太大的、含氧较多的成为液体产物。脂肪族化合物分解后也会生成少量的液体产物。此外，已形成的液相物质还可以溶解部分煤，使液相量增加。

（2）胶质体的性质 在热解过程中，决定煤黏结成焦性能的关键是胶质体的数量和质量。胶质体的性质通常从热稳定性、透气性、流动性和膨胀性等方面进行描述。

① 热稳定性。胶质体的热稳定性用煤的软化到胶质体固化的温度间隔表示。温度间隔是指煤热解时开始软化的温度与胶质体开始固化的温度差，它反映了煤粒处在塑性状态的时间长短。肥煤的温度间隔最大，约为 140℃（320～460℃）；气煤约为 90℃（350～440℃）；焦煤约为 75℃（390～465℃）；瘦煤的最小，约为 40℃（450～490℃）。

提高加热速度，可使煤的温度间隔扩大，但开始软化和固化的温度均向高温方向偏移，固化温度偏移更多。一般认为，温度间隔大，表明胶质体黏结煤的时间长，有利于煤的黏结。但单纯用温度间隔表示胶质体的热稳定性可能并不可靠，如焦煤的温度间隔比气煤要小，但其胶质体的黏结性和结焦性显然高于气煤。似乎将温度间隔与塑性平均温度（软化温度与固化温度的平均值）结合起来考虑更为科学。

② 透气性。煤在热分解过程中有气体析出，但在胶质体状态时，煤粒间空隙被液相产物填满，则气体通过时就会受到阻力。如果胶质体的阻力大，气体析出困难，则胶质体的透气性不好。胶质体的这种阻碍气体析出的难易程度称为胶质体的透气性。

胶质体的透气性影响煤的黏结性。透气性好，气体可以顺利地透过胶质体，不利于煤粒间的黏结；透气性不好，气体的析出会产生很大的膨胀压力，促使受热变形的煤粒之间相互黏结，有利于煤的黏结。

煤化程度、煤岩组分以及加热速度均会影响胶质体的透气性。一般中等煤化程度的煤在热解过程中能产生足够量的液相产物，这些液相产物热稳定性较好，气体不易析出。胶质体的透气性差，有利于胶质体的膨胀，使气、液、固三相混合物紧密接触，故煤的黏结性好。煤岩组分中镜质组的胶质体透气性差，壳质组较好，惰质组不会产生胶质体。提高加热速度可使某些反应提前进行，使胶质体中的液相量增加，从而使胶质体的透气性变差。

③ 流动性。煤在胶质体状态下的流动性也是一个重要的性质，通常以流动度的大小来评定。如果胶质体的流动性差，就不能保证将煤中所有的不黏结惰性组分黏结在一起。有人根据不同煤在胶质体状态最大流动度的测定得出，随着煤化程度的增高，最大流动度呈现规律性变化，在碳的质量分数为 85%～89% 时出现最大值。也就是说，中等煤化程度的烟煤，其胶质体的流动性最好；而煤化程度高或低的煤的胶质体流动性较差。此外，提高加热速度可使煤的胶质体的流动性增加。胶质体的流动性也是鉴定煤黏结性的重要指标。

④ 膨胀性。煤在胶质体状态下，由于气体的析出和胶质体的不透气性，往往会发生胶质体体积膨胀。若体积膨胀不受限制，则产生所谓的自由膨胀，如测定挥发分时坩埚焦的膨胀。自由膨胀通常用膨胀度表示，即增加的体积对原煤体积的百分数或增加的高度。膨胀度可作为评定煤的黏结能力的指标。若体积膨胀受到限制，就会产生一定的压力，称为膨胀压力。膨胀度与膨胀压力之间并没有直接的关系，膨胀度大的煤，膨胀压力不一定就大。如肥煤的自由膨胀性很强，但在室式炼焦炉中，肥煤的膨胀压力比瘦煤小，这主要是因为瘦煤的胶质体透气性差，使积聚在胶质层中间的气体析出受到阻力，胶质体压力增加。在保证不损坏炉墙的前提下（一般认为膨胀压力不大于 20kPa，以 10～15kPa 最为适宜），膨胀压力增大，可使焦炭结构致密，强度提高。

综上所述，胶质体的性质之间是相互联系的，必须在综合这些性质的共同特点之后，才可能得出正确的结论。此外，煤生成胶质体的这一过程，应该理解为煤受热分解时形成的系列气、液、固产物的过程，不能认为煤能形成胶质体是煤有机质本身全部熔融或某一部分熔融的结果。随着温度的提高，分解与缩合反应不断进行，缩聚过程继续发展，最后形成固体产物半焦。

2. 煤的黏结与成焦机理

对于煤黏结成焦机理的研究开始于 20 世纪 20 年代，研究者们有的着重从物理角度，有的着重从化学角度来解释煤黏结成焦的过程。因此迄今为止，人们曾对煤的黏结成焦机理提出过多种理论，从不同角度对此问题进行了说明，但仍有许多不够完善之处有待今后进行更深入的研究。实际上煤的黏结成焦是一个很复杂的过程，受到许多化学因素、物理因素和物理化学因素等的制约。

（1）煤黏结成焦机理概述　当煤隔绝空气加热到一定温度时，单独煤粒开始变形并充满孔隙体积。此时，大的煤粒表现为形成气孔和流动结构，并与较小的煤粒熔合，同时形成所谓熔合气孔。温度再升高几度后，就在镜质组内形成第一批脱气气孔，煤粒的表面出现含有气泡的液体膜，见图 3-20。

煤的成焦机理

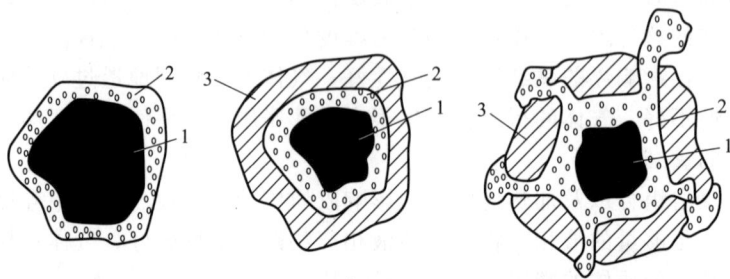

图 3-20　煤粒受热软化熔融示意图
1—未软化的煤；2—含有气泡的液相胶质体；3—半焦

开始形成气孔的温度不仅与煤本身的性质有关，而且与粒度有关，煤粒的直径越小，开始形成气孔的温度越高。

然后煤粒开始软化，随着软化温度的升高，许多煤粒的液相膜汇合在一起，煤粒变得均一起来。随后，胶质体的黏度降低，气体生成量增加。而粒子界面的消失使气体的流动受到了限制，由于胶质体透气性差，这些气体不能足够快地逸出。因此，在局部区域可能形成内压很高的气泡，使黏稠的胶质体膨胀起来，然后通过脱气气孔使气体压力缓慢下降。温度进一步升高至 500～550℃时，液相膜外层开始固化形成半焦，中间仍为胶质体，内部为尚未变化的煤粒，这种状态只能维持很短的时间。因为外层半焦外壳上很快就会出现裂纹，胶质体在气体压力下从内部通过裂纹流出，这一过程一直持续到煤粒内部完全转变为半焦为止。

将半焦继续加热至 950～1050℃时，半焦继续进行热分解和缩聚，放出气体，质量减小，体积收缩。在分层结焦时，处于不同成焦阶段的相邻各层的温度和收缩速度不同，因而产生收缩应力，导致生成裂纹。随着最终温度的提高，焦炭的 C/H、真相对密度、机械强度和硬度都逐渐增大。

综上所述，要使煤在热解中黏结得好，必须满足以下条件：
① 具有足够量的高沸点液体，能将固体粒子表面润湿，并将粒子间的空隙填满；
② 胶质体应具有足够大的流动性、不透气性和较宽的温度间隔；
③ 胶质体应具有一定黏度，有一定气体生成量，能产生膨胀；
④ 黏结性不同的煤粒应在空间均匀分布；

⑤ 液态产物与固体粒子间应有较好的附着力；

⑥ 液态产物进一步分解缩合得到的固体产物和未转变为液相的固体粒子本身要有足够的机械强度。

大量研究表明，用炼焦煤得到的焦炭具有光学各向异性的结构，可以推测在炼焦煤的胶质体中存在液晶相（中间相）。液晶是指某些特殊的液体化合物，它们的分子排列具有平行的线形结构，具有光学各向异性的特点，既是液体又具有一般晶体的性质。由于它既不是严格的固相又不是严格的液相，故又称中间相。中间相的数量、性质和结构对煤的黏结性和结焦性影响甚大。近年来，对胶质体中的中间相的研究已经引起了广泛的关注。

将半焦从 550℃加热至 1050℃时，主要发生缩合脱氢反应。外形上发生了很大的变化，如体积收缩、形成裂纹和具有银灰色金属光泽，最后转变为焦炭。

（2）影响焦炭强度的主要因素

① 煤热解时生成胶质体的数量多，流动性好，热稳定性好，形成液晶相的能力强，则黏结性好，焦炭强度高；

② 煤中未液化部分和其他惰性物质的机械强度高，与胶质体的浸润能力和附着力强，同时分布均匀，则焦炭强度高；

③ 焦炭气孔率低，气孔小，气孔壁厚和气孔壁强度高，则焦炭强度高；

④ 焦炭裂纹少，则强度高。

三、煤的黏结性（结焦性）指标

煤的黏结性是指烟煤在干馏时产生的胶质体黏结自身和（或）惰性物质的能力。煤的结焦性是指单种煤或配合煤在工业焦炉或模拟工业焦炉的炼焦条件下（一定的升温速度、加热终温等），黏结成块并最终形成具有一定块度和强度的焦炭的能力。煤的黏结性和结焦性关系密切，结焦性包括保证结焦过程能够顺利进行的所有性质，黏结性是结焦性的前提和必要条件。黏结性好的煤结焦性不一定好（如肥煤），但结焦性好的煤其黏结性一定好。所以，炼焦用煤必须具有较好的结焦性，才能炼出优质的冶金焦炭。

煤黏结性的好坏，取决于煤热解过程中形成胶质体的数量和质量。在相同的加热条件下，一般煤所产生的液体量越多，形成的胶质体的量也就越多，黏结性也就越好。煤热解时产生的液体量的多少取决于煤的组成和结构。煤化程度低的煤（如褐煤、长焰煤），分子结构中的侧链多，含氧量高，氧和碳之间的结合力差，热解时多数呈气态产物挥发，液相产物数量少且热稳定性差，所以没有黏结性或黏结性很差。煤化程度高的煤（如贫煤、无烟煤）虽然含氧量少，但侧链的数目少且短，热解时生成的低分子量化合物大部分都是氢气，几乎不产生液体，因此没有黏结性。只有中等煤化程度的煤（如肥煤、焦煤），其侧链数目中等，含氧量较少，煤热解产物中液体量较多且热稳定性高，形成胶质体的数量多，黏结性好。

由于煤的黏结性和结焦性对于许多工业生产部门都至关重要，因而出现了多种测定煤的黏结性和结焦性的方法。所有这些方法的目的都是希望用物理测量方法获得一些可以将煤分类和预测煤在燃烧、气化或炭化时的行为的特征数字。有些测量方法是针对某一特定的生产过程开发的，因此，有几种测量方法只有微小的差别，有的方法只适用于某些特殊的用途。测定煤黏结性和结焦性的方法可以分为以下三类。

① 根据胶质体的数量和性质进行测定，如胶质层厚度、基氏流动度、奥亚膨胀度等。

② 根据煤黏结惰性物质能力的强弱进行测定，如罗加指数和黏结指数等。

③ 根据所得焦块的外形进行测定，如坩埚膨胀序数和葛金指数等。

测定煤的黏结性和结焦性时，煤样的制备与保存十分重要。一般应在制样后立即分析，以防止氧化对测定结果的影响。

下面介绍几种黏结性和结焦性指标的测定方法和原理。

1. 胶质层指数

标准《烟煤胶质层指数测定方法》（GB/T 479—2016）规定了测定烟煤胶质层指数的术语和定义、方法提要、试剂和材料、仪器设备、煤样、试验准备、试验步骤、结果表述、方法精密度和试验报告。

胶质层指数测定

（1）试验方法

将一定量的煤样装入煤杯，煤杯放在特制的电炉内以规定的升温速度进行单侧加热，煤样相应形成半焦层、胶质层和未软化的煤样层 3 个等温层面，用探针测量出胶质层最大厚度 Y，根据试验记录的体积曲线测得最终收缩度 X。

（2）试剂和材料

① 纸管：在一根细钢棍上用卷烟纸黏制成直径为 2.5～3mm、高度约为 60mm 的纸管。装煤杯时将钢棍插入纸管，纸管下端折约 2mm，纸管上端与钢棍贴紧，防止煤样进入纸管。

② 滤纸条：定性滤纸，条状，宽约 60mm，长 190～200mm。

③ 石棉圆垫：厚度为 0.5～1.0mm，直径为 59mm。在上部圆垫上有供热电偶铁管穿过的圆孔和纸管穿过的小孔；在下部圆垫上对应压力盘上的探测孔处作一标记。

④ 体积曲线记录纸：用标准计算纸（毫米坐标纸）作体积曲线记录纸，其高度与记录转筒的高度相同，长度略大于转筒圆周。

⑤ 有证烟煤胶质层指数标准物质。

⑥ 干磨砂布：棕刚玉磨料，粒度 P80，NO.1-1/2。

（3）仪器设备

① 胶质层指数测定仪。有带平衡铊（图 3-21）和不带平衡铊（除无平衡铊外，其余构造同图 3-21）两种类型。测定时，煤样横断面上所承受的压强 p 应为 9.8×10^4 Pa。

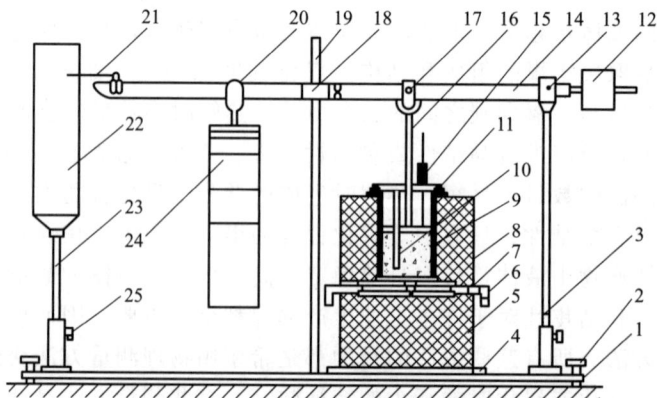

图 3-21　带平衡铊的胶质层指数测定仪

1—底座；2—水平螺钉；3—立柱；4—石棉板；5—下部砖垛；6—接线夹；7—硅碳棒；8—上部砖垛；9—煤杯；10—热电偶套（铁）管；11—压板；12—平衡铊；13，17—活轴；14—杠杆；15—探针；16—压力盘；18—方向控制板；19—方向柱；20—砝码挂钩；21—记录笔；22—记录转筒；23—记录转筒支柱；24—砝码；25—固定螺钉

② 加热炉。加热炉由上部砖垛（图 3-22）、下部砖垛（图 3-23）和电热元件组成，各部分要求如下。

a. 上、下部炉砖的物理化学性能应满足如下要求：

Al_2O_3 含量：不小于 40%；

耐火度：1670～1710℃；

显气孔率：不大于 26%。

b. 炉砖可同时放两个煤杯，称为前杯和后杯。

c. 硅碳棒电加热元件：每个煤杯下面串联两支电阻值相近（相差不超过 0.5Ω）的硅碳棒。硅

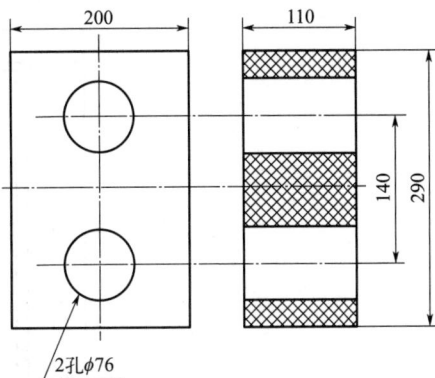

图 3-22 上部砖垛（单位：mm）

碳棒的规格和要求如下：电阻 3～8Ω；使用部分长度 150mm，直径 8mm；冷端长度 60mm，直径 16mm；灼热部分温度极限 1200～1400℃。硅碳棒的灼热强度能在距冷端 15mm 处降下来。也可使用镍铬丝加热盘，但应加热均匀，并确保满足 GB/T 479—2016 的升温速度和最终的温度要求。

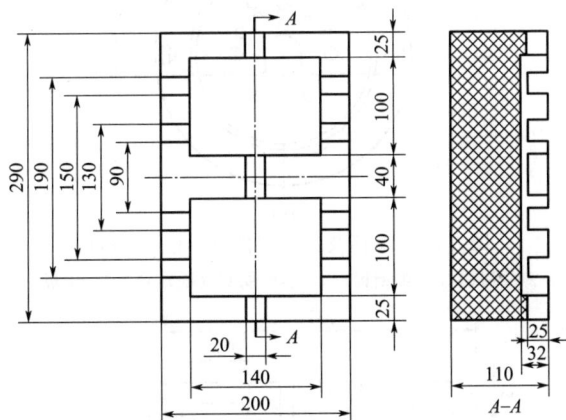

图 3-23 用硅碳棒加热的下部砖垛（单位：mm）

③ 程序控温仪。按如下程序控制加热炉温度：温度低于 250℃时，升温速度约为 8℃/min；250℃以上时，升温速度为 3℃/min。在 350～600℃期间，显示温度与应达到的温度差值应不超过 5℃，其余时间内应不超过 10℃。

④ 记录装置。若使用记录转筒，转筒应平稳匀速运转，记录笔 160min 能绘线长度为 160mm±2mm。应定期检查记录转筒转速，检查时应至少测量 80min 所绘出的线段的长度，并调整到合乎要求，亦可使用其他形式记录。

⑤ 煤杯。煤杯（图 3-24）由 45 号钢制成，其规格如下：外径 70mm；杯底内径 59mm；距杯底 50mm 处至杯口的内径 60mm；杯底到杯口的高度 110mm。

煤杯使用部分的杯壁应光滑，不应有条痕和缺凹，每使用 50 次后应检查 1 次使用部分的内径。检查时，自杯底起，沿其高度每隔 10mm 测量一点，共测 6 点，测得结果的平均数与平均内径（59.5mm）相差不得超过 0.5mm，杯底与杯体之间的间隙也不应超过 0.5mm。杯底和压力盘的规格及其上析气孔的布置方式见图 3-25 和图 3-26。

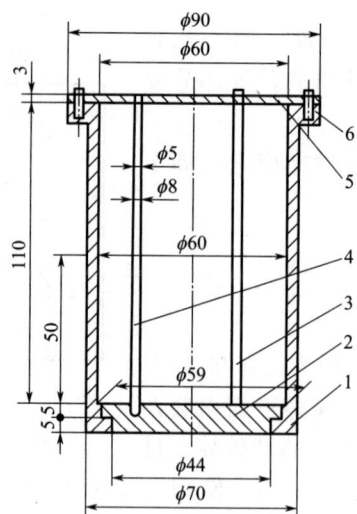

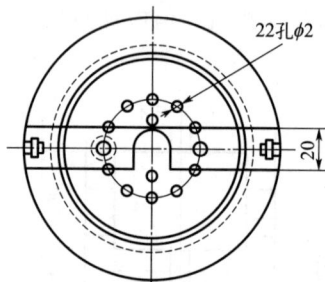

图 3-24　煤杯及其他附件（单位：mm）

1—杯体；2—杯底；3—细钢棍；4—热电偶套（铁）管；5—压板；6—螺钉

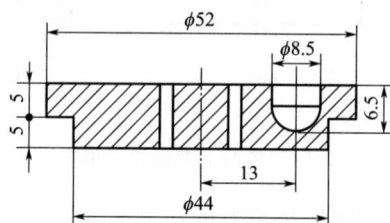

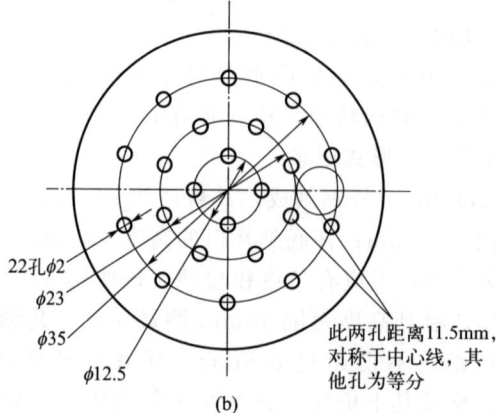

图 3-25　杯底（单位：mm）

⑥ 探针。探针（图 3-27）由钢针和铝制刻度尺组成。钢针直径为 1mm，下端是钝头。刻度尺上最小刻度单位为 1mm。刻度线应平直清晰，线粗 0.1～0.2mm。对于已装好煤样而尚未进行试验的煤杯，用探针测量其纸管底部位置时，指针应指在刻度尺的零点上。

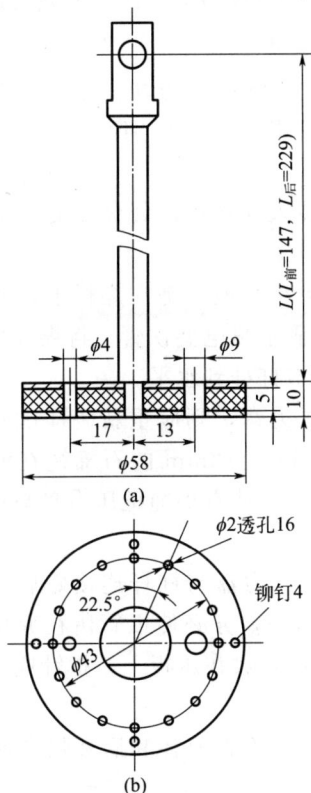

图 3-26 压力盘（单位：mm）　　图 3-27 探针（测胶质层层面专用）（单位：mm）

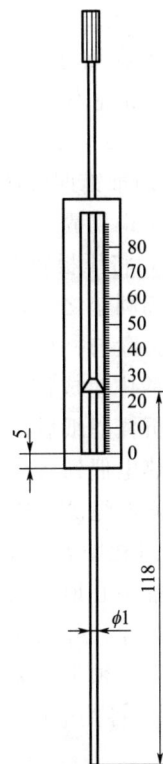

⑦ 托盘天平。最大称量 500g，感量 0.5g。

⑧ 取样铲。长方形，宽 30mm，长 45mm。

⑨ 热电偶。镍铬-镍铝或镍铬-镍硅电偶，一般每年校准一次。在更换或重焊热电偶后应重新校准。

⑩ 附属设备。石棉圆垫切垫机、推焦器和煤杯清洁机械装置。

（4）煤样

① 测定胶质层指数的煤样按 GB 474—2008 制备到粒度不小于 3mm，再使用对辊式破碎机逐级破碎到全部通过 1.5mm 圆孔筛，其中粒度小于 0.2mm 部分不超过 30%，缩分出不少于 500g。

② 达到空气干燥状态的试样应储存在磨口玻璃瓶或其他密闭容器中，置于阴凉处，应在制样后不超过 15 天内完成测定。

（5）试验准备

① 清理煤杯。煤杯、热电偶管及压力盘上遗留的焦屑等用砂布人工清除干净。杯底及压力盘上各析气孔应畅通，热电偶管内不应有异物。

② 装煤杯。

a. 将杯底放入煤杯使其下部凸出部分进入煤杯底部圆孔中，杯底上放置热电偶铁管的凹槽中心点与压力盘上放热电偶的空洞中心点对准。

b. 将石棉圆垫铺在杯底上，石棉圆垫上的圆孔应对准杯底上的凹槽，在杯内下部沿壁围一条滤纸条。将热电偶铁管插入杯底凹槽，把带有卷烟纸管的钢棍放在下部石棉圆垫的探测孔标志处，用压板把热电偶铁管和钢棍固定，并使它们都保持垂直状态。

c. 将全部试样倒在缩分板上，堆掺均匀，摊成厚约 10mm 的方块。用直尺将方块划分为若干 30mm×30mm 左右的小块，用取样铲按棋盘式取样法隔块分别取出两份试样，每份试样质量为 100g±0.5g。

d. 将每份试样用堆锥四分法分为 4 部分，分 4 次装入煤杯中。每装 25g 之后，用金属丝将煤样摊平，但不得捣固。

e. 试样装完后，将压板暂时取下，把上部石棉圆垫小心地平铺在煤样上，并将露出的滤纸边缘折覆于石棉圆垫之上，放入压力盘，再用压板固定热电偶铁管。将煤杯放入上部砖垛的炉孔中，把压力盘与杠杆连接起来，挂上砝码，调节杠杆到水平。

f. 如试样在试验中生成流动性很大的胶质体溢出压力盘，则应重新装样试验。重新装样的过程中，应在折覆滤纸后，用压力盘压平，再用直径 2~3mm 的石棉绳在滤纸和石棉圆垫上方沿杯壁和热电偶铁管外壁围一圈，再放上压力盘，使石棉绳把压力盘与煤杯、压力盘与热电偶铁管之间的缝隙严密地堵起来。

g. 在整个装样过程中卷烟纸管应保持垂直状态，当压力盘与杠杆连接好后，在杠杆上挂上砝码，把细钢棍小心地从纸管中抽出来（可轻轻旋转），务必使纸管留在原位置。如纸管被拔出，应重新装样。并用探针测量纸管底部，将刻度尺放在压板上，指针应指在刻度尺的零点，如不在零点，须重新装样。

③ 连接热电偶。将热电偶置于热电偶套（铁）管中，检查前杯和后杯热电偶连接是否正确。

④ 调节记录转筒（需要时）。

a. 若使用转筒记录体积曲线，把标准计算纸装在记录转筒上，并使纸上的水平线始、末端彼此衔接，调节记录转筒或记录笔的高低，使其能同时记录前、后杯两个体积曲线。

b. 检查活轴轴心到记录笔尖的距离，并将其调整为 600mm。

⑤ 计算装填高度。加热以前按式（3-9）求出煤样的装填高度：

$$h = H - (a + b) \tag{3-9}$$

式中　h——煤样的装填高度，mm；

　　　H——由杯底上表面到杯口的距离，每次装煤前实测，mm；

　　　a——由压力盘上表面到杯口的距离，测量时，顺煤杯周围在 4 个不同位置共量 4 次，取平均值，mm；

　　　b——压力盘和两个石棉圆垫的总厚度，可用卡尺实测，mm。

⑥ 核查装填高度。同一煤样重复测定时装填高度的允许差为 1mm，超过允许差时应重新装样。给出结果时应将煤样装填高度的平均值附注于 X 值之后。

（6）试验步骤

① 当上述准备工作就绪后，打开程序控温仪开关，通电加热，并控制两煤杯杯底升温速度如下：250℃以前约为 8℃/min，并要求 30min 内升到 250℃；250℃以后为 3℃/min。

在试验中应按时记录时间和温度，时间从 250℃ 起开始计算，以 min 为单位，每 10min 记录一次温度。在 350～600℃ 期间，实际温度与应达到的温度的差不应超过 5℃，在其余时间内不应超过 10℃，否则，试验作废。

② 若使用转筒记录体积曲线，温度到达 250℃ 时，调节记录笔尖使之接触到记录转筒上，固定其位置，并旋转记录转筒一周，画出一条"零点线"，再将笔尖对准起点，开始记录体积曲线。

③ 对一般煤样，测量胶质层层面在体积曲线下降后几分钟开始，到温度升至约 650℃ 时停止。当试样的体积曲线呈山形或生成流动性很大的胶质体时，其胶质层层面的测定可适当地提前停止。一般可在胶质层最大厚度出现后，再对上、下部层面各测 2～4 次即可停止，并立即用石棉绳或石棉绒把压力盘上探测孔严密地堵起来，以免胶质体溢出。

注：一般可在体积曲线下降约 5mm 时开始测量胶质层上部层面；上部层面测量值达 10mm 左右时，开始测量下部层面。

④ 测量胶质层上部层面时，将探针刻度尺放在压板上，使探针通过压板和压力盘上的专用小孔小心地插入纸管中，轻轻往下探测，直到探针下端接触到胶质层层面（手感有阻力了为上部层面）。读取探针刻度（为层面到杯底的距离，mm），并同时记录测量上部层面的时间。

⑤ 测量胶质层下部层面时，用探针首先测出上部层面，然后轻轻穿透胶质体到半焦表面（手感阻力明显加大为下部层面），读取探针读数，同时记录测量下部层面的时间。探针穿透胶质层和从胶质层中抽出时，均应小心缓慢。在抽出时还应轻轻转动，防止带出胶质体或使胶质层内存积的煤气突然逸出，以免破坏体积曲线形状和影响层面位置。

⑥ 根据转筒所记录的体积曲线的形状及胶质体的特性，来确定测量胶质层上、下部层面的频率如下：

a. 当体积曲线呈"之"字形或波形时，在体积曲线上升到最高点时测量上部层面，在体积曲线下降到最低点时测量上部层面和下部层面，但下部层面的测量不应太频繁，每 8～10min 测量一次。如果曲线起伏非常频繁，可间隔一次或两次起伏，在体积曲线的最高点和最低点测量上部层面，并每隔 8～10min 在体积曲线的最低点测量一次下部层面。

b. 当体积曲线呈山形、平滑下降型或微波形时，上部层面每 5min 测量一次，下部层面每 10min 测量一次。

c. 当体积曲线分阶段符合上述典型情况时，上、下部层面测量应分阶段按其特点依上述规定进行。

d. 当体积曲线呈平滑斜降型时（属结焦性不好的煤，Y 值一般在 7mm 以下），胶质层上、下部层面往往不明显，总是一穿即达杯底。遇到此种情况时，可暂停 20～25min，使层面恢复，然后以每 15min 不多于一次的频率测量上部和下部层面，并力求准确地探测出下部层面的位置。

e. 如果煤在试验时形成流动性很大的胶质体，下部层面的测定可稍晚开始，然后每隔 7～8min 测量一次，到 620℃ 也应堵孔。在测量这种煤的上、下部胶质层层面时，应特别注意，以免探针带出胶质体或胶质体溢出。

⑦ 当温度到达 730℃ 时，试验结束。调节记录笔使之离开转筒，关闭电源，卸下砝码，使仪器冷却。

⑧ 当胶质层测定结束后，必须等上部砖垛完全冷却，或更换上部砖垛方可进行下一次

试验。

⑨ 在试验过程中，当煤气大量从杯底析出时，应不时地向电热元件吹风，使从杯底析出的煤气和炭黑烧掉，以免发生短路，烧坏硅碳棒、镍铬线或影响热电偶正常工作。

⑩ 如试验时煤的胶质体溢出到压力盘上，或在卷烟纸管中的胶质层层面骤然高起，则试验应作废。

（7）结果表述

① 曲线的加工及胶质层指数测定结果的确定。

a. 若使用自动胶质层指数测定仪，可根据记录的探测时间和上、下层面高度自动生成体积曲线图；若使用转筒记录，取下记录转筒上的标准计算纸，在体积曲线上方水平方向标出温度，在下方水平方向标出"时间"作为横坐标。在体积曲线下方、温度和时间坐标之间留一适当位置，在其左侧标出层面距杯底的距离作为纵坐标。根据所记录的各个上、下部层面位置和相应的"时间"数据，按坐标在图纸上标出"上部层面"和"下部层面"的各点，分别以平滑的线加以连接，即可得出上、下部层面曲线。如按上法连成的层面曲线呈"之"字形，则应通过"之"字形部分各线段的中部连成平滑曲线作为最终的体积曲线（见图 3-28）。

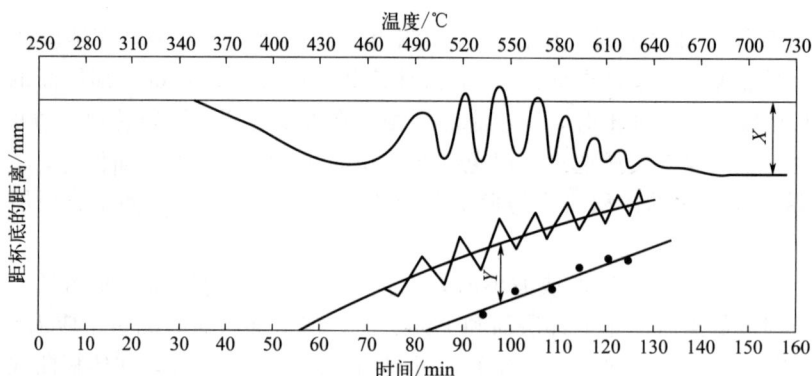

图 3-28　胶质层曲线加工示意图

b. 取胶质层上、下部层面曲线之间沿纵坐标方向的最大距离（读准到 0.5mm）作为胶质层最大厚度 Y（见图 3-28）。

c. 取 730℃时体积曲线与零点线间的距离（读准到 0.5mm）作为最终收缩度 X（见图 3-28）。

d. 将整理完毕的曲线图，标明试样的编号，并保存。

e. 体积曲线类型用下列名称表示（见图 3-29）：

平滑下降型，见图 3-29（a）；平滑斜降型，见图 3-29（b）；波形，见图 3-29（c）；微波形，见图 3-29（d）；"之"字形，见图 3-29（e）；山形，见图 3-29（f）；"之"山混合型，见图 3-29（g）和图 3-29（h）。

f. 判别焦块技术特征，必要时记录。

g. 在给出 X 值时应按标准 GB/T 479—2016 规定注明试样的装填高度。如果测得的胶质层厚度为零，在给出 Y 值时应注明焦块的熔合状况。必要时，应附体积曲线及上、下部层面曲线的复制图。

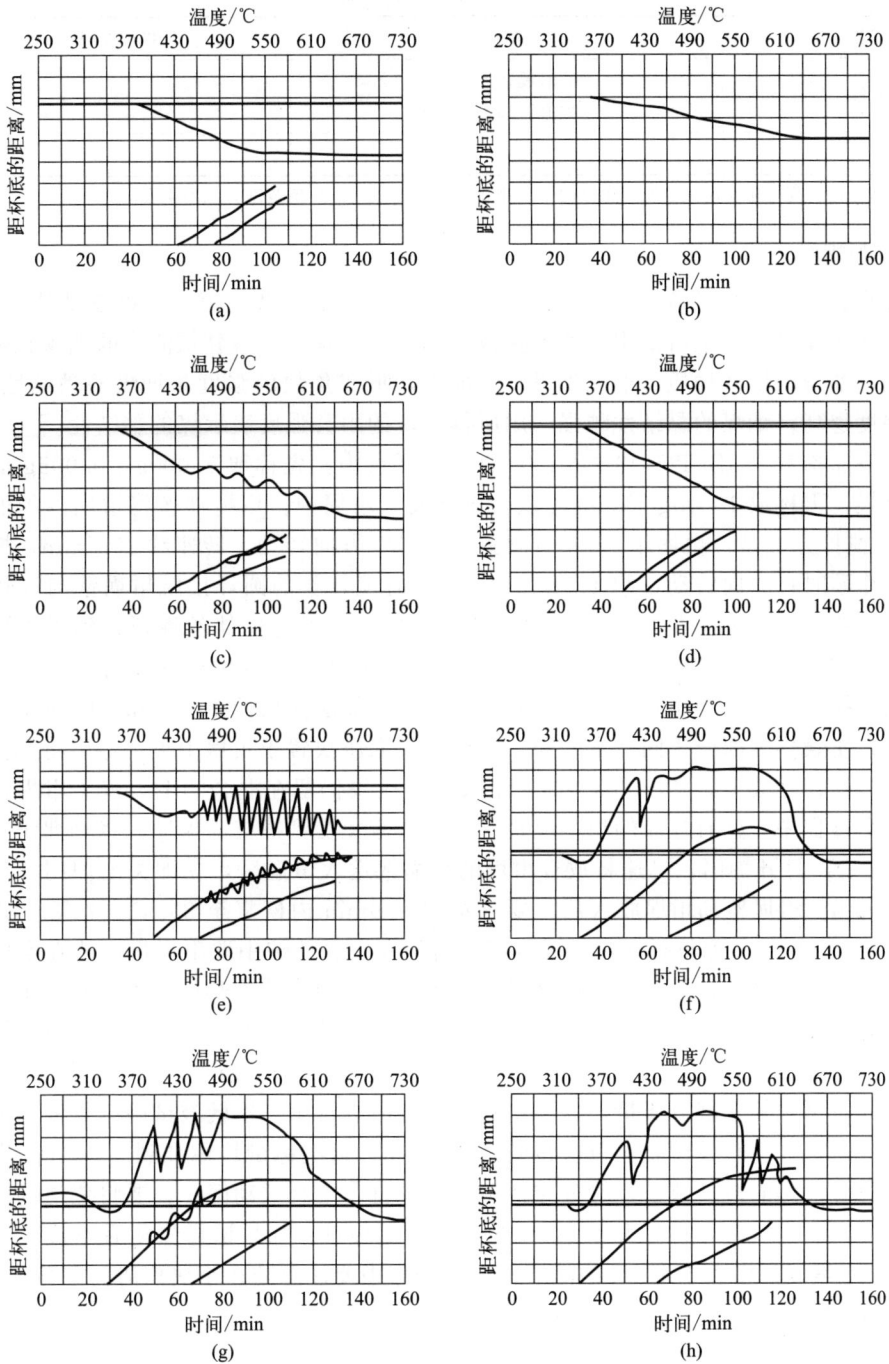

图 3-29 胶质层体积曲线类型

② 结果计算。计算两次胶质层指数重复测定结果的平均值，保留到小数点后一位，按 GB/T 483—2007 规定修约到 0.5 给出。

（8）方法精密度 烟煤胶质层指数测定的精密度见表 3-19。

表 3-19 烟煤胶质层指数测定的精密度

参数	重复性限/mm	再现性限/mm
Y 值	Y 值≤20：1 Y 值>20：2	6
X 值	3	8

注：确定方法再现性限协同试验所用煤样的 Y 值范围为 10～25mm，X 值范围为 19～41mm。

2. 罗加指数

罗加指数 (R.I.) 是波兰煤化学家罗加教授 1949 年提出的测试烟煤黏结能力的指标，现已为国际硬煤分类方案所采用。罗加指数的测定原理是基于有黏结能力的烟煤在炼焦过程中具有黏结本身或惰性物质（如无烟煤）的能力，形成焦块的强度与烟煤的黏结性成正比，即焦块强度越高，烟煤的黏结性越强。用所得焦块的耐磨强度表示煤的黏结性。

测定罗加指数 (GB/T 5449—2015) 的方法要点为：先称取 5.000g±0.005g 罗加指数专用无烟煤，再称取 1.000g±0.005g 试验煤样放入坩埚中。用搅拌丝将坩埚内的混合物搅拌 2min，搅拌方法是：坩埚作 45°左右倾斜，逆时针方向转动，转速约 15r/min，搅拌丝按同样倾角作顺时针方向转动，约 150r/min，搅拌时搅拌丝的圆环接触坩埚壁与底相连接的圆弧部分。约经 1.75min 后，一边继续搅拌，一边将坩埚与搅拌丝逐渐转到垂直位置，约 2min 时，搅拌结束。搅拌过程中应防止煤样外溅。搅拌后，将坩埚壁上的煤粉用刷子轻轻扫下，用搅拌丝将混合物小心地拨平，并使沿坩埚壁的层面略低 1～2mm，以便压块将混合物压紧后，使煤样表面处于同一水平面。用镊子夹取压块置于坩埚中央，然后将其置于压力器下，将压杆轻轻放下，加压 30s。加压结束后，压块仍留在混合物上，盖上坩埚盖。注意在上述整个过程中，盛有样品的坩埚应轻拿轻放，避免受到撞击与振动。将马弗炉预先加热至 850℃左右，打开炉门，迅速将放有坩埚的坩埚架送入恒温区，立即关上炉门并计时，准确加热 15min。坩埚架和坩埚放入后，要求炉温在 6min 内恢复至 850℃±10℃，此后一直保持在 850℃±10℃。加热时间包括温度恢复时间在内。从炉中取出坩埚，放在空气中冷却到室温，若不立即进行转鼓试验，则将坩埚移入干燥器中。从冷却后的坩埚中取出压块，当压块上附有焦渣时，应刷入坩埚内，称量焦渣总量。再将焦渣放在 1mm 圆孔筛上筛分，筛上部分再次称量，然后放入转鼓内，进行第一次转鼓试验。转鼓试验后的焦渣用 1mm 圆孔筛进行筛分，再称筛上部分质量，然后将其放入转鼓进行第二次转鼓试验。重复筛分、称量操作，先后进行 3 次转鼓试验，每次转鼓试验 5min，每次称量均称准到 0.001g。当烟煤的黏结性很弱时，焦渣极其疏松，筛分应特别仔细进行，不宜摇动筛子，要将焦渣的底面轻轻放在筛面上，取出焦渣，再与大于 1mm 的焦屑一起称量。如果试样焦化后不成块，则筛去小于 1mm 的焦屑，将大于 1mm 的焦屑称量。操作中要注意防止小块焦屑的漏落或损失。

按式 (3-10) 计算烟煤罗加指数：

$$\text{R.I.} = \frac{(m_0 + m_3)/2 + m_1 + m_2}{3m} \times 100 \quad (3\text{-}10)$$

式中　m——焦化后焦渣的总质量，g；

m_0——第一次转鼓试验前筛上的焦渣质量，g；

m_1——第一次转鼓试验后筛上的焦渣质量，g；

m_2——第二次转鼓试验后筛上的焦渣质量，g；

m_3——第三次转鼓试验后筛上的焦渣质量，g。

计算结果精确到小数点后第一位，取两次重复测定结果的平均值，按 GB/T 483—2007 规则修约到整数位给出。

中国不同煤化程度煤的罗加指数如表 3-20 所示。

表 3-20　中国不同煤化程度煤的罗加指数

煤种	长焰煤	气煤	肥煤	气肥煤	焦煤	瘦煤	贫煤	年轻无烟煤
R.I.	0～15	15～85	75～90	40～85	60～85	5～60	≤5	0

罗加指数可直接反映煤对惰性物质的黏结能力，在一定程度上还能反映焦炭的强度，而且所需设备简单、快速，平行试验所需煤样量较少，方法简便易行。罗加指数以转磨一定次数后大于 1mm 的焦粒质量和转磨次数的乘积来衡量焦粒的耐磨强度，从而比较合理地评价煤的黏结能力，对弱黏结煤和中等黏结煤的区分能力甚强。例如，Y 值在 5～10mm 的弱黏结煤，其 R.I. 在 20～70。另外，对 Y 值无法分辨的弱黏结煤，罗加指数还能分辨；即使 Y 值已为零的弱黏结煤，R.I. 也在 0～20 的范围内，只不过测定误差较大。罗加指数对区分中等煤化程度煤的黏结性更为适用。胶质层指数和罗加指数的关系如图 3-30 所示。

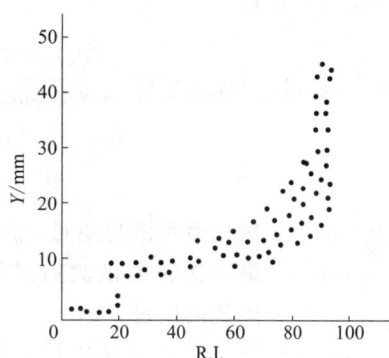

图 3-30　胶质层指数和罗加指数的关系

罗加指数测定法也有一些不足之处：如不论煤的黏结能力大小，都以 1：5 的比例将煤样和标准无烟煤混合；而且标准无烟煤的粒度较大（在 0.3～0.4mm），容易对粒度小于 0.2mm 的煤样产生离析，对于强黏结性的煤来讲，无法显示它们的强黏结性，所以难以分辨强黏结煤；此外，罗加指数的测定值往往偏高，对弱黏结煤测定时重复性差，而且各国所采用的标准无烟煤不同，因此 R.I. 在国际上无可比性。

3. 黏结指数

黏结指数（GB/T 5447—2014）是煤炭科学技术研究院有限公司检测分院在分析了罗加指数的优缺点以后，经过大量试验提出的表征烟煤黏结性的一种指标。该指标已用于中国新的煤炭分类，作为区分黏结性的指标，用 $G_{R.I.}$ 表示，也可简写为 G。

其测定方法要点是：先称取 5.00g 专用无烟煤，再称取 1.00g 试验煤样放入坩埚中，质量称准至 0.001g。用搅拌丝将坩埚内的混合物搅拌 2min，搅拌方法是：坩埚作 45°左右倾斜，逆时针方向转动，转速约 15r/min，搅拌丝按同样倾角作顺时针方向转动，转速约 150r/min，搅拌时搅拌丝的圆环接触坩埚壁与底相连接的圆弧部分。约经 1.75min 后，边继续搅拌边将坩埚与搅拌丝逐渐转到垂直位置，约 2min 时，搅拌结束。搅拌过程中应防止煤样外溅。搅拌后，将坩埚壁上的煤粉用刷子轻轻扫下，用搅拌丝将混合物小心地拨平，并使沿坩埚壁的层面略低 1～2mm，以便压块将混合物压紧后，使煤样表面处于同一水平面。用镊子夹取压块置于坩埚中央，然后将其置于压力器下，将压杆轻轻放下，加压 30s。加压结束后，压块仍留在混合物上，盖上坩埚盖。注意在上述整个过程中，盛有样品的坩埚应轻拿轻放，避免受到撞击与振动。将马弗炉预先加热至 850℃左右，打开炉门，迅速将放有坩埚的坩埚架送入恒温区，立即关上炉门并计时，准确加热 15min。坩埚架和坩埚放入后，要求炉温在 6min 内恢复至（850±10）℃，此后一直持在（850±10）℃。加热时间包括温度恢复时间在内。从炉中取出坩埚，放在空气中冷却到室温，若不立即进行转鼓试验，则将坩埚移入干燥器中。从坩埚中取出压块，当压块上附有焦屑时，应刷入坩埚内。称量焦渣总质量，将其放入转鼓内，进行转鼓试验（每次 250r，5min），第一次转鼓试验后的焦渣用 1mm 圆孔筛进行筛分后，称量筛上物的质量；将筛上物放入转鼓进行第二次转鼓试验，筛分、称量，按式（3-11）计算结果。当测得的黏结指数小于 18 时，需更改专用无烟煤和试验煤样的比例为 3：3，即称取 3.00g 专用无烟煤与 3.00g 试验煤样，重新试验，结果按式（3-12）计算。

$$G_{R.I.} = 10 + \frac{30m_1 + 70m_2}{5m} \quad (3\text{-}11)$$

$$G_{R.I.} = \frac{30m_1 + 70m_2}{m} \quad (3\text{-}12)$$

式中　m——焦化后焦渣总质量，g；

　　　m_1——第一次转鼓试验后过筛，其中大于 1mm
　　　　　焦渣的质量，g；

　　　m_2——第二次转鼓试验后过筛，其中大于 1mm
　　　　　焦渣的质量，g。

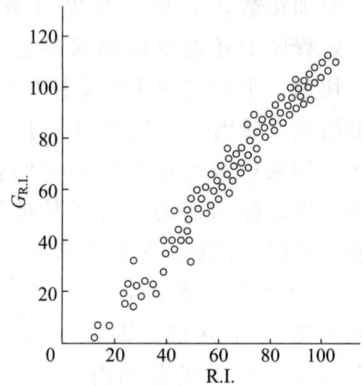

图 3-31　煤的黏结指数
与罗加指数的关系

与罗加指数的测定比较，黏结指数的测定更为简便。黏结指数与罗加指数的关系见图 3-31。

4. 坩埚膨胀序数

坩埚膨胀序数（GB/T 5448—2014）是以煤在坩埚中加热所得焦块膨胀程度的序号来表征煤的膨胀性和黏结性的指标，在西欧和日本等地普遍采用，是国际硬煤分类的指标之一。

测定坩埚膨胀序数的方法要点为：称取（1.00±0.01）g 空气干燥煤样，放入坩埚中并晃平，然后在厚度不小于 5mm 的橡胶板上，用手的五指向下抓住装有煤样的坩埚，提起约 15mm 高度，松手使之自由落下，共落下 12 次（每落下一次将坩埚旋转一个角度）。打开电加热炉炉盖，将装有煤样的坩埚放入已加热至预定温度的炉内石英皿的中心部位，立即用不带孔的坩埚盖盖住，同时启动秒表计时，至挥发物全部逸出，逸出时间不得少于 2.5min，然后将坩埚取出。此过程不盖电炉盖。每个煤样相继试验 3 次。3 次试验完毕后，小心地将坩埚中的焦渣倒出，待焦渣冷却至室温后测定焦型。如 3 次测定值的极差超过 1/2，应增加 2 个单次试验。如 5 次测定值的极差超过 1，应检查仪器设备，重新进行 5 次测定。

注：在两次试验间隙，应盖上电加热炉盖，以使炉温尽快回到预先设定的温度。试验结束后，将坩埚和坩埚盖上的残留物灼烧去除，擦净。

煤样的坩埚膨胀序数按下述方法确定和表述：

a. 膨胀序数 0：焦渣不黏结或成粉状；

b. 膨胀序数 1/2：焦渣黏结成焦块而不膨胀，将焦块放在一个平整的硬板上，小心地加上 500g 重荷即粉碎或碎块超过 2 块；

c. 膨胀序数 1：焦渣黏结成焦块而不膨胀，加上 500g 重荷后，压不碎或碎成不超过 2 个坚硬的焦块；

　　d. 膨胀序数 3/2～9：焦渣黏结成焦块并且膨胀，将焦块放在焦饼观测筒下，旋转焦块，找出最大侧形，再与一组带有序号标准焦块侧形（图 3-32）进行比较，取最接近标准侧形的序号为其膨胀序数；

　　e. 膨胀序数大于 9：焦渣黏结成焦块并且膨胀，将焦块放在焦饼观测筒下，旋转焦块，最大侧形超出标准焦块侧形 9（图 3-32），记作 "＞9" 或 "9＋"。

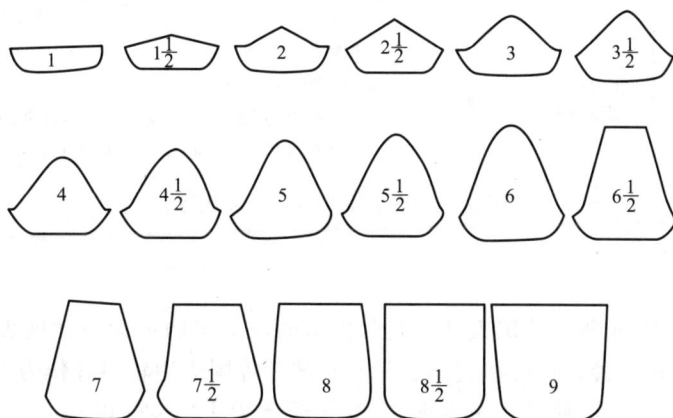

图 3-32　标准焦块侧面及其相应的膨胀序数

　　试验结果：取同一煤样的 3 次极差不大于 1/2 的测定结果的算术平均值，按 GB/T 483—2007 修约到 1/2 个单位，小数点后的数字 2 舍 3 入；若进行 5 次测定，则取 5 次测定结果的算术平均值，修约到 1/2 个单位。

5. 格金焦型

　　此法是 1921 年由英国格雷（T. Gray）和金（J. G. King）提出的，在英国煤分类中作为分类指标之一，在硬煤的国际分类中作为确定亚组的指标之一。

　　《煤的格金低温干馏试验法》（GB/T 1341—2007）是将 20g 粉碎至 0.2mm 以下的煤样或配煤放在特制的水平玻璃或石英干馏管中，将干馏管放入预先加热至 300℃ 的电炉内，以 5℃/min 的加热速度升温到 600℃，并恒温 1h，测定热解水收率、焦油收率、半焦收率、氨收率、煤气收率等，并将所得半焦与一组标准焦型比较（如图 3-33 所示），确定所得半焦的格金焦型。对强膨胀性煤，则需在煤中配入一定量的电极炭，其焦型以得到与标准焦型（G）一致的焦型所需的最少电极炭量（整数基数）来表示。具体方法见图 3-34。

　　此法既可测定热解产物收率，又可测定煤的黏结性，对煤的黏结性和结焦性的鉴别能力较强；有些煤挥发分接近而黏结性不同的煤，可用格金指数加以区分。其缺点是人为误差较大，在测定强黏结性煤时，需要逐次增加电极炭的添加量，经过多次试验才能确定格金指数，比较烦琐，且不易测准。

图 3-33　各种标准格金焦型

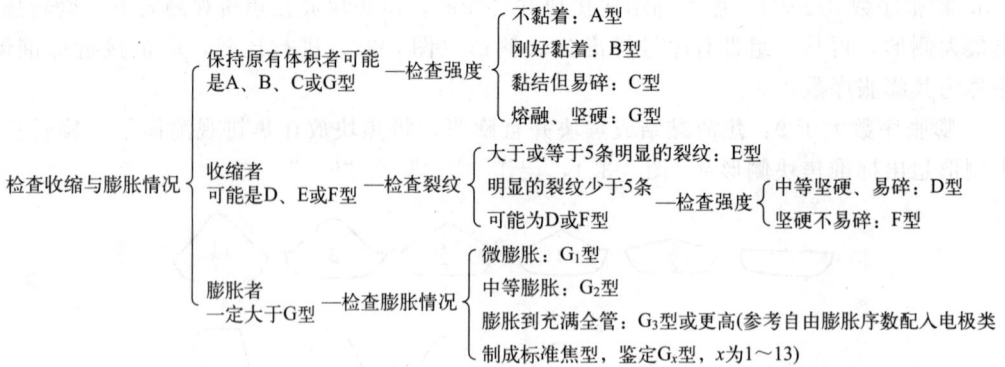

图 3-34　格金焦型的鉴定与分类

6. 基氏流动度

基氏流动度是 1934 年由德国人基斯勒尔提出的以测得的最大流动度表征烟煤塑性的指标。后来经过不断地完善，目前在美国、日本和波兰等国应用较多并作为国家标准。测定基氏流动度的仪器为基氏塑性计，分为波兰型（标准为 PN-62G-0536）和美国型（标准为 ASTM-D1812）两种。我国多用波兰型，但 20 世纪 80 年代后有些研究所已研制或引进美国型自动操作的基氏塑性计。

基氏流动度的测定方法为：将 5g 粒度小于 0.425mm 的粉煤装入煤甑中，煤甑中央沿垂直方向装有搅拌器，向搅拌器轴施加恒定的扭矩。将煤甑放入已加热至规定温度的盐浴内，以 3℃/min 的速度升温，当煤受热软化形成胶质体后，阻力降低，搅拌器开始旋转。胶质体数量越多，黏度越小，则搅拌器转动越快。转速以分度/min 表示，每 360° 为 100 分度。搅拌器的角速度随温度升高出现的有规律的变化曲线用自动记录仪记录下来即为基氏流动度曲线，如图 3-35 所示。

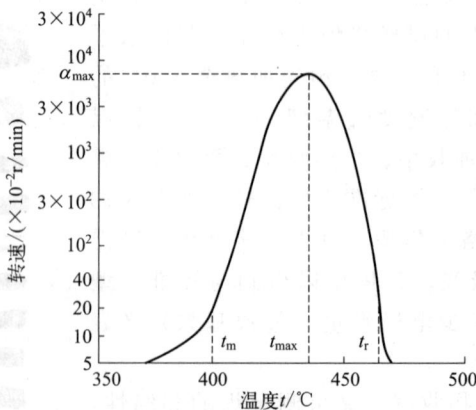

图 3-35　基氏流动度曲线

根据曲线可得出下列指标：

① 软化温度 t_p，刻度盘上指针转动 1 分度时对应的温度，℃；

② 最大流动温度 t_{max}，最大流动时对应的温度，℃；

③ 固化温度 t_k，搅拌轴停止转动，流动度出现零时对应的温度，℃；

④ 最大流动度 α_{max}，指针的最大角速度，分度/min；

⑤ 胶质体温度间隔，固化温度和开始软化温度之差，$\Delta t = t_k - t_p$。

通过基氏流动度的测定，可以了解胶质体的流动性和胶质体的温度间隔，指导配煤炼焦。基氏流动度与煤化程度有关，如图 3-36 所示。

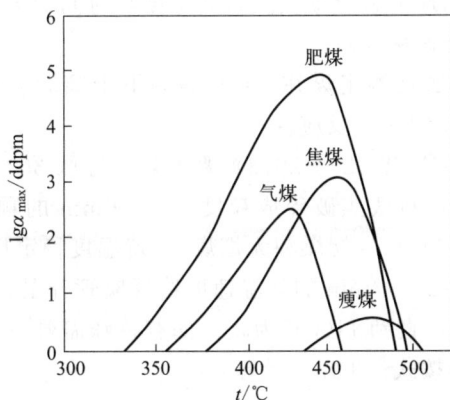

配煤炼焦

图 3-36　几种炼焦煤的基氏流动度曲线

一般肥煤的流动度最大，肥煤的曲线平坦而宽，它的胶质体停留在较大流动度时的时间较长。有些肥煤的最大流动度虽然很大，但曲线陡而尖，说明该胶质体处于较大流动度时的时间较短。

基氏流动度指标可同时反映胶质体的数量和性质，对中强黏结性的煤或者中等黏结性的煤有较好的区分能力，具有明显的优点，但对强黏结性的煤和膨胀性很大的煤难以测准。此外，基氏流动度测定试验的规范性很强，其搅拌器的尺寸、形状、加工精度对测定结果有十分显著的影响，煤样的装填方式也显著影响测定结果。

一些新的煤转化过程采用比传统焦炉中高得多的加热速度，因此提出了在更高加热速度下测定基氏流动度的要求。高加热速度法可在大约 100℃/min 下进行测量。这时，测得的 t_{max} 是盐浴温度。此外，还会采用一个补充指标——可塑性持续时间，该指标对一些新工艺非常重要。

在高加热速度下，软化温度向高温侧移动，最大流动度增大，可塑性持续时间缩短，但 t_{max} 不受影响。

四、煤的其他工艺性质

1. 煤的反应性

煤的反应性又称煤的化学活性，是指在一定温度条件下煤与不同气体介质〔CO_2、O_2、H_2O（g）等〕相互作用的反应能力。反应性好的煤在气化和燃烧过程中反应速度快、效率高，特别是对于采用流化床和气流床等高效的新型气化技术，煤的反应性的好坏直接影响到煤在气化炉中反应的快慢、反应完全程度、耗煤量、耗氧量及煤气中的有效成分等。反应性好的煤可以在生产能力基本稳定的情况下，使气化炉在较低温度下操作，从而避免灰分熔融、结渣，甚至破坏煤的正常气化。在流化床燃烧新技术中，煤的反应性的好坏决定着其燃烧速率。因此，煤的反应性是煤气化和燃烧的重要特性指标。

测定煤反应性的方法和表示方式很多，主要有以下几种：

① 直接以反应速率表示（包括比速率及反应速率常数）；

② 以反应物分解率或还原率表示；

③ 以活化能表示；

④ 以同一温度下产物的最大百分浓度或百分浓度与时间的关系作图表示；

⑤ 以着火点或平均燃烧速率表示。

目前我国主要采用的方法是测定煤在 900℃ 高温下干馏后的煤焦还原 CO_2 的能力，以 CO_2 的还原率表示煤对 CO_2 的化学反应性。

煤反应性的测定方法（GB/T 220—2018）要点是：称取 300g 粒度在 3～6mm 的煤样，在规定的条件下干馏处理后，将残焦破碎成粒度为 3～6mm 的颗粒装入反应管中。将反应管加热至 750℃（褐煤）或 800℃（烟煤和无烟煤），待温度稳定后以一定的流速向反应管中通入 CO_2，然后继续以 20～25℃/min 的升温速度给反应管升温，并每隔 50℃ 取反应系统中的气体分析一次，记录结果，直到 1100℃ 为止。如有特殊需要，可延续到 1300℃。

在高温下，CO_2 还原率按式（3-13）计算：

$$\alpha = \frac{100\%[100\% - a - \varphi(CO_2)]}{(100\% - a)[100\% + \varphi(CO_2)]} \times 100\% \tag{3-13}$$

式中 α——CO_2 还原率（反应性），%；

a——钢瓶 CO_2 气体中杂质气体体积分数，%；

$\varphi(CO_2)$——反应后气体中剩余的 CO_2 含量，%。

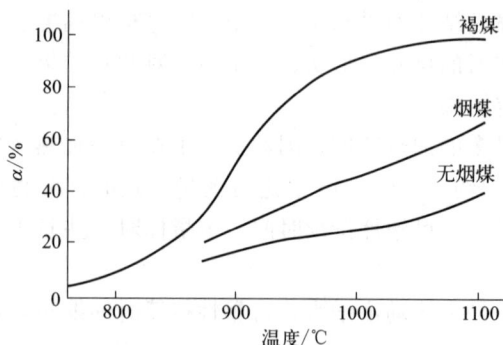

图 3-37 煤的反应性曲线

若已知钢瓶二氧化碳中杂质气体含量，也可预先绘出 α 与 CO_2 含量的关系曲线。每一次试验后，根据测得的 CO_2 含量值在曲线上查出相应的还原率 α 值。试验结束后，将 CO_2 还原率 α 与相应的测定温度绘成曲线，如图 3-37 所示，一并作为试验结果。

由图 3-37 可见，煤对 CO_2 的还原率随反应温度的升高而加强。煤对 CO_2 的还原率越高，表示煤的反应性越强。各种煤的反应性随煤化程度的加深而减弱，这是由于碳和 CO_2 的反应不仅在燃料的外表面进行，而且也在燃料的内部毛细孔壁上进行，孔隙率越高，反应表面积越大，反应性越强。不同煤化程度的煤及其干馏所得的残焦或焦炭的气孔率、化学结构是不同的，因此其反应性显著不同。在同一温度下褐煤由于煤化程度低，挥发分产率高，干馏后残焦的孔隙多且孔径比较大，CO_2 容易进入孔隙内，反应接触面大，故反应性最强，烟煤次之，无烟煤最弱。通常，煤中矿物含量增加，会使煤中固定碳的含量降低，煤的反应性降低。但矿物中如碱金属或碱土金属化合物对 CO_2 的还原具有催化作用，因此这些矿物含量多时会使煤的反应性增强。

另外，煤的反应性随温度的升高而增强。这表明煤在气化和燃烧过程中有时可通过改变温度（保证煤灰不结渣的前提下）来弥补煤的反应性较差的缺陷。

2. 煤的结渣性

煤的结渣性是反映煤灰在气化或燃烧过程中结渣的特性，它对煤质的评价和加工利用有非常重要的意义。

在气化和燃烧过程中，煤中的碳与氧反应，放出热量产生高温使煤中的灰分熔融成渣。渣的形成一方面使气流分布不均，容易产生风洞，造成局部过热，给操作带来一定的困难，结渣严重时还会导致停产；另一方面，结渣后煤块被熔渣包裹，煤中的碳未完全反应就排出炉外，增加了碳的损失。为了避免结渣，保证生产正常进行，往往通入适量的水蒸气，以降低反应层的温度，但这样会使煤气质量和气化效率下降。因此，煤的结渣性测定方法是模拟工业发生炉氧化层的反应条件，此时煤中的灰在反应所产生的高温作用下发生软化和局部熔融而结渣。结渣性以结渣率来表示，结渣率高，结渣性强，对气化或燃烧就不利。

煤的结渣性测定（GB/T 1572—2018）要点是：取试样 $400cm^3$，并称量（称准到 0.01g）。将试样倒入气化套内，平整样品，将垫圈装在空气室和烟气室之间，用锁紧螺筒紧固。称取约 15g 木炭，放在带孔铁铲内，加热至灼红。开动鼓风机，调节空气针形阀，使空气流量不超过 $2m^3/h$。将漏斗放在仪器顶盖位置处，把灼红的木炭从顶部倒在试样表面上，取下漏斗，扒平，拧紧顶盖。仔细调节空气流量，使其达到规定值（分别为 $2m^3/h$、$4m^3/h$、$6m^3/h$），开始计时。在测定过程中，随时观察并及时调节空气流量达到规定值。从与测压孔相连接的压力计读出料层最大阻力，并记录。从观测孔观察到试样燃尽后，关闭鼓风机，并记录反应时间。气化套冷却后取出全部灰渣，称其质量 m_2。将 6mm 筛子和筛底叠放在振筛机上，然后把称量后的灰渣全部转移到 6mm 筛子上，盖好筛盖。开动振筛机，振动 30s，然后称出粒度大于 6mm 渣块的质量 m_t。每个试样在 0.1m/s、0.2m/s 和 0.3m/s（对应于空气流量分别为 $2m^3/h$、$4m^3/h$、$6m^3/h$）三种鼓风强度下分别进行两次重复测定。在鼓风强度为 0.2m/s 和 0.3m/s 进行测定时，应先使鼓风强度在 0.1m/s 下保持 3min，然后再调节到规定值。

结渣率按式（3-14）计算，测定结果保留到小数点后两位：

$$Clin = \frac{m_1}{m_2} \times 100\% \tag{3-14}$$

式中 Clin——结渣率，%；

m_1——粒度大于 6mm 的灰渣质量，g；

m_2——总灰渣质量，g。

煤的结渣性与煤中矿物质的组成、含量及测定时鼓风强度的大小等因素有关，焦灰中某些成分本身就具有很高的熔点，如 Al_2O_3 的熔点高达 2020℃；相反，有些物质如 Fe_2O_3、Na_2O、K_2O 等本身的熔点较低。因此，煤的矿物质中铝含量高时不易结渣，铁、钠、钾等含量较高时容易结渣。鼓风强度增大时，煤的结渣率增大。

3. 煤的着火点

煤的着火点又称煤的燃点、临界温度或着火温度，是指煤加热至开始燃烧的温度。煤的着火点可以判断煤在燃烧炉中的连续着火燃烧情况，亦可判断煤的氧化程度和发生自燃的倾向。

测定煤的燃点的方法很多，中国通常是将粒度小于 0.2mm 的空气干燥煤样，与亚硝酸钠以 1∶0.75 的质量比混合，放入燃点测定仪中，以 4.5～5℃/min 的速度加热，加热到一定温度时，煤样爆燃产生的压力使燃点测定装置中的水柱在下降的瞬间出现明显的温度升高或体积变化。煤样爆燃时的加热温度即为煤的燃点。用不同的氧化剂、不同的操作方法会得到不同的燃点，因此，测定煤的燃点是一项规范性很强的试验。实验室测出的煤的燃点是相对的，并不能直接代表在工业条件下煤开始燃烧的温度。

测定煤的燃点时使用的氧化剂有两类：一类是气体氧化剂，如氧气或空气；另一类是固体氧化剂，如亚硝酸钠和硝酸银等。中国测定煤的燃点时一般采用亚硝酸钠作氧化剂。

煤的燃点随煤化程度的增加而增高。不同煤化程度煤的燃点见表 3-21。

表 3-21   不同煤化程度煤的燃点

煤种	褐煤	长焰煤	气煤	肥煤	焦煤	无烟煤
燃点/℃	260～290	290～330	330～340	340～350	370～380	约 400

煤受到氧化或风化后燃点明显下降，据此能判断煤的氧化程度。比如可以用下述方法来判断煤的氧化程度。

称取一定质量的煤样，平均分为三等份，将其中一份放入燃点测定仪中测定其燃点，得原煤样的燃点（℃）；取另一份用氧化剂如双氧水处理后测定其燃点，得氧化煤样的燃点（℃）；再取另一份用羟胺（NH_2OH，一种碱性还原剂）处理后测定其燃点，得还原煤样的燃点（℃），用下式计算煤的氧化程度：

$$氧化程度 = \frac{还原煤样燃点(℃) - 原煤样燃点(℃)}{还原煤样燃点(℃) - 氧化煤样燃点(℃)}$$

上式计算值越大，煤被氧化的程度越高。在煤田地质勘探中常用这个方法来判断煤的氧化程度或确定采样点是否已通过风化、氧化带。

另外，还可以利用还原样与氧化样的着火点之差 ΔT 来判断煤的自燃倾向。一般煤化程度越低的煤越容易自燃，如褐煤和长焰煤很容易自燃着火；气煤、肥煤和焦煤次之；瘦煤、贫煤和无烟煤自燃着火的倾向小一些。

4. 煤的可选性

选煤是使用物理、物理化学方法，将原煤分成不同质量、规格产品的加工过程。选煤可以除去煤中的杂质，包括矸石和 50%～70% 的硫，提高煤炭产品的质量，增加煤炭品种，减少无效运输，提高热效率，节约能源，减少 SO_2、NO_x 和烟尘的排放量。选煤还是综合利用资源，提高煤炭企业经济效益的重要手段。因此，选煤已成为煤炭工业现代化生产中不可缺少的重要环节和洁净煤技术中的源头技术，是煤炭深加工的基础和前提。我国选煤工业起步较晚，20 世纪 50 年代才开始建立起自己的选煤工业，经历了两次快速发展时期。20 世纪 70 年代以"洗煤保钢"为主要内容的选煤大发展，使原煤入选比例由 1970 年的 10% 增长到 1980 年的 17%，基本满足了我国钢铁工业对炼焦煤质的要求；2000 年以来，选煤工业进入新的快速发展时期；到 2005 年，我国原煤入选比例达到 33%。

煤的可选性是指通过分选改善原煤质量的难易程度，也即原煤的密度组成对重力分选难易程度的影响。各种煤在洗选过程中能除去灰分杂质的程度是很不一致的，有些煤洗选后精煤灰分可降至较低，精煤收率也很高；有些煤经洗选后精煤灰分虽然降低，但收率却下降较多，这就是煤的可选性不同的表现。煤的可选性与煤中矿物质存在的形式有很大的关系，煤中矿物质如以粗颗粒状存在，则原煤经过破碎后，矿物质容易解离，形成较纯净的精煤和矸石，洗选时由于两者相对密度显著不同而很容易将矸石除去，精煤的收率也就高，这种煤的可选性就好；煤中矿物质如以细粒状嵌布在煤中，形成煤与矸石共生的夹矸煤，其相对密度介于煤和矸石之间，洗选时就难以除去。因此，含夹矸煤多的原煤在洗选后往往精煤灰分降低不多，但收率却显著减少，这种煤可选性差。至于硫分，洗选时只能除去以粗颗粒状存在于煤中的黄铁矿，以细粒均匀嵌布在煤中的黄铁矿通过洗选是较难除去的，有机硫则不能除去。

因此，煤的可选性是判断煤炭洗选效果的重要依据，是判断煤炭是否适用于炼制冶金焦炭的重要性质之一。目前，中国选煤方法广泛采用重力选煤法（跳汰和重介法），小于0.5mm的煤泥采用浮选法。影响原煤可选性的主要因素是原煤的粒度组成和密度组成。

（1）原煤的粒度组成　原煤的粒度组成是将煤样分成各种粒度级别，然后再分别测定各粒度级的产率和质量（如灰分、水分、发热量等，依据试验目的而定）。通常是用筛分试验来测定煤的粒度组成。

筛分试验是将试样由最大孔到最小孔逐级进行筛分。根据筛孔大小：150mm、100mm、50mm、25mm、13mm、6mm、3mm、1mm、0.5mm（根据试验需要，可取消或增加某些筛孔的筛子），将煤样分为若干个粒度级别。如＞150mm、150～100mm、100～50mm、50～25mm、25～13mm、13～6mm、6～3mm、3～1mm、1～0.5mm、＜0.5mm十个粒度级，将这十个粒度级的煤分别称重，就可得到各粒度级在总煤样中的百分含量，即为煤的粒度组成。

（2）原煤的密度组成　原煤的密度是指煤和其所含矿物在内的密度，其大小取决于煤中有机物的成分和煤化程度，更取决于煤中所含矿物密度的大小及含量的多少。原煤的密度组成是指煤中各密度级煤的质量占原煤样总质量的百分数。

原煤的密度组成是评定原煤可选性的主要依据，通常用浮沉试验的方法来测定。

浮沉试验所用的煤样是从筛分试验后的各粒度级产物中缩取得到的而且必须是空气干燥基。

习题

1. 试述国际硬煤显微组分分类、分类原则及其现状。
2. 试述各显微组分在透射光、反射光和荧光下的特征以及其随煤化程度的变化规律。
3. 简述显微组分、显微煤岩类型、煤岩类型和煤的光泽岩石类型间的相互作用。
4. 从煤的生成过程分析凝胶化作用和镜质组的形成。
5. 丝炭的成因有哪几种？
6. 煤的密度有哪几种表示方式？其含义有何区别？
7. 煤的密度随煤化程度有何变化规律？为什么？
8. 煤的机械性质有哪些？
9. 煤的热性质有哪些？
10. 煤的导电性和介电常数随煤化程度有何变化规律？为什么？
11. 什么是煤的透光率？它有何用途？
12. 煤的润湿性随煤化程度有何变化规律？为什么？
13. 煤的润湿热主要与哪些因素有关？

14. 煤的孔隙率随煤化程度有何变化规律？为什么？

15. 煤的氧化分成哪几个阶段？煤的氧化在工农业生产上有何重要意义？

16. 风化对煤的性质和应用有哪些影响？如何防止煤的氧化、自燃？

17. 煤加氢和溶剂抽提对于研究煤的结构有何帮助？

18. 煤溶剂抽提的方法可分为哪几类？煤溶剂抽提的原理是什么？

19. 超临界气体萃取原理是什么？超临界气体萃取具有哪些潜在的优点？

20. 煤的磺化应用在哪些方面？

21. 什么是煤的黏结性和结焦性？

22. 黏结性烟煤热解过程可分为哪几个阶段？各阶段变化的特点是什么？

23. 胶质体有哪些性质？

24. 中间相理论的基本观点是什么？

25. 中间相的形成有哪些影响因素？

26. 煤炭黏结性有哪些评定方法？各有何特点？其适用范围是什么？

27. 煤的各种黏结性、结焦性指标之间有何关系？

28. 黏结指数对罗加指数做了哪些改进？

29. 什么是煤的机械强度？与煤质有何关系？

30. 什么是煤的反应性？反应性随煤化程度有何变化规律？

31. 什么是煤的着火点？与煤质有什么关系？

32. 什么是煤的结渣性？影响结渣性的因素有哪些？对工业利用有什么影响？

33. 什么是煤的可选性？如何评定原煤的可选性？

第四章

煤质分析及评价

本章学习目标

1. 知识目标
① 了解煤炭采样的基本原理;
② 了解煤样的制备过程;
③ 掌握煤的工业分析内容及测定方法;
④ 掌握煤的元素分析测定方法;
⑤ 掌握煤的发热量的测定原理及方法;
⑥ 掌握分析结果的基准换算。

2. 能力目标
① 学会生产煤样的采集;
② 学会实验室煤样的制备;
③ 学会煤的水分、灰分、挥发分的测定及固定碳的计算;
④ 学会煤的发热量的测定;
⑤ 学会分析结果的基准换算;
⑥ 培养安全生产、严格遵守操作规范及环保的意识。

本章思维导图

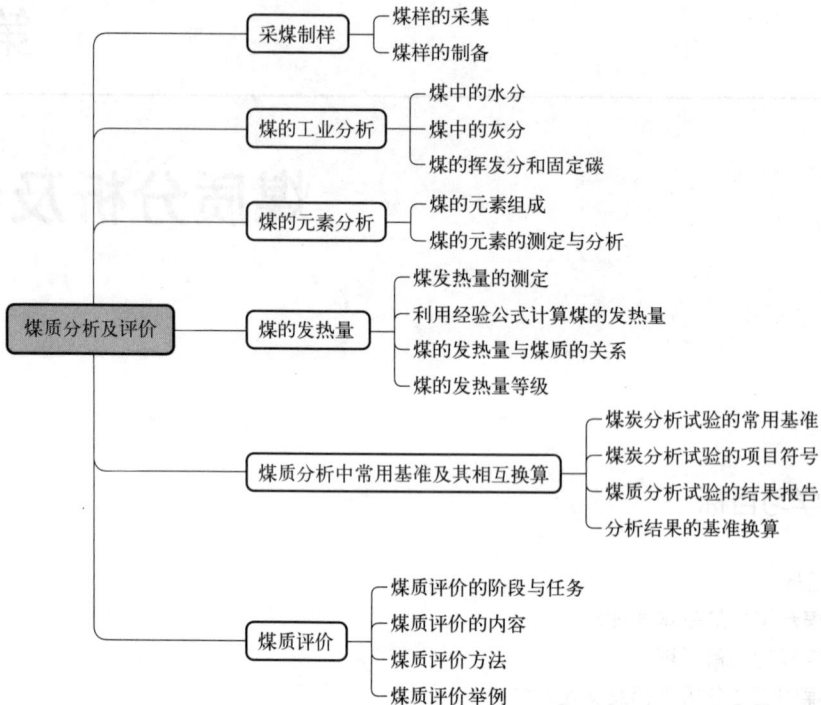

煤既是重要的燃料，又是珍贵的冶金和化工原料。为了确定煤的各种性质，合理利用煤炭资源，通常先对大批量的煤进行采样和制备，获得具有代表性的煤样，然后再进行煤质分析。工业上最简单和最重要的分析方法就是煤的工业分析和元素分析。煤的工业分析包括水分、灰分、挥发分和固定碳四项的测定。广义上说工业分析还应包括发热量和硫的测定，但一般将这两个项目单独列出。元素分析主要用于了解煤的有机质组成，包括碳、氢、氧、氮、硫等元素的测定。工业分析和元素分析的结果与煤的成因、煤化程度和煤岩组成等关系密切，加之对煤的物理性质、化学性质和工艺性质作进一步的研究，就可综合科学地评价煤质，确定各种煤的加工利用途径。

第一节　采煤制样

一、煤样的采集

煤样是指为确定煤的某些特性而从煤中挑选的具有代表性的一部分煤。煤样的采集是制样与分析的前提。采样的目的就是为了获得具有代表性的样品，通过之后的制样与分析，掌握其煤质特性，从而鉴定煤炭质量，指导煤炭生产和综合加工利用，同时为煤炭销售提供依据。煤是粒度组成与化学组成都极不均匀的混合物，为使煤的分析结果总误差不超过一定的限度，必须正确掌握煤样的采集和制备方法。

1. 采样中常用的基本概念

（1）批　批是指需要进行整体性质测定的一个独立煤量。例如一列火车运进 180t 原煤进某厂，此厂按标准规定对其采样、制样与分析，作为煤质验收的依据，此 180t 原煤就是一批。

（2）采样单元　采样单元是指从一批煤中采取一个总样的煤量，其单位为 t。一批煤可以有一个或多个采样单元。例如一海轮有 6 个舱，其中 3 个舱装原煤共计 3500t，另 3 个舱装精煤共计 1800t，则此一批煤中就包括 3500t 原煤和 1800t 精煤两个采样单元，应对它们分别采样。

（3）子样　子样是指应用采样器具操作一次或截取一次煤流全横截段所采取的一份煤样，其质量取决于被采煤的最大粒度，子样必须符合标准规定要求才能采集，不是随意在运输工具、煤堆上或煤流中采集一份样就称为子样。在不同地方采集子样时，对采样量、采样点的位置及采样工具或机械的开口宽度都有相应的规定。

（4）总样　总样是指从一个采样单元取出的全部子样合并成的煤样。一个总样的子样数决定于煤的品种、采样单元的大小和要求的采样精密度。

（5）分样　分样是由均匀分布于整个采样单元的若干初级子样组成的煤样，分样应保持与总样一致的性质。有时为了进行仲裁或对比实验，需将总样充分混合均匀后，分成 2 份或 3 份，这样的每一份样品也称为分样。

2. 采样的基本原理

采样的方法是基于煤质的不均一性而制定的。煤炭采样和制样的目的，是为了获得一个其试验结果能代表整批被采样煤的试验煤样。采样的基本要求是被采样批煤的所有颗粒都有可能进入采样设备，每一个颗粒都有相等的概率被采入试样中。采样和制样的基本过程是首先从分布于整批煤的许多点收集相当数量的一份煤，即初级子样，然后将各初级子样直接合并或缩分后合并成一个总样，最后将此总样经过一系列制样程序制成所要求数目和类型的试验煤样。

子样数是由煤的不均匀程度和采样的精密度所决定的，子样质量达到一定限度之后，再增加质量就不能显著提高采样的精密度了。

采样精密度是在规定条件下所得独立试验结果间的符合程度。煤炭采样精密度为单次采样测定结果与对同一煤（同一来源、相同性质）进行无数次采样的测定结果平均值的差值（在 95％概率下）的极限值。

煤是极不均匀的混合物，因此要采到质量相同的煤样是不可能的。如果所采取的煤样性质与整批煤的性质相比无系统偏差，但仍有高低之差，并且其偏差不超过一定限度即采样精度时，就说该煤样具有代表性。采样精密度通常用煤的灰分进行评定，也可以用煤的全水分、发热量和全硫进行评定，例如采样精密度为 ±1％（灰分），它意味着经过采样、制样和分析所得的灰分值与被采煤样的总体灰分平均值（真值）之间的差值，有 95％的概率不超过 ±1％。

为了保证所得试样的试验结果的精密度符合要求，采样时应考虑煤的变异性（一般以初级子样方差衡量）、从该批煤中采取的总样数目、每个总样的子样数目、与标称最大粒度相应的试样质量等因素。

3. 商品煤样采取方法

商品煤样是代表商品煤平均性质的煤样，商品煤样的分析实验结果是确定商品煤品质的根据，并以此作为计价的依据。商品煤样可在煤流中、运输工具顶部及煤堆上采取。本采取方法采用国家标准《商品煤样人工采取方法》（GB/T 475—2008）。

（1）采用方案

① 采取商品煤样对采样工具的要求　通常采样的工具包括采样斗、采样铲、探管、手工螺旋钻、人工切割斗等，采样器具的开口宽度应满足式（4-1）要求且不小于 30mm。

$$W \geqslant 3d \tag{4-1}$$

式中　W——采样器具开口端横截面的最小宽度，mm；

d——煤的标称最大粒度，mm。

器具的容量应至少能容纳 1 个子样的煤量，且不被试样充满；如果用于落流采样，采样器开口的长度应大于截取煤流的全宽度（前后移动截取时）或全厚度（左右移动截取时），这样的话，子样抽取过程中，不会将大块的煤或矸石等推到一旁。

② 采样精密度　通常，煤炭本身越均匀、子样数目越多、子样质量越大、子样点分布越均匀、采样工具尺寸越大，采样的精密度就越高。国家标准《商品煤样人工采取方法》（GB/T 475—2008）中，根据煤炭品种和灰分来规定采样精密度。原煤、筛选煤、精煤和其他洗煤（包括中煤）的采样、制样和化验总精密度（灰分，A_d）规定的具体数值见表 4-1。

表 4-1　商品煤采样精密度

原煤、筛选煤		精煤	其他洗煤 （包括中煤）
$A_d \leqslant 20\%$	$A_d > 20\%$		
$\pm\frac{1}{10}A_d$ 但不小于 $\pm 1\%$ （绝对值）	$\pm 2\%$ （绝对值）	$\pm 1\%$ （绝对值）	$\pm 1.5\%$ （绝对值）

假定一个被采样原煤的灰分总体平均值为 18%，则其采样精密度应为 18%×（±1/10）=±1.8%；而对于灰分小于 10% 的煤，不管其灰分为多少，其采样精密度都应为 ±1%，而不能按灰分值×（±1/10）来计算。

③ 采样单元　商品煤分品种通常以 1000t 为一基本采样单元。但也可以根据实际情况调整，如煤用火车及船装载的，以火车中的某节车厢及船的某个船舱装载的煤为采样单元，或者以一段时间内发送或接收的煤为采样单元。如需进行单批煤质量核对，应对同一采样单元进行采样、制样和化验。

④ 每个采样单元子样数　采取子样的数目视分析化验单位和煤的品种等的不同而不同。

（2）采样方法

① 移动煤流采样　移动煤流采样可在煤流落流中或皮带上的煤流中进行。为安全起见，不推荐在皮带上的煤流中进行。移动煤流采样包括落流采样法和停皮带采样法，落流采样法较为常用，停皮带采样法一般只在偏倚试验时作为参比方法使用。

采样可按时间基或质量基进行。从操作方便和经济的角度出发，时间基采样较好。采样时，应尽量截取一完整煤流横截段作为一个子样，子样不能充满采样器。试样应尽可能从流速和负荷都较均匀的煤流中采取，应尽量避免煤流的负荷和品质变化周期与采样器的运行周期重合，以免导致采样偏倚。如果避免不了，则应采用分层随机采样方式。

a. 落流采样法　落流采样法的煤样在传送皮带转运点的下落煤流中采取，该法不适用于煤流量在 400t/h 以上的系统。采样时，样装置应尽可能地以恒定的小于 0.6m/s 的速度横向切过煤流。采样器的开口应当至少是煤标称最大粒度的 3 倍并不小于 30mm，采样器容量应足够大，子样不会充满采样器，采出的子样应没有不适当的物理损失。采样时，采样斗沿煤流长度或厚度方向一次通过煤流截取一个子样。为了安全和方便，可将采样斗置于一支架上，并沿支架横杆从左至右（或相反）或从前至后（或相反）移动采样。

b. 停皮带采样法　有些采样方法趋向于采集过多的大块或小粒度煤样，因此很有可能引入偏倚。最理想的采样方法是停皮带采样法，它是从停止的皮带上取出一全横截段作为一个子样。停皮带采样法是唯一能够确保所有颗粒都能采到的，从而不存在偏倚的方法，是核对其他方法的参比方法。但在大多数常规采样情况下，停皮带采样操作是不实际的，故该方法只在偏倚试验时作为参比方法使用。

停皮带子样在固定位置，用专用采样框采取，采样框由两块平行的边板组成，板间距离至少为被采样煤标称最大粒度的 3 倍且不小于 30mm，边板底缘弧度与皮带弧度相近。采样时，将采样框放在静止皮带的煤流上，并使两边板与皮带中心线垂直。将边板插入煤流至底缘与皮带接触，然后将两边板间煤全部收集，阻挡边板插入的煤粒按左取右舍或者相反的方式处理，即阻挡左边板插入的煤粒收入煤样，阻挡右边板插入的煤粒弃去，或者相反。开始采样怎样取舍，在整个采样过程中也怎样取舍。粘在采样框上的煤应刮入试样中。

② 静止煤采样方法　静止煤采样方法适用于火车、汽车、驳船、轮船等载煤和煤堆的采样。

静止煤采样应首选在装/堆煤或卸煤过程中进行，如不具备在装煤或卸煤过程中采样的条件，也可以对静止煤直接采样。在从火车、汽车和驳船顶部采样的情况下，装车（船）后应立即采样。运输后采样时，应挖坑至 0.4~0.5m 采样，取样前应将滚落在坑底的煤块和矸石清除干净。采样时，采样器应不被试样充满，而且子样应一次采出，多不扔，少不补。

采取子样时，探管、钻取器或铲子应从采样表面垂直插入。采取子样时不应有意地将大块物料（煤或矸石）推到一旁。

a. 火车采样　当要求的子样数等于或少于一采样单元的车厢数时，每一车厢采取一个子样；当要求的子样数多于一采样单元的车厢数时，每一车厢应采的子样数等于总子样数除以车厢数。

系统采样法。本法仅适用于每车采取的子样相等的情况。将车厢分成若干个边长为 1~2m 的小块并编上号（如图 4-1 所示），在每车子样数超过 2 个时，还要将相继的数量与欲采子样数相等的号编成一组并编号。如每车采 3 个子样时，则将 1、2、3 号编为第一组，4、5、6 号编为第二组，以此类推。先用随机方法决定第一个车厢采样点位置或组位置，然后顺着与其相继的点或组的数字顺序，从后继的车厢中依次轮流采取子样。

随机采样法。将车厢分成若干个边长为 1~2m 的小块并编号（一般为 15 块或 18 块，图 4-1 为 18 块示例），然后以随机方法依次选择各车厢的采样点位置。

b. 汽车和其他小型运载工具采样　当要求的子样数等于采样单元的车厢数时，每一车厢采取一个子样；当要求的子样数多于采样单元车厢数时，每一车厢的子样数等于总子样数除以车厢数；当要求的子样数少于采样单元车厢数时，应将整个采样单元均匀分成若干段，

1	4	7	10	13	16
2	5	8	11	14	17
3	6	9	12	15	18

图 4-1　火车采样子样分布示意

然后用系统采样或随机采样方法，从每一段采取 1 个或数个子样。子样位置选择与火车采样原则相同。

c. 驳船采样　驳船采样应在装船或卸船时，在其装（卸）的煤流中或小型运输工具如汽车上进行。驳船采样的子样分布原则上与火车采样相同，因此驳船采样可按火车采样方法进行。

d. 煤堆采样　煤堆的采样应当在堆/卸煤过程中，或在迁移煤堆过程中，于皮带输送煤流上、小型运输工具如汽车上、堆/卸过程中的各层新工作表面上、斗式装载机卸下的煤上以及刚卸下来与主堆合并的小煤堆上采取子样，不要直接在静止的、高度超过 2m 的大煤堆上采样。当必须从静止大煤堆采样时，必须按照规定程序进行，但其结果可能存在较大偏倚，精密度也比较差。此外，不能从静止大煤堆采取仲裁煤样。

在堆/卸煤新工作面，刚卸下的小煤堆采样时，根据煤堆的形状和大小，将工作面或煤堆表面划分成若干区，再将区分成若干面积相等的小块（煤堆底部的小块应距地面 0.5m）用系统采样法或随机采样法决定采样区和每区采样点（小块）的位置，从每一小块采取 1 个全深度或深部或顶部煤样。在非新工作面情况下，采样时应先除去 0.2m 的表面层，在斗式装载机卸下煤中采样时，将煤样卸在一干净表面上，然后按系统采样法采取子样。

煤堆采样按九点采样法采取（见图 4-2），每点采样不可少于 2kg，采样深度不可小于 0.5m，各点要按顶、腰、底分布均匀，底的部位距地面 0.5mm。

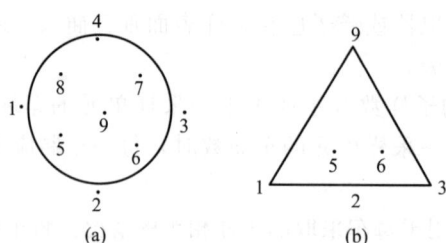

图 4-2　煤堆九点采样法

③ 其他用途煤样的采取　煤炭分析用煤样有一般分析用试样（用于煤的一般物理、化学特性测定的试样），全水分试样（专门用于煤的全水分测定的试样），共用试样（为了多种用途，如煤的全水分和一般物理化学特性测定采取的试样），物理试样（专门为煤的物理特性，如物理强度指数或粒度分析而采取的试样）。

用于全水分测定的样品可以单独采取，也可以从共用试样中抽取。在从共用试样中分取水分试样的情况下，采取的初级子样数目应当是灰分或水分所需的数目中较大的那个数目，如果在取出水分试样后，剩余试样的质量不够其余测试所需要的质量，则应增加子样数目至总样质量满足要求。

在必要的情况下（如煤非常湿），可单独采取水分试样。在单独采取水分试样时，应考虑以下几点：

a. 煤在贮存中逐渐失去水分；

b. 如果批煤中存在游离水，它将沉到底部，因此随着煤深度的增加，水分含量也逐渐增加；

c. 如在长时间内从若干批煤样中采取水分试样，则有必要限制试样放置时间。

因此，最好的方法是在限制时间内从不同水分水平的各个采样单元中采取子样。

4. 生产煤样采取方法

生产煤样是煤矿在正常生产下，在一个整班的采煤过程中采出的能代表生产煤的物理、化学性质和工艺特性的煤样。生产煤样经分析试验后，可了解生产矿井的煤炭质量指标，掌握煤炭的洗选性能，确定煤炭的合理利用途径。

（1）采取生产煤样的总则　生产煤样必须在煤层正常生产作业条件下采取，能代表该煤层在本采样周期内的毛煤质量。

在采取生产煤样的同时，必须按《煤层煤样采取方法》（GB/T 482—2008）的规定采取煤层煤样。

（2）生产煤样的采样要点

① 生产煤样的子样个数不得少于30个，子样质量不得少于90kg。生产煤样总质量可根据不同用途按照《煤炭筛分试验方法》（GB/T 477—2008）的规定确定。即设计用煤样不少于10t；矿井生产用煤样不少于5t；不做浮沉试验时不少于2.7t；选煤厂原煤及其产品煤样按粒度上限确定：300mm不少于6t，100mm不少于2t，50mm不少于1t。

② 生产煤样的采样时间必须以一个生产日（循环班）为单位，将应采取的子样个数按产量比例分配到各个生产班，生产煤样每年采取一次（即采样周期为一年），对生产期不足三个月的采煤工作面，可不采取生产煤样。

③ 采样前应仔细清除前一班遗留在底板上的浮煤、矸石和杂物。

④ 生产煤样应在确定采样点的输送机煤流中采取，并以截取煤流全横断面的煤作为一个子样，采出的煤样应单独装运。对采样点没有输送机的生产矿井，可采用其他方法采样，但需在报告中注明。

⑤ 同一矿井的同一煤层各采煤工作面的煤层性质、结构，储存条件和采煤方法基本相同时，选择一个采煤工作面采取生产煤样。如果差别较大时，生产煤样应在不同采煤工作面分别采取。

⑥ 每次过秤的煤样质量，不得少于增铊磅秤最大称量的1/5，磅秤最大称量为500kg，感量0.2kg。

（3）采取生产煤样时应注意的问题

① 生产煤样采样、运输和存放时，应谨慎小心，避免煤样破碎、污染、日晒、雨淋和损失。

② 生产煤样不得在贮煤场、煤仓或船舱内采取，也不得在煤车内挖取。

③ 生产煤样放置时间不得超过3天，对于易风化煤的放置时间应尽量缩短。

④ 生产煤样采取后，应立即填写报告表，报告表格式见表4-2。

表 4-2　采取生产煤样报告表

煤层煤样编号：＿＿＿＿＿＿＿＿＿＿填表日期：＿＿＿＿年＿＿＿＿月＿＿＿＿日

生产煤样编号：＿＿＿＿＿＿＿＿＿＿采样日期：＿＿＿＿年＿＿＿＿月＿＿＿＿日

1.＿＿＿＿＿矿务局＿＿＿＿＿矿＿＿＿＿井＿＿＿＿层

2. 本煤层年产量占全矿井年产量百分数：＿＿＿＿

3. 采样地点：＿＿＿＿水平＿＿＿＿翼＿＿＿＿采区＿＿＿＿工作面

4. 采样工作面的产量占煤层年产量的百分数：＿＿＿＿＿

5. 采样方法：＿＿＿＿＿＿＿

6. 总样质量：＿＿＿＿kg，子样个数：＿＿＿＿

7. 煤层倾斜和走向：

＿＿＿＿＿＿＿＿＿＿＿＿＿＿＿＿＿＿＿＿＿＿＿＿＿＿＿＿＿＿＿＿＿＿＿＿＿

8. 煤层厚度和开采厚度：

＿＿＿＿＿＿＿＿＿＿＿＿＿＿＿＿＿＿＿＿＿＿＿＿＿＿＿＿＿＿＿＿＿＿＿＿＿

9. 采煤方法：

＿＿＿＿＿＿＿＿＿＿＿＿＿＿＿＿＿＿＿＿＿＿＿＿＿＿＿＿＿＿＿＿＿＿＿＿＿

10. 井下运输情况：

＿＿＿＿＿＿＿＿＿＿＿＿＿＿＿＿＿＿＿＿＿＿＿＿＿＿＿＿＿＿＿＿＿＿＿＿＿

11. 采煤工作面支持情况和顶板管理：

＿＿＿＿＿＿＿＿＿＿＿＿＿＿＿＿＿＿＿＿＿＿＿＿＿＿＿＿＿＿＿＿＿＿＿＿＿

12. 井下拣矸情况：

＿＿＿＿＿＿＿＿＿＿＿＿＿＿＿＿＿＿＿＿＿＿＿＿＿＿＿＿＿＿＿＿＿＿＿＿＿

13. 煤质检查部门负责人：＿＿＿＿＿＿＿＿＿采样人：＿＿＿＿＿＿＿＿＿

5. 煤层煤样采取方法

（1）煤层煤样及其采取目的　按规定在矿井的采掘工作面、探巷或坑道中从一个煤层采取的煤样称为煤层煤样，煤层煤样可以代表该煤层的性质、特征，用以确定该煤层的开采及使用价值。煤层煤样的分析试验结果，既是煤质资料汇编的重要内容，又是生产矿井编制毛煤质量计划和提高产煤质量的重要依据。煤层煤样包括分层煤样和可采煤样两种。

分层煤样指按规定从煤和夹石层的每一自然分层中分别采取的试样。当夹石层厚度大于0.03m 时，作为自然分层采取。采取分层煤样的目的在于鉴定各煤分层和夹石层的性质及核对可采煤样的代表性。

可采煤样是指按采煤规定的厚度应采取的全部试样（包括煤分层和夹石层）。其采取范围包括应开采的全部煤分层和厚度小于0.30m 的夹石层；对于分层开采的厚煤层，则按分层开采厚度采取。采取可采煤样的目的在于确定应开采的全部煤分层及夹石层的平均性质。

（2）采取煤层煤样的总则　采取煤层煤样应遵循以下要点。

① 煤层煤样包括分层煤样和可采煤样。分层煤样和可采煤样应同时采取，在采样前，必须剥去煤层表面氧化层。

② 对露天矿，开采台阶高度在3.00m 以下的煤层按《煤层煤样采取方法》（GB/T 482—2008）的规定采取；台阶高度超过3.00m 用上述方法采取确有困难时，可用回转式钻机取出煤芯，作为可采煤样。

③ 煤层煤样应在矿井掘进巷道中和回采工作面上采取，对主要巷道的掘进工作面，每前进100～500m 至少采取一个煤层煤样；对回采工作面每季至少采取一次煤层煤样，采取数目按回采工作面长度确定，小于100m 的采1个，100～200m 的采2个，200m 以上的采

3 个。如煤层结构复杂，煤质变化很大时，应适当增采煤层煤样。

④ 煤层煤样应在地质构造正常的地点采取，但如果地质构造对煤层破坏范围很大而又必须采样时，也应进行采样。

⑤ 煤层煤样由煤质管理部门负责采取，具体采样地点须按标准规定，如遇特殊情况可和地质部门共同商定。

⑥ 采样工作应严格遵守《煤矿安全规程》，确保人身安全。

（3）煤层煤样采取方法

① 采取煤层煤样的准备工作 首先剥去煤层表面氧化层，并仔细平整煤层表面，平整后的煤层表面必须垂直顶、底板。然后在平整过的煤层表面上，由顶至底画四条垂直顶、底板的直线，直线之间的距离是当煤层厚度大于或等于 1.30m 时，为 0.10m；当煤层厚度小于 1.30m 时，为 0.15m；若煤层松软，第二、三条线之间的距离可适当放宽，在第一、二条线之间采取分层煤样，在第三、四条线之间采取可采煤样，刻槽深度均为 0.05m。

② 分层煤样的采取方法 在第一、二条线间标出煤和夹石的各个自然分层，量出各个自然分层的厚度和总厚度，并加以核实详细记录各个自然分层的岩性、厚度及其他与煤层有关事项。在采样点的底板上放好一块铺布，使采下来的煤样都能落在铺布上，按自然分层分别采取，每采下一个自然分层即全部装入煤样袋内，并将袋口扎紧，清理干净。接着再采取另一个自然分层，直到采完为止。对于厚度不大于 0.3m 的夹石层应归入到相邻的煤分层中采取，采样时，线内分层中的煤或夹石层都得采下，且不得采取线外的煤或夹石。

每个煤样袋均需附有按规定填好的标签，标签规定格式如表 4-3 所示。

表 4-3 标签规定格式

a. 煤层煤样报告表编号：_____
b. 工作面编号：_____
c. _____煤样编号：_____
d. 采样人：_____
e. 采样时间：_____年_____月_____日

分层煤样编号：×-分-×，例如 2-分-4 表示第二号煤层的第四个分层煤样。

③ 可采煤样的采取方法 在采样点的底板上放好一块铺布，使采下的煤样都能落在铺布上，将开采时应采的煤分层及夹石层一起采取。所采煤样全部装入煤样袋内，每个煤样袋均需附有按规定填好的标签（见表 4-3）。采样时，线内应采的煤和夹石都得采下，且不得采取线外的煤和夹石。

可采煤样编号：×-可-1、2、3……，例如 2-可-1、2、3……表示第二号煤层的可采煤样，包括 1、2、3……分层。

（4）样品制备与可采煤样代表性核对

① 样品制备 采完煤层煤样以后应及时送到制样室按 GB/T 474—2008 规定制备，分层煤样制备成一般分析试验煤样，可采煤样根据化验项目要求进行制样，通常应制备出全水分煤样和一般分析试验煤样，不得在井下处理煤样。

② 分层煤样的加权平均灰分 按《煤的工业分析方法》（GB/T 212—2008）和《煤的真相对密度测定方法》（GB/T 217—2008）测定每一分层煤样的水分、真相对密度和灰分。根据测定结果，分别计算全部分层煤样、应开采部分分层煤样和煤分层煤样的加权平均灰分。

③ 可采煤样代表性核对　按 GB/T 212—2008 测定可采煤样的水分和灰分，比较应开采部分各分层煤样的加权平均灰分与可采煤样灰分，它们之间的相对差值不得超过 10%，此时可采煤样的代表性符合要求。否则，可采煤样缺乏代表性，应作废，重新采取。

（5）煤层煤样的化验

① 分层煤样应进行水分、灰分和真相对密度的测定。

② 可采煤样代表性经核对合格后进行工业分析和全水分、全硫、发热量、真相对密度等项目的测定，每个煤层每年至少选两个代表性的煤层煤样根据需要按 GB/T 474—2008 规定制原煤和浮煤试样（原煤试样为按 GB/T 474—2008 规定进行煤样减灰后的试样）并做有关项目分析。

③ 厚度的测量及灰分、真相对密度的计算结果取小数点后两位报告。

④ 按表 4-4 的格式填写煤层煤样报告表，并且绘制柱状图（包括伪顶、伪底的厚度）。

表 4-4　煤层煤样报告表

第_____号

采样日期：_____年_____月_____日
填表日期：_____年_____月_____日

1. _____矿务局_____矿_____井_____层

2. 采样地点：_____

3. 工作面情况(顶板、底板和出水情况)：
_____

4. 煤层厚度与灰分(按分层煤样计算)：

① (全部)分层厚度_____m,灰分 $\overline{A}_d$ _____%

② 应开采部分分层厚度_____m,灰分 $\overline{A}_d$ _____%

③ 煤分层厚度_____m,灰分 $\overline{A}_d$ _____%

5. 可采煤样的编号：_____可_____

6. 可采煤样的分析试验结果

项目	$M_t/\%$	$M_{ad}/\%$	$A_d/\%$	$V_{ad}/\%$	焦渣特性(1~8 型)	$w_d(FC)/\%$	$w_d(St)/\%$	$Q_{gr,d}/(MJ/kg)$	…
原煤									
浮煤									

二、煤样的制备

煤炭是一种化学组成和粒度组成都很不均匀的混合物，采样量一般较大。例如煤层煤样约有 100kg；生产煤样，少则 3～5t，多则 10t 以上。而煤质分析所需要的试样，根据测试项目的要求，一般只需几克到几百克。由此可见，煤样采集之后，不可能直接进行分析检验，还需经过制样过程，从大量的总样中分取出很少一部分组成和总样基本一致的试样。

制样就是使煤样达到分析或试验状态的过程，制样时按一定方法将原始煤样的质量逐渐减少到分析煤样所需要的质量，而使其化学组成和物理性质与原始煤样保持一致。制样的目的是将采集煤样经过破碎、混合和缩分等程序，制备成能代表原来煤样的分析用煤样，即必须使保留和弃去的两部分品质很接近。如果保留下来的试验用煤不能代表原始煤样的特性，下步进行的分析试验再准确，其结果也毫无意义。因此，对于已采集到的煤样而言，制样是关系到分析试验是否准确和具有实际意义的最重要的环节。

煤样的制备包括破碎、混合和缩分过程，有时还包括筛分和空气干燥过程，可分成几个阶段进行。

1. 破碎

试样破碎是用破碎和研磨的方法减小试样粒度的制样过程，是保持煤样代表性并减小其质量的准备工作，其目的是增加试样颗粒数，减小缩分误差。同样质量的试样，粒度越小，颗粒数越多，缩分误差越小。但破碎耗时间、耗体力、耗能量，而且会产生试样特别是水分损失。因此，制样时不应将大量大粒度试样一次破碎到试验试样所要求的粒度，而应采用多阶段破碎缩分的方法来逐渐减小粒度和试样量，但缩分阶段也不宜多。破碎的方法有两种：机械方法和人工方法，破碎最好用机械设备，但允许用人工方法将大块试样破碎到第一破碎阶段的最大供料粒度。

颚式破碎机

煤炭制样室通常把破碎分为粗碎、中碎和细碎，以区别不同的制样阶段。粗碎是指将较大块度的煤样破碎至小于 25～6mm，主要设备有颚式破碎机、较大的锤式破碎机、圆锥式联合破碎缩分联合机等；中碎是指将小于 13mm（或小于 6mm）的煤样破碎至 3mm（或小于 1mm），中碎机主要包括光面对辊破碎机、小型锤式破碎机等；细碎是指将 3mm（或小于 1mm）的煤样破碎至小于 0.2mm，细碎机目前主要有钢制球（棒）磨机和振动式密封粉碎机等。

锤式破碎机

破碎机的出料粒度取决于机械的类型及破碎口尺寸（颚式、对辊式）或速度（锤式、球式）。破碎机要求破碎粒度准确且破碎时试样损失和残留少。用于制备全水分、发热量和黏结性等煤样的破碎机，更要求破碎机生热和空气流动程度尽可能小。因此，不宜使用圆盘磨和转速大于 950r/min 的锤碎机和高速球磨机（大于 20Hz）。制备有粒度范围要求的特殊试验样时应采用逐级破碎法。破碎设备经常用筛分法来检验其出料标称最大粒度。

对辊破碎机

2. 混合

混合是将煤样混合均匀的过程。从理论上讲，缩分前进行充分混合会减小制样误差，但实际并非如此。如在使用机械缩分器时，缩分前的混合对保证缩分精密度没有多大必要，而且混合还会导致水分损失。一种可行的混合方法是使试样多次（3 次以上）通过二分器。

每次通过后，把试样收集起来，再供入缩分器。在制样最后阶段，用机械方法对试样进行混合能提高分样精密度。

3. 缩分

缩分是将试样分成具有代表性的几部分，使一份或多份留下来的操作过程。目的在于从大量煤样中取出一部分煤样，而不改变物料平均组成。缩分是制样最关键的程序。煤样缩分可分为人工缩分法和机械缩分法。为减少人为误差，应尽量使用机械方法缩分。当机械缩分使试样完整性被破坏，如水分损失、粒度离析等，或煤的粒度过大无法使用机械缩分时，应该用人工方法缩分。人工方法缩分本身可能会造成偏倚，特别是当缩分煤量较大时。

（1）人工缩分法　人工缩分法包括二分器法、条带截取法、堆锥四分法、棋盘式缩分法和九点取样法。

① 二分器法。二分器是一种简单而有效的缩分器，具有混合和缩分的双重功能。故使用二分器缩分煤样，缩分前可不混合。二分器是由两组相互交叉排列的格槽及接收器组成，两侧格槽数相等，每侧至少 8 个（如图 4-3 所示），格槽对水平面的倾斜度至少为 60°，格槽开口尺寸至少为试样标称最大粒度的 3 倍，但不能小于 5mm。缩分时，应使试样呈柱状沿

二分器长度来回摆动供入格槽，供料要均匀并控制供料速度，勿使试样集中于某一端，勿发生格槽阻塞。当缩分需分几步或几次通过二分器时，各步或各次通过后，应依次交替从两侧接收器中收取留样。

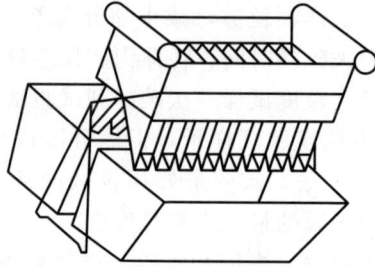

图 4-3　二分器

二分器缩分法

　　② 堆锥四分法。此法是一种比较方便的方法，兼有混合和缩分的操作，但有粒度离析，操作不当会产生偏倚。为保证缩分精密度，堆锥时，应将试样一小份、一小份地从样堆顶部撒下，使之从顶到底、从中心到外沿形成有规律的粒度分布，并至少倒堆 3 次。摊饼时，应从上到下逐渐拍平或摊平成厚度适当的扁平体。分样时，将十字分样板放在扁平体的正中间，向下压至底部，煤样被分成四个相等的扇形体，如图 4-4 所示。将相对的两个扇形体弃去，另两个扇形体留下继续下一步制样。为减少水分损失，操作要快。

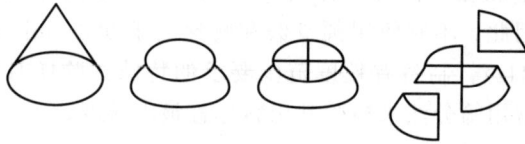

图 4-4　堆锥四分法缩分示意

堆锥四分法

　　③ 棋盘式缩分法。将试样充分混合后，铺成一厚度不大于试样标称最大粒度 3 倍且均匀的长方块。如试样量大，铺成的长方块大于 $2m \times 2.5m$，则应铺 2 个或 2 个以上质量相等的长方块，并将各长方块分成 20 个以上的小块，再从各小块中部分别取样。取样应使用平底取样小铲和插板，小铲的开口尺寸至少为试样标称最大粒度的 3 倍，边高应大于试样堆厚度。取样时，先将插板垂直插入试样层至底部，再插入小铲至样层底部，将小铲向插板方向水平移动至两者合拢，提起取样铲和插板，取出试样（如图 4-5 所示）。为保证精密度和防止水分损失，混合和取样操作要迅速，取样时样品不要撒落，从各小方块中取出的子样量要相等。

　　④ 条带截取法。将试样充分混合后，顺着一个方向随机铺放成一长带状，带长至少为宽度的 10 倍。铺带时，在带的两端堵上挡板，使带的离析只在带的两侧产生。然后用一宽度至少为试样标称最大粒度 3 倍、边高大于试样带厚度的取样框，沿样带长度，每隔一定距离截取一段试样为子样，如图 4-6 所示，将所有子样合并为缩分后试样，每一试样一般至少截取 20 个子样。

　　⑤ 九点取样法。此法只适合全水分煤样的缩分。用堆锥法将试样掺和一次后摊开成厚度不大于标称最大粒度 3 倍的圆饼状，然后用与棋盘式缩分法类似的取样铲和操作从图 4-7 所示的 9 点中取 9 个子样，合成一全水分试样。

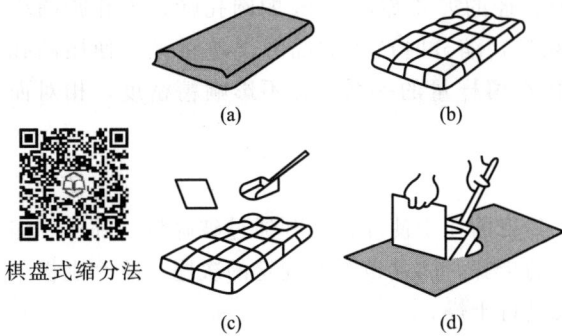

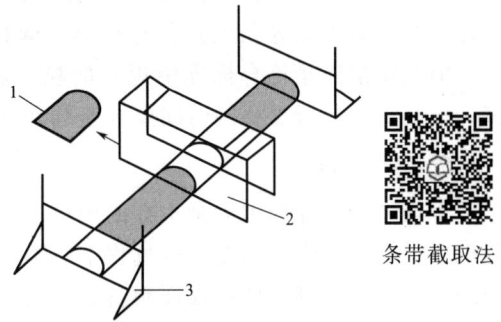

图 4-5　棋盘式缩分法示意图　　图 4-6　条带截取法
1—子样；2—取样框；3—边板

（2）机械缩分法　机械缩分法可对未经破碎的单个子样、多个子样或总样进行，也可对破碎到一定粒度的试样进行，采用定质量缩分或定比缩分的方式。定质量缩分是指保留的试样质量一定，并与被缩分试样质量无关的缩分方式。定比缩分是以一定的缩分比，即保留的试样量和被缩分的试样量成一定的比例的缩分方法。缩分时，各次切割样（初级采样器或试样缩分器切取的子样）质量应均匀，为此，供入缩分器的煤流应均匀，切割器开口应固定，尺寸至少应为被切割煤标称最大粒度的 3 倍，且有足够的容量能完全保留试样或使其完全通过，供料方式应使煤流的粒度离析减到最小。为最大限度地减小偏倚，缩分时，

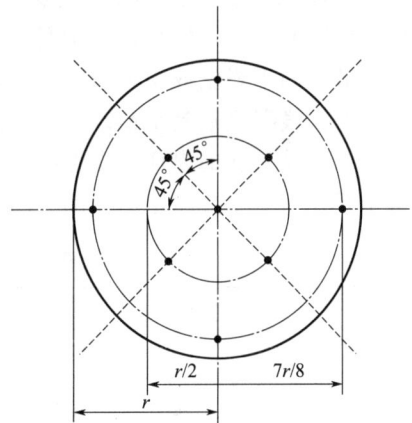

图 4-7　九点法缩分示意图

第一次切割应在第一切割间隔内随机进行。对于第二和第三缩分器，后一切割器的切割周期不应和前一切割器的切割周期重合。对于定质量缩分，切割间隔应随被缩分煤的质量成比例变化，以使缩分出来的试样质量一定；对于定比缩分，切割间隔应固定，以使缩分出来的试样质量与供料质量成正比。

一个子样的缩分数，对定质量缩分，初级子样的最少切割次数为 4，且同一采样单元的各初级子样的切割次数应相等；对定比缩分，一个平均质量初级子样的最少切割次数为 4；缩分后的初级子样进一步缩分时，每一切割样至少应再切割一次。

全部子样或缩分后子样的合成试样缩分的最少切割次数为 60 次，如试样质量太少，则应改为人工方法缩分。粒度小于 13mm 的试样，应用二分器缩分。

缩分可在任意阶段进行，当一次缩分后的质量大于要求质量时，可将缩分后试样用原缩分器或下一个缩分器作进一步缩分。

4. 筛分

筛分是用选定孔径的筛子从煤样中分选出不同粒级煤的过程。目的是将不符合要求的大粒度煤样分离出来，进一步破碎到规定程度，保证各不均匀物质达到一定的分散程度以降低缩分误差。如果制备一般分析试验煤样，不宜使用筛分，因筛出物破碎后再并入原样时很难混合均匀。方孔筛和圆孔筛在煤样的制备过程中均可使用，制样室备有孔径为 25mm、

13mm、6mm、3mm、1mm 和 0.2mm 及其他孔径的方孔筛，3mm 的圆孔筛，方孔筛筛出的煤样颗粒大于相等孔径圆孔筛筛出的煤样颗粒，缩分时产生的缩分误差将大于使用圆孔筛，但只要留样量符合标准中规定的粒度和最小留样量的关系，并不影响精密度，相对而言，方孔筛筛分所需要的时间要少于圆孔筛。

5. 空气干燥

干燥是除去煤样中大量水分的操作过程，其目的在于使煤样顺利通过破碎机、筛子、缩分机或二分器。干燥不是制样过程中必不可少的步骤，因此也没有固定的次序，除个别极干燥的煤外，一般都需要在煤样制备的一定阶段进行干燥。

空气干燥是指将煤样铺成均匀的薄层，在环境温度下使之与大气湿度达到平衡的过程，煤层厚度不能超过煤样标称最大粒度的 1.5 倍或表面负荷为 1g/cm（哪个厚用哪个）。表 4-5 给出了在环境温度小于 40℃，使煤样与大气达到平衡所需要的时间，如果需要可适当延长，但延长的时间应尽可能短，特别是对易氧化的煤样。煤样干燥温度不超过 50℃，可在带空气循环装置的干燥室或干燥箱内进行，但干燥后、称样前应将干燥煤样置于环境温度下冷却并使之与大气湿度达到平衡。冷却时间视干燥温度而定，如在 40℃下干燥，则一般冷却 3h 即足够。但易氧化的煤样、受煤的氧化影响较大的测定指标（如黏结性和膨胀性）用煤样、空气干燥作为全水分测定的一部分的煤样，不应在高于 40℃ 温度下干燥。

表 4-5   不同环境温度下的干燥时间

环境温度/℃	干燥时间/h
20	不超过 24
30	不超过 6
40	不超过 4

煤炭分析试验煤样可分为全水分煤样、一般分析试验煤样、全水分和一般分析试验共用煤样、粒度分析煤样、其他试验如哈氏可磨指数测定、二氧化碳反应性测定等煤样。煤样制备是规范性很强的操作过程，必须按照相关的标准要求进行。

（1）全水分煤样的制备   测定全水分的煤样既可由水分专用煤样制备，也可在共用煤样制备过程中分取。全水分测定煤样应满足 GB/T 211—2017 要求，全水分专用煤样一般制备程序如图 4-8 所示。

需要指出的是图 4-8 程序仅为示例，实际制样中可根据具体情况予以调整。当试样水分较低而且使用没有实质性偏倚的破碎缩分机械时，可一次破碎到 6mm，然后用二分器缩分到 1.25kg；当试样量和粒度过大时，也可在破碎到 13mm 前，增加一个制样阶段。全水分煤样的制备要迅速，制样完毕的全水分煤样应储存在不吸水、不透气的密闭容器中（装样量不得超过容器容积的 3/4）并准确称量。煤样制备后应尽快进行全水分测定。此外，制样设备及程序应根据 GB/T 19494.3—2023 要求进行精密度和偏倚试验。

（2）一般分析试验煤样的制备   一般分析试验煤样应满足一般物理化学特性参数测定有关的国家标准要求，煤样制备通常分 2~3 阶段进行，每阶段由干燥（需要时）、破碎、混合（需要时）和缩分组成。必要时可根据具体情况增加或减少缩分阶段。为了减小制样误差，在条件允许时，应尽量减少缩分阶段。制备好的一般分析试验煤样应装入煤样瓶中，装样量不得超过容器容积的 3/4，以便使用时混合。一般分析试验煤样制备程序如图 4-9 所示。

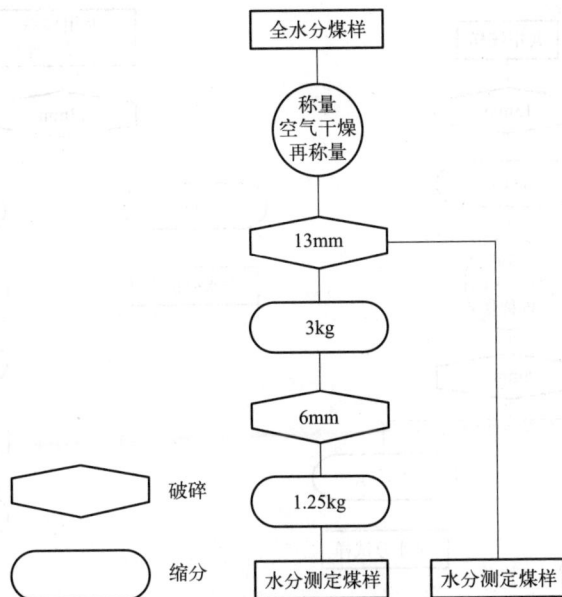

图 4-8 全水分专用煤样一般制备程序

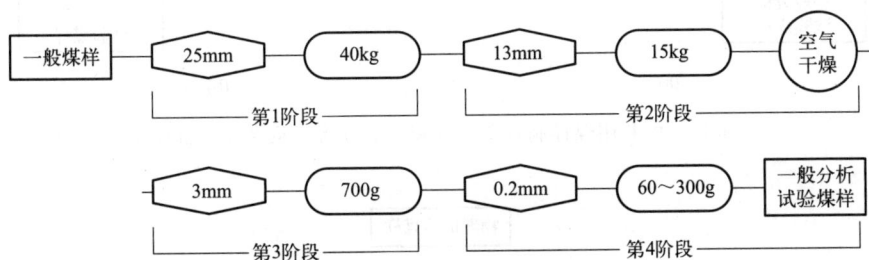

图 4-9 一般分析试验煤样制备程序

（3）共用煤样的制备 在多数情况下，为方便起见，采样时都同时采取全水分测定和一般分析试验用的共用煤样。制备共用煤样时，应同时满足 GB/T 211—2017 和一般分析试验项目国家标准的要求，其制备程序如图 4-10 所示。

全水分煤样最好用机械方法从共用煤样中分取。当水分过大而又不可能对整个煤样进行空气干燥时，可用人工方法分取。理论上讲，全水分煤样可以在任一阶段抽取，但为防止水分损失，水分煤样应尽可能早抽取。抽取全水分煤样后的留样用以制备一般分析试验煤样，但如用九点法抽取全水分煤样，则应先将之分成两部分，一部分制备全水分煤样，另一部分制备一般分析试验煤样。

（4）粒度分析煤样的制备 粒度分析和其他物理试验煤样的制备程序如图 4-11 所示。

（5）其他试验煤样的制备 其他试验用煤样按照一般分析试验煤样和共用煤样的制备方法进行制备，但其粒度和质量应符合有关试验方法的要求，制样程序如图 4-11 所示。粒度要求特殊的试验项目所用煤样，在相应的阶段使用相应设备制取，同时在破碎时采用逐级破碎的方法，即只使大于要求粒度的颗粒破碎，小于要求粒度的颗粒不再重复破碎。

（6）存查煤样的要求 存查煤样在原始煤样制备的同时，用相同的程序于一定的制样阶

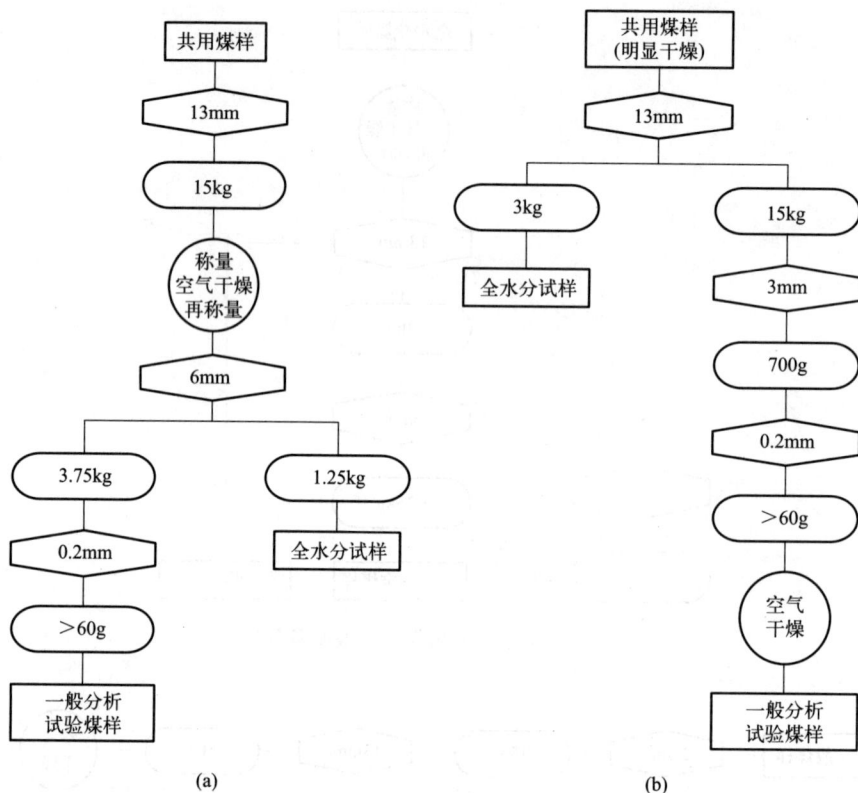

图 4-10　由共用煤样制备全水分和一般分析试验煤样制备程序

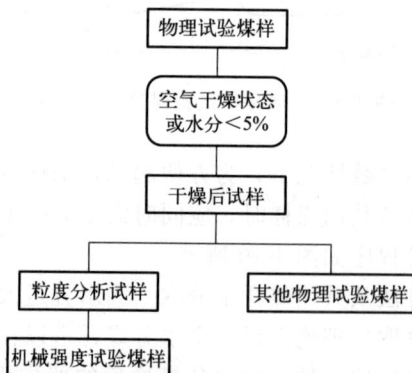

图 4-11　粒度分析和其他物理试验煤样制备程序

段分取。如无特殊要求，一般可以标称最大粒度为 3mm 的煤样 700g 作为存查煤样。存查煤样应尽可能地少缩分，缩分到最大可储存量即可；也不要过多破碎，破碎到与最大储存质量相应的标称最大粒度即可。存查煤样的保存时间可根据需要确定。商品煤存查煤样，从报出结果之日一般应保存 2 个月，以备复查。

　　存查煤样，除必须在容器上贴标签外，还应在容器内放入煤样标签，封好。标签格式参见表 4-6。

表 4-6 存查煤样标签格式

分析煤样编号：_____

来样编号：_____

煤矿名称：_____

煤样种类：_____

送样单位：_____

送样日期：_____

制样日期：_____

分析试验项目：_____

备　注：_____

（7）制备煤样应注意的问题

① 煤样室（包括制样、储样、干燥、减灰等房间）应宽大敞亮，不受风雨及外来灰尘的影响，并要有防尘设备。

② 制样应在专门的制样室中进行，制样室应为水泥地面，堆掺缩分区还需要在水泥地面上铺厚度 6mm 以上的钢板。

③ 储存煤样的房间不应有热源，不受强光照射，无任何化学药品。

④ 制样中应避免样品污染，每次制样后应将制样设备清扫干净，制样人员在煤样制备过程中应穿专用鞋。

对不易清扫的密封式破碎机和联合破碎缩分机，只用于处理单一品种的大量煤样时，处理每个煤样之前，可用该煤样的煤通过机器予以"冲洗"，弃去"冲洗"煤后再处理煤样。

处理完之后，应反复开、停机器几次，以排尽滞留煤样。

⑤ 下列情况下应对煤样程序和设备进行精密度检验和偏倚试验：

a. 首次采用或改变制样程序时；

b. 新的缩分机和制样系统投入使用时；

c. 对煤样制备的精密度发生怀疑时；

d. 其他认为有必要检验煤样制备的精密度时。

第二节　煤的工业分析

煤的工业分析是煤质分析中最基本、最重要的分析项目，包括测定水分、灰分、挥发分和固定碳，并观察焦渣的特征。水分、灰分和挥发分均用定量法测定，固定碳用差余法算出。水分和灰分反映出煤中无机质的数量，而挥发分和固定碳则初步表明了煤中有机质的数量与性质。因此，通过煤的工业分析可大致了解煤的性质，作为进一步研究的基础。

一、煤中的水分

煤是多孔性固体，含有一定的水分。水分是煤中的无机组分，其含量和存在状态与煤的内部结构及外界条件有关。一般而言，水分的存在不利于煤的加工利用。

1. 煤中水分的存在形式

煤中水分的来源是多方面的，首先在成煤过程中，成煤植物遗体堆积在沼泽或湖泊中，水因此进入煤中；其次是煤层形成后，地下水进入煤层的缝隙中；最后是在水力开采、洗选和运输过程中，煤接触雨、雪或潮湿的空气所致。

依据存在状态的不同，煤中的水分分为外在水分和内在水分；依据结合状态的不同，煤中的水分又分为游离水和化合水。

（1）外在水分和内在水分　煤的外在水分是指在一定条件下煤样与周围空气湿度达到平衡时失去的水分。外在水分在煤的开采、运输、储存和洗选过程中，附着在煤的颗粒表面以及较大直径的毛细孔中。含有外在水分的煤称为"收到煤"，指刚开采出来，或使用单位刚刚接收到，或即将投入使用状态时的煤。

煤的内在水分指在一定条件下煤样与周围空气湿度达到平衡时保持的水分，它以吸附或凝聚方式存在于煤粒内部的毛细孔中，较难蒸发，加热到 $105\sim110℃$ 时才能蒸发。失去内在水分的煤称为"干燥煤"。

除去外在水分的煤样称为"空气干燥煤样"，也叫"分析煤样"，因此分析煤样中的水分仅为内在水分。当环境温度没有显著变化时，分析煤样中的水分能相对地保持恒定，这就是在分析测定中都以分析煤样为测定基准的主要依据。把煤的外在水分和内在水分之和称为煤的"全水分"。

（2）游离水和化合水　游离水是以附着、吸附等物理状态与煤结合的水，它吸附在煤的外表面和内部孔隙中。煤中的游离水在常压下，在 $105\sim110℃$ 时经一定时间干燥即可全部蒸发。

化合水是指以化学方式与矿物质结合的，在全水分测定后仍保留下来的水分，即通常所说的结晶水和结合水。如硫酸钙（$CaSO_4 \cdot 2H_2O$）中的结晶水和高岭土 $[Al_2Si_2O_5(OH)_4]$ 中的结合水。化合水含量不大，且必须在更高的温度下才能失去，因此，在煤的工业分析中，一般不考虑化合水。

另外，煤的有机质中氢和氧在干馏或燃烧时生成的水称为热解水，不属于上述三种水分范围，也不是工业分析的内容。

2. 煤中水分与煤质的关系

煤中水分含量的变化范围很大，水分的多少在一定程度上能够反映煤质状况。煤的外在水分与煤化程度没有规律可循，一般而言，煤的粒度越小，煤炭颗粒的外表面积越大，外在水分含量越高。

煤的内在水分与煤化程度呈现规律性变化，表 4-7 列出了不同煤化程度煤中内在水分的变化情况，可以由其含量大致推断煤的变质程度。

表 4-7　煤中内在水分与煤化程度的关系

煤种	内在水分/%	煤种	内在水分/%
泥炭	5～25	焦煤	0.5～1.5
褐煤	5～25	瘦煤	0.5～2
长焰煤	3～12	贫煤	0.5～2.5
气煤	1～5	年轻无烟煤	0.7～3
肥煤	0.3～3	年老无烟煤	2～9.5

由表 4-7 可见，从泥炭→褐煤→年轻无烟煤，内在水分逐渐减少，而从年轻无烟煤→年老无烟煤，水分又有所增加。这主要是因为煤的内在水分随煤的内表面积而变化，内表面积越大，小毛细孔越多，内在水分含量也越高。煤在变质过程中，随着煤化程度增高，煤的内表面积减小，致使吸附水分逐渐减少。另外，低煤化程度的煤中有较多的亲水基团，随着煤化程度的加剧，这些官能团也逐渐减少，因而水分含量降低。到高煤化的无烟煤阶段，煤分子排列更加整齐，内表面积增大，所以水分含量略有提高。

煤的最高内在水分与煤化程度的关系表现出明显的规律性，如图 4-12 所示。

由图 4-12 可见，挥发分（V_{daf}）为（25±5）％时，最高内在水分（MHC）<1％，为最小值；对于高挥发分（V_{daf}>30％）的低煤化程度煤，最高内在水分随着挥发分的增加而增加；V_{daf}>40％时，最高内在水分增加较快，且多超过 5％，最高可达 20％～30％；对于低挥发分（V_{daf}<20％）的高煤化程度煤，最高内在水分随着挥发分的降低又略有增高，到无烟煤时有的可达 10％以上。因此最高内在水分可以作为低煤化程度煤的一个分类指标。

经风化后的煤，内在水分增加，因此，煤的内在水分的多少，也是衡量煤风化程度的标志之一。

煤中的化合水与煤的变质程度没有关系，但化合水多，说明煤中含化合水的矿物质多，会间接地影响煤质。

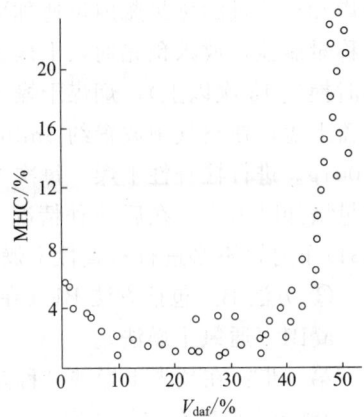

图 4-12　MHC 与 V_{daf} 的关系

3. 全水分的测定

煤中水分的测定方法有 A 法（通氮干燥法）、B 法（空气干燥法）和 C 法（微波干燥法）。

（1）各种方法的测定要点及适用范围　如表 4-8 所示。

表 4-8　煤中全水分测定方法及其要点

方法代号	方法名称	方法提要	适用范围
方法 A	方法 A1（在氮气流中干燥）	将粒度小于 13mm 的煤样，在温度不高于 40℃的环境下干燥到质量恒定，再将煤样破碎到粒度小于 3mm，于 105～110℃下在氮气（空气）流中干燥到质量恒定，根据煤样两步干燥后的质量损失计算出全水分	对各种煤种均适用
	方法 A2（在空气流中干燥）		适用于烟煤及无烟煤
方法 B	方法 B1（在氮气流中干燥）	将粒度小于 6mm 的煤样，于 105～110℃下在氮气流中干燥到质量恒定，根据煤样干燥后的质量损失计算出全水分	对各种煤种均适用
	方法 B2（在空气流中干燥）	将粒度小于 13mm（或小于 6mm）的煤样，于 105～110℃下在空气流中干燥到质量恒定，根据煤样干燥后的质量损失计算出全水分	适用于烟煤及无烟煤
方法 C	微波干燥法	将粒度小于 6mm 的煤样，置于微波炉内，煤中水分子在微波发生器的交变电场作用下，高速振动产生摩擦热，使水分迅速蒸发，根据煤样干燥后的质量损失计算出全水分	适用于褐煤和烟煤水分的快速测定

（2）测定方法　A、B、C 三种方法的测定步骤如下。

① 两步法。包括方法 A1（在氮气流中干燥）和 A2（在空气流中干燥）。

第一步（测定外在水分）：在预先干燥和已称量过的浅盘内称取粒度小于 13mm 的煤样（500±10）g，称准至 0.01g，平摊在浅盘中。于环境温度或不高于 40℃的空气干燥箱中干燥到质量恒定（连续干燥 1h，质量变化不超过 0.5g）。

第二步（测定内在水分）：立即将测定外在水分后的煤样破碎到粒度小于 3mm，在预先干燥和称量过的称量瓶内迅速称取（10±1）g 煤样，称准至 0.001g，平摊在称量瓶中。打开称量瓶盖，放入预先通入干燥氮气（空气）并已加热到 105～110℃的干燥箱中（氮气每小时换气 15 次以上），烟煤干燥 1.5h，褐煤和无烟煤干燥 2h。从干燥箱中取出称量瓶，立即盖上盖，在空气中放置约 5min，放入干燥器中冷却至室温（约 20min）后称量，称准至 0.001g。进行检查性干燥，每次 30min，直到连续两次干燥煤样质量的减少不超过 0.01g 或质量增加时为止。在后一种情况下，采用质量增加前一次的质量为计算依据。内在水分在 2%以下时，不必进行检查性干燥。

② 方法 B。包括方法 B1（在氮气流中干燥）和 B2（在空气流中干燥）。

a. B1（通氮干燥法）。

第一步：在预先干燥并已称量过的称量瓶内称取粒度小于 6mm 的煤样 10～12g，称准至 0.001g，平摊在称量瓶中。

第二步：打开称量瓶盖，放入预先鼓风并已加热到 105～110℃的氮气干燥箱中。在一直鼓风的条件下，烟煤干燥 2h，褐煤和无烟煤干燥 3h（预先鼓风是为了使温度均匀。可将装有煤样的称量瓶放入干燥箱前 3～5min 就开始鼓风）。

第三步：从干燥箱中取出称量瓶，立即盖上盖，在空气中放置 5min，放入干燥器中冷却至室温（约 20min）后称量，称准至 0.001g。

第四步：进行检查性干燥，每次 30min，直到连续两次干燥煤样的质量减少不超过 0.01g 或质量增加时为止。在后一种情况下，采用质量增加前一次的质量为计算依据。

b. B2（空气干燥法）。适用于粒度小于 13mm 煤样的全水分测定。

第一步：在预先干燥并已称量过的浅盘内称取粒度小于 13mm 的煤样（500±10）g，称准至 0.1g，平摊在浅盘中。

第二步：将浅盘放入预先加热到 105～110℃的空气干燥箱中。在鼓风条件下，烟煤干燥 2h，褐煤和无烟煤干燥 3h。

注：预先鼓风是为了使温度均匀。可将装有煤样的称量瓶放入干燥箱前 3～5min 就开始鼓风。

第三步：将浅盘取出，趁热称量，称准至 0.1g。

第四步：进行检查性干燥，每次 30min，直到连续两次干燥煤样的质量减少不超过 0.5g 或质量增加时为止。在后一种情况下，采用质量增加前一次的质量为计算依据。

适用于粒度小于 6mm 煤样的全水分测定。测定方法同 B1（通氮干燥法），只需将通氮干燥箱改为空气干燥箱。

③ C 法（微波干燥法）。

第一步：按微波干燥水分测定仪说明书进行准备和调节。

第二步：在预先干燥和已称量过的称量瓶内称取粒度小于 6mm 的煤样 10～12g，称准至 0.001g，平摊在称量瓶中。

第三步：打开称量瓶盖，放入测定仪旋转盘的规定区域内，关上门，接通电源，仪器按预先设定的程序工作，直到工作程序结束。

第四步：打开门，取出称量瓶，立即盖上盖，在空气中放置 5min，放入干燥器中冷却至室温（约 20min）后称量，称准至 0.001g。

（3）结果计算

① A 法。按照式（4-2）计算外在水分：

$$M_f = \frac{m_1}{m} \times 100\% \qquad (4-2)$$

式中　M_f——煤样的外在水分，%；

　　　m_1——干燥后煤样减少的质量，g；

　　　m——称取的<13mm 煤样的质量，g。

按照式（4-3）计算内在水分：

$$M_{inh} = \frac{m_3}{m_2} \times 100\% \qquad (4-3)$$

式中　M_{inh}——煤样的内在水分，%；

　　　m_2——称取的<3mm 煤样的质量，g；

　　　m_3——煤样干燥后的质量损失，g。

按照式（4-4）相加得出全水分，即收到基全水分。

$$M_t = M_f + \frac{100\% - M_f}{100\%} \times M_{inh} \qquad (4-4)$$

式中　M_t——煤样的全水分，%；

　　　M_f——煤样的外在水分，%；

　　　M_{inh}——煤样的内在水分，%。

需要指出的是：虽然全水分应等于外在水分和内在水分之和，但外在水分以收到基为基准，而内在水分以空气干燥基为基准。基准不同，不能直接相加，必须经过换算，将空气干燥基内在水分换算成收到基内在水分，才能与收到基外在水分相加得出收到基全水分。

② B 法、C 法。按式（4-5）计算全水分测定结果：

$$M_t = \frac{m_1}{m} \times 100\% \qquad (4-5)$$

式中　M_t——煤样的全水分，%；

　　　m——称取的煤样质量，g；

　　　m_1——煤样干燥后的质量损失，g。

③ 如果在运送过程中煤样的水分有损失，按式（4-6）求出补正后的全水分：

$$M_t' = M_t + \frac{100\% - M_1}{100\%} \times M_{inh} \qquad (4-6)$$

式中　M_t'——煤样的全水分，%；

　　　M_1——煤样在运送过程中的水分损失率，%；

　　　M_t——考虑在运送过程中的水分损失时测得的水分，%。

（4）精密度　为使试验结果可靠，每项分析试验应对同一试样进行两次重复测定。在同一实验室，两次重复测定结果的差值不得超过表 4-9，否则应进行第三次测定。

表 4-9　全水分测定的精密度

全水分(M_t)/%	重复性限/%
<10.0	0.4
≥10.0	0.5

重复性限是指一个数值在重复条件下，即在同一实验室中，由同一操作者，用同一仪器，对同一试样，于短期内所做的重复测定，所得结果间的差值（在 95% 概率下）不能超过此数值。

【例 4-1】对某一煤样测定全水分时，样品盘质量为 452.30g，样品质量为 501.10g。干燥后称量，样品盘及样品质量为 901.60g，检查性干燥后称量为 901.80g，则此煤样的全水分为多少？

解　因检查性干燥后，煤样质量有所增加，故采用第一次称量的质量 901.60g 进行计算，由式（4-5）知：

$$M_t = \frac{m_1}{m} \times 100\% = \frac{452.30 + 501.10 - 901.60}{501.10} \times 100\% = 10.3\%$$

答：此煤样的全水分为 10.3%。

【例 4-2】某收到煤样的质量是 1000.00g，经空气干燥后质量为 900.00g，用空气干燥煤样测定内在水分，两次重复测定结果如下：

	煤样 I	煤样 II
煤样质量/g	10.0000	10.0000
105℃干燥后煤样质量/g	9.5120	9.4840

求收到煤样的全水分。

解　首先求收到煤样的外在水分 M_f

$$M_f = \frac{1000.00 - 900.00}{1000.00} \times 100\% = 10.00\%$$

再求空气干燥煤样的内在水分 M_{inh}

煤样 I　　　　　$M_{inh1} = \frac{10.0000 - 9.5120}{10.0000} \times 100\% = 4.88\%$

煤样 II　　　　　$M_{inh2} = \frac{10.0000 - 9.4840}{10.0000} \times 100\% = 5.16\%$

煤样平均结果　　　　$M_{inh} = \frac{M_{inh1} + M_{inh2}}{2} = \frac{4.88\% + 5.16\%}{2} = 5.02\%$

由式（4-4）求收到煤样的全水分 M_t

$$M_t = M_f + M_{inh} \times \frac{100 - M_f}{100} = 10.00\% + 5.02\% \times \frac{100\% - 10.00\%}{100\%} = 14.5\%$$

答：此收到煤样的全水分为 14.5%。

（5）全水分的分级　我国煤中全水分的分级，见表 4-10。我国煤以低水分煤和中等水分煤为主，两者共占 61.90%，较低水分煤次之，约占 22%；其他水分级别的煤所占比例均很小。

表 4-10　煤中全水分分级（MT/T 850—2000）

序号	级别名称	代号	分级范围(M_t)/%	序号	级别名称	代号	分级范围(M_t)/%
1	特低全水分煤	SLM	≤6.0	4	中高全水分煤	MHM	>12.0~20.0
2	低全水分煤	LM	>6.0~8.0	5	高全水分煤	HM	>20.0~40.0
3	中等全水分煤	MM	>8.0~12.0	6	特高全水分煤	SHM	>40.0

4. 一般分析试验煤样水分的测定

（1）方法 A（通氮干燥法）　此法适用于所有煤种。

① 测定原理。称取一定质量的一般分析试验煤样，置于 105~110℃干燥箱中，在干燥氮气流中干燥到质量恒定。然后根据煤样的质量损失计算出水分的质量分数。

② 测定方法。用预先干燥和已称量过的称量瓶称取粒度小于 0.2mm 的一般分析试验煤样（1±0.1）g（称准到 0.0002g），平摊在称量瓶中，打开称量瓶盖，放入预先通入干燥氮气 10min 并已加热到 105~110℃的干燥箱中，氮气流量以每小时换气 15 次为准。烟煤干燥 1.5h，褐煤和无烟煤干燥 2h。从干燥箱中取出称量瓶，立即盖上盖，放入干燥器中冷却至室温（约 20min）后称量并进行检查性干燥，每次 30min。直到连续两次干燥煤样质量的减少不超过 0.0010g 或干燥煤样质量增加时为止。水分小于 2.00% 时，不必进行检查性干燥。

（2）方法 B（空气干燥法）　此法仅适用于烟煤和无烟煤。

① 测定原理。称取一定质量的一般分析试验煤样，置于 105~110℃干燥箱内，于空气流中干燥到质量恒定。根据煤样的质量损失计算出水分的质量分数。

② 测定方法。见实验一相关内容。

（3）方法 C（微波干燥法）　适用于褐煤和烟煤水分的快速测定。

① 测定原理。称取一定量的一般分析试验煤样，置于微波水分测定仪内，炉内磁控管发射非电离微波，使水分子超高速振动，产生摩擦热，使煤中水分迅速蒸发，根据煤样的质量损失计算水分。

② 测定方法。在预先干燥和已称量过的称量瓶内称取粒度小于 0.2mm 的一般分析试验煤样（1±0.1）g，称准至 0.0002g，平摊在称量瓶中。将一个盛有约 80mL 蒸馏水，容量约 250mL 的烧杯置于测水仪内的转盘上，用预加热程序加热 10min 后，取出烧杯。如连续进行数次测定，只需在第一次测定前进行预热。打开称量瓶盖，将带煤样的称量瓶放在测水仪的转盘上，并使称量瓶与石棉垫上的标记圈相内切，放满一圈后，多余的称量瓶可紧挨第一圈称量瓶内侧放置。在转盘中心放一盛有蒸馏水的带表面皿盖的 250mL 烧杯（盛水量与测水仪说明书规定一致），并关上测水仪门，按测水仪说明书规定的程序加热煤样。加热程序结束后，从测水仪中取出称量瓶，立即盖上盖，放入干燥器中冷却至室温（约 20min）后称量。

注意：水分蒸发效果与微波电磁场分布有关，称量瓶需位于均匀场强区域内。

烧杯中的盛水量与微波炉磁控管功率大小有关，以加热完毕后烧杯内仅余少量水为宜。

微波测水仪生产厂家在设计测水仪时，应通过试验确定微波电磁场分布适合水分测定的区域并加以标记（即标记圈），并确定适宜的盛水量。

其他类型的微波水分测定仪也可使用，但在使用前应按照 GB/T 18510—2001 进行精密度和准确度测定，以确定设备是否符合要求。

（4）结果计算　三种方法的一般分析试验煤样水分的质量分数按式（4-7）计算

$$M_{ad} = \frac{m_1}{m} \times 100\% \tag{4-7}$$

式中　M_{ad}——一般分析试验煤样水分的质量分数，%；

　　　m——称取的一般分析试验煤样的质量，g；

　　　m_1——煤样干燥后失去的质量，g。

（5）测定精密度　一般分析试验煤样水分测定的重复性限见表 4-11 规定。

表 4-11　水分测定的重复性限

水分(M_{ad})/%	重复性限/%
<5.00	0.20
5.00～10.00	0.30
≥10.0	0.40

5. 最高内在水分的测定

最高内在水分是指煤样在温度为 30℃、相对湿度为 96% 的条件下达到平衡时测得的内在水分，简记符号为 MHC。它与煤的结构、煤化程度有一定关系。

煤的最高内在水分测定方法有常压法和减压法两种，国家标准 GB/T 4632—2008 采用充氮常压法测定煤的最高内在水分。此标准适用于褐煤、烟煤和无烟煤。

（1）基本原理　煤样达到饱和吸水后，用恒湿纸除去大部分外在水分，在温度 30℃、相对湿度 96% 和充氮常压下达到湿度平衡，然后在温度 105～110℃ 下，在氮气流中干燥，以其质量损失分数表示最高内在水分。

（2）煤样的采制　按照有关国家标准采样，所采集的煤样应装入密闭的容器中，及时送往实验室。按照 GB/T 474—2008 将煤样粉碎到粒度小于 0.2mm，粉碎时要求使用对辊机、球磨机或在粉碎过程中不明显生热和不产生过多粉末的粉碎机。如果煤样太湿影响顺利制样，可于室内摊成薄层晾干，不可烘烤或日晒。

（3）测定方法　最高内在水分的测定分为煤样的预处理、湿度的调节、水分的测定几个过程。

① 煤样的预处理。取粒度小于 0.2mm 的煤样约 20g 于 250mL 锥形瓶中，加 100mL 蒸馏水，振荡 30min，在（30±1）℃ 的水浴中浸泡 3h，其间要摇动几次。取出锥形瓶，将煤样倾入铺有滤纸的布氏漏斗中，用真空泵抽滤，直到煤样刚露出水面为止。照此操作继续用水冲洗两次，每次约 25mL，然后用样铲轻轻将煤样混合均匀，从中取出约 4g 煤样（其余用滤纸包住并用水浸湿，储于密闭的容器里备用），用双层滤纸包裹，用手用力攥一下放在潮湿箱的上层筛上。箱内放两个筛子，上面的孔径为 0.60mm，下面的孔径为 0.45mm，筛上各放一些恒湿纸。然后将煤样与恒湿纸混合，并使煤团散开落在下面的筛子上，再重复同

样操作，直到煤样落在箱底道林纸上。

② 湿度的调节。从中取出 1～2g 煤样，放入已知质量的称量瓶中，摊平，置于调湿器中。将称量瓶放在调湿器内的称量瓶托架上，称量瓶由固定销定位（处于气体循环器喇叭口正下方），打开称量瓶盖，盖上调湿器并使之气密，启动螺旋桨，并以 1L/min 的流速通氮气 10min，然后关闭氮气入口。记录调湿开始时间，待运转到煤样基本达到湿度平衡时（烟煤和无烟煤一般需要 24h，褐煤 24～48h），打开调湿器盖，立刻盖严称量瓶，取出，擦净称量瓶，于室温下放置 5min，然后称量（称准到 0.0002g）。以后每 6h 称量一次，直到相邻两次质量差不超过称样量的 0.3%，即为达到湿度平衡。为了便于试验，应将同煤种同时进行。

③ 水分的测定。使用小空间充氮干燥箱时，按 GB/T 212—2008 中的通氮干燥法进行恒湿后煤样的水分测定。使用普通干燥箱时，将金属盒安装在干燥箱内 105～110℃ 的恒温区中，并往盒内以 350mL/min 的流速通氮气，然后将称量瓶盖半开放在盒内的托盘上，使煤样在氮气流中干燥 1.5～2h，取出称量瓶盖严，室温下冷却 5min，再移入干燥器内放置 15min，称量（称准至 0.0002g），以后每 30min 进行一次检查性干燥试验，直到连续两次干燥煤样的质量减少不超过 0.0010g，或质量开始增加时为止。在后一种情况下用增加前的质量作为计算依据。

说明：小空间充氮干燥箱的箱体严密，具有较小的自由空间，有氮气进、出口，并带有自动控温装置，能保持温度在 105～110℃。

普通充氮干燥箱：能控制温度在 105～110℃，恒温区内安装一金属盒，尺寸为 200mm×100mm×60mm。盒内有一个能容纳 6 个称量瓶的托盘。盒的一端设有氮气入口，用一根硅胶管与氮气钢瓶相连，入口处用数层金属网遮住，以便分散气体；另一端设有小门，以便使托盘自由出入并可作为氮气出口。

（4）结果计算　所测煤样的最高内在水分的质量分数为：

$$MHC=\frac{m_2-m_3}{m_2-m_1}\times100\%\qquad(4-8)$$

式中　MHC——煤样的最高内在水分的质量分数，%；

m_1——称量瓶及其盖的质量，g；

m_2——湿度平衡后煤样、称量瓶及其盖的质量，g；

m_3——干燥后煤样、称量瓶及其盖的质量，g。

（5）测定精密度　最高内在水分以两次重复测定结果的平均值（取小数点后一位）作为报告值，测定结果的精密度要求如表 4-12 所示。

表 4-12　最高内在水分测定的精密度

最高内在水分/%	重复性限/%	再现性临界差/%
MHC	0.5	1.2

再现性临界差是指一个数值在再现条件下，即在不同实验室中，对从试样缩制最后阶段的同一试样中分取出来的，具有代表性的部分所做的重复测定，所得结果的平均值间的差值（在特定概率下）不能超过此数值。

6. 煤中水分对工业加工利用的影响

水分是煤中的不可燃成分，它的存在对煤的加工利用通常是有害无利的，可以表现在以下几个方面。

（1）造成运输浪费　煤是大宗商品，水分含量越大，则运输负荷越大。特别是在寒冷地区，水分容易冻结，造成装卸困难，解冻又需要消耗额外的能耗。例如日燃煤1万吨的电厂，煤中水分由10%减少至9%，每天可减少100t水运进电厂，全年就可节约运力三万余吨，直接经济效益可观。

（2）引起储存负担　煤中水分随空气温度而变化，易氧化变质，煤中水分含量越高，要求相应的煤场、煤仓容积越大，输煤设备的选型也随之增加，势必造成投资和管理的负担。

（3）增加机械加工的困难　煤中水分过多，会引起粉碎、筛分困难，既容易损坏设备，又降低了生产效率。

（4）延长炼焦周期　炼焦时，煤中水分的蒸发需消耗热量，增加焦炉能耗，延长了结焦时间，降低了焦炉生产效率。煤中水分每增加1%，结焦时间延长20~30min，水分过大，还会损坏焦炉，缩短焦炉使用年限。此外，炼焦煤中的各种水分（包括热解水）全部转入焦化剩余氨水中，增大了焦化废水处理负荷。一般规定炼焦精煤的全水分应在12.0%以下。

（5）降低发热量　煤作为燃料，水分在汽化和燃烧时，成为蒸汽，蒸发时需消耗热量，每增加1%的水分，煤的发热量降低0.1%。例如粉煤悬浮床气化炉K-T炉要求煤粉的全水分在1%~5%。

但是，在现代煤炭加工利用中，有时水分高反而是一件好事，如煤中水分可作为加氢液化和加氢气化的供氢体。粉煤燃烧时，若煤中含有一定水分，可适当改善炉膛辐射，有效减少粉煤的损失。

二、煤中的灰分

煤的矿物质是指煤中的无机物质，主要包括黏土或页岩、方解石、黄铁矿以及其他微量成分。矿物质是煤中固有的成分，矿物类型属于碳酸盐、硅酸盐、硫酸盐、金属硫化物、氧化物等。

煤的灰分确切地说是指煤的灰分产率。它不是煤中的固有成分，而是煤在规定条件下完全燃烧后的残留物，灰分简记符号为 A（也表示灰分的质量分数，下同）。即煤中矿物质在一定温度下经一系列分解、化合等复杂反应后剩下的残渣，其产率受加热温度、加热时间、通风条件等因素的影响。灰分全部来自矿物质，但组成和质量又不同于矿物质，一般而言灰分产率比相应的矿物质含量要低。煤的灰分与煤中矿物质关系密切，对煤炭利用都有直接影响，工业上常用灰分产率估算煤中矿物质的含量。

1. 矿物质的来源

（1）原生矿物质　指成煤植物中所含的无机元素，主要包括碱金属和碱土金属盐，此外还有铁、硫、磷以及少量的钛、钒、氯等元素。原生矿物质参与成煤，含量一般为1%~2%，不能用机械方法选出。洗选纯精煤时，总存留有少量灰分，就是原生矿物质造成的。

（2）次生矿物质　是指煤形成过程中混入或与煤伴生的矿物质，如煤中的高岭土、方解石、黄铁矿、石英、长石、云母、石膏等，它们以多种形态嵌布于煤中，可形成矿物夹层、包裹体、浸染状、充填矿物等。

次生矿物质选除的难易程度与其分布形态有关。如果在煤中颗粒较小且分散均匀，就很难与煤分离；若颗粒较大而又分布集中，可将其破碎后利用密度差分离。

原生矿物质和次生矿物质总称为内在矿物质。

（3）外来矿物质　指在煤炭开采和加工处理中混入的矿物质，如煤层的顶板、底板岩石和夹石层中的矸石，主要成分为 SO_2、Al_2O_3、$CaCO_3$、$CaSO_4$ 和 FeS_2 等。外来矿物质的块度越大，密度越大，越易用重力选煤的方法除去。

2. 矿物质含量的计算与测定

矿物质在煤中的质量分数变化范围在 2%～40%，其化学组成又极为复杂，煤中单独存在的矿物质元素种类就多达 60 余种，常见的元素有硅、铝、铁、镁、钙、钠、钾、硫等，它们常以化合物的形式存在于煤中。研究表明，不同煤田，甚至同一煤田的不同煤层，其矿物质含量和组成也不一样。

煤中矿物质的测定方法可分为直接测定方法和计算方法两种。

（1）直接测定方法　可分为酸抽取法及低温灰化法。

① 酸抽取法。煤样用盐酸和氢氟酸处理，脱除煤中部分矿物质（在此条件下，煤中有机质不发生变化），然后测定经酸处理后残留物中的矿物质，并将部分脱除矿物质的煤灰化以测定水溶解的那部分矿物质，两者相加即为煤中矿物质的含量。此法所用仪器简单，试验周期较短，但测定手续较为烦琐，同时要使用有毒的氢氟酸。我国一般采用此法直接测定煤中矿物质含量。

② 低温灰化法（简称 LTA 法）。低温下（150℃），煤中除石膏中的结晶水外，其他矿物质基本上无变化，在此条件下煤样用活化氧灰化，以除去煤中有机物质，残留部分含量即为煤中矿物质含量。此法比较准确，但试验周期长（100～125h），并且需配备专门的仪器设备，还要测定残留物中的碳、硫含量。

（2）计算方法　根据煤的灰分、硫分等来计算煤中矿物质含量。

煤中矿物质与灰分的含量不同，但两者之间存在一定的关系。计算煤中矿物质含量的经验公式有

$$MM = 1.08A + 0.55w(S_t)（派尔公式） \tag{4-9}$$

$$MM = 1.13A + 0.47w(S_p) + 0.5w(Cl)（吉文公式） \tag{4-10}$$

$$MM = 1.10A + 0.5w(S_p)（克雷姆公式） \tag{4-11}$$

$$MM = 1.06A + 0.67w(S_t) + 0.66w(CO_2) - 0.30（费莱台公式） \tag{4-12}$$

式中　MM——煤中矿物质含量的质量分数，%；

　　　A——煤的灰分的质量分数，%；

　$w(S_p)$——煤中硫化铁硫的质量分数，%；

　$w(S_t)$——煤中全硫的质量分数，%；

　$w(Cl)$——煤中氯的质量分数，%；

$w(CO_2)$——煤中 CO_2 的质量分数，%；

　0.30——经验常数。

计算方法的优点是方便，不需专门进行试验，能用一些基础分析数据（如灰分、硫分等）直接计算煤中矿物质的含量，缺点是准确度较差，有一定的局限性。

3. 灰分的来源

灰分按其来源可以分为内在灰分和外来灰分，内在灰分是由成煤植物中的矿物质以及由成煤过程中进入煤层的矿物质即内在矿物质所形成的灰分；外来灰分是由煤炭生产过程中混入煤中的矿物质即外来矿物质形成的灰分。灰分产率由加热速度、加热时间、通风条件等因素决定，煤在高温燃烧或灰化过程中，矿物质将发生以下变化。

① 黏土、页岩和石膏等失去化合水。这类矿物质中最普遍的是高岭土，它在 $500 \sim 600 ℃$ 失去结晶水。石膏在 $163℃$ 分解失去结晶水。

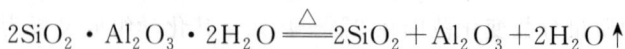

$$2SiO_2 \cdot Al_2O_3 \cdot 2H_2O \overset{\triangle}{=\!=\!=} 2SiO_2 + Al_2O_3 + 2H_2O \uparrow$$

$$CaSO_4 \cdot 2H_2O \overset{\triangle}{=\!=\!=} CaSO_4 + 2H_2O \uparrow$$

② 碳酸盐矿物受热分解。这类矿物质在 $500 \sim 800℃$ 时分解产生二氧化碳。

$$CaCO_3 \overset{\triangle}{=\!=\!=} CaO + CO_2 \uparrow$$

$$FeCO_3 \overset{\triangle}{=\!=\!=} FeO + CO_2 \uparrow$$

③ 硫铁矿及碳酸盐矿物的热分解产物发生氧化反应。温度为 $400 \sim 600℃$ 时，在空气中氧气的作用下进行。

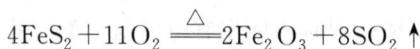

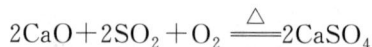

$$4FeS_2 + 11O_2 \overset{\triangle}{=\!=\!=} 2Fe_2O_3 + 8SO_2 \uparrow$$

$$2CaO + 2SO_2 + O_2 \overset{\triangle}{=\!=\!=} 2CaSO_4$$

$$4FeO + O_2 =\!=\!= 2Fe_2O_3$$

④ 碱金属氧化物和氯化物在温度为 $700℃$ 以上时部分挥发，故测定灰分的温度不宜太高，规定为 $(815 \pm 10)℃$。

4. 灰分产率的测定

煤的灰分可用来表示煤中矿物质的含量，通过煤中灰分产率的测定，可以研究煤的其他性质，如含碳量、发热量、结渣性等，用以确定煤的质量和使用价值。

灰分测定方法包括缓慢灰化法和快速灰化法两种。

(1) 缓慢灰化法   此法为仲裁法。称取一定量的一般分析试验煤样，放入马弗炉中，以一定的速度加热到 $(815 \pm 10)℃$，灰化并灼烧到质量恒定。以残留物的质量占煤样质量的质量分数作为灰分产率。

测定步骤如下。

① 在预先灼烧至质量恒定的灰皿中，称取粒度小于 $0.2mm$ 的一般分析试验煤样 $(1 \pm 0.1)g$，称准至 $0.0002g$，均匀地摊平在灰皿中，使其每平方厘米的质量不超过 $0.15g$。

② 将灰皿送入炉温不超过 $100℃$ 的马弗炉恒温区中，关上炉门并使炉门留有 $15mm$ 左右的缝隙。在不少于 $30min$ 的时间内将炉温缓慢升至 $500℃$，并在此温度下保持 $30min$。继续升温到 $(815 \pm 10)℃$，并在此温度下灼烧 $1h$。

③ 从炉中取出灰皿，放在耐热瓷板或石棉板上，在空气中冷却 $5min$ 左右，移入干燥器中冷却至室温（约 $20min$）后称量。

④ 进行检查性灼烧，温度为 $(815 \pm 10)℃$，每次 $20min$，直到连续两次灼烧后的质量变化不超过 $0.0010g$ 为止。以最后一次灼烧后的质量为计算依据。灰分小于 15.00% 时，不

必进行检查性灼烧。

（2）快速灰化法　包括方法 A 和方法 B 两种方法。此法较适用于例行分析，但在校核试验及仲裁分析中仍需采用缓慢灰化法。

① 方法 A。将装有煤样的灰皿放在预先加热至（815±10）℃的灰分快速测定仪的传送带上，煤样自动送入仪器内完全灰化，然后送出。以残留物的质量占煤样质量的百分数作为煤样灰分。

② 方法 B。将装有煤样的灰皿由炉外逐渐送入预先加热至（815±10）℃的马弗炉中灰化并灼烧至质量恒定。以残留物的质量占煤样质量的百分数作为煤样的灰分。

测定步骤如下。

第一步，在预先灼烧至质量恒定的灰皿中，称取粒度小于 0.2mm 的一般分析试验煤样（1±0.1）g，称准至 0.0002g，均匀地摊平在灰皿中，使其每平方厘米的质量不超过 0.15g。将盛有煤样的灰皿预先分排放在耐热瓷板或石棉板上。

第二步，将马弗炉加热到 850℃，打开炉门，将放有灰皿的耐热瓷板或石棉板缓慢地推入马弗炉中，先使第一排灰皿中的煤样灰化。待 5～10min 后煤样不再冒烟时，以每分钟不大于 2cm 的速度把其余各排灰皿顺序推入炉内炽热部分（若煤样着火发生爆燃，试验应作废）。

第三步，关上炉门并使炉门留有 15mm 左右的缝隙，在（815±10）℃温度下灼烧 40min。

第四步，从炉中取出灰皿，放在空气中冷却 5min 左右，移入干燥器中冷却至室温（约 20min）后，称量。

第五步，进行检查性灼烧，温度为（815±10）℃，每次 20min，直到连续两次灼烧后的质量变化不超过 0.0010g 为止。以最后一次灼烧后的质量为计算依据。如遇检查性灼烧时结果不稳定，应改用缓慢灰化法重新测定。灰分小于 15.00％时，不必进行检查性灼烧。

（3）结果计算　一般分析试验煤样灰分的质量分数按式（4-13）计算，报告值修约至小数点后两位。

$$A_{ad} = \frac{m_1}{m} \times 100\% \qquad (4-13)$$

式中　A_{ad}——一般分析试验煤样灰分的质量分数，％；

　　　m——称取的一般分析试验煤样的质量，g；

　　　m_1——灼烧后残留物的质量，g。

（4）灰分测定的精密度　灰分测定的重复性限和再现性见表 4-13 规定。

表 4-13　灰分测定的精密度要求

灰分/％	重复性限（A_{ad}）/％	再现性临界差（A_d）/％
<15.00	0.20	0.30
15.00～30.00	0.30	0.50
>30.00	0.50	0.70

（5）煤炭灰分分级　煤炭灰分按表 4-14 进行分级。中国煤以低中灰煤和中灰分煤为主，两者可达 80％以上，其他灰分级别的煤所占比例很小。

表 4-14   煤炭灰分分级表（GB/T 15224.1—2018）

序号	级别名称	代号	灰分范围(A_d)/%	序号	级别名称	代号	灰分范围(A_d)/%
1	特低灰煤	SLA	≤5.00	4	中灰分煤	MA	>20.00~30.00
2	低灰分煤	LA	>5.00~10.00	5	中高灰煤	MHA	>30.00~40.00
3	低中灰煤	LMA	>10.00~20.00	6	高灰分煤	HA	>40.00~50.00

5. 煤灰组分及熔融性

（1）煤灰组分及测定方法　根据煤中矿物质在高温燃烧时发生的化学变化，煤灰分主要是金属和非金属的氧化物及盐类。工业生产的煤灰是指煤作为锅炉燃料和气化原料时得到的大量灰渣，它可分为粉煤灰和灰渣两种。粉煤灰又称飞灰，是指同烟道气和煤气一起带出的粒径小于 $90\mu m$ 的灰尘。炉渣是指呈熔融状态或以较大颗粒的不熔状态从炉底排出的底灰。

无论是工业煤灰还是实验室的煤灰分，其化学组成是一致的，主要成分为 SiO_2、Al_2O_3、Fe_2O_3、CaO、MgO，此外还有少量的 K_2O、Na_2O、SO_3、P_2O_5 及微量的 Ge、Ga、U、V 等元素的化合物，表 4-15 是中国煤灰主要成分的一般范围。

表 4-15   中国煤灰主要成分的一般范围

煤灰成分	褐煤/%		硬煤/%	
	最低	最高	最低	最高
SiO_2	10	60	15	>80
Al_2O_3	5	35	8	50
Fe_2O_3	4	25	1	65
CaO	5	40	0.5	35
MgO	0.1	3	<0.1	5
TiO_2	0.2	4	0.1	6
SO_3	0.6	35	<0.1	15
P_2O_5	0.04	2.5	0.01	5
$KNaO$	0.09	10	<0.1	10

煤灰分的元素组成通常包括铁、钙、镁、钾、钠、锰、磷、硅、铝、钛、硫等，以氧化物表示。煤灰分的化学组成分析法有经典的化学分析法（如常量分析法、半微量分析法）和各种仪器分析法（如原子吸收光谱法、X射线荧光测定法和中子活化分析法等），煤灰分中主要的单个常量元素和少量元素的测定方法见表 4-16。

表 4-16   煤灰分中主要单个元素和少量元素的测定方法

测定方法	元素	测定方法	元素
发射法	K、Na、Ti	中子活化分析法	Fe、Na、Si、Al
原子吸收法	Ca、K、Na、Mg	化学法	Fe、Ca、Mg、K、Na、P、Si
比色法	Al、Ca、Mg、P、Ti	电化学法	Ca、Mg、Ti

（2）煤灰的熔融性　煤灰是许多化合物组成的混合物，煤灰熔融性习惯称为煤灰熔点。实际上，煤灰没有固定的熔点，仅有一个相当宽的熔化温度。煤灰熔融性是动力用煤和气化

用煤的一个重要的质量指标，可根据燃烧或气化设备类型选择具有合适熔融性的原煤，例如固体排渣燃烧或气化炉，要求使用灰熔融性较高的煤，否则容易结渣，从而降低气化质量。

煤灰熔融性的测定一般采用角锥法，此法设备简单，操作方便，准确性较高。

将煤灰和糊精混合，制成一定规格的角锥体，放入特制的灰熔点测定炉内以一定的升温速度加热，观察和记录灰锥变化情况，见图 4-13。

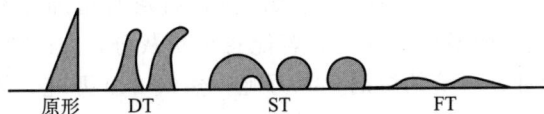

原形　　DT　　　ST　　　　FT

图 4-13　灰锥熔融特征示意

最初灰锥尖端受热开始弯曲或变圆时的温度，称为变形温度 DT（如果灰锥尖保持原形锥体收缩和倾斜不算变形温度）；继续加热，灰锥弯曲至锥尖触及托板或灰锥变成圆球形时的温度，称为软化温度 ST；灰锥形变至近似半球形，即高约等于底长的一半时的温度，称为半球温度 HT；灰锥展开成高度在 1.5mm 薄层时的温度，称为流动温度 FT。

通常将 DT～ST 称为煤灰的软化范围，ST～FT 称为煤灰的熔化范围。工业上通常以 ST 作为衡量煤灰熔融性的主要指标。煤灰熔融性测定的精密度见表 4-17 的规定。

表 4-17　煤灰熔融性测定的精密度要求

熔融特征温度	重复性限/℃	再现性临界差/℃	熔融特征温度	重复性限/℃	再现性临界差/℃
DT	60	—	HT	40	80
ST	40	80	FT	40	80

我国煤灰熔融性软化温度相对较高，ST 大于 1500℃的高软化温度灰约占 44%，ST 等于 1100℃的低软化温度灰约占 2%，其他温度级别的灰一般占 15%～20%。煤灰软化温度分级见表 4-18。

表 4-18　煤灰软化温度分级表（MT/T 853.1—2000）

序号	级别名称	代号	软化温度(ST)/℃	序号	级别名称	代号	软化温度(ST)/℃
1	低软化温度灰	LST	≤1100	4	较高软化温度灰	RHST	大于1350～1500
2	较低软化温度灰	RLST	大于1100～1250	5	高软化温度灰	HST	>1500
3	中等软化温度灰	MST	大于1250～1350				

6. 煤中矿物质和灰分对工业利用的影响

煤无论是用来炼焦、气化或燃烧，用途虽然不同，但都是利用煤中的有机质。因而煤中的矿物质或灰分被认为是有害物质，一直被人们想方设法降低或脱除，但后来人们认识到煤中矿物质对煤的某些利用也有有益作用，包括煤灰渣的利用已日益受到重视。随着科学技术的日益发展，煤灰渣的综合利用前景广阔。

（1）煤中矿物质和灰分的不利影响

① 对煤炭储存和运输的影响。煤中矿物质含量越高，在煤炭运输和储存中造成的浪费就越大。如煤中矿物质含量为 30%，运输 1 亿吨煤，其中的 3000 万吨矿物质，约需近百万

节车皮运输。

② 对炼焦和炼铁的影响。在炼焦过程中，煤中的灰分几乎全部进入焦炭中，煤的灰分增加焦炭的灰分也必然高，这样就降低了焦炭质量。由于灰分的主要成分是 SiO_2、Al_2O_3 等熔点较高的氧化物，在炼铁时，只能靠加入石灰石等熔剂与它们生成低熔点化合物才能以熔渣形式由高炉排出，这就使高炉生产能力降低，影响生铁质量，同时也使炉渣量增加。一般认为，焦炭灰分增加 1%，焦比增加 $2\%\sim2.5\%$，石灰石增加 4%，高炉产量降低 3%，所以炼焦用煤的灰分含量一般不应 $>10\%$。若能将焦炭灰分从 14.50% 降至 10.50%，以年产生铁 4000 万吨的高炉计，可节约熔剂 130 万吨，焦炭 220 万吨，增产生铁 580 万吨，还可大大减少铁路运输量。

③ 对气化和燃烧的影响。煤作为气化原料和动力燃料，矿物质含量增加，降低了热效率，增加了原料消耗。如动力用煤，灰分增加 1%，煤耗增加 $2.0\%\sim2.5\%$。同时，煤灰的熔融温度低，易引起锅炉和干法排灰的移动床气化炉结渣和堵塞。但煤灰熔融温度低，流动性好，对液体排渣的气化炉有利。结渣阻碍了燃烧和气化过程中气流的流通，使反应过程无法进行，同时侵蚀炉内的耐火材料及金属设备，因此气化和燃烧对灰的熔融性都有一定的要求。

④ 对液化的影响。煤中碱金属和碱土金属的化合物会使加氢液化的钴钼催化剂活性降低，但黄铁矿对加氢液化有正催化作用。直接液化时一般原料煤的灰分要求 $<25\%$。

⑤ 造成环境污染。锅炉和气化炉产生的灰渣和粉煤灰需占用大量的荒地甚至良田，如不能及时利用，会造成大气和水体污染；煤中含硫化合物在燃烧时生成 SO_2、COS、H_2S 等有毒气体，严重时会形成酸雨，也造成了对环境的污染。

(2) 煤中矿物质及煤灰的利用

① 作为煤转化过程中的催化剂。煤中的某些矿物质，如碱金属和碱土金属的化合物（$NaCl$、KCl、Na_2CO_3、K_2CO_3、CaO 等）是煤气化反应的催化剂；Mo、FeS_2、TiO_2、Al_2O_3 等也具有加氢活性，也可作为加氢液化的催化剂。

② 生产建筑材料和环保制剂。目前，国内煤灰渣已广泛用于建筑材料的原料。如砖瓦、沥青、PVC 板材等；灰渣还可制成不同标号的水泥，用来生产铸石和耐火材料等；气化煤灰可用于制取煤气脱硫剂；粉煤灰还可制成废水处理剂、除草醚载体等。

③ 生产化肥和土壤改良剂。在煤的液态渣中喷入磷矿石，可制成复合磷肥。

④ 提取有用成分。煤中常见的伴生元素主要有铀、锗、镓、钒、钍、钛等元素。它们赋存于不同的煤种中，通过科学的方法，对这些伴生元素进行富集，用来制造半导体、超导体、催化剂、优质合金钢等材料；回收煤灰中的 SO_2 制成白炭黑和水玻璃；提取煤灰中的 Al_2O_3 可生产聚合氯化铝。

(3) 煤中矿物质的脱除途径　脱除煤中矿物质的途径主要包括物理洗选和化学净化两种方法。物理洗选是降低煤中灰分的有效方法，工业上主要利用煤与矸石的密度不同或表面性质不同进行分离。它包括水力淘汰法（适用块煤）、泡沫浮选法（适用粉煤）、磁力分离法、重介质分选法、平面摇床法和油团聚法等。化学净化法主要利用煤的有机质与矿物质化学性质不同而进行脱除，如氢氟酸和盐酸处理法、溶剂抽提法、碱性溶剂处理法等。

三、煤的挥发分和固定碳

煤中有机质是煤的主体，它的性质决定了煤炭加工利用的方向。通过测定煤的挥发分和固定碳并结合煤的元素分析数据及其工艺性质试验，可以判断煤的有机组成及煤的加工利用性质。

1. 煤的挥发分

（1）挥发分的概念　煤样在规定的条件下，隔绝空气加热，并进行水分校正后的挥发物质产率称为挥发分，简记符号为 V。煤的挥发分主要是由水分，碳、氢的氧化物和碳氢化合物（以 CH_4 为主）组成，但不包括物理吸附水和矿物质中的二氧化碳。可以看出，挥发分不是煤中固有的挥发性物质，而是煤在特定条件下的热分解产物，所以以煤的挥发分称为挥发分产率更确切。挥发分测定结果随加热温度，加热时间，加热速度及试验设备的形式，试样容器的材质、大小不同而有所差异，因此说挥发分的测定是一个规范性很强的试验项目，只有采用合乎一定规范的条件进行分析测定，所得挥发分的数据才有可比性。利用国外挥发分资料和中国煤的挥发分进行比较时，尤其应注意这一点。

（2）挥发分的测定　按国家标准 GB/T 212—2008 的规定，挥发分的测定方法要点为：称取一定量的一般分析试验煤样，放在带盖的瓷坩埚中，在 $(900\pm10)℃$ 下，隔绝空气加热 7min，以减少的质量占煤样质量的百分数减去该煤样的水分的质量分数（M_{ad}）作为煤样的挥发分。

测定方法参见煤质分析与实验部分。

测定结果按式（4-14）计算，报告值修约至小数点后两位。

$$V_{ad} = \frac{m_1}{m} \times 100\% - M_{ad} \tag{4-14}$$

式中　V_{ad}——一般分析试验煤样的挥发分的质量分数，%；

　　　m——一般分析试验煤样的质量，g；

　　　m_1——煤样加热后减少的质量，g；

　　　M_{ad}——一般分析试验煤样的水分，%。

挥发分测定的重复性和再现性见表 4-19 规定。

煤的干燥无灰基挥发分分级见表 4-20。中国煤以中高挥发分煤居多，约占 30%；其次为高挥发分煤，约占 24%；其他挥发分级别的煤所占比例不大。

表 4-19　挥发分测定的重复性和再现性

挥发分/%	重复性限（V_{daf}）/%	再现性临界差（V_d）/%
<20.00	0.30	0.50
20.00~40.00	0.50	1.00
>40.00	0.80	1.50

表 4-20　煤的干燥无灰基挥发分分级表（MT/T 849—2000）

序号	级别名称	代号	V_{daf}/%	序号	级别名称	代号	V_{daf}/%
1	特低挥发分煤	SLV	≤10.00	4	中高挥发分煤	MHV	>28.00~37.00
2	低挥发分煤	LV	>10.00~20.00	5	高挥发分煤	HV	>37.00~50.00
3	中等挥发分煤	MV	>20.00~28.00	6	特高挥发分煤	SHV	>50.00

【例 4-3】 设某煤样质量为 1.0004g，称得坩埚质量为 17.9366g，煤在 900℃受热后称得坩埚连同焦渣的质量为 18.7415g，已知 $M_{ad}=1.43\%$，求 V_{ad} 是多少？

解　煤样受热后减少的质量 $m_1=(1.0004+17.9366)-18.7415=0.1955g$

则

$$V_{ad}=\frac{m_1}{m}\times100\%-M_{ad}=\frac{0.1955}{1.0004}\times100\%-1.43\%=18.11\%$$

答：该煤样的挥发分为 18.11%。

（3）焦渣特征　测定挥发分后，坩埚中残留下来的不挥发物质称为焦渣。焦渣随煤种的不同，具有不同的形状、强度和光泽等物理特征。从这些特征可初步判断煤的黏结性、熔融性和膨胀性，按照国标 GB/T 212—2008 的规定，挥发分所得焦渣特征可分为以下八类。

① 粉状（1 型）——全部是粉末，没有相互黏着的颗粒。

② 黏着（2 型）——用手指轻碰即有粉末或基本上是粉末，其中较大的团块轻轻一碰即成粉末。

③ 弱黏结（3 型）——用手指轻压即成小块。

④ 不熔融黏结（4 型）——以手指用力压才裂成小块，焦渣上表面无光泽，下表面稍有银白色光泽。

⑤ 不膨胀熔融黏结（5 型）——焦渣形成扁平的块，煤粒的界线不易分清，焦渣上表面有明显银白色金属光泽，下表面银白色光泽更明显。

⑥ 微膨胀熔融黏结（6 型）——用手指压不碎，焦渣的上、下表面均有银白色金属光泽，但焦渣表面具有较小的膨胀泡（或小气泡）。

⑦ 膨胀熔融黏结（7 型）——焦渣上、下表面有银白色金属光泽，明显膨胀，但高度不超过 15mm。

⑧ 强膨胀熔融黏结（8 型）——焦渣上、下表面有银白色金属光泽，焦渣高度大于 15mm。

为简便起见，通常用上列序号作为各种焦渣特征的代号。号数越大，黏结性越强。

实验测得：褐煤、长焰煤、贫煤和无烟煤没有黏结性，形成的焦渣特征为粉状；肥煤、焦煤黏结性最好，形成的焦渣熔融黏结而膨胀；气煤和瘦煤的焦渣特征为弱黏结或不熔融黏结。

（4）影响挥发分的因素

① 煤化程度的影响　随着煤变质程度的加深，煤分子上的脂肪侧链和含氧官能团均呈现减少趋势，而挥发分主要来自煤分子中不稳定的脂肪侧链、含氧官能团断裂后形成的小分子化合物及煤中有机质高分子缩聚时生成的氢气，所以煤的挥发分随煤化程度的提高而下降。煤化程度是影响挥发分的主要因素，通常褐煤的挥发分＞40%，无烟煤的挥发分＜10%，烟煤的挥发分则介于褐煤与无烟煤之间。

② 成因类型的影响　煤化程度相同时，腐泥煤的挥发分产率比腐殖煤高。这是由成煤原始植物的化学组成及结构差异决定的，腐泥煤的脂肪族成分含量高，受热易裂解为小分子化合物而逸出；腐殖煤则以稠环芳香族物质为主，受热不易分解，所以挥发分较腐泥煤低。一般而言，中等煤化程度的腐泥煤挥发分在 60%～70%，而同等煤化程度的腐殖煤挥发分在 10%～50%。

③ 煤岩组分的影响　煤化程度相同的腐殖煤，壳质组的挥发分最高，镜质组次之，惰质组最低。这是因为壳质组化学组成中抗热分解能力低的链状化合物所占比例较大，而惰质

组的分子主要以缩合芳香结构为主，镜质组介于两者之间。

（5）挥发分指标的应用

① 作为煤的分类指标　煤的挥发分随煤的煤化程度的加深而逐渐降低，因此根据煤的挥发分产率可初步判断煤的煤化程度，判断煤的种类。中国和国际煤炭分类方案中都以挥发分作为第一分类指标。

② 确定煤的加工利用途径　根据煤的挥发分产率和焦渣特征，可初步评价煤的加工利用途径，如煤化程度低、高挥发分的煤，干馏时化学副产品产率高，适于做低温干馏原料，也可作为气化原料；挥发分适中、固定碳含量高的煤，黏结性较好，适于炼焦和做燃料。在配煤炼焦中，要用挥发分来确定配煤比，以将配合煤的挥发分控制在 25%～31% 的适宜范围；而合成氨工业中，宜选用煤化程度高、挥发分低、含硫量低的无烟煤。

③ 估算煤的发热量和干馏时各主要产物的产率　因挥发分和固定碳是煤中的可燃成分，煤的发热量就是靠这两者充分燃烧得到的，因而可根据挥发分利用经验公式来计算各种煤的发热量。一般而言，在水分和灰分都相同的情况下，以中等煤化程度的焦煤和肥煤的发热量最高；长焰煤、不黏煤和气煤的发热量最低；瘦煤、贫瘦煤和贫煤的发热量居中；年老的无烟煤，挥发分越高，发热量也越高；褐煤则相反。此外，可根据挥发分估算炼焦时焦炭、煤气、焦油和粗苯的产率。

④ 作为制定环境保护法的依据　在环境保护法中，挥发分还作为制定烟雾法令的一个依据。

2. 煤的固定碳

（1）固定碳的概念　从测定煤样挥发分后的焦渣中减去灰分后的残留物称为固定碳，简记符号为 FC。固定碳和挥发分一样不是煤中固有的成分，而是热分解产物。在组成上，固定碳除含有碳元素外，还包含氢、氧、氮和硫等元素。因此，固定碳与煤中有机质的碳元素含量是两个不同的概念，决不可混淆。一般而言，煤中固定碳含量小于碳元素含量，只有在高煤化程度的煤中两者才比较接近。

（2）固定碳的计算　煤的工业分析中，固定碳一般不直接测定，而是通过计算获得。在空气干燥煤样测定水分、灰分和挥发分后，由式（4-15）计算煤的固定碳的质量分数。

$$w_{ad}(FC)=100\%-(M_{ad}+A_{ad}+V_{ad}) \tag{4-15}$$

式中　$w_{ad}(FC)$——一般分析试验煤样的固定碳的质量分数，%；

M_{ad}——一般分析试验煤样的水分的质量分数，%；

A_{ad}——一般分析试验煤样的灰分的质量分数，%；

V_{ad}——一般分析试验煤样的挥发分的质量分数，%。

（3）固定碳分级　煤的固定碳分级见表 4-21。中国煤以中高固定碳煤和高固定碳煤为主，两者共占 60.64%；中等固定碳煤次之，约占 24%；其他固定碳级别的煤所占比例很小。

表 4-21　煤的固定碳分级表（MT/T 561—2008）

序号	级别名称	代号	$w_{ad}(FC)/\%$
1	特低固定碳煤	SLFC	≤45.00
2	低固定碳煤	LFC	>45.00～55.00

续表

序号	级别名称	代号	$w_{ad}(FC)/\%$
3	中等固定碳煤	MFC	$>55.00\sim65.00$
4	中高固定碳煤	MHFC	$>65.00\sim75.00$
5	高固定碳煤	HFC	$>75.00\sim85.00$
6	特高固定碳煤	SHFC	>85.00

（4）固定碳与煤质的关系　固定碳含量与煤变质程度有一定关系。煤中干燥无灰基固定碳含量 w_{ad}（FC）随煤化程度增高而逐渐增加。褐煤≤60%，烟煤50%～90%，无烟煤＞90%。世界上有些国家以 w_{ad}（FC）作为煤的分类依据，实际上 w_{ad}（FC）与 V_{ad} 是一件事情的两个方面，因为 $V_{daf}+w_{daf}(FC)=100\%$。

（5）燃料比　燃料比是指煤的固定碳含量与挥发分之比，简记符号为 $w_{daf}(FC)/V_{daf}$。它也是表征煤化程度的一个指标，燃料比随煤化程度增高而增高。各种煤的燃料比分别为：褐煤0.6～1.5；长焰煤1.0～1.7；气煤1.0～2.3；焦煤2.0～4.6；瘦煤4.0～6.2；无烟煤9～29。无烟煤燃料比变化很大，可作为划分无烟煤小类的指标。还可以用燃料比来评价煤的燃烧特性。

3. 各种煤的工业分析结果比较

图4-14表示的是煤化程度由低到高的12种煤的工业分析结果。

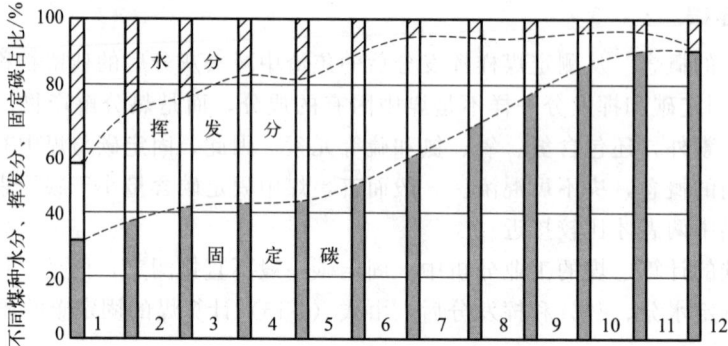

图4-14　各种煤的工业分析结果（收到基）

1—褐煤；2—次烟煤C；3—次烟煤B；4—次烟煤A；5—高挥发分烟煤C；6—高挥发分烟煤B；7—高挥发分烟煤A；8—中挥发分烟煤；9—低挥发分烟煤；10—半无烟煤；11—无烟煤；12—超无烟煤

由图4-14可知，随着煤化程度的增加，煤中水分开始下降很快，以后变化则不大；固定碳含量逐渐增加；挥发分产率则先增加后降低。若以干燥无灰基计算，挥发分产率随煤化程度增加呈线性关系下降。

第三节　煤的元素分析

不同煤种由于成煤的原始植物及其变质程度的不同，其元素组成与特性也就有所差异。煤中的有机质主要由碳、氢、氧及少量的氮、硫组成，其中碳、氢、氧三种元素之和可达煤中有机质含量的 95％ 以上。煤的元素分析是指碳、氢、氧、氮、硫五个煤炭分析项目的总称。利用元素分析数据并配合其他工艺性质实验，可以了解煤的成因、类型、结构、性质及其利用，所以元素分析是煤质研究的主要内容。

一、煤的元素组成

煤的元素组成，通常指组成煤中有机质的碳、氢、氧、氮、硫五种元素，一些含量极微的元素如磷、氯、砷等一般不作为煤的元素组成。

1. 碳

碳是煤中有机质的主要组成元素，是组成煤的结构单元的骨架，是炼焦时形成焦炭的主要物质基础，是燃烧时产生热量的主要来源。

碳是煤中有机质组成中含量最高的元素，并随着煤化程度升高而增加，因此，碳含量可作为表征煤化度的分类指标。中国各种煤的干燥无灰基碳含量 w_{daf}（FC）为：泥炭 55％～62％，褐煤 60％～77％，烟煤 77％～93％，无烟煤 88％～98％。腐殖煤的碳含量高于腐泥煤，在同一种煤中，各种显微组分的碳含量也不一样，一般惰质组 w_{daf}（FC）最高，壳质组最低，镜质组居中。

2. 氢

氢是煤中有机质的第二个主要组成元素，也是组成煤大分子骨架和侧链不可缺少的元素。与碳相比，氢元素具有较大的反应能力，单位质量的燃烧热也更大。

不同成因类型的煤，氢含量不同。腐泥煤的氢含量 w_{daf}（H）比腐殖煤高，一般在 6％以上，有时高达 11％，这是由于形成腐泥煤的低等生物富含氢所致。在腐殖煤中氢元素占有机质的质量分数一般小于 7％，但因其原子量最小，仅为碳元素的 1/12，故原子百分数与碳在同一数量级，对某些泥炭和年轻褐煤而言，甚至可能比碳还多。

氢含量与煤的煤化程度密切相关，随着煤化程度的增高，氢含量逐渐下降。如气煤、肥煤阶段，氢含量可达 4.8％～6.8％，到高煤化程度的无烟煤时下降到 0.8％～2.0％。各种显微组分的氢含量也有明显差别，在腐殖煤中，壳质组 w_{daf}（H）最大，镜质组次之，惰质组最低。

3. 氧

氧也是组成煤有机质的一个十分重要的元素，氧在煤中存在的总量和形态直接影响着煤的性质。煤中有机氧含量随着煤化程度增高而明显减小。泥炭中干燥无灰基氧含量 w_{daf}（O）高达 27％～34％，褐煤中 w_{daf}（O）为 15％～30％，烟煤为 2％～15％，无烟煤为 1％～3％。各种显微组分的氧含量也不相同，对于中等煤化程度的烟煤，镜质组 w_{daf}（O）最高，惰质组次之，壳质组最低；对于高煤化程度的烟煤和无烟煤，镜质组 w_{daf}（O）仍然最高，但壳质组的 w_{daf}（O）略高于惰质组。在研究煤的煤化程度演变过程时，经常用 O/C 和 H/C 原子比来描述煤元素组成的变化及煤的脱羧、脱水和脱甲基反应。

氧元素是煤中反应能力最强的元素，对煤的加工利用影响较大。氧元素在煤的燃烧过程中不产生热量，但能与产生热量的氢生成水，使燃烧热量降低。在炼焦过程中，氧化使煤中氧含量增加，导致煤的黏结性降低，甚至消失。但制取芳香羧酸和腐殖酸类物质时，氧含量高的煤是较好的原料。

4. 氮

氮元素是煤中唯一完全以有机状态存在的元素。煤中氮元素含量较小，一般为 $0.5\%\sim3\%$。

煤中氮含量随煤化程度的增高而趋向减小，但规律性到高变质烟煤阶段以后才较为明显，在各种显微组分中，氮含量的相对关系也没有规律性。

煤在燃烧和气化时，氮转化为污染环境的 NO_x。在煤的炼焦过程中部分氮可生成 N_2、NH_3、HCN 及其他有机含氮化合物逸出，由此可回收制成硫酸铵、硝酸等化学产品；其余的氮则进入煤焦油或残留在焦炭中，以某些结构复杂的氮化合物形式出现。

5. 硫

硫是煤中元素组成之一，在各种类型的煤中都或多或少含有硫。一般而言，中国东北、华北地区煤田的含硫量较低，而中南、西南地区较高。

煤中硫根据其存在状态可分为有机硫和无机硫两大类。与煤的有机质相结合的硫称为有机硫，简记符号为 S_o。有机硫存于煤的有机质中，其组成结构非常复杂，主要来自成煤植物和微生物的蛋白质。硫分在 0.5% 以下的大多数煤，所含的硫主要是有机硫。有机硫均匀分布在有机质中，形成共生体，不易清除。

无机硫以黄铁矿、白铁矿（它们的分子式均为 FeS_2，但结晶形态不同，黄铁矿呈正方晶体，白铁矿呈斜方晶体）、硫化物和硫酸盐的形式存在于煤的矿物质内，偶尔也有元素硫存在。把煤的矿物质中以硫酸盐形式存在的硫称为硫酸盐硫，简记符号为 S_s；把煤中的矿物质以黄铁矿或白铁矿形式存在的硫，称为硫化铁硫，简记符号为 S_p。高硫煤的硫含量中硫化铁硫所占比例较大，其清除的难易程度与硫化物的颗粒大小及分布状态有关，粒度大时可用洗选方法除去，粒度极小且均匀分布在煤中时就十分难选。

硫酸盐硫在煤中含量一般不超过 $0.1\%\sim0.3\%$，主要以石膏（$CaSO_4 \cdot 2H_2O$）为主，也有少量的硫酸亚铁（$FeSO_4$）等。通常以硫酸盐含量的增高，作为判断煤层受氧化的标志。煤中石膏矿物用洗选法可以除去；硫酸亚铁水溶性好，也易于用水洗法除去。

硫化物硫、硫铁矿硫和有机硫因其可燃称为可燃硫；硫酸盐硫因其不可燃称为不可燃硫或固定硫。煤中各种形态硫的总和，称为全硫，以符号 S_t 表示。即：

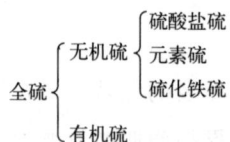

$$全硫 \begin{cases} 无机硫 \begin{cases} 硫酸盐硫 \\ 元素硫 \\ 硫化铁硫 \end{cases} \\ 有机硫 \end{cases}$$

由于煤中硫的来源是多方面的，因此煤的全硫含量 $w_d(S_t)$ 与煤化程度之间没有一定的关系。但是，在同一种煤中，各种显微组分的硫含量存在一定规律性，一般惰质组硫含量最大，壳质组次之，镜质组最小。

硫是一种有害元素。含硫量高的煤在燃烧、储运、气化和炼焦时都会带来很大的危害。因此，硫含量是评价煤质的重要指标之一。高硫煤用作燃料时，燃烧后产生的二氧化硫气体，不仅严重腐蚀金属设备和设施，而且还严重污染环境，造成公害；硫化铁硫含量高的煤，在堆放时易于氧化和自燃，使煤碎裂、灰分增加、热值降低；煤气化中，用高硫煤制半水煤气时，由于煤气中硫化氢等气体较多且不易脱净，会使合成氨催化剂毒化而失效，影响操作和产品质量；在炼焦工业中，硫分的影响更大，煤在炼焦时，约 60% 的硫进入焦炭，煤中硫分高，焦炭中的硫分势必增高，从而直接影响钢铁质量，钢铁中含硫量大于 0.07%，会使钢铁产生热脆性而无法轧制成材。为了除去硫，必须在高炉中加入较多的石灰石和焦炭，这样会减小高炉的有效容量，增加出渣量，从而导致高炉生产能力降低，焦比升高。经验表明，焦炭中硫含量每增加 0.1%，炼铁时焦炭和石灰石将分别增加 2%，高炉生产能力下降 2%～2.5%，因此炼焦配合煤要求硫分小于 1%。

硫对煤的工业利用有各种不利影响，但硫又是一种重要的化工原料。可用来生产硫酸杀虫剂及硫化橡胶等，工业生产中，硫大多数变成二氧化硫进入大气，严重污染环境。为了减少污染，寻求高效经济的脱硫方法和硫的回收利用途径具有重大意义。目前，正在研究中的一些脱硫方法有物理方法、化学方法、物理与化学相结合的方法及微生物方法等。回收硫的方法，可在洗选煤时，回收煤中黄铁矿；在燃烧和气化的烟道气和煤气中，回收含硫的各种化合物；也可在燃烧时向炉内加入固硫剂；还可从焦炉煤气中回收硫以制取硫酸和硫酸铵化肥。

二、煤元素的测定与分析

1. 煤中碳和氢的测定

煤在氧气中燃烧时，生成二氧化碳、水和其他产物，只要能够排除其他元素的干扰，测定出反应生成的二氧化碳和水，就可以间接求得煤中碳和氢的含量。

测定二氧化碳和水的方法很多，如气相色谱法、红外吸收法、库仑法及酸碱滴定法等。国家标准 GB/T 476—2008 规定采用吸收法测定煤中碳和氢的含量（即用碱石棉或碱石灰吸收二氧化碳，用无水氯化钙或无水高氯酸镁来吸收水分）。

（1）测定要点　一定量的煤样在氧气流中燃烧，生成的水和二氧化碳分别用吸水剂和二氧化碳吸收剂吸收，由吸收剂的增量来计算煤中碳和氢的含量。煤样中硫和氯对碳测定的干扰在三节炉中用铬酸铅和银丝卷消除，在二节炉中用高锰酸银热解产物消除。氮对碳测定的干扰用粒状二氧化锰消除。各步化学反应如下。

① 煤的燃烧反应

$$煤 + O_2 \xrightarrow{800℃} CO_2\uparrow + H_2O\uparrow + SO_3\uparrow + SO_2\uparrow + Cl_2\uparrow + NO_2\uparrow + N_2\uparrow + \cdots$$

② 二氧化碳和水的吸收反应　二氧化碳用碱石棉或碱石灰吸收；水用无水氯化钙或无水高氯酸镁吸收。

$$2NaOH + CO_2 = Na_2CO_3 + H_2O$$
$$CaCl_2 + 2H_2O = CaCl_2 \cdot 2H_2O$$
$$CaCl_2 \cdot 2H_2O + 4H_2O = CaCl_2 \cdot 6H_2O$$
$$Mg(ClO_4)_2 + 6H_2O = Mg(ClO_4)_2 \cdot 6H_2O$$

③ 硫氧化物和氯的脱除反应　三节炉和二节炉所用试剂不同。
三节炉法中，用铬酸铅脱除硫氧化物，氯用银丝卷脱除。

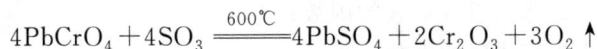

$$4PbCrO_4 + 4SO_2 \xrightarrow{600℃} 4PbSO_4 + 2Cr_2O_3 + O_2\uparrow$$
$$4PbCrO_4 + 4SO_3 \xrightarrow{600℃} 4PbSO_4 + 2Cr_2O_3 + 3O_2\uparrow$$
$$2Ag + Cl_2 \xrightarrow{180℃} 2AgCl$$

二节炉法中，用高锰酸银热分解产物脱除硫氧化物和氯。

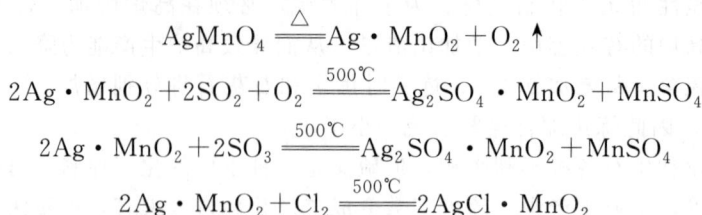

$$AgMnO_4 \xrightarrow{\triangle} Ag \cdot MnO_2 + O_2 \uparrow$$

$$2Ag \cdot MnO_2 + 2SO_2 + O_2 \xrightarrow{500℃} Ag_2SO_4 \cdot MnO_2 + MnSO_4$$

$$2Ag \cdot MnO_2 + 2SO_3 \xrightarrow{500℃} Ag_2SO_4 \cdot MnO_2 + MnSO_4$$

$$2Ag \cdot MnO_2 + Cl_2 \xrightarrow{500℃} 2AgCl \cdot MnO_2$$

④ 氮氧化物的脱除反应 用粒状二氧化锰脱除氮氧化物。

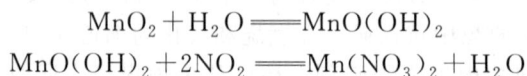

$$MnO_2 + H_2O = MnO(OH)_2$$

$$MnO(OH)_2 + 2NO_2 = Mn(NO_3)_2 + H_2O$$

（2）测定方法

① 三节炉法 此法需用三节电炉，第一节长约 230m，可加热到（850±10)℃，并可沿水平方向移动；第二节长 330～350mm，可加热到（800±10)℃；第三节长 130～150mm，可加热到（600±10)℃。

具体方法参见煤质分析与实验部分。

② 二节炉法 此法仅需两节电炉，第一节长约 230m，可加热到（850±10)℃，并可沿水平方向移动；第二节长 130～150mm，可加热到（500±10)℃。每节炉装有热电偶、测温和控温装置。二节炉法测定速度较快，但高锰酸银热分解产物不易回收，试剂消耗量大。

用二节炉进行碳氢测定时，第一节炉控温在（850±10)℃，第二节炉控温在（500±10)℃，并使第一节炉紧靠第二节炉，每次空白试验时间为 20min，燃烧舟移至第一节炉子中心后，保温 18min。

进行煤样试验时，燃烧舟移至第一节炉子中心后，保温 13min。

（3）分析结果计算 一般分析试验煤样的碳、氢的质量分数按式（4-16）、式（4-17）计算

$$w_{ad}(C) = \frac{0.2729m_1}{m} \times 100\% \tag{4-16}$$

$$w_{ad}(H) = \frac{0.1119(m_2 - m_3)}{m} \times 100\% - 0.1119M_{ad} \tag{4-17}$$

式中 $w_{ad}(C)$——一般分析试验（或水煤浆干燥试样）碳的质量分数，%；

$w_{ad}(H)$——一般分析试验（或水煤浆干燥试样）氢的质量分数，%；

m——一般分析试验煤样质量，g；

m_1——吸收二氧化碳 U 形管的增量，g；

m_2——吸水 U 形管的增量，g；

m_3——水分空白值，g；

M_{ad}——一般分析试验煤样水分的质量分数，%；

0.2729——将二氧化碳折算成碳的因数；

0.1119——将水折算成氢的因数。

当需要测定有机碳时，按式（4-18）计算有机碳的质量分数

$$w_{ad}(C) = \frac{0.2729 m_1}{m} \times 100\% - 0.2729 w_{ad}(CO_2) \qquad (4-18)$$

式中　$w_{ad}(CO_2)$——一般分析试验煤样中碳酸盐二氧化碳的质量分数，%。

其余符号同式（4-16）。

（4）碳、氢测定的精密度　碳、氢测定的精密度见表 4-22 规定。

表 4-22　碳、氢测定的精密度

分析项目	重复性限/%	分析项目	再现性临界差/%
$w_{ad}(C)$	0.50	$w_d(C)$	1.00
$w_{ad}(H)$	0.15	$w_d(H)$	0.25

2. 煤中氮的测定

测定煤中氮的方法有开氏法、杜马法和蒸汽燃烧法，其中以开氏法应用最为广泛。开氏法分为常量法（试样量 1g，用硫酸铜做催化剂）和半微量法（试样量 0.2g，用硒汞做催化剂）。国家标准 GB/T 19227—2008 中采用开氏法中的半微量法测定煤、焦炭和水煤浆中的氮。此法具有快速和适合成批分析等优点，但煤样用硫酸煮沸消化时，一小部分以吡啶、吡咯等形态存在的有机杂环氮化物可部分以氮气形式逸出，致使测定值偏低。此外，年老无烟煤的消化时间偏长，结果偏低。

（1）测定原理　称取一定量的空气干燥煤样，加入混合催化剂（由无水硫酸钠、硫酸汞和硒粉混合而成）和硫酸，加热分解，氮转化为硫酸氢铵。加入过量的氢氧化钠溶液，把氨蒸出并吸收硼酸到溶液中，用硫酸标准溶液滴定。根据硫酸的用量，计算煤中氮的含量。

测定时各主要反应如下。

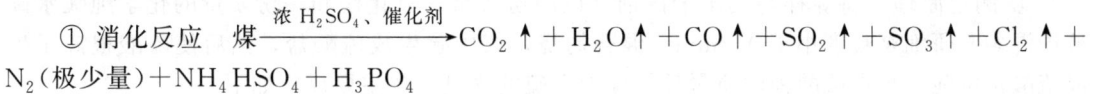

① 消化反应　煤 $\xrightarrow{\text{浓 } H_2SO_4\text{、催化剂}}$ $CO_2\uparrow + H_2O\uparrow + CO\uparrow + SO_2\uparrow + SO_3\uparrow + Cl_2\uparrow + N_2$（极少量）$+ NH_4HSO_4 + H_3PO_4$

② 蒸馏反应　$NH_4HSO_4 + 4NaOH$（过量）$+ H_2SO_4 \xrightarrow{\triangle} NH_3\uparrow + 2Na_2SO_4 + 4H_2O$

③ 吸收反应　$NH_3 + H_3BO_3 \Longrightarrow NH_4H_2BO_3$

④ 滴定反应　$2NH_4H_2BO_3 + H_2SO_4 \Longrightarrow (NH_4)_2SO_4 + 2H_3BO_3$

（2）分析结果计算　空气干燥煤样中氮的质量分数按式（4-19）计算。

$$w_{ad}(N) = \frac{c(V_1 - V_2) \times 0.014}{m} \times 100\% \qquad (4-19)$$

式中　$w_{ad}(N)$——空气干燥煤样中氮的质量分数，%；

c——硫酸（$1/2 H_2SO_4$）标准溶液的浓度，mol/L；

V_1——样品实验时硫酸标准溶液的用量，mL；

V_2——空白实验时硫酸标准溶液的用量，mL；

m——空气干燥煤样质量，g；

0.014——氮的毫摩尔质量，g/mmol。

（3）测定精密度　氮测定的精密度见表 4-23 规定。

表 4-23   氮测定的精密度

重复性限 $w_{ad}(N)/\%$	再现性临界差 $w_d(N)/\%$
0.08	0.15

3. 煤中氧的计算

煤中的氧一般不直接测定而是以间接法计算求得，氧的质量分数按式（4-20）计算。

$$w_{ad}(O)=100-M_{ad}-A_{ad}-w_{ad}(C)-w_{ad}(H)-w_{ad}(N)-w_{ad}(S_t)-w_{ad}(CO_2)$$

$$(4-20)$$

式中 $w_{ad}(O)$——空气干燥煤样中氧的质量分数，%；

M_{ad}——空气干燥煤样水分的质量分数，%；

A_{ad}——空气干燥煤样灰分的质量分数，%；

$w_{ad}(S_t)$——空气干燥煤样全硫的质量分数，%；

$w_{ad}(CO_2)$——空气干燥煤样中碳酸盐二氧化碳的质量分数，%；

$w_{ad}(C)$——空气干燥煤样中碳的质量分数，%；

$w_{ad}(H)$——空气干燥煤样中氢的质量分数，%；

$w_{ad}(N)$——空气干燥煤样中氮的质量分数，%。

4. 煤中全硫的测定

国家标准 GB/T 214—2007 规定了全硫的三种测定方法，分别为艾氏法、库仑滴定法和高温燃烧中和法，规定指出艾氏法为仲裁分析法。

（1）艾氏法

① 测定原理   将煤样与艾士卡试剂（以两份质量的氧化镁和一份质量的化学纯无水碳酸钠混匀并研细至粒度小于 0.2mm）混合灼烧，煤中硫生成硫酸盐，然后使硫酸根离子生成硫酸钡沉淀，根据硫酸钡的质量计算煤中全硫的含量，各主要反应如下。

煤样的氧化作用

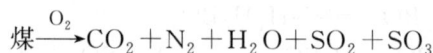

$$煤\xrightarrow{O_2}CO_2+N_2+H_2O+SO_2+SO_3$$

硫氧化物的固定作用

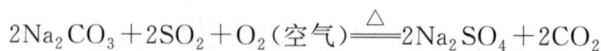

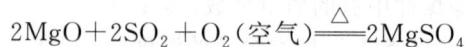

$$2Na_2CO_3+2SO_2+O_2（空气）\xrightarrow{\triangle}2Na_2SO_4+2CO_2$$

$$Na_2CO_3+SO_3\xrightarrow{\triangle}Na_2SO_4+CO_2$$

$$2MgO+2SO_2+O_2（空气）\xrightarrow{\triangle}2MgSO_4$$

硫酸盐的转化作用

$$CaSO_4+Na_2CO_3\xrightarrow{\triangle}CaCO_3+Na_2SO_4$$

硫酸盐的沉淀作用

$$MgSO_4+Na_2SO_4+2BaCl_2=\!=\!=2BaSO_4\downarrow+2NaCl+MgCl_2$$

② 测定方法   称取粒度小于 0.2mm 的一般分析试验煤样（1.00±0.01）g（称准至

0.0002g）（全硫含量 5％～10％时称取 0.5g 煤样，全硫含量大于 10％时称取 0.25g 煤样）和艾氏剂 2g（称准至 0.1g），放入坩埚中混合均匀，再用 1g（称准至 0.1g）艾氏剂覆盖。将装有煤样的坩埚移入通风良好的马弗炉中，在 1～2h 内从室温逐渐加热到 800～850℃，并在该温度下保持 1～2h。取出坩埚，冷却到室温。用玻璃棒将坩埚中的灼烧物仔细搅松捣碎（如发现有未烧尽的煤粒，应在 800～850℃下继续灼烧 0.5h），然后将灼烧物转移至烧杯中。用热水冲洗坩埚内壁，将洗液收入烧杯，再加入 100～150mL 刚煮沸的水，充分搅拌。如果此时尚有黑色煤粒漂浮在液面上，则本次测定作废。

用中速定性滤纸以倾泻法过滤，用热水冲洗 3 次，然后将残渣移入滤纸中，用热水清洗至少 10 次，洗液总体积为 250～300mL。向滤液中滴入 2～3 滴甲基橙指示剂，用盐酸中和并过量 2mL，使溶液呈微酸性。将溶液加热到沸腾，在不断搅拌下滴加氯化钡溶液 10mL，在近沸状况下保持约 2h，最后溶液体积为 200mL 左右。溶液冷却或静置过夜后用致密无灰定量滤纸过滤，并用热水洗至无氯离子为止（硝酸银溶液检验无混浊）。将带沉淀的滤纸移入已知质量的瓷坩埚中，先在低温下灰化滤纸，然后在温度为 800～850℃ 的马弗炉内灼烧 20～40min，取出坩埚，在空气中稍加冷却后放入干燥器中冷却到室温后称量。

每配制一批艾氏剂或更换其他任一试剂时，应进行 2 个以上空白实验。即除不加煤样外，完全按照国家标准 GB/T 214—2007 实验步骤进行，硫酸钡质量的极差不得大于 0.0010g，取算术平均值作为空白值。

③ 分析结果计算 测定结果由式（4-21）计算。

$$w_{ad}(S_t) = \frac{(m_1 - m_2) \times 0.1374}{m} \times 100\% \qquad (4\text{-}21)$$

式中 $w_{ad}(S_t)$——一般分析试验煤样全硫的质量分数，％；

      m_1——硫酸钡质量，g；

      m_2——空白实验的硫酸钡质量，g；

      m——煤样质量，g；

   0.1374——由硫酸钡换算为硫的系数，g。

④ 测定精密度 全硫测定的精密度见表 4-24 规定。

表 4-24 全硫测定的精密度

全硫含量 $w(S_t)/\%$	重复性限 $w_{ad}(S_t)/\%$	再现性临界差 $w_d(S_t)/\%$
＜1.50	0.05	0.10
1.50～4.00	0.10	0.20
＞4.00	0.20	0.30

⑤ 煤炭硫分分级 煤炭硫分按表 4-25 进行分级。中国煤以特低硫煤和低硫分煤为主，二者可达 23％；其他硫分级别的煤所占比例均很小。

表 4-25 煤炭硫分分级表（GB/T 15224.2—2021）

序号	级别名称	代号	硫分范围 $w_d(S_t)/\%$
1	特低硫煤	SLS	≤0.50
2	低硫分煤	LS	＞0.50～1.00

续表

序号	级别名称	代号	硫分范围 $w_d(S_t)/\%$
3	中低硫煤	LMS	$>1.00\sim1.50$
4	中硫分煤	MS	$>1.50\sim2.00$
5	中高硫煤	MHS	$>2.00\sim3.00$
6	高硫分煤	HS	>3.00

（2）库仑滴定法

① 测定原理　空气干燥煤样在1150℃和催化剂作用下，在空气流中燃烧分解，煤中硫生成硫化物，其中二氧化硫被碘化钾溶液吸收，以电解碘化钾溶液所产生的碘进行滴定，根据电解所消耗的电量计算煤中全硫的含量。

具体反应过程如下。

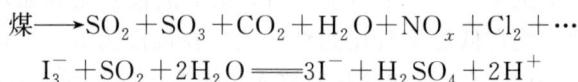

$$煤 \longrightarrow SO_2 + SO_3 + CO_2 + H_2O + NO_x + Cl_2 + \cdots$$
$$I_3^- + SO_2 + 2H_2O =\!=\!= 3I^- + H_2SO_4 + 2H^+$$

在电解池中有两对铂电极——指示电极和电解电极，未工作时，指示电极上存在以下动态平衡。

$$2I^- - 2e^- =\!=\!= I_2$$

当二氧化硫进入溶液后与碘发生反应，破坏了上述平衡，指示电极对电位改变，此信号被输送给运算放大器，运算放大器输出一个相对应的电流到电解电极，发生如下反应。

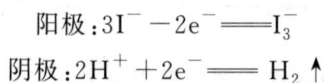

$$阳极：3I^- - 2e^- =\!=\!= I_3^-$$
$$阴极：2H^+ + 2e^- =\!=\!= H_2\uparrow$$

由于 I_3^- 不断生成并不断被二氧化硫所消耗，直到二氧化硫完全反应时，电解产生的 I_3^- 不再被消耗，重新恢复到滴定前的浓度并建立动态平衡，滴定自动停止。电解所消耗的电量由库仑积分仪积分，由法拉第电解定律给出硫的质量（mg）。

② 测定方法　参见煤质分析与实验部分。

③ 分析结果计算　库仑积分器最终显示数为硫的毫克数时，全硫的质量分数按式（4-22）计算。

$$w_{ad}(S_t) = \frac{m_1}{m} \times 100\% \tag{4-22}$$

式中　$w_{ad}(S_t)$——一般分析试验煤样中全硫的质量分数，%；

　　　　m_1——库仑积分器显示值，mg；

　　　　m——煤样质量，mg。

④ 测定精密度　库仑滴定法的精密度要求见表4-26。

表4-26　库仑滴定法测定全硫的精密度要求

全硫质量分数 $w_{ad}(S_t)/\%$	重复性限 $w_{ad}(S_t)/\%$	再现性临界差 $w_{ad}(S_t)/\%$
$\leqslant1.50$	0.05	0.15
$>1.50\sim4.00$	0.10	0.25
>4.00	0.20	0.35

（3）高温燃烧中和法

① 测定原理　煤样在氧气流和催化剂三氧化钨的作用下，在1200℃下燃烧分解，使煤中硫生成硫化物，被过氧化氢吸收生成硫酸，再用氢氧化钠标准溶液滴定，根据消耗的氢氧化钠标准溶液量，计算煤中全硫含量。

测定过程的主要化学反应如下。

煤样的氧化作用

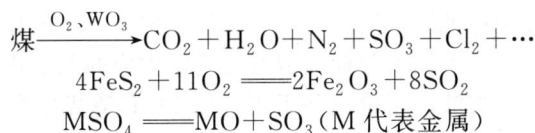

$$煤 \xrightarrow{O_2 \text{、} WO_3} CO_2 + H_2O + N_2 + SO_3 + Cl_2 + \cdots$$
$$4FeS_2 + 11O_2 == 2Fe_2O_3 + 8SO_2$$
$$MSO_4 == MO + SO_3 （M 代表金属）$$

硫氧化物的吸收作用

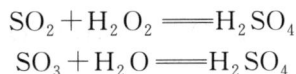

$$SO_2 + H_2O_2 == H_2SO_4$$
$$SO_3 + H_2O == H_2SO_4$$

滴定硫酸的反应

$$H_2SO_4 + 2NaOH == Na_2SO_4 + 2H_2O$$

② 测定方法　高温燃烧中和法测全硫装置如图4-15所示。

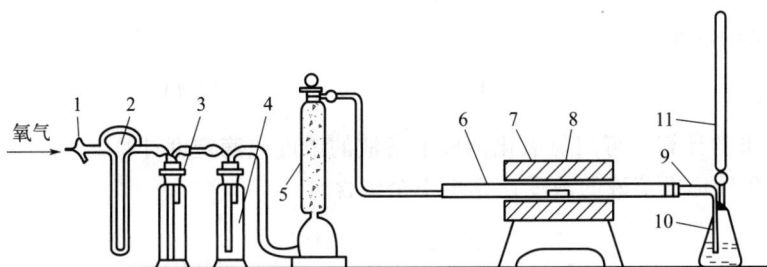

图 4-15　高温燃烧中和法测全硫装置图

1—旋塞；2—流量计；3，4—洗气瓶；5—干燥塔；6—瓷管；7—管式炉；
8—瓷舟；9—导气管；10—吸收瓶；11—滴定管

试验准备：把燃烧管插入高温炉，使细径管端伸出炉口100mm，并接上一段长约30mm的硅橡胶管，将高温炉加热并稳定在（1200±10）℃，测定燃烧管内高温恒温带及500℃温度带部位和长度，将干燥塔、氧气流量计、高温炉的燃烧管和吸收瓶连接好，并检查气密性。

测定步骤：将高温炉加热并控制在（1200±10）℃，用量筒分别量取100mL已中和过的氢氧化钠溶液，倒入两个吸收瓶中，塞上带有气体过滤器的瓶塞并连接到燃烧管的细径端，再次检查气密性。称取粒度小于0.2mm的空气干燥煤样（0.2±0.01）g（称准至0.002g）于燃烧舟中，并盖上一层三氧化钨。将盛有煤样的燃烧舟放在燃烧管入口端，随即用带T形管的橡皮塞塞紧，然后以350 mL/min的流量通入氧气。用镍铬丝推棒将燃烧舟推到500℃温度区并保持5min，再将燃烧舟推到高温区，立即撤回推棒，使煤样在该区燃烧10min。

停止通氧，先取下靠近燃烧管的吸收瓶，再取下另一个吸收瓶和带T形管的橡皮塞用镍铬丝钩取出燃烧舟，取下吸收瓶塞，用蒸馏水清洗气体过滤器 2～3 次，清洗时用洗耳球加压排出洗液。分别向两个吸收瓶内加入 3～4 滴甲基红、亚甲基蓝（1＋1）混合指示剂，用氢氧化钠标准溶液滴定至溶液由桃红色变为钢灰色，记下氢氧化钠溶液的用量。

在燃烧舟内放一薄层三氧化钨（不加煤样），按上述步骤测定空白值。

③ 氯的校正　煤在氧气中燃烧分解后，煤中的氯也将转化为游离状态的氯气析出，氯气被过氧化氢吸收生成盐酸，也需消耗一定量的氢氧化钠标准溶液，使全硫测定结果偏高，故氯的质量分数高于 0.02％的煤样需对测定结果进行校正。

校正方法是在氢氧化钠标准溶液滴定到终点的试液中加入 10mL 羟基氰化汞溶液，使生成的氯化钠转变为氢氧化钠，再用硫酸标准溶液返滴定生成的氢氧化钠，溶液由绿色变为钢灰色为终点，记下硫酸标准溶液的用量。利用式（4-25）计算煤中全硫的质量分数。各反应如下。

氯的吸收作用

$$Cl_2 + H_2O_2 \Longrightarrow 2HCl + O_2$$

滴定盐酸的反应

$$HCl + NaOH \Longrightarrow NaCl + H_2O$$

氯化钠的转化作用

$$NaCl + Hg(OH)CN \Longrightarrow HgCl(CN) + NaOH$$

测定氯含量的返滴定

$$2NaOH + H_2SO_4 \Longrightarrow Na_2SO_4 + 2H_2O$$

④ 测定结果的计算　可用氢氧化钠标准溶液的浓度或滴定度计算。

a. 用氢氧化钠标准溶液的浓度计算煤中全硫含量。

$$w_{ad}(S_t) = \frac{c(V - V_0) \times 0.016 \times f}{m} \times 100\%$$ (4-23)

式中　$w_{ad}(S_t)$——一般分析试验煤样中全硫的质量分数，％；

　　　　V——煤样测定时，氢氧化钠标准溶液的用量，mL；

　　　　V_0——空白测定时，氢氧化钠标准溶液的用量，mL；

　　　　c——氢氧化钠标准溶液的浓度，mol/L；

　　　　m——煤样质量，g；

　　0.016——硫（1/2S）的毫摩尔质量，g/mmol；

　　　　f——校正系数，当 $w_{ad}(S_t) < 1\%$时，$f = 0.95$；$w_{ad}(S_t) = 1\%～4\%$时，$f = 1.00$；$w_{ad}(S_t) > 4\%$时，$f = 1.05$。

b. 用氢氧化钠标准溶液的滴定度计算煤中全硫含量。

$$w_{ad}(S_t) = \frac{(V_1 - V_0)T}{m} \times 100\%$$ (4-24)

式中　$w_{ad}(S_t)$——一般分析试验煤样中全硫的质量分数，％；

　　　　V_1——煤样测定时，氢氧化钠标准溶液的用量，mL；

V_0——空白测定时，氢氧化钠标准溶液的用量，mL；

T——氢氧化钠标准溶液对硫的滴定度，g/mL；

m——煤样质量，g。

c. 当煤样中氯含量大于 0.02% 时，进行氯的校正后，按式（4-25）计算煤中全硫含量。

$$w_{ad}(S_t) = w_{ad}(S_t^n) - \frac{cV_2 \times 0.016}{m} \times 100\% \qquad (4\text{-}25)$$

式中　$w_{ad}(S_t)$——一般分析试验煤样全硫的质量分数，%；

$w_{ad}(S_t^n)$——按式（4-23）或式（4-24）计算的全硫的质量分数，%；

c——硫酸（$1/2H_2SO_4$）标准溶液的浓度，mol/L；

V_2——硫酸标准溶液的用量，mL；

0.016——硫（$1/2S$）的毫摩尔质量，g/mmol；

m——煤样质量，g。

⑤ 测定精密度　采用高温燃烧中和法测定全硫的精密度如表 4-27 规定。

表 4-27　高温燃烧中和法测定全硫的精密度

$w_{ad}(S_t)$/%	重复性限 $w_{ad}(S_t)$/%	再现性临界差 $w_d(S_t)$/%
<1.00	0.05	0.15
1.00~4.00	0.10	0.25
>4.00	0.20	0.35

5. 煤中各种形态硫的测定

煤中的各种形态硫主要指硫酸盐硫、硫化铁硫和有机硫三种形态，不同形态的硫对煤质的影响不同，在洗选时的脱硫效果及对金属设备的侵害程度都有一定差别。例如，硫化铁硫含量高的煤，就容易洗选除去，而有机硫高的煤就很难除去，有时还会富集。因此，硫含量偏高时，应对各种形态硫进行测定。

（1）硫酸盐硫的测定

① 测定原理　此法基于硫酸盐可溶于稀盐酸，而硫化铁硫和有机硫均不与稀盐酸作用的原理，用浓度为 5mol/L 的稀盐酸煮沸煤样，浸取煤中硫酸盐并使其生成硫酸钡沉淀，根据硫酸钡沉淀的质量，计算煤中硫酸盐硫的含量，反应式如下。

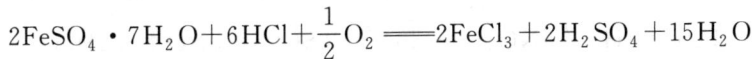

$$CaSO_4 \cdot 2H_2O + 2HCl \Longrightarrow CaCl_2 + H_2SO_4 + 2H_2O$$

$$2FeSO_4 \cdot 7H_2O + 6HCl + \frac{1}{2}O_2 \Longrightarrow 2FeCl_3 + 2H_2SO_4 + 15H_2O$$

$$H_2SO_4 + BaCl_2 \Longrightarrow BaSO_4 \downarrow + 2HCl$$

② 测定方法　准确称取粒度小于 0.2mm 的一般分析试验煤样（1±0.1）g（称准至 0.0002g），放入 250mL 烧杯中，加入 0.5~1mL 乙醇润湿，然后加入 50mL 盐酸溶液，盖上表面皿，摇匀，在电热板上加热，微沸 30min。取下烧杯，稍冷用倾泻法通过慢速定性滤纸过滤，用热水冲洗煤样数次，然后将煤样全部转移到滤纸上，并用热水洗到无铁离子为止。过滤时如有煤粉穿过滤纸，则需重新过滤，如滤液呈黄色，需加入 0.1g 铝粉或锌粉，微热使黄色消失后再过滤，用水洗到无氯离子为止。过滤完毕，将煤样与滤纸一起叠好后放

入原烧杯中，供测定硫化铁硫用。

向滤液中加入 2～3 滴甲基橙指示剂，用 (1+1) 氨水中和至微碱性（溶液呈黄色），再加入盐酸调到溶液成微酸性（溶液呈红色），再过量 2mL，加热到沸腾，在不断搅拌下滴加 10％氯化钡溶液 10mL，放在电热板或沙浴上微沸 2h 或放置过夜，最后保持溶液体积在 200mL 左右，用慢速定量滤纸过滤并用热水洗到无氯离子为止。

将沉淀物连同滤纸移入恒重的瓷坩埚中，先在低温下灰化滤纸，然后在温度 800～850℃马弗炉中灼烧 40min。取出坩埚，在空气中稍稍冷却后，放入干燥器中冷却至室温称量。

按与分析煤样相同的步骤，不加煤样，进行空白测定，取两次测定平均值作为空白值。

③ 测定结果的计算　一般分析试验煤样中硫酸盐硫的质量分数按式 (4-26) 计算。

$$w_{ad}(S_s) = \frac{(m_1 - m_0) \times 0.1374}{m} \times 100\% \qquad (4\text{-}26)$$

式中　$w_{ad}(S_s)$——一般分析试验煤样中硫酸盐硫的质量分数，％；

　　　m_1——煤样测定时得到的硫酸钡质量，g；

　　　m_0——空白测定时得到的硫酸钡质量，g；

　　　m——煤样质量，g；

　　0.1374——由硫酸钡换算为硫的系数。

④ 测定的精密度　硫酸盐硫测定的重复性和再现性见表 4-28 规定。

表 4-28　硫酸盐硫测定的精密度

重复性限 $w_{ad}(S_s)$/％	再现性临界差 $w_d(S_s)$/％
0.03	0.10

(2) 硫化铁硫的测定　硫化铁硫的测定分为方法 A（氧化法）和方法 B（原子吸收分光光度法）两种方法。

① 方法 A——氧化法　此法用滴定铁的方法取代直接测硫，克服了在硝酸氧化煤样时，一部分硫化铁硫氧化不完全而生成元素硫。同时，侧链上的部分有机硫也可能被氧化导致测定结果不准确。

a. 测定原理。用稀盐酸浸取煤中非硫化铁中的铁，浸取后的煤样用稀硝酸浸取把硫化铁中的硫氧化成硫酸盐；把硫化铁中的铁氧化为三价铁，再用氯化亚锡 (SnCl_2) 还原为二价铁，然后用重铬酸钾溶液滴定，再以铁的质量计算煤中硫化铁硫含量，主要反应如下。

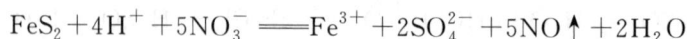

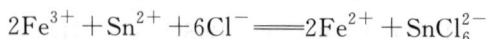

$$FeS_2 + 4H^+ + 5NO_3^- \Longrightarrow Fe^{3+} + 2SO_4^{2-} + 5NO\uparrow + 2H_2O$$

$$2Fe^{3+} + Sn^{2+} + 6Cl^- \Longrightarrow 2Fe^{2+} + SnCl_6^{2-}$$

$$6Fe^{2+} + Cr_2O_7^{2-} + 14H^+ \Longrightarrow 6Fe^{3+} + 2Cr^{3+} + 7H_2O$$

b. 测定方法。在硫酸盐硫测定时用盐酸浸取的煤样中加入 (1+7) 硝酸 50mL，盖上表面皿，煮沸 30min，用水冲洗表面皿，过滤并用热水洗到无铁离子时为止。

在滤液中加入 2mL 过氧化氢，煮沸约 5min，加入 (1+1) 氨水溶液至出现氢氧化铁沉淀，待沉淀完全时，再加 2mL 氨水溶液。将溶液煮沸，过滤，用热水冲洗沉淀和烧杯壁 1～2 次。穿破滤纸，用热水把沉淀洗到原烧杯中，把沉淀转移到滤纸中，并用 10mL 盐酸冲洗滤纸四周，再用热水洗涤滤纸数次至无铁离子为止。

盖上表面皿，将溶液加热到沸腾至溶液体积约 20～30mL，在不断搅拌下，滴加氯化亚锡溶液，直到黄色消失并多加 2 滴，迅速冷却后，用水冲洗表面皿和杯壁，加 10mL 氯化汞饱和溶液，直到白色丝状的氯化亚汞沉淀形成。放置片刻，用水稀释到 100mL，加入 15mL 硫酸磷酸混合液和 5 滴二苯胺磺酸钠指示剂，用 $c(1/6K_2Cr_2O_7)=0.05mol/L$ 的重铬酸钾标准溶液滴定，直到溶液呈稳定的紫色，记下消耗标准溶液的体积。

对每批试剂按上述方法不加煤样进行空白测定，取两次测定的平均值作为空白值。

c. 测定结果的计算。氧化法测硫化铁硫的结果按式（4-27）计算

$$w_{ad}(S_p) = \frac{c(V_1-V_0)\times0.05585\times1.148}{m}\times100\% \tag{4-27}$$

式中　$w_{ad}(S_p)$——一般分析试验煤样中硫化铁硫质量分数，%；

　　　　c——重铬酸钾（$1/6K_2Cr_2O_7$）标准溶液的浓度，mol/L；

　　　　V_1——煤样测定时重铬酸钾标准溶液用量，mL；

　　　　V_0——空白测定时重铬酸钾标准溶液用量，mL；

　　　　m——煤样质量，g；

　　0.05585——铁的摩尔质量，g/mmol；

　　1.148——由铁换算为硫化铁硫的系数。

② 方法 B——原子吸收分光光度法　此法与氧化法相比，具有灵敏度高、干扰少、测定结果稳定可靠、重复性好等优点，同时大大简化了操作步骤，省去了氧化法中的沉淀、溶解、再滴定等较为烦琐的实验步骤，也节省了试剂。

a. 测定原理。用稀盐酸浸取非硫化铁中的铁，浸取后的煤样用稀硝酸浸取，分解反应为

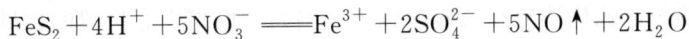

$$FeS_2+4H^++5NO_3^- \Longrightarrow Fe^{3+}+2SO_4^{2-}+5NO\uparrow+2H_2O$$

Fe^{3+} 转入溶液中，用原子吸收分光光度法测定硝酸浸取液中的铁含量，再以铁的质量计算煤中硫化铁硫的含量。

b. 测定方法。首先制备样品母液、待测样品溶液、空白溶液、铁标准工作溶液、标准系列溶液。然后按表 4-29 规定调节铁的分析线波长和所使用的火焰气体，仪器的其他参数——灯电流、通带宽度、燃烧器高度、助燃比等应调至所使用仪器的最佳值。

表 4-29　测定铁使用的条件

元素	分析线波长/nm	火焰气体
Fe	248.3	空气-乙炔

铁的测定：按确定的仪器工作条件，分别测定样品溶液和标准系列溶液的吸光度。以标准系列溶液中铁的浓度（μg/mL）为横坐标，以相应溶液的吸光度为纵坐标，绘制铁的工作曲线。根据样品溶液和空白溶液的吸光度，从工作曲线上查出铁的浓度。

c. 测定结果的计算。硫化铁硫的质量分数按式（4-28）计算。

$$w_{ad}(S_p) = \frac{\rho_1-\rho_0}{mV}\times1.148\times2\times100\% \tag{4-28}$$

式中　　$w_{ad}(S_p)$——一般分析试验煤样中硫化铁硫的质量分数，%；

ρ_1——待测样品溶液中铁的浓度，$\mu g/mL$；

ρ_0——空白溶液中铁的浓度，$\mu g/mL$；

m——煤样质量，g；

V——分取的样品母液的体积，mL；

1.148——由铁换算成硫化铁硫的系数。

③ 测定精密度　硫化铁硫测定（方法 A 和方法 B）的重复性和再现性见表 4-30 规定。

表 4-30　硫化铁硫测定的精密度

硫化铁硫的质量分数/%	重复性限 $w_{ad}(S_p)$/%	再现性临界差 $w_d(S_p)$/%
<1.00	0.05	0.10
1.00~4.00	0.10	0.20
>4.00	0.20	0.30

（3）有机硫的计算　煤中三种形态硫的总和即为全硫，所以有机硫等于全硫减去硫酸盐硫和硫化铁硫。

$$w_{ad}(S_o)=w_{ad}(S_t)-[w_{ad}(S_s)+w_{ad}(S_p)] \tag{4-29}$$

式中　　$w_{ad}(S_o)$——一般分析试验煤样中有机硫的质量分数，%；

$w_{ad}(S_t)$——一般分析试验煤样中全硫的质量分数（按 GB/T 214—2007 规定测定），%；

$w_{ad}(S_s)$——一般分析试验煤样中硫酸盐硫的质量分数，%；

$w_{ad}(S_p)$——一般分析试验煤样中硫化铁硫的质量分数，%。

由于把这三种硫的测定误差都累积到了有机硫上，所以有机硫的计算值误差比较大。当测得的全硫结果偏低，硫化铁硫和硫酸盐硫结果偏高，而煤中有机硫的含量又极低时，有机硫的结果可能是负值。

6. 煤中磷的测定

磷在煤中的含量较低，一般为 0.001%~0.1%，最高不超过 1%。煤中磷主要是无机磷，如磷灰石 $[Ca_5(PO_4)_3(F,Cl,OH)]$，也有微量的有机磷。炼焦时煤中的磷进入焦炭，炼铁时磷又从焦炭进入生铁，当其含量超过 0.05% 时会使钢铁产生冷脆性，在零下十几度的低温下会使钢铁制品脆裂，因此炼焦用煤要求磷含量<0.1%。在作为动力燃料时，煤中的含磷化合物在高温下挥发，在锅炉加热面上冷凝下来，胶结一些飞灰微粒，形成不易清除的沉积物，严重影响锅炉效率。所以磷的分析虽不属于常规分析内容，但因其含量是煤质的重要指标之一，故在冶金焦用煤、动力用煤等方面，需测定煤中磷的含量。

采用磷钼蓝比色法测定煤中的磷，具有灵敏度高、结果可靠、手续简便快速、干扰元素易分离和消除的特点，适用于微量磷的分析。

（1）测定原理　将煤样灰化后用氢氟酸-硫酸分解、脱除二氧化硅，然后加入钼酸铵和抗坏血酸，生成磷钼蓝后用分光光度计测定吸光度。

（2）测定方法

① A 法（称取灰样法）测定步骤如下。

煤样灰化：按 GB/T 212—2008 中规定的缓慢灰化法（见煤质分析与实验部分）灰化煤

样，然后研细到全部通过 0.1mm 筛。

灰的酸解：准确称取灰样 0.05～0.1g（称准至 0.0002g），于聚四氟乙烯（或铂）坩埚中，加硫酸 2mL，氢氟酸 5mL，放在电热板上加热蒸发（温度约 100℃）直到氢氟酸白烟冒尽。冷却，再加硫酸 0.5mL，升高温度继续加热蒸发，直至冒硫酸白烟（但不要干涸）。冷却，加数滴冷水并摇动，然后再加 20mL 热水，继续加热至近沸。用水将坩埚内容物移入 100mL 容量瓶中并将坩埚洗净，冷至室温，用水稀释至刻度，混匀，澄清后备用。

然后分别配制样品空白溶液、磷标准工作溶液绘制工作曲线。

工作曲线的绘制：分别吸取磷标准工作溶液 0mL、1.0mL、2.0mL、3.0mL 于 50mL 容量瓶中，加入钼酸铵-硫酸、抗坏血酸、酒石酸锑钾混合溶液 5mL，用水稀释至刻度，混匀，于室温（高于 10℃）下放置 1h，然后移入 10～30mm 的比色皿内。在分光光度计（或比色计）上，用波长 650nm（或相当于 650nm 的滤光片），以标准空白溶液做参比，测其吸光度。以磷含量为横坐标，吸光度为纵坐标绘制工作曲线。

测定：吸取酸解后的澄清溶液 10mL（若分取的 10mL 试液中磷超过 0.030mg，应少取溶液或减少称样量，计算时做相应的校正）和样品空白溶液 10mL 分别加入 50mL 容量瓶中，以下按工作曲线绘制规定进行，以样品空白溶液为参比，测定吸光度。

② B 法（称取煤样法）测定方法如下。

煤样灰化：准确称取粒度小于 0.2mm 的一般分析试验煤样 0.5～1g（使其灰量在 0.05～0.1g）于灰皿中（称准至 0.0002g）。轻轻摇动使其铺平，然后置于马弗炉中，半启炉门从室温缓缓升温到（815±10）℃，并在该温度下灼烧 1h，直至无含碳物。

灰的酸解：将上述灰样全部移入聚四氟乙烯或铂坩埚中，按 A 法规定进行酸解。

其余同 A 法。

（3）测定结果计算　采用 A 法测定时，磷的质量分数由式（4-30）计算。

$$w_{ad}(P) = \frac{m_1}{10mV} A_{ad} \tag{4-30}$$

式中　$w_{ad}(P)$——一般分析试验煤样中磷的质量分数，%；

$\quad\quad m_1$——从工作曲线上查得所分取试液的磷质量，mg；

$\quad\quad V$——从试液总溶液中所分取的试液体积，mL；

$\quad\quad m$——灰样质量，g；

$\quad\quad A_{ad}$——一般分析试验煤样灰分的质量分数，%。

采用 B 法测定时，磷的质量分数由式（4-31）计算。

$$w_{ad}(P) = \frac{10m_1}{mV} A_{ad} \tag{4-31}$$

式中　$w_{ad}(P)$——一般分析试验煤样中磷的质量分数，%；

$\quad\quad m_1$——从工作曲线上查得所分取试液的磷质量，mg；

$\quad\quad V$——从试液总溶液中所分取的试液体积，mL；

$\quad\quad m$——一般分析试验煤样的质量，g；

$\quad\quad A_{ad}$——一般分析试验煤样灰分的质量分数，%。

（4）测定精密度　磷测定的重复性和再现性见表 4-31 规定。

表 4-31　磷测定的精密度

磷的质量分数/%	重复性限 $w_{ad}(P)$	再现性临界差 $w_d(P)$
<0.02	0.002(绝对)	0.004(绝对)
≥0.02	10%(相对)	20%(相对)

（5）煤中磷分分级　煤中磷分分级见表 4-32。中国煤以中磷分煤为主，约占 50%；其他磷分级别的煤所占比例均不大。

表 4-32　煤中磷分分级表（MT/T 562—1996）

序号	级别名称	代号	磷分范围 $w_d(P)$/%
1	特低磷煤	SLP	≤0.010
2	低磷分煤	LP	>0.010~0.050
3	中磷分煤	MP	>0.050~0.100
4	高磷分煤	HP	>0.100

第四节　煤的发热量

煤的发热量是指单位质量的煤完全燃烧时所放出的热量，用符号 Q 表示。发热量的单位是 J（焦耳）/g 或 MJ（兆焦）/kg，其换算关系是 $1MJ/kg = 10^3 J/g$。

煤的发热量不但是煤质分析及煤炭分类的重要指标，而且是热工计算的基础。在煤质研究中，利用发热量可以表征煤化程度及黏结性、结焦性等与煤化程度有关的工艺性质。在煤的国际分类和中国煤炭分类中，发热量是低煤化程度煤的分类指标之一。在煤的燃烧或转化过程中，常用发热量来计算热平衡、热效率及耗煤量等。利用煤的发热量还可估算锅炉燃烧的理论空气量、烟气量及可达到的理论燃烧温度等，这些指标是锅炉设计、燃烧设备选型的重要技术依据。此外，煤的发热量还是动力用煤计价的主要依据。可见测定煤的发热量有着非常重要的意义。

一、煤发热量的测定

1. 热量计简介

目前，国际、国内均采用氧弹量热法测定煤的发热量。通用热量计有恒温式和绝热式两种类型。它们的基本结构相似，只是热量计的外筒控制热交换的方式不同。

（1）恒温式热量计

见图 4-16，恒温式热量计的外筒体积较大，且要求盛满水的外筒热容量大于内筒及氧弹等在工作时热容量的 5 倍，其目的是保持试验过程中外筒温度基本恒定。为了减少室温变化对发热量测定值的影响，外筒的周围还可加装绝缘保护层。由于恒温式热量计的外筒温度基本恒定不变，在测定发热量的过程中内、外筒之间存在热交换，所以在进行发热量计算时要进行冷却校正。使用恒温式热量计操作步骤和计算都比较复杂，但仪器的构造简单，容易维护。

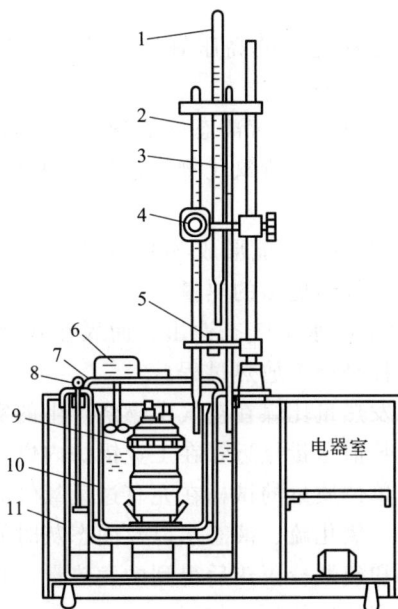

图 4-16　恒温式热量计

1—室温温度计；2—内筒温度计；3—外筒温度计；4—放大镜；5—振荡器；
6—内搅拌器；7—盖；8—外搅拌器；9—氧弹；10—内筒；11—外筒

（2）绝热式热量计

在绝热式热量计的外筒中安装有自动控温装置，当煤样被点燃后，内筒的温度升高，此时外筒的温度能自动追踪内筒温度而上升，使内、外筒温度始终保持一致，内、外筒间不存在温差，因而没有热交换，不需要进行冷却校正。使用绝热式热量计，操作和计算都比较简单，但仪器结构较为复杂，不易维护。

（3）自动氧弹热量计

目前许多实验室已配置了自动氧弹热量计，自动氧弹热量计仍使用氧弹量热法，只是用铂电阻温度计代替贝克曼温度计，电脑自动记录温度并完成数据的处理与计算，最后由打印机将发热量测定结果打印出来，同时具备操作简便、快速、准确等优点。

2. 发热量测定的原理

将一定质量的空气干燥煤样放入特制的氧弹（耐热、耐压、耐腐蚀的镍铬或镍铬钼合金钢制成）中，向氧弹中充入过量的氧气，将氧弹放入已知热容量的盛水内筒中，再将内筒置入盛满水的外筒中。利用电流加热弹筒内的金属丝使煤样引燃，煤样在过量的氧气中完全燃烧，其产物为 CO_2、H_2O、灰以及燃烧后被水吸收形成的 H_2SO_4 和 HNO_3 等。燃烧产生的热量被内筒中的水吸收，通过测量内筒温度升高数值，并经过一系列的温度校正后，就可以计算出单位质量的煤完全燃烧所产生的热量，即弹筒发热量 $Q_{b,ad}$。弹筒发热量是指单位质量的试样在充有过量氧气的氧弹内燃烧，其燃烧产物组成为氧气、氮气、二氧化碳、硝酸和硫酸、液态水以及固态灰时放出的热量。弹筒发热量是在恒定容积下测定的，属于恒容发热量。

3. 发热量的测定步骤

见煤质分析与实验部分。主要测定煤的恒容高位发热量、恒容低位发热量和恒压低位发热量。

测定弹筒发热量时，煤样是在充足的高压氧气中燃烧，这与煤在空气中燃烧有很大差别，主要差别有三个方面。

① 煤在空气中燃烧时，煤中的氮呈游离态的氮逸出；而煤在弹筒中燃烧时，煤中的部分氮却生成了 NO_2 或者 N_2O 等氮的高价氧化物，这些氮的氧化物又与弹筒中的水作用生成硝酸，这个过程要放出热量。

② 煤在空气中燃烧时，煤中的硫只能形成 SO_2 气体而逸出；而煤在弹筒中燃烧时，硫却生成了稀硫酸，这个过程也要放出更多的热量。

③ 煤在空气中燃烧时，煤中的水呈气态逸出；而煤在弹筒中燃烧时，煤中的水由燃烧时的气态凝结成液态，这个过程是一个放热过程。

由于上述原因，煤的弹筒发热量比煤在空气中燃烧产生的实际热量高，所以必须对弹筒发热量进行校正，使发热量的数值尽量接近煤在工业锅炉内燃烧所产生的实际热量。

煤的恒容高位发热量是指单位质量的试样在充有过量氧气的氧弹内燃烧，其燃烧产物组成为氧气、氮气、二氧化碳、二氧化硫、液态水以及固态灰时放出的热量。高位发热量也即由弹筒发热量减去硝酸生成热和硫酸校正热后得到的发热量，其计算公式（适用于计算空气干燥煤样或水煤浆试样的恒容高位发热量）如下。

$$Q_{gr,v,ad} = Q_{b,ad} - [94.1 w_{ad}(S_b) + \alpha Q_{b,ad}] \tag{4-32}$$

式中 $Q_{gr,v,ad}$ ——一般分析试验煤样（或水煤浆干燥试样）的恒容高位发热量，J/g；

$Q_{b,ad}$ ——一般分析试验煤样的弹筒发热量，J/g；

$w_{ad}(S_b)$ ——由弹筒洗液测得的煤中硫的质量分数，%；

94.1 ——一般分析试验煤样（或水煤浆干燥试样）中每 1.00% 的硫的校正值，J；

α ——硝酸生成热校正系数，当 $Q_{b,ad} \leqslant 16.70MJ/kg$ 时，$\alpha = 0.0010$；当 $16.70MJ/kg < Q_{b,ad} \leqslant 25.10MJ/kg$ 时，$\alpha = 0.0012$；当 $Q_{b,ad} > 25.10MJ/kg$ 时，$\alpha = 0.0016$。

如果称取的是水煤浆试样，计算高位发热量为水煤浆试样的高位发热量 $Q_{gr,cwm}$（分别用 $Q_{b,cwm}$ 和 $S_{b,cwm}$ 代替公式中的 $Q_{b,ad}$ 和 $S_{b,ad}$）。

煤的恒容低位发热量是指单位质量的试样在充有过量氧气的氧弹内燃烧，其燃烧产物组成为氧气、氮气、二氧化碳、二氧化硫、气态水以及固态灰时放出的热量。恒容低位发热量也即由高位发热量减去水（煤中原有的水和煤中氢燃烧生成的水）的汽化热后得到的发热量。其计算公式如下。

$$Q_{net,v,ar} = [Q_{gr,v,ad} - 206 w_{ad}(H)] \times \frac{100\% - M_t}{100\% - M_{ad}} - 23M_t \tag{4-33}$$

式中 $Q_{net,v,ar}$ ——煤或水煤浆的收到基恒容低位发热量，J/g；

$Q_{gr,v,ad}$ ——一般分析试验煤样（或水煤浆干燥试样）的恒容高位发热量，J/g；

M_t ——煤的收到基全水分或水煤浆水分的质量分数，%；

M_{ad} ——一般分析试验煤样（或水煤浆干燥试样）水分的质量分数，%；

$w_{ad}(H)$ ——一般分析试验煤样（或水煤浆干燥试样）氢的质量分数，%；

206 ——对应于一般分析试验煤样（或水煤浆干燥试样）中每 1% 氢的汽化热校正值（恒容），J/g；

23——对应于收到基煤或水煤浆中每 1% 水分的汽化热校正值（恒容），J/g。

如果称取的是水煤浆试样，其恒容低位发热量按式（4-34）计算：

$$Q_{\mathrm{net,v,cwm}} = Q_{\mathrm{gr,v,cwm}} - 206H_{\mathrm{cwm}} - 23M_{\mathrm{cwm}} \qquad (4\text{-}34)$$

式中 $Q_{\mathrm{net,v,cwm}}$——水煤浆的恒容低位发热量，J/g；

$Q_{\mathrm{gr,v,cwm}}$——水煤浆的恒容高位发热量，J/g；

H_{cwm}——水煤浆中氢的质量分数，%；

M_{cwm}——水煤浆中水分的质量分数，%。

需要指出的是，煤的发热量有恒容与恒压之分，这是因为煤样在不同条件下燃烧所致。其中，恒容发热量是指单位质量的煤样在恒定容积内完全燃烧，无膨胀做功时的发热量。而恒压发热量是指单位质量的煤样在恒定压力下完全燃烧，有膨胀做功时的发热量，煤在锅炉内燃烧就是在恒压下进行的，收到基恒压低位发热量可由式（4-35）计算：

$$Q_{\mathrm{net,p,ar}} = [Q_{\mathrm{gr,v,ad}} - 212w_{\mathrm{ad}}(\mathrm{H}) - 0.80w_{\mathrm{ad}}(\mathrm{O}) + w_{\mathrm{ad}}(\mathrm{N})] \times \frac{100\% - M_{\mathrm{t}}}{100\% - M_{\mathrm{ad}}} - 24.4M_{\mathrm{t}}$$

$$(4\text{-}35)$$

式中 $Q_{\mathrm{net,p,ar}}$—— 煤或水煤浆的收到基恒压低位发热量，J/g；

$w_{\mathrm{ad}}(\mathrm{O})$—— 一般分析试验煤样（或水煤浆干燥试样）氧的质量分数，%；

$w_{\mathrm{ad}}(\mathrm{N})$—— 一般分析试验煤样（或水煤浆干燥试样）氮的质量分数，%；

212——对应于一般分析试验煤样中每 1% 氢的汽化热校正值（恒压），J/g；

0.80——对应于一般分析试验煤样（或水煤浆干燥试样）中每 1% 氧和氮的汽化热校正值（恒压），J/g；

24.4——对应于收到基煤或水煤浆中每 1% 水分的汽化热校正值（恒压），J/g。

其中，$[w_{\mathrm{ad}}(\mathrm{O}) + w_{\mathrm{ad}}(\mathrm{N})] = 100 - M_{\mathrm{ad}} - A_{\mathrm{ad}} - w_{\mathrm{ad}}(\mathrm{C}) - w_{\mathrm{ad}}(\mathrm{H}) - w_{\mathrm{ad}}(\mathrm{S_t})$。

如果称取的是水煤浆试样，水煤浆的恒压低位发热量按式（4-36）计算：

$$Q_{\mathrm{net,p,cwm}} = Q_{\mathrm{gr,v,cwm}} - 212H_{\mathrm{cwm}} - 0.8(Q_{\mathrm{cwm}} + N_{\mathrm{cwm}}) - 24.4M_{\mathrm{cwm}} \qquad (4\text{-}36)$$

式中 $Q_{\mathrm{net,p,cwm}}$——水煤浆的恒压低位发热量，J；

Q_{cwm}——水煤浆中氧的质量分数，%；

N_{cwm}——水煤浆中氮的质量分数，%。

4. 发热量的基准换算

实际工作中，经常使用的发热量指标主要有：空气干燥基弹筒发热量 $Q_{\mathrm{b,ad}}$、空气干燥基高位发热量 $Q_{\mathrm{gr,v,ad}}$、干燥基高位发热量 $Q_{\mathrm{gr,v,d}}$、干燥无灰基高位发热量 $Q_{\mathrm{gr,v,daf}}$、收到基低位发热量 $Q_{\mathrm{net,v,ar}}$、恒湿无灰基高位发热量 $Q_{\mathrm{gr,maf}}$ 等。其中，空气干燥基弹筒发热量是发热量测定的原始数据，供计算高位发热量和低位发热量时使用；干燥无灰基高位发热量用于评定煤炭质量及进行煤质研究；收到基低位发热量最接近煤在工业锅炉中燃烧产生的实际发热量，所以用于动力用煤的有关计算，工业锅炉的设计和煤炭计价等都使用收到基低位发热量；恒湿无灰基高位发热量主要用于煤的分类；空气干燥基高位发热量主要用于各基准间的换算；干燥基高位发热量常用于不同化验室之间发热量测定值的对比。可见发热量的基准换算有很重要的意义。

（1）高位发热量基准的换算

$$Q_{\mathrm{gr,ar}}=Q_{\mathrm{gr,ad}}\times\frac{100\%-M_{\mathrm{t}}}{100\%-M_{\mathrm{ad}}}$$

$$Q_{\mathrm{gr,d}}=Q_{\mathrm{gr,ad}}\times\frac{100\%}{100\%-M_{\mathrm{ad}}}$$

$$Q_{\mathrm{gr,daf}}=Q_{\mathrm{gr,ad}}\times\frac{100\%}{100\%-M_{\mathrm{ad}}-A_{\mathrm{ad}}} \qquad (4\text{-}37)$$

式中　　　　　Q_{gr}——高位发热量，J/g；

M_{ad}——一般分析试验煤样水分的质量分数，%；

A_{ad}——一般分析试验煤样灰分的质量分数，%；

ar、ad、d、daf——收到基、空气干燥基、干燥基和干燥无灰基。

（2）低位发热量基准的换算

$$Q_{\mathrm{net,v,M}}=[Q_{\mathrm{gr,v,ad}}-206w_{\mathrm{ad}}(\mathrm{H})]\times\frac{100\%-M}{100\%-M_{\mathrm{ad}}}-23M$$

式中　　$Q_{\mathrm{net,v,M}}$——水分为 M 的煤的恒容低位发热量，J/g；

$w_{\mathrm{ad}}(\mathrm{H})$——一般分析试验煤样氢的质量分数，%；

M_{ad}——一般分析试验煤样水分的质量分数，%；

M——要计算的那个基准的水分，%，对于干燥基 $M=0$，对于空气干燥基 $M=M_{\mathrm{ad}}$，对于收到基 $M=M_{\mathrm{t}}$。

由此可推出，根据空气干燥基高位发热量计算干燥基低位发热量、空气干燥基低位发热量和收到基低位发热量的公式。

$$Q_{\mathrm{net,v,d}}=[Q_{\mathrm{gr,v,ad}}-206w_{\mathrm{ad}}(\mathrm{H})]\times\frac{100\%}{100\%-M_{\mathrm{ad}}}$$

$$Q_{\mathrm{net,v,ad}}=[Q_{\mathrm{gr,v,ad}}-206w_{\mathrm{ad}}(\mathrm{H})]-23M_{\mathrm{ad}}$$

$$Q_{\mathrm{net,v,ar}}=[Q_{\mathrm{gr,v,ad}}-206w_{\mathrm{ad}}(\mathrm{H})]\times\frac{100\%-M_{\mathrm{t}}}{100\%-M_{\mathrm{ad}}}-23M_{\mathrm{t}}$$

二、利用经验公式计算煤的发热量

煤的发热量除了可用氧弹量热法直接测定外，还可利用计算方法求得。由于煤是一种复杂的混合物，不可能用一个通用的公式来计算各矿区、各煤种的发热量，所以这种计算方法一般都是根据具体矿区或煤种的特点，通过多次实验、反复验证得出的经验公式。

1. 利用工业分析数据计算煤的发热量

如果从工业分析角度看，煤的主要组成成分是挥发分、固定碳，还有一定数量的矿物质（常以灰分产率表示）及水分（包括内在水分和外在水分）。其中，挥发分和固定碳是可燃成分，它们的含量越高，煤的发热量越大；煤中的矿物质除少量硫铁矿在燃烧过程中能产生少量热值外，其余绝大多数矿物质在煤燃烧过程中，不但不产生热量还要吸收热量进行分解；水分是煤中的不可燃成分，而且在煤燃烧过程中还要吸收热量变成水蒸气而逸出。所以，根据煤的挥发分、固定碳、水分和灰分含量可近似地计算出各种煤的发热量。

（1）计算无烟煤空气干燥基低位发热量的经验公式

$$Q_{\mathrm{net,v,ad}}=K_0'-359.62M_{\mathrm{ad}}-384.71A_{\mathrm{ad}}-100.36V_{\mathrm{ad}} \qquad (4\text{-}38)$$

式中，K_0' 为常数，它随无烟煤的氢含量增高而增大。K_0' 的值可由表 4-33 查得。

表 4-33 无烟煤的 K_0' 与 $w(\mathrm{H})$ 的对应值

$w_{\mathrm{daf}}(\mathrm{H})/\%$	<0.60	0.60~1.20	>1.20~1.50	>1.50~2.00	>2.00~2.50	>2.50~3.00	>3.00~3.50	>3.50
K_0'	32198	33035	33662	34289	34707	34916	35335	35753

（2）计算烟煤空气干燥基低位发热量的经验公式

$$Q_{\mathrm{net,v,ad}}=418.2K_1'-4.182(K_1'+6)(M_{\mathrm{ad}}+A_{\mathrm{ad}})-12.54V_{\mathrm{ad}}-167.3M_{\mathrm{ad}} \qquad (4\text{-}39)$$

式中，K_1' 为常数，可根据烟煤的 V_{daf} 和焦渣特征查表 4-34 得到。此外，只有当烟煤的 V_{daf} 小于 35%，同时 M_{ad} 大于 3% 时才减去 $167.3M_{\mathrm{ad}}$ 这一项。

表 4-34 计算烟煤 $Q_{\mathrm{net,v,ad}}$ 所需 K_1' 值查算表

项目		$V_{\mathrm{daf}}/\%$									
		>10.01~13.50	>13.50~17.00	>17.00~20.00	>20.00~23.00	>23.00~29.00	>29.00~32.00	>32.00~35.00	>35.00~38.00	>38.00~42.00	>42.00
		K_1'									
CRC	1	84.0	80.5	80.0	78.5	76.5	76.5	73.0	73.0	73.0	72.5
	2	84.0	83.5	82.0	81.0	78.5	78.0	77.5	76.5	75.5	74.5
	3	84.5	84.5	83.5	82.5	81.0	80.0	79.0	78.5	78.0	76.5
	4	84.5	85.0	84.0	83.0	82.0	81.0	80.0	79.5	79.0	77.5
	5,6	84.5	85.0	85.0	84.0	83.5	82.5	81.5	81.0	80.0	79.5
	7	84.5	85.0	85.0	85.0	84.5	84.0	83.0	82.5	82.0	81.0
	8	不出现	85.0	85.0	85.5	85.0	84.5	83.5	83.0	83.0	82.0

（3）计算褐煤空气干燥基低位发热量的经验公式

$$Q_{\mathrm{net,v,ad}}=418.2K_2'-4.182(K_2'+6)(M_{\mathrm{ad}}+A_{\mathrm{ad}})-4.182V_{\mathrm{ad}} \qquad (4\text{-}40)$$

式中，K_2' 为常数，其数值随褐煤中氧含量或挥发分产率的增高而降低，K_2' 的值可由表 4-35 或表 4-36 查得。

表 4-35 中国褐煤 K_2' 与 $w_{\mathrm{daf}}(\mathrm{O})$ 的对应值

$w_{\mathrm{daf}}(\mathrm{O})/\%$	15.01~17.00	>17.00~19.00	>19.00~21.00	>21.00~23.00	>23.00~25.00	>25.00~27.00	>27.00~29.00	>29.00
K_2'	69.0	67.5	66.0	64.0	63.0	62.0	61.0	59.0

表 4-36 中国褐煤 K_2' 与 V_{daf} 的对应值

$V_{\mathrm{daf}}/\%$	38.01~45.00	>45.00~49.00	>49.00~56.00	>56.00~62.00	>62.00
K_2'	68.5	67.0	65.0	63.0	61.5

需要指出的是，对于 $A_{ad}>40\%$ 的烟煤、褐煤，在查表、计算前应按有关规定对 V_{daf} 值进行校正，按校正后的 V_{daf} 值查表和计算。

2. 利用元素分析数据计算煤的发热量

碳元素和氢元素是煤有机质的重要组成部分，是煤发热量的主要来源。氧在煤的燃烧过程中不参与燃烧，却对碳、氢起约束作用。所以，利用元素分析结果可以计算煤的发热量。

$$Q_{net,v,ar}=0.2803w_{ar}(C)+1.0075w_{ar}(H)+0.067w_{ar}(S_t)-0.1556w_{ar}(O)$$
$$-0.086M_{ar}-0.0703A_{ar}+5.737 \tag{4-41}$$

如没有全水分的测定结果，则可用式（4-42）计算煤的空气干燥基低位发热量。

$$Q_{net,v,ad}=0.2659w_{ar}(C)+0.9935w_{ar}(H)+0.0487w_{ar}(S_t)-0.1719w_{ar}(O)$$
$$-0.1055M_{ad}-0.0842A_{ad}+7.144 \tag{4-42}$$

式中　$Q_{net,v,ar}$——煤的收到基低位发热量，MJ/kg；

　　　$Q_{net,v,ad}$——煤的空气干燥基低位发热量，MJ/kg。

三、煤的发热量与煤质的关系

煤的发热量是表征煤炭特性的综合指标，煤的成因类型、煤化程度、煤岩组成、煤中矿物质、煤中水分及煤的风化程度对煤的发热量高低都有直接影响。

在煤化程度基本相同时，腐泥煤和残殖煤的发热量通常比腐殖煤的发热量高。例如，江西乐平产的树皮残殖煤，其发热量可达 37.93MJ/kg。

在腐殖煤中，煤的发热量随着煤化程度的增高呈现出规律性的变化。其中，从褐煤到焦煤阶段，随着煤化程度的增高，煤的发热量逐渐增大，焦煤的发热量达到最大值（$Q_{gr,v,daf}=37.05$MJ/kg）。从焦煤到无烟煤阶段，随着煤化程度的增高，煤的发热量略有减小（见表 4-37）。研究表明，产生这种变化的原因是从褐煤到焦煤阶段，煤中氢元素的含量变化不大，但是碳元素的含量明显增大，而氧元素的含量则大幅减小，导致煤的发热量逐渐增大；从焦煤到无烟煤阶段，煤中碳含量仍在增大，氧含量继续降低，但幅度减小，与此同时，氢含量却在明显降低，由于氢的发热量是碳发热量的 3.7 倍，所以煤的发热量缓慢降低。

表 4-37　各种煤的发热量 $(Q_{gr,v,daf})$

煤种	$Q_{gr,v,daf}/(MJ/kg)$	煤种	$Q_{gr,v,daf}/(MJ/kg)$
褐煤	25.12~30.56	焦煤	35.17~37.05
长焰煤	30.14~33.49	瘦煤	34.96~36.63
气煤	32.24~35.59	贫煤	34.75~36.43
肥煤	34.33~36.84	无烟煤	32.24~36.22

在煤的各种有机显微组分中，壳质组的发热量最高，镜质组居中，惰质组的发热量最低。

在煤燃烧的过程中，煤中的矿物质大多数都需要吸收热量进行分解，所以煤中矿物质越多（灰分产率越高），煤的发热量越低，一般煤的灰分产率每增加 1%，其发热量降低约

370J/g。

　　在煤燃烧的过程中，煤中的水汽化时要吸收热量，所以煤中水分含量高，煤的发热量降低，一般煤的水分每增加 1% 其发热量降低约 370J/g。当煤风化以后，煤中氧含量显著增加，碳、氢含量降低，导致煤的发热量降低。

四、煤的发热量等级

　　煤的发热量是评价煤炭质量，特别是评价动力用煤质量好坏的一个主要参数，也是动力用煤计价的重要依据。根据煤的收到基低位发热量，可把煤分成六个等级（见表 4-38）。

表 4-38　煤炭发热量分级标准（GB/T 15224.3—2022）

序号	级别名称	代号	发热量 $Q_{net,v,ar}$/(MJ/kg)
1	低热值煤	LQ	8.50～12.50
2	中低热值煤	MLQ	>12.50～17.00
3	中热值煤	MQ	>17.00～21.00
4	中高热值煤	MHQ	>21.00～24.00
5	高热值煤	HQ	>24.00～27.00
6	特高热值煤	SHQ	>27.00

第五节　煤质分析中常用基准及其相互换算

一、煤炭分析试验的常用基准

　　煤的工业分析、元素分析及其他煤质分析结果，必须用一定的基准来表示。所谓"基准"（简称"基"），就是表示分析结果是以什么状态下的煤样为基础而得出的。基准若不一致，同一分析项目的计算结果会有很大差异。各种煤的同类分析数据只有在统一的基准下才能进行比较。煤炭分析试验中常用的"基"有空气干燥基、干燥基、收到基、干燥无灰基、干燥无矿物质基、恒湿无灰基和恒湿无矿物质基。

　　各种基准的符号定义如下。

　　空气干燥基（air dried basis），简称空干基。指以与空气湿度达到平衡状态的煤为基准，表示符号为 ad。多用于表示试验室煤质分析项目的最初结果。

　　干燥基（dry basis）。指以假想无水状态的煤为基准，表示符号为 d。一般在生产中用煤的灰分、硫分、发热量来表示煤的质量时采用干燥基。

　　收到基（as received basis）。指以收到状态的煤为基准，表示符号为 ar。收到基指标在煤炭运销中使用较多，一般用户都要求以收到基表示分析结果。计算物料平衡、热平衡时，也需采用收到基。

　　干燥无灰基（dry ash-free basis）。指以假想无水、无灰状态的煤为基准，表示符号为 daf。在研究煤的有机质特性时，常采用干燥无灰基。

　　干燥无矿物质基（dry mineral-matter free basis）。指以假想无水、无矿物质状态的煤为基准，表示符号为 dmmf。在研究高硫煤的有机质特性时，常采用干燥无矿物质基。

恒湿无灰基（moist ash- free basis）。指以假想含最高内在水分、无灰状态的煤为基准，表示符号为 maf。通常将恒温无灰基发热量指标用于煤炭分类中。

恒湿无矿物质基（moist mineral matter- free basis）。指以假想含最高内在水分、无矿物质状态的煤为基准。表示符号为 m，mmf。

上述基准中，由实验室直接测定出的结果一般均是空气干燥基结果，用户可根据需要换算为其他基准。

二、煤炭分析试验的项目符号

我国现行国家标准 GB/T 483—2007 中，采用各分析试验项目的英文名词第一个字母或缩略字，以及各化学成分的元素符号或分子式作为它们的代表符号；对各分析试验项目的细项目符号，采用相应的英文名词的第一个字母或缩略字等，标在有关符号的右下角，煤炭分析试验细项目代表符号的中英文名称对照见表 4-39。为了区别以不同基表示煤炭分析试验结果，采用将英文字母表示的基准标在有关符号的右下角、细项目符号的后面，并用逗号分开。例如空气干燥煤样水分 M_{ad}、干燥无灰基挥发分 V_{daf}、空气干燥基全硫 $S_{t,ad}$、收到基恒容低位发热量 $Q_{net,v,ar}$ 等。

表 4-39　煤炭分析试验细项目代表符号及其英文和中文名称

代表符号	英文名称	中文名称	代表符号	英文名称	中文名称
b	bomb	弹筒	gr,p	groos,at constant pressure	恒压高位
f	free	外在或游离	gr,v	groos,at constant volume	恒容高位
inh	inherent	内在	net,p	net,at constant pressure	恒压低位
o	organic	有机	net,v	net,at constant volume	恒容低位
p	pyrite	硫化铁	t	total	全
s	sulfate	硫酸盐			

三、煤质分析试验的结果报告

1. 数据修约规则

凡末位有效数字后面的第一位数字大于 5，则在其前一位上增加 1，小于 5 则弃去；凡末位有效数字后面的第一位数字等于 5，而 5 后面的数字并非全为 0，则在 5 的前一位上增加 1；5 后面的数字全部为 0 时，如 5 前面一位为奇数，则在 5 的前一位上增加 1，如前面一位为偶数（包括 0），则将 5 弃去。所拟舍弃的数字，若为两位以上时，不得连续进行多次修约，应根据所拟舍弃数字中左边第一个数字的大小，按上述规则进行一次修约。

2. 结果报告

煤炭分析试验结果，取 2 次或 2 次以上重复测定值的算术平均值，按上述修约规则修约到表 4-40 规定的位数。

表 4-40　测定值与报告值位数

测定项目	单位	测定值	报告值
锗 镓 氟 砷 硒 铬 铅 铜 镍 锌	μg/g	个位	个位
镉 钴	μg/g	小数点后一位	小数点后一位
哈氏可磨性指数 奥亚膨胀度 奥亚收缩度 黏结指数 磨损指数 罗加指数 年轻煤的透光率 钒 铀	 % % mg/kg % % μg/g μg/g	小数点后一位	个位
全水 煤对二氧化碳化学反应性	%	小数点后一位	小数点后一位
葛金低温干馏焦油、半焦、干馏总水产率 热稳定性 最高内在水分 腐殖酸产率 落下强度	%	小数点后二位	小数点后一位
结渣性 工业分析 元素分析 全硫 各种形态硫 碳酸盐二氧化碳 褐煤的苯萃取物产率 灰中硅、铁、铝、钛、钙、镁、钾、硫、磷矿物质 真相对密度 视相对密度	% % % % % % % %	小数点后二位	小数点后二位

续表

测定项目	单位	测定值	报告值
汞	μg/g	小数点后三位	小数点后三位
氯	%		
灰中锰	%		
磷	%		
发热量	MJ/kg	小数点后三位	小数点后二位
	J/g	个位	十位
灰熔融性特征温度	℃	个位	十位
奥亚膨胀度特征温度	℃	个位	个位
煤的着火温度	℃	个位	个位
胶质层指数	mm	0.5	0.5
坩埚膨胀序数		1/2	1/2

四、分析结果的基准换算

为了统一基准和使用方便，煤的工业分析、元素分析及其他煤质分析中，其分析结果都用简单的符号表示各个分析项目。在表示实验室分析结果时，一般采用空气干燥煤样，因而所得的直接结果为空气干燥基数据。实际工作中，一方面需把实验室的分析结果换算为其他的基准，另一方面，分析项目的基准不同，分析结果也不同，从而使同类分析项目没有可比性。因此，熟练进行各基准的换算就显得尤为重要。一般在炼焦生产中用煤的灰分、硫分、发热量来表示煤的质量时，应采用干燥基，如 A_d、$w_d(S_t)$、$Q_{gr,d}$；在研究煤的有机质特性时，常采用干燥无灰基，如 $w_{daf}(C)$、$w_{daf}(O)$、$w_{daf}(N)$；在煤作为气化原料或动力燃料、热工计算、煤炭计量计价时，多采用收到基数据，如 M_{ar}、$Q_{net,ar}$、$w_{ar}(H)$ 等。

利用图 4-17 常用基准间的相互关系，可对煤的工业分析、元素分析和其他煤质分析数据进行基准换算。换算的基本原理为物质不灭定律，即：煤中任一成分的分析结果无论采用哪种基准表示，该成分的绝对质量保持不变。

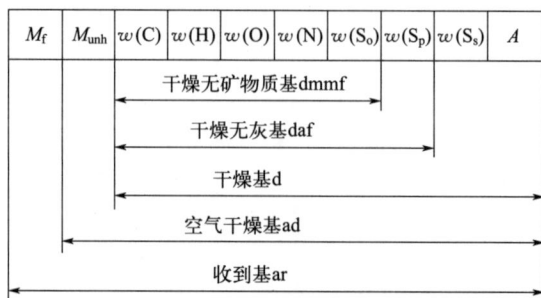

M_f	M_{unh}	$w(C)$	$w(H)$	$w(O)$	$w(N)$	$w(S_o)$	$w(S_p)$	$w(S_s)$	A

干燥无矿物质基dmmf

干燥无灰基daf

干燥基d

空气干燥基ad

收到基ar

图 4-17　常用基准间的相互关系

不同基准的换算公式见表 4-41。将有关数值代入表 4-41 所列的相应公式中，再乘以用已知基表示的某一分析值，即可求得用所要求的基表示的分析值（低位发热量的换算例外）。

表 4-41　不同基准的换算公式（GB/T 483—2007）

已知基	要求基				
	空气干燥基 ad	收到基 ar	干基 d	干燥无灰基 daf	干燥无矿物质基 dmmf
空气干燥基 ad		$\dfrac{100\%-M_{ar}}{100\%-M_{ad}}$	$\dfrac{100\%}{100\%-M_{ad}}$	$\dfrac{100\%}{100\%-(M_{ad}+A_{ad})}$	$\dfrac{100\%}{100\%-(M_{ad}+MM_{ad})}$
收到基 ar	$\dfrac{100\%-M_{ad}}{100\%-M_{ar}}$		$\dfrac{100\%}{100\%-M_{ar}}$	$\dfrac{100\%}{100\%-(M_{ar}+A_{ar})}$	$\dfrac{100\%}{100\%-(M_{ar}+MM_{ar})}$
干基 d	$\dfrac{100\%-M_{ad}}{100\%}$	$\dfrac{100\%-M_{ar}}{100\%}$		$\dfrac{100\%}{100\%-A_{d}}$	$\dfrac{100\%}{100\%-MM_{d}}$
干燥无灰基 daf	$\dfrac{100\%-(M_{ad}+A_{ad})}{100\%}$	$\dfrac{100\%-(M_{ar}+A_{ar})}{100\%}$	$\dfrac{100\%-A_{d}}{100\%}$		$\dfrac{100\%-A_{d}}{100\%-MM_{d}}$
干燥无矿物质基 dmmf	$\dfrac{100\%-(M_{ad}+MM_{ad})}{100\%}$	$\dfrac{100\%-(M_{ar}+MM_{ar})}{100\%}$	$\dfrac{100\%-MM_{d}}{100\%}$	$\dfrac{100\%-MM_{d}}{100\%-A_{d}}$	

【例 4-4】 已知某煤样 $M_{ad}=3.00\%$，$A_{ad}=11.00\%$，$V_{ad}=24.00\%$，求其 $w_{ad}(FC)$、$w_{d}(FC)$ 和 $w_{daf}(FC)$。

解　① 由 $M_{ad}+A_{ad}+V_{ad}+w_{ad}(FC)=100\%$ 得

$$w_{ad}(FC)=100\%-M_{ad}-A_{ad}-V_{ad}=100\%-3.00\%-11.00\%-24.00\%=62.00\%$$

② 由表 4-41 得

$$w_{d}(FC)=w_{ad}(FC)\times\frac{100\%}{100\%-M_{ad}}=62.00\%\times\frac{100\%}{100\%-3.00\%}=63.92\%$$

③ 由表 4-41 得

$$w_{daf}(FC)=w_{ad}(FC)\times\frac{100\%}{100\%-(M_{ad}+A_{ad})}=62.00\%\times\frac{100\%}{100\%-3.00\%-11.00\%}=72.09\%$$

【例 4-5】 某空气干燥煤样 $M_{ad}=1.80\%$，$A_{ad}=26.20\%$，$w_{ad}(C)=68.20\%$，求 $w_{daf}(C)$。

解　由表 4-41 得

$$w_{daf}(C)=w_{ad}(C)\times\frac{100\%}{100\%-(M_{ad}+A_{ad})}=68.20\%\times\frac{100\%}{100\%-1.80\%-26.20\%}=94.72\%$$

由此可以看出，如果忽视基准，用 $w_{ad}(C)$ 或 $w_{daf}(C)$ 分别来判断煤的有机质特性，自然会得出不同结论。当碳的质量分数为 68.20%，是煤化程度不高的褐煤，但碳的质量分数为 94.72%，就是煤化程度很高的无烟煤了，所以在判断煤的有机质特性时，需采用干燥无灰基为基准。而判断煤的灰分时，必须换算为干燥基才有可比性。

【例 4-6】 某原煤测得全水分 $M_{ar}=10.00\%$，制成空气干燥煤样时，测得其 $M_{ad}=1.00\%$，$A_{ad}=11.00\%$，求燃烧 1t 原煤要产生多少灰分？

解   由表 4-41 得

$$A_{ar}=A_{ad}\times\frac{100\%-M_{ar}}{100\%-M_{ad}}=11.00\%\times\frac{100\%-10.00\%}{100\%-1.00\%}=10.00\%$$

燃烧 1t 原煤产生的灰分为

$$1000kg\times10.00\%=100kg$$

【例 4-7】 称取空气干燥煤样 1.0400g 放入预先鼓风并加热到 105～110℃的烘箱中干燥 2h,煤样失重 0.0312g;又称此空气干燥煤样 1.0220g,灼烧后残渣质量为 0.1022g;再称此空气干燥煤样 1.0550g,在 (900±10)℃下加热 7min,质量减少了 0.2216g,求该煤样的 A_d、V_{dad}、$w_{ad}(FC)$。

解   ① 依题意,有

$$M_{ad}=\frac{0.0312}{1.0400}\times100\%=3.00\%$$

$$A_{ad}=\frac{0.1022}{1.0220}\times100\%=10.00\%$$

$$V_{ad}=\frac{0.2216}{1.0550}\times100\%-M_{ad}=21.00\%-3.00\%=18.00\%$$

② 由表 4-41 得

$$A_d=A_{ad}\times\frac{100\%}{100\%-M_{ad}}=10.00\%\times\frac{100\%}{100\%-3.00\%}=10.31\%$$

③ 由表 4-41 得

$$V_{daf}=V_{ad}\times\frac{100\%}{100\%-(M_{ad}+A_{ad})}=18.00\%\times\frac{100\%}{100\%-3.00\%-10.00\%}=20.69\%$$

④ 由 $M_{ad}+A_{ad}+V_{ad}+w_{ad}(FC)=100\%$ 得

$$w_{ad}(FC)=100\%-(M_{ad}+A_{ad}+V_{ad})=100\%-(3.00\%+10.00\%+18.00\%)=69.00\%$$

第六节   煤质评价

煤质评价是指根据煤质化验结果,正确地评定煤炭质量及其工业利用价值。煤质评价是为了解煤的组成和煤的各种性质,为煤炭工业的整体布局、煤矿开采、煤炭加工和利用及煤炭贸易提供技术依据。

一、煤质评价的阶段与任务

因为煤质评价工作贯穿煤田地质勘探、煤矿开采、煤炭加工利用的整个过程,在不同时期,煤质评价工作的内容、任务也不同,所以根据煤田地质普查、勘探、开采及加工利用的全过程,将煤质评价分为三个阶段。

1. 煤质初步评价阶段

煤质初步评价阶段相当于煤田普查时期对煤质进行的研究和评价。这一阶段主要研究煤的成因类型、煤岩组成、煤的物理性质和化学性质。需要测定的指标有：煤的工业分析、元素分析、煤的发热量、煤灰成分、煤的灰熔融性、各种黏结性、结焦性指标、煤的抗碎强度、煤的密度、腐殖酸含量、透光率等。通过对这些指标的分析研究，了解可采煤层的煤质特征，初步确定煤的种类，对煤的加工利用方向提出初步评价。

2. 煤质详细评价阶段

煤质详细评价阶段相当于煤田地质详查和精查阶段对煤质的研究和评价。这一阶段煤质分析、化验项目更加全面，除了煤质初步评价阶段所测的各项指标外，还需测定煤的热稳定性、反应性、可磨性、可选性、低温干馏实验、200kg焦炉实验等工艺性质。这一阶段煤质评价的重点是查明勘探区内可采煤层的煤质特征及变化规律，确定煤的种类，研究煤的变质因素，并对煤的加工、利用方向做出评价。还要了解矸石及灰渣的质量，为煤的综合利用指明方向。

3. 煤质最终评价

煤质最终评价相当于煤矿开采时期和煤加工、利用时期对煤质进行的研究和评价。因为这一阶段煤的加工利用方向及加工利用工艺流程已经确定，所以煤质研究工作主要是进行定期或随机取样分析，并根据开采和加工利用的需要，对一些煤质指标进行测定，了解煤质的变化，检查煤的质量是否符合要求。比如，为了解煤质是否发生变化，可采取生产煤样（一年一次）。为了解某一煤层在某一区域（岩浆侵入体，河流冲蚀带）煤质的变化情况，可随机取样分析，并根据分析、化验结果，研究煤质变化的规律性。另外，为了确定售出的煤是否满足用户需求，也需取样分析，测定煤质指标是否达到用户要求。

二、煤质评价的内容

为了充分反映煤的性质和质量，需要测定各种煤质指标，这些指标从不同的方面反映了煤的性质，通过对这些指标的研究，可以对煤质做出各方面的评价，其评价内容主要包括：地质方面、工艺技术方面和经济与环保方面。

1. 地质评价

地质评价一般是在煤质初步评价阶段和煤质详细评价阶段由地质工作者进行。地质工作者在煤田地质勘探的各个阶段都要根据勘探规程的要求采取煤芯煤样，并对煤芯煤样进行分析化验，通过对煤质指标的分析、研究，阐明煤质变化的规律，揭示影响煤质变化的地质因素。比如，通过研究宏观煤岩组成，显微煤岩组成，可了解成煤的原始物质；通过统计镜质组、惰质组和壳质组在煤中的含量，可判断沼泽中水质及植物遗体的聚积环境；通过煤的工业分析、元素分析，可掌握煤化程度；通过测定腐殖酸含量、元素分析及测定原煤样燃点、氧化煤样燃点和还原煤样燃点可判断煤是否遭受风化、氧化，从而确定风化、氧化带的界限。

2. 工艺技术评价

工艺技术评价包括两方面内容：一方面是根据测得的煤的工艺性质指标，结合各种工业部门对煤质的要求，确定煤的加工利用方向；另一方面是在已知煤质特征和加工利用方式的条件下，研究如何通过工艺技术途径（配煤、洗选、成型、改变炉型、改变工艺操作方法等）来改善煤的性质，提高煤的使用价值。比如，根据各种煤的煤质特征，选择最佳的配煤比例，炼制优质焦炭；根据煤岩组成，煤质特征，选择洗选工艺和设备；为了使劣质煤得到有效利用，对传统锅炉进行改造，研制使用劣质煤的工业锅炉（沸腾炉）。

3. 经济与环保方面的评价

是指从经济观点，研究怎样才能最合理地利用煤炭资源，最大限度地提高产品的附加值，取得最好的经济效益。经济评价的内容包括以下几个方面。

① 煤炭开采方面的经济评价。如研究开采方法，开采机械、矿井运输等，以保证煤炭质量稳定，产销平衡和避免长距离运输对煤质造成影响。

② 研究煤炭加工利用方式是否最经济、最合理。

③ 研究煤的综合利用途径，如煤灰的利用，稀有元素（锗、镓、铀、钒等）的提取回收，高硫煤中硫的回收。

④ 环境保护方面的研究，如怎样减少或避免煤炭开采造成的地面沉降，如何减少劣质煤燃烧对大气造成的污染。

三、煤质评价方法

煤质评价以各项煤质化验结果为依据，这些表征煤质特征的资料是利用化学方法、煤岩学方法、工艺方法、物理及物理化学方法取得的。所以，评价煤质的方法主要有以下几种。

1. 化学方法

从化学角度出发研究煤的组成、化学性质和工艺性质。即利用工业分析和元素分析的方法对煤质进行评价。这种方法是最常用的煤质评价方法，需要指出的是，这种方法是以煤的平均煤样作为分析基础，没有考虑各种煤岩组分对煤质的影响。

2. 煤岩学方法

通过对煤岩组成和性质的分析及显微煤岩定量统计，来评定煤的化学性质和工艺性质。这种评定方法不破坏煤的原始结构，可弥补化学评定方法的不足。

3. 工艺方法

通过对煤进行工艺加工的研究来确定煤的利用方向。运用这种方法时，要求模拟工业加工利用的各种条件（煤的粒度、加热最终温度、加热速度等），使结果更具有实用价值。

4. 物理及物理化学方法

通过对煤的密度、硬度、裂隙、可磨性、电性质、磁性质等物理性质及孔隙度、表面积、润湿性、吸附性等物理化学性质的测定来研究煤，从而对煤质进行评价的方法。

要对煤质做出正确评价，必须掌握大量煤质化验资料，其中煤的工业分析、元素分析、工艺性质、可选性及煤岩分析资料对煤质评价有着重要作用。另外，了解各种工业部门对煤质的具体要求，对于确定煤的加工、利用方向也是至关重要的。

四、煤质评价举例

对某一煤炭品种进行煤质评价时，首先应根据煤质化验结果中的 V_{daf}、$G_{R.I.}$、Y、b、$w_{daf}(H)$、P_M、$Q_{gr,maf}$ 及 $w_{daf}(C)$ 等指标，确定煤的种类（煤质牌号）。如果是无烟煤，则考虑其灰分、硫分的含量，当灰分、硫分不太高时，可用作气化原料或燃料，但需进一步研究其发热量、机械强度、热稳定性、反应性、结渣性、灰熔点、灰黏度、灰成分等指标是否符合工业部门对煤质的要求；如果是低灰优质无烟煤，可考虑用作活性炭、电极糊等碳素材料，但需根据它们对煤质的具体要求，再做相关分析；对于灰分、硫分较高的无烟煤（原煤），还要测定其可选性、精煤回收率、脱硫率等指标，根据测定结果再决定其用途。

对于中等煤化程度的烟煤优先考虑用作炼焦煤，但需进一步研究单种煤的黏结性、结焦性、与其他煤的相容性、可选性、精煤回收率、精煤灰分、硫含量、磷含量等指标，是否符合炼焦煤的要求。如果是灰分、硫分含量高，可选性差的高煤化程度烟煤（瘦煤、贫煤），可考虑用作动力用煤，但需研究发热量、热稳定性、结渣性、灰熔点等指标是否达标。如果是低煤化程度烟煤则研究其焦油产率等相应指标，确定其是否适合低温干馏、液化或气化使用。

如果是褐煤则研究其焦油产率、腐殖酸含量、苯萃取物及稀有元素的种类与含量等指标。当苯萃取物含量高时，可用作提取褐煤蜡；当腐殖酸含量高时，可用于提取腐殖酸生产腐殖酸肥料；当稀有元素含量达到工业品位时，可考虑提取稀有元素。

【例 4-8】某矿煤样煤质分析结果如表 4-42 所示，试对该煤进行煤质评价。

表 4-42　某矿煤样煤质分析结果

M_{ad}/%	A_d/%	V_{daf}/%	$w_d(S_t)$/%	$w_{daf}(C)$/%	$w_{daf}(H)$/%	$w_{daf}(N)$/%	ST/℃	$G_{R.I.}$	$Q_{net,ar}$/(MJ/kg)
5.5	26.5	15.0	0.4	87.5	4.87	1.38	1500	37	28

解　根据 $V_{daf}=15.0\%$，$G_{R.I.}=37$，查《中国煤的分类表》，确定煤种为瘦煤。根据 $G_{R.I.}=37$，判断该煤黏结性较差。根据 $w_d(S_t)=0.4\%$，确定为特低硫煤，根据 $A_d=26.5\%$，可知灰分超过炼焦煤的要求，如能通过洗选使灰分大幅降低，可考虑用作炼焦配煤或气化用煤。另外，该煤的发热量不太高，但软化温度高，可与挥发分较高、发热量较大的煤混合后作为机车的燃料。

【例 4-9】某煤层煤样化验结果见表 4-43。

表 4-43　某煤层煤样化验结果

M_{ad}/%	A_d/%	V_{daf}/%	$w_d(S_t)$/%	焦渣特征
1.2	24.32	26.40	0.42	7

经 1.4kg/L 重液分选后，精煤回收率为 42%，精煤化验结果如表 4-44 所示。

表 4-44　精煤化验结果

M_{ad}/%	A_d/%	V_{daf}/%	$w_d(S_t)$/%	$G_{R.I.}$
1.5	7.6	24.45	0.48	78

经 1.5kg/L 重液分选后，精煤回收率为 69.8%，干燥基灰分 $A_d=10.22\%$，试对该煤层进行煤质评价。

解　根据 $V_{daf}=26.4\%$（或 $V_{daf}=24.45\%$），$G_{R.I.}=78$，查《中国煤的分类表》，确定煤种为焦煤。

根据 $G_{R.I.}=78$、焦渣数值为 7，可知该煤黏结性、结焦性好。

根据原煤灰分 $A_d=24.32\%$，经 1.4kg/L 重液分选后精煤灰分 $A_d=7.6\%$，可知该煤的可选性好，但原煤灰分高不能炼焦，而精煤灰分低，符合炼焦煤要求，不足的是经 1.4kg/L 分选后的精煤回收率只有 42%（太低），后来经 1.5kg/L 重液分选后精煤回收率达 69.8%（较高），而灰分为 10.22% 仍符合炼焦煤要求。另外，该煤 $w_d(S_t)=0.42\%$（或 0.48%）为特低硫煤，符合炼焦使用。所以该煤经 1.5kg/L 重液洗选后可做优质炼焦煤使用，也可以和结焦性较差，但灰分低的煤配合炼焦（适合炼焦的煤，优先考虑炼焦使用）。

【例 4-10】 某煤样化验结果如表 4-45，试对该煤样进行煤质评价。

表 4-45   某煤样化验结果

$P_M/\%$	$A_d/\%$	$V_{daf}/\%$	$w_d(S_t)/\%$	$w_{daf}(C)/\%$	$w_{daf}(H)/\%$	$w_{daf}(O)/\%$
52	35.5	55	0.25	66.72	6.31	24.58

解   因为 $V_{daf}=5\%$，查《中国煤的分类表》可能为褐煤、长焰煤、气煤、气肥煤，再根据 $w_{daf}(C)=66.72\%$，$w_{daf}(H)=6.31\%$，$w_{daf}(O)=24.58\%$，确定煤种可能是褐煤或风化煤（氧的含量很高），这时可用透光率（$P_M=52\%$）加以区别，一般风化煤的透光率很大（近 100%），而褐煤的透光率为 50% 左右，所以确定该煤种为褐煤。

为了确定褐煤的用途，需进一步测定其工艺性质。见表 4-46，根据分析结果，该煤可用作制苯萃取物的原料及生产腐殖酸的原料。其焦油产率 $T_{ard}=8.5\%$，属中等含油煤，也可作煤油原料。另外，镓的含量高，可从煤灰中提取镓，但煤中锗含量低，不值得提取。

表 4-46   褐煤工艺性质指标

$T_{ard}/\%$	HA/%	苯萃取物/%	Ge/(μg/g)	Ga/(μg/g)
8.5	48	9.4	7.8	28.8

【例 4-11】 某矿煤层的宏观特征以光亮型煤为主，也有半暗型煤，似金属光泽，条痕为灰黑色，密度大，硬度大，块状。

化验分析结果如下：$M_{ad}=2.86\%$，$A_d=18.14\%$，$V_{daf}=5.25\%$，$Q_{net,ar}=34MJ/kg$，$w_d(S_t)=0.58\%$，$TS_{+13}=87.2\%$，$TS_{-1}=0.2\%$，抗碎强度（>25mm）=85%，洗选后其精煤煤质指标见表 4-47。试对该煤进行煤质评价。

表 4-47   精煤煤质指标

$w_{daf}(C)/\%$	$w_{daf}(H)/\%$	ST/℃	$A_d/\%$
94.17	1.05	1401	5.87

解   根据 $V_{daf}=5.25\%$，$w_{daf}(C)=94.17\%$，$w_{daf}(H)=1.05\%$，可确定该煤为无烟煤。该煤硫含量低 [$w_d(S_t)=0.58\%$]，原煤灰分高（$A_d=18.14\%$），但洗选后灰分降至 5.87%，成为低灰煤，说明煤的可选性好，且热稳定性好，灰熔融性高，抗碎强度大，为优质无烟煤，可优先考虑作为生产合成氨或氮肥的原料。另外该煤的发热量大，灰熔融性高，还可作为机车用煤、电厂用煤及固定排渣锅炉的动力用煤。

📖 **知识拓展　煤样的浮选**

一、减灰的概念

在规定密度的重液中浮选，脱除原煤煤样中的矿物质的过程，称为减灰。经一定密度的重液分选，减灰后浮在上部的煤样称为浮煤煤样。当灰分大于10％的原煤，需要用浮煤进行分析试验（如测定煤的胶质层指数、元素分析等）时，为了避免煤中矿物质对试验结果的影响，应将粒度小于3mm的原煤煤样放入重液中减灰。

二、浮选重液的相对密度

国标 GB/T 474—2008 规定减灰重液为氯化锌水溶液，其相对密度取决于煤样的煤种。

① 烟煤、褐煤一般用相对密度为 1.4 的重液减灰，如用该重液减灰后灰分仍大于10％，应另取煤样用相对密度为 1.35 的重液减灰，如灰分仍大于10％，则不再减灰。

② 无烟煤用的减灰重液相对密度（减灰相对密度）可按原煤样的干燥基真相对密度（TRD_{20}^{20}）$_d$、干燥无矿物质基真相对密度（TRD_{20}^{20}）$_{dmmf}$ 和干燥基灰分（A_d）的关系按式（4-43）计算：

$$(TRD_{20}^{20})_d = (TRD_{20}^{20})_{dmmf} + 0.01\,A_d \tag{4-43}$$

减灰相对密度的计算步骤如下。

先按 GB/T 212—2008 工业分析和 GB/T 217—2008 真相对密度测定要求分别测出原煤的水分、灰分和真相对密度。用原煤干燥基灰分和干燥基真相对密度按式（4-43）计算出干燥无矿物质基真相对密度，即：

$$(TRD_{20}^{20})_{dmmf} = (TRD_{20}^{20})_d - 0.01\,A_d$$

根据干燥无矿物质基真相对密度按式（4-44）计算灰分为8％的浮煤的干燥基真相对密度（TRD_{20}^{20}）$_d$。

$$(TRD_{20}^{20})_d = (TRD_{20}^{20})_{dmmf} + 0.01 \times 8\% \tag{4-44}$$

将计算出的（TRD_{20}^{20}）$_d$ 值的小数点后第二位四舍五入修改为 0 或 5（即 0.04 及以下均取为 0.00；0.05～0.09 均取为 0.05），即为所需重液的相对密度。

③ 浮选重液（氯化锌水溶液）的配制见表 4-48。

表 4-48　重液的相对密度和重液中氯化锌的浓度

相对密度	$ZnCl_2$ 水溶液浓度/(g/L)	相对密度	$ZnCl_2$ 水溶液浓度/(g/L)
1.30	30.4	1.65	55.0
1.35	34.6	1.70	57.8
1.40	38.5	1.75	60.5
1.45	42.2	1.80	62.9
1.50	45.7	1.85	65.4
1.55	49.0	1.90	67.8
1.60	52.1		

三、浮选操作步骤

根据表 4-48 配制减灰用重液。煤样减灰之前，先用相对密度计测量重液的相对密度，必要时进行调整，使其达到所要求的值。

先在粒度小于 3mm 的煤样中加入少量重液，搅拌至全部润湿后，再加足够的重液，充分搅拌，然后放置至少 5min。用捞勺沿液面捞起重液上的浮煤，放入布兜或抽滤机中，再用水淋洗净煤粒上的氯化锌。煤化程度低的煤（如褐煤、长焰煤）先用冷水把表面的氯化锌冲掉，然后再用 50～60℃ 的热水浸洗一两次，每次至少 5min，最后再用冷水淋洗净。煤粒上的氯化锌淋洗干净的标志是：分别用试管接取同体积的净水和冲洗过煤的水，往试管中各加 2 滴 1‰ 的硝酸银溶液，其乳浊度相同。

减灰后的浮煤，倒入镀锌铁盘或其他不锈金属浅盘中，使煤样厚度不超过 5mm，在 45～50℃ 的恒温干燥箱中进行干燥后，再根据化验要求按原煤制样的有关规定制备煤样。

习题

1. 简述煤炭采样的基本原理。
2. 什么是商品煤样？商品煤样采集地点有哪些？
3. 如何在火车顶部采取商品煤样？
4. 什么是煤层煤样？它可分为哪几种？两者有何区别？
5. 什么是生产煤样？采取生产煤样的目的是什么？
6. 采样时，如何确定子样质量？
7. 如何确定商品原煤的最大粒度和大于 150mm 煤块比率？
8. 如何采取全水分煤样？
9. 什么是煤样的制备？煤样制备包括哪些程序？
10. 煤样缩分的方法有哪些？
11. 煤的工业分析包括哪些项目？
12. 进行煤中全水分测定时，什么情况下测得的水分是实验室收到基煤样的水分？
13. 什么是煤的空气干燥煤样水分和收到基水分？这两种水分之间有什么区别与联系？
14. 全水分是外在水分与内在水分之和，计算时为什么不能将它们直接相加？
15. 什么是煤的灰分？什么是煤的矿物质？二者之间有什么联系和区别？
16. 采用缓慢灰化法测定煤的灰分时，为什么要进行分段升温？
17. 影响煤的灰分、挥发分测定结果的主要因素是什么？为什么说挥发分的测定是一个规范性很强的实验项目？
18. 煤的最高内在水分与挥发分有什么关系？原因何在？
19. 固定碳与煤中碳元素的含量有何区别？
20. 碳、氢测定中的干扰元素有哪些？如何排除？
21. 测定煤中氮时，为什么使用蔗糖进行空白实验？
22. 煤中全硫的测定有哪几种方法？硫对工业生产及环境有哪些不利影响？
23. 煤中存在哪三种形态的硫？各以什么组成存在？
24. 煤质分析中常用的基准有哪些？如何表示？
25. 称取空气干燥煤样 1.0000g，在 105～110℃ 条件下干燥至质量恒定，质量减少 0.0600g，求空气干燥煤样水分。
26. 将某煤样由煤矿送到企业后测得水分为 8.4%，又知其在途中煤样水分损失为 1.2%，则此煤样的全水分应为多少？

27. 设将粒度小于 6mm 的测定全水分的煤样装入密封容器中称量为 600.00g，容器质量为 250.00g。化验室收到煤样后，称量装有煤样的容器为 590.00g，测定煤样全水分时称取试样 10.10g，干燥后质量减少了 1.10g，则此煤样装入容器时的全水分是多少？

28. 称取空气干燥煤样 1.200g，测定挥发分时失去质量为 0.1420g，测定灰分时残渣的质量是 0.1125g。如果已知此煤中 M_a 为 4.00%，求试样中的 V_{ad}、A_{ad}、$w_{ad}(FC)$。

29. 已知某分析煤样化验结果为 $M_{ad}=3.00\%$、$A_{ad}=14.52\%$，求 A_d。

30. 某分析煤样的 $V_{ad}=23.55\%$、$M_{ad}=1.84\%$、$A_{ad}=18.16\%$，求 V_{af}。

31. 已知某烟煤 $M_{ad}=2.05\%$、$A_d=14.14\%$、$V_d=28.35\%$，求 V_{ad} 和 V_{daf}。

32. 用燃烧法测定煤的碳、氢含量时，称空气干燥煤样 0.2000g，燃烧后碱石棉管质量增加 0.5880g，氯化钙管质量增加 0.0880g。已知该煤样的 $M_{ad}=2.50\%$、$M_{ar}=4.00\%$、$A_{ad}=10.00\%$、$w_{ar}(S_t)=0.40\%$、$w_{ar}(N)=0.40\%$，试求该煤样中 $w_{ar}(C)$、$w_{ar}(H)$ 和 $w_{ar}(O)$。

33. 称取空气干燥煤样 1.2000g，灼烧后残余物的质量是 0.1000g，已知煤样的空气干燥基水分为 1.50%，收到基水分为 2.45%，求收到基和干燥基灰分的质量分数。

34. 什么是煤的发热量？弹筒发热量、高位发热量、低位发热量有何区别？

35. 简述发热量的测定原理。

36. 影响煤发热量的因素有哪些？如何影响？

37. 什么是煤质评价？煤质评价分哪几个阶段？煤质评价的方法有哪些？

38. 根据煤质化验数据，判定下列煤的类别。

① $V_{daf}=6.64\%$，$w_{daf}(H)=2.80\%$；

② $V_{daf}=14.52\%$，$G_{R.I.}=12$；

③ $V_{daf}=25.85\%$，$G_{R.I.}=87$，$Y=28.3mm$；

④ $V_{daf}=22.17\%$，$G_{R.I.}=8$；

⑤ $V_{daf}=41.36\%$，$G_{R.I.}=4$，$P_M=42.3\%$，$Q_{gr,maf}=26.15MJ/kg$。

第五章

煤的分类

✈ 本章学习目标

1. 知识目标
① 了解煤的分类指标；
② 理解掌握反映煤化程度的指标；
③ 理解掌握反映煤黏结性、结焦性的指标；
④ 了解中国煤炭分类体系和使用举例；
⑤ 理解掌握中国煤炭编码系统；
⑥ 了解国际煤的分类标准和举例；
⑦ 理解国际煤分类标准与中国煤分类标准的异同。

2. 能力目标
① 熟练掌握国内煤炭的分类指标；
② 能根据煤的具体分类指标判定煤的种类；
③ 能熟练运用中国煤炭编码系统；
④ 能根据煤的分类指标确定煤质牌号；
⑤ 能熟练区分国际煤分类与中国煤分类的差异。

🌱 本章思维导图

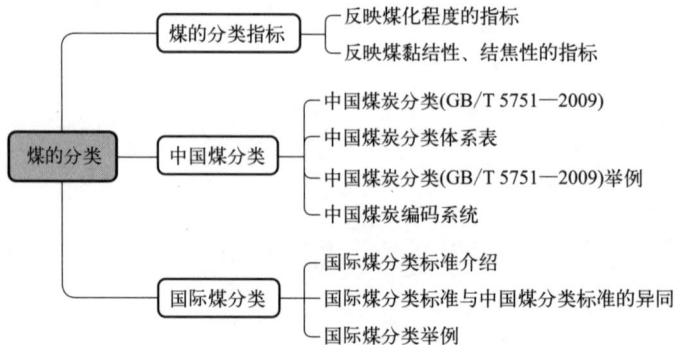

```
                          ┌─ 煤的分类指标 ─┬─ 反映煤化程度的指标
                          │                └─ 反映煤黏结性、结焦性的指标
                          │
                          │                ┌─ 中国煤炭分类(GB/T 5751—2009)
                          │                ├─ 中国煤炭分类体系表
          煤的分类 ───────┼─ 中国煤分类 ──┤
                          │                ├─ 中国煤炭分类(GB/T 5751—2009)举例
                          │                └─ 中国煤炭编码系统
                          │
                          │                ┌─ 国际煤分类标准介绍
                          └─ 国际煤分类 ──┼─ 国际煤分类标准与中国煤分类标准的异同
                                           └─ 国际煤分类举例
```

煤是重要的能源和化工原料，各种煤的组成、结构和性质各不相同，用途也各异。煤的分类是人们研究煤的组成、结构、性质和用途，寻找其数据，并对其规律数据进行系统整理的过程。各种工业用煤对煤的种类和品质都有特殊要求，只有使用种类、品质都符合要求的煤炭才能充分发挥设备的效率，才能保证产品的品质，并且使煤炭资源得到合理的利用。世界各主要产煤国家为了合理开发和利用本国的煤炭资源，各自制定了适合本国煤炭资源特点的煤炭分类方案，以适应不同工业部门的要求。我国是世界产煤大国之一，煤炭储量居世界前列，为了使我国丰富的煤炭资源得到充分、合理利用和综合利用，制定合理的、科学的煤炭分类方案具有十分重要的意义。此外，煤的分类对于地质勘探、煤矿生产、煤炭资源调配、煤炭加工利用及煤炭贸易等都具有重要的指导作用。

由于煤炭分类的目的不同，产生了不同的分类方法。如果根据成煤的原始物质和堆积环境的不同进行分类，称为煤的成因分类；根据煤的元素组成等基本性质分类，称为煤的科学分类；根据煤的工艺性质和利用途径的不同进行分类，称为煤的工业分类或实用分类，这种分类是以技术应用和商业应用为目的的。本章主要介绍煤的工业分类。

第一节 煤的分类指标

煤的工业分类主要是根据煤化程度和煤工艺性质的差异来进行的。虽然目前世界各国采用的工业分类指标并不统一，但是主要有反映煤化程度的指标和反映煤黏结性、结焦性的指标（见表5-1）。

表5-1 一些国家煤炭分类指标及方案对照简表

国家	分类指标	主要类别名称	类数
英国	挥发分,葛金焦型	无烟煤,低挥发分煤,中挥发分煤,高挥发分煤	4大类 24小类
德国	挥发分,坩埚焦特征	无烟煤,贫煤,瘦煤,肥煤,气煤,气焰煤,长焰煤	7类
法国	挥发分,坩埚膨胀序数	无烟煤,贫煤,1/4肥煤,1/2肥煤,短焰肥煤,肥煤,肥焰煤,干焰煤	8类
波兰	挥发分,罗加指数,胶质层指数 发热量	无烟煤,无烟质煤,贫煤,半焦煤,副焦煤,正焦煤,气焦煤,气煤,长焰气煤,长焰煤	10大类 13小类
苏联(顿巴斯)	挥发分,胶质层指数	无烟煤,贫煤,黏结瘦煤,焦煤,肥煤,气肥煤,气煤,长焰煤	8大类 13小类
美国	固定碳,挥发分,发热量	无烟煤,烟煤,次烟煤,褐煤	4大类 13小类
日本(煤田探查审议会)	发热量,燃料比	无烟煤,沥青煤,亚沥青煤,褐煤	4大类 7小类

一、反映煤化程度的指标

能够反映煤化程度的指标有很多，如挥发分、碳含量、氨含量、发热量、镜质组反射率等。目前各国大多使用干燥无灰基挥发分（V_{daf}）来表示煤化程度，这是因为干燥无灰基挥发分随煤化程度的变化呈规律性变化，能够较好地反映煤化程度的高低，而且挥发分测定方法简单、标准化程度高。实际上，煤的挥发分不仅与煤化程度有关，同时还受煤岩相组成的影响，具有不同岩相组成的同一种煤，其挥发分产率可以不同；具有不同岩相组成的煤化程度不同的两种煤却可能有相同的挥发分产率。所以，有些人和有些国家提出用镜质组反射率作为反映煤化程度指标。发热量的大小取决于煤中碳、氢含量，且与煤化程度有关，低煤化程度煤的发热量变化较大，中国使用恒湿无灰基高位发热量来划分褐煤和长焰煤（低煤化程度烟煤）。目视比色法透光率 $P_M(\%)$ 随煤化程度增高而增大，中国使用透光率作为划分褐煤与长焰煤的指标。煤中氢含量随煤化程度增高而减小，能反映煤化程度的高低，中国目前使用干燥无灰基氢含量作为划分无烟煤小类的一个依据。

二、反映煤黏结性、结焦性的指标

煤的黏结性和结焦性是煤在热加工过程中表现出来的重要工艺性质，被世界各国普遍作为煤炭分类的重要指标。但是，可以反映煤黏结性和结焦性的指标很多，如黏结指数、罗加指数、胶质层最大厚度、自由膨胀序数、奥亚膨胀度、葛金指数等。而且各个指标都有自己的优缺点，在指标的选择上各国并不一致，这主要取决于各国煤炭的实际情况。目前，中国使用黏结指数（$G_{R.I.}$）、胶质层最大厚度（Y）和奥亚膨胀度（b）来表示煤的黏结性，对于弱黏结煤、中等黏结煤使用黏结指数来区分，对于强黏结煤（$G_{R.I.}>65$）则使用胶质层最大厚度和奥亚膨胀度加以区分。

第二节　中国煤分类

一、中国煤炭分类（GB/T 5751—2009）

1. 煤类划分及代号

本分类体系中，先根据干燥无灰基挥发分（V_{daf}）等指标，将煤炭分为无烟煤、烟煤和褐煤三大类，见表5-2；再根据干燥无灰基挥发分（V_{daf}）和干燥无灰基氢含量（H_{daf}）将无烟煤分为三个亚类，即无烟煤一号、无烟煤二号和无烟煤三号，见表5-3；根据干燥无灰基挥发分（V_{daf}）及黏结指数（$G_{R.I.}$）等指标，将烟煤划分为贫煤、贫瘦煤、瘦煤、焦煤、肥煤、1/3焦煤、气肥煤、气煤、1/2中黏煤、弱黏煤、不黏煤及长焰煤12类，见表5-4；褐煤亚类的划分采用煤化程度指标透光率 $P_M(\%)$ 为参数，根据 $P_M(\%)$ 将褐煤分为两小类，即褐煤一号和褐煤二号，详见表5-5。各类煤的名称可用下列汉语拼音字母为代号表示：

WY—无烟煤；YM—烟煤；HM—褐煤。

PM—贫煤；PS—贫瘦煤；SM—瘦煤；JM—焦煤；FM—肥煤；1/3JM—1/3焦煤；QF—气肥煤；QM—气煤；1/2 ZN—1/2中黏煤；RN—弱黏煤；BN—不黏煤；CY—长焰煤。

2. 编码

各类煤用两位阿拉伯数码表示。十位数数字表示的是煤的挥发分，无烟煤为 0（$V_{daf}<$

10.0%），烟煤为 1～4（即 $V_{daf}>10.0\%\sim20.0\%$，$>20.0\%\sim28.0\%$，$>28.0\%\sim37.0\%$ 和 $>37.0\%$），褐煤为 5（$V_{daf}>37.0\%$）。个位数数字表示：无烟煤类为 1～3，表示煤化程度；烟煤类为 1～6，表示黏结性；褐煤类为 1～2，表示煤化程度。

二、中国煤炭分类体系表

新的煤炭工业分类方案包括五个表（见表 5-2～表 5-6），分别是：无烟煤、烟煤及褐煤分类，无烟煤亚类的划分，烟煤的分类，褐煤亚类的划分和中国煤炭分类简表。

新分类方案中首先根据煤化程度将煤分成无烟煤、烟煤和褐煤三大类（见表 5-2）。当 $V_{daf}\leqslant10.0\%$ 时，属无烟煤；当 $V_{daf}>10.0\%\sim37.0\%$ 时，为烟煤；当 $V_{daf}>37.0\%$ 时，可能是烟煤，也可能是褐煤，区分的办法按注释①、②区分。新分类方案还以 V_{daf} 和 H_{daf} 作为分类指标，将无烟煤分为三个小类（见表 5-3）。当 V_{daf} 划分的小类与 H_{daf} 划分的小类不一致时，以 H_{daf} 划分的为准。新分类方案又以 V_{daf}、G、Y 和 b 作为分类指标将烟煤分成 12 个大类（见表 5-4）。

表 5-2　无烟煤、烟煤及褐煤分类

类别	代号	编码	分类指标	
			$V_{daf}/\%$	$P_M/\%$
无烟煤	WY	01,02,03	≤10.0	—
烟煤	YM	11,12,13,14,15,16	>10.0～20.0	—
		21,22,23,24,25,26	>20.0～28.0	
		31,32,33,34,35,36	>28.0～37.0	
		41,42,43,44,45,46	>37.0	
褐煤	HM	51,52	>37.0①	≤50②

① 凡 $V_{daf}>37.0\%$，$G\leqslant5$，再用透光率 P_M（%）来区分烟煤和褐煤（在地质勘查中，$V_{daf}>37.0\%$，在不压饼的条件下测定的焦渣特征为 1～2 号的煤，再用 P_M 来区分烟煤和褐煤）。

② 凡 $V_{daf}>37.0\%$，$P_M>50\%$ 者为烟煤；$30\%<P_M\leqslant50\%$ 的煤，如恒湿无灰基高位发热量 $Q_{gr,maf}>24MJ/kg$，划为长焰煤，否则为褐煤。恒湿无灰基高位发热量 $Q_{gr,maf}$ 的计算方法见下式：

$$Q_{gr,maf}=Q_{gr.ad}\times\frac{100\%(100\%-MHC)}{100\%(100\%-M_{ad})-A_{ad}(100\%-MHC)}$$

式中　$Q_{gr,maf}$——煤样的恒湿无灰基高位发热量，J/g；

　　　$Q_{gr,ad}$——一般分析试验煤样的恒容高位发热量，J/g，其测试方法参见 GB/T 213；

　　　M_{ad}——一般分析试验煤样水分的质量分数，%，其测试方法参见 GB/T 212；

　　　MHC——煤样最高内在水分的质量分数，%，其测试方法参见 GB/T 4632；

　　　A_{ad}——煤样干燥基灰分产率，%。

表 5-3　无烟煤亚类的划分

亚类	代号	编码	分类指标	
			$V_{daf}/\%$	$H_{daf}①/\%$
无烟煤一号	WY1	01	≤3.5	≤2.0
无烟煤二号	WY2	02	>3.5～6.5	>2.0～3.0

续表

亚类	代号	编码	分类指标	
			$V_{daf}/\%$	$H_{daf}^{①}/\%$
无烟煤三号	WY3	03	$>6.5\sim10.0$	>3.0

① 在已确定无烟煤亚类的生产矿、厂的日常工作中，可以只按 V_{daf} 分类；在地质勘查工作中，为新区确定亚类或生产矿、厂和其他单位需要重新核定亚类时，应同时测定 V_{daf} 和 H_{daf}，按上表分亚类。如两种结果矛盾，以按 H_{daf} 划分亚类的结果为准。

对于烟煤的划分，首先是根据 V_{daf} 分为：低挥发分烟煤（$V_{daf}>10\%\sim20\%$）、中挥发分烟煤（$V_{daf}>20\%\sim28\%$）、中高挥发分烟煤（$V_{daf}>28\%\sim37\%$）、高挥发分烟煤（$V_{daf}>37\%$），并分别用 1~4 的数码来表示，数码越大，煤化程度越低。其次，根据 G 分为：不黏结或微黏结煤（0~5）、弱黏结煤（$G>5\sim20$）、中等偏弱黏结煤（$G>20\sim50$）、中等偏强黏结煤（$G>50\sim65$）、强黏结煤（$G>65$）。在强黏结煤中，如果 $Y>25mm$ 或 $b>150\%$（对于 $V_{daf}>28\%$ 的肥煤，$b>220\%$），则为特强黏结煤。并分别用 1~6 的数码来表示（有的组，$G>30$ 或 $G>35$ 仍用 2 表示），数码越大，煤的黏结性越强。可见，根据 V_{daf}、G、Y 和 b 可将烟煤划分成 24 个单元（根据 V_{daf} 分成 4 个，根据 G 分成 6 个），每个单元都对应有一个两位数的数码，该数码就是烟煤分类表中"编码"一栏的数值。其中，十位上的数值（1~4）表示煤化程度，个位上的数值（1~6）表示黏结性。

表 5-4 烟煤的分类

类别	代号	编码	分类指标			
			$V_{daf}/\%$	G	Y/mm	$b^{②}/\%$
贫煤	PM	11	$>10.0\sim20.0$	$\leqslant5$		
贫瘦煤	PS	12	$>10.0\sim20.0$	$>5\sim20$		
瘦煤	SM	13	$>10.0\sim20.0$	$>20\sim50$		
		14	$>10.0\sim20.0$	$>50\sim65$		
焦煤	JM	15	$>10.0\sim20.0$	$>65^{①}$	$\leqslant25.0$	$\leqslant150$
		24	$>20.0\sim28.0$	$>50\sim65$		
		25	$>20.0\sim28.0$	$>65^{①}$	$\leqslant25.0$	$\leqslant150$
肥煤	FM	16	$>10.0\sim20.0$	$(>85)^{①}$	>25.0	>150
		26	$>20.0\sim28.0$	$(>85)^{①}$	>25.0	>150
		36	$>28.0\sim37.0$	$(>85)^{①}$	>25.0	>220
1/3 焦煤	1/3JM	35	$>28.0\sim37.0$	$>65^{①}$	$\leqslant25.0$	$\leqslant220$
气肥煤	QF	46	>37.0	$(>85)^{①}$	>25.0	>220
气煤	QM	34	$>28.0\sim37.0$	$>50\sim65$		
		43	>37.0	$>35\sim50$		
		44	>37.0	$>50\sim65$	$\leqslant25.0$	$\leqslant220$
		45	>37.0	$>65^{①}$		
1/2 中黏煤	1/2ZN	23	$>20.0\sim28.0$	$>30\sim50$		
		33	$>28.0\sim37.0$	$>30\sim50$		

续表

类别	代号	编码	分类指标			
			$V_{daf}/\%$	G	Y/mm	$b^{②}/\%$
弱黏煤	RN	22	>20.0~28.0	>5~30		
		32	>28.0~37.0	>5~30		
不黏煤	BN	21	>20.0~28.0	≤5		
		31	>28.0~37.0	≤5		
长焰煤	CY	41	>37.0	≤5		
		42	>37.0	>5~35		

① 当烟煤黏结指数测值 G≤85 时，用干燥无灰基挥发分 V_{daf} 和黏结指数 G 来划分煤类。当黏结指数测值 G>85 时，则用干燥无灰基挥发分 V_{daf} 和胶质层厚度 Y，或用干燥无灰基挥发分 V_{daf} 和奥亚膨胀度 b 来划分煤类。在 G>85 的情况下，当 Y>25.0mm 时，根据 V_{daf} 的大小可划分为肥煤或气肥煤；当 Y<25.0mm 时，则根据 V_{daf} 的大小可划分为焦煤、1/3 焦煤或气煤。

② 当 G>85 时，用 Y 和 b 并列作为分类指标。当 V_{daf}≤28.0% 时，b>150% 的为肥煤；当 V_{daf}>28.0% 时，b>220% 的为肥煤或气肥煤。如按 b 值和 Y 值划分的类别有矛盾时，以 Y 值划分的类别为准。

表 5-5　褐煤亚类的划分

类别	代号	编码	分类指标	
			$P_M/\%$	$Q_{gr,maf}^{①}/(MJ/kg)$
褐煤一号	HM1	51	≤30	—
褐煤二号	HM2	52	>30~50	≤24

① 凡 V_{daf}>37.0%，P_M>30%~50% 的煤，如恒湿无灰基高位发热量 $Q_{gr,maf}$>24MJ/kg，则划为长焰煤。

表 5-6　中国煤炭分类简表

类别	代号	编码	分类指标					
			$V_{daf}/\%$	G	Y/mm	$b/\%$	$P_M^{②}/\%$	$Q_{gr,maf}^{③}/(MJ/kg)$
无烟煤	WY	01,02,03	≤10.0					
贫煤	PM	11	>10.0~20.0	≤5				
贫瘦煤	PS	12	>10.0~20.0	>5~20				
瘦煤	SM	13,14	>10.0~20.0	>20~65				
焦煤	JM	24	>20.0~28.0	>50~65	≤25.0	≤150		
		15,25	>10.0~28.0	>65①				
肥煤	FM	16,26,36	>10.0~37.0	(>85)①	>25.0			
1/3 焦煤	1/3JM	35	>28.0~37.0	>65①	≤25.0	≤220		
气肥煤	QF	46	>37.0	(>85)①	>25.0	>220		
气煤	QM	34	>28.0~37.0	>50~65	≤25.0	≤220		
		43,44,45	>37.0	>35				
1/2 中黏煤	1/2ZN	23,33	>20.0~37.0	>30~50				
弱黏煤	RN	22,32	>20.0~37.0	>5~30				

续表

类别	代号	编码	分类指标					
			$V_{daf}/\%$	G	Y/mm	$b/\%$	$P_M^{②}/\%$	$Q_{gr,maf}^{③}/(MJ/kg)$
不黏煤	BN	21,31,	$>20.0\sim37.0$	$\leqslant5$				
长焰煤	CY	41,42	>37.0	$\leqslant35$			>50	
褐煤	HM	51	>37.0				$\leqslant30$	$\leqslant24$
		52	>37.0				$>30\sim50$	

① 在 $G>85$ 的情况下，用 Y 值或 b 值来区分肥煤、气肥煤与其他煤类。当 $Y>25.0mm$ 时，根据 V_{daf} 的大小可划分为肥煤或气肥煤；当 $Y\leqslant25.0mm$ 时，则根据 V_{daf} 的大小可划分为焦煤、1/3 焦煤或气煤。按 b 值划分类别时，当 $V_{daf}<28.0\%$ 时，$b>150\%$ 的为肥煤；当 $V_{daf}>28.0\%$ 时，$b>220\%$ 的为肥煤或气肥煤。如按 b 值和 Y 值划分的类别有矛盾时，以 Y 值划分的类别为准。

② 对 $V_{daf}>37.0\%$，$G\leqslant5$ 的，再以透光率 P_M 来区分其为长焰煤或褐煤。

③ 对 $V_{daf}>37.0\%$，$P_M>30\%\sim50\%$ 的煤 $Q_{gr,maf}$，如其值大于 24MJ/kg，应划分为长焰煤，否则为褐煤。

在 24 个单元中，按照同类煤的性质基本相似，不同类煤的性质有较大差异的原则进行归类，共分成 12 个类别，这 12 个类别就是烟煤的 12 个大类。在对 12 个大类命名时，考虑到新、旧分类的延续性和习惯叫法，仍保留了长焰煤、不黏煤、弱黏煤、气煤、肥煤、焦煤、瘦煤、贫煤八个煤类，同时又增加了 1/2 中黏煤、气肥煤、1/3 焦煤、贫瘦煤四个过渡性煤类，这样就能使同一类煤的性质基本相似。比如，1/2 中黏煤就是由原分类中一部分黏结性较好的弱黏煤和一部分黏结性较差的肥焦煤和肥气煤组成的。气肥煤在原分类中属肥煤大类，但是它的结焦性比典型肥煤差得多，所以，将它拿出来单独列为一类，这就克服了原分类中同类煤性质差异较大的缺陷，使分类更趋合理。1/3 焦煤是由原分类中一部分黏结性较好的肥气煤和肥焦煤组成的，结焦性较好。贫瘦煤是指黏结性较差的瘦煤，可以和典型瘦煤加以区别。

需要指出的是，当 $G>85$ 时，用 Y 值和 b 值并列作为分类指标。当 Y 值和 b 划分有矛盾时，以 Y 值划分为准。

三、中国煤炭分类（GB/T 5751—2009)举例

【例 5-1】某煤样用密度 1.7kg/L 的氯化锌重液分选后，其浮煤挥发分 V_{daf} 为 4.53%，元素分析 $w_{daf}(H)$ 为 1.98%，试确定其煤质牌号。

解 根据 V_{daf} 为 4.53%，应划分为 02 号无烟煤，根据 $w_{daf}(H)$ 为 1.98%，应划分为 01 号无烟煤，二者矛盾，以氢含量划分为准，最终确定为 01 号无烟煤。

【例 5-2】某烟煤在密度 1.4kg/L 的氯化锌重液中分选后，其浮煤 V_{daf} 为 27.5%，黏结指数 G 为 86，胶质层厚度 Y 为 26.5mm，奥亚膨胀度 b 为 145%，确定煤质牌号。

解 因为 $G>85$，故用 Y 或 b 作为辅助分类指标，根据 $Y>25mm$，V_{daf} 为 27.5%，应划分为 26 号肥煤，根据 $b<150\%$，V_{daf} 为 27.5%，应划分为 25 号焦煤，两者矛盾，以 Y 值为准，最终确定为 26 号肥煤。

【例 5-3】某烟煤用密度 14kg/L 的氯化锌重液分选后，其浮煤 V_{daf} 为 38.5%，黏结指数 G 为 95，b 值为 195%，Y 值为 28.0mm，确定煤的类别。

解 因为 $G>85$，故用 Y 或 b 作为辅助分类指标，根据 $Y>25mm$，V_{daf} 为 38.5%，应划分为 46 号气肥煤，根据 $b<220\%$，V_{daf} 为 38.5%，应划分为 45 号气煤，两者矛盾，以

Y 值为准，最终确定为 46 号气肥煤。

【例 5-4】 某年轻煤用密度 1.4kg/L 的氯化锌重液分选后，其浮煤挥发分 V_{daf} 为 49.52%，G 值为 0，目视比色透光率 P_M 为 47.5%，$Q_{gr,maf}$ 为 25.01MJ/kg，确定煤的类别。

解 根据 $V_{daf}>37\%$，G 值为 0，可初步确定该煤为长焰煤 41 号或褐煤。此时，可根据 P_M 确定，$P_M>50\%$ 一定是长焰煤，$P_M<30\%$，一定是褐煤，而 $P_M>30\%\sim50\%$ 时，可能是长焰煤，也可能是褐煤，该煤即是这种情况。这时，就应根据 $Q_{gr,maf}$ 进行划分，$Q_{gr,maf}<24MJ/kg$ 为褐煤，$Q_{gr,maf}>24MJ/kg$ 为长焰煤，所以最后确定该煤为 41 号长焰煤。

四、中国煤炭编码系统

1. 编码参数和方法

中国煤炭编码系统采用了 8 个参数 12 位数码组成编码系统，适用于各煤阶煤，并按照煤阶、煤的主要工艺性质及对环境的影响因素进行编码。在确定煤阶参数时，协调了分类指标选择上的意见分歧，既考虑了分类的科学性，又注重用煤的实用性，还兼顾到与国际标准接轨的需要。考虑到低煤阶煤和中、高煤阶煤在利用方向和煤演化性质上的差异，必须选用不同的煤阶参数与工艺参数来进行编码。为此采用镜质组平均随机反射率 $\overline{R}_{ran}$、发热量 $Q_{gr,daf}$（对于低煤阶煤用 $Q_{gr,maf}$）、挥发分 V_{daf} 和全水分 M_t（对于低煤阶煤）4 个参数作为煤阶参数；采用黏结指数 $G_{R.I.}$（对于高、中煤阶煤）、焦油产率 $T_{ar,daf}$（对于低煤阶煤）、发热量和挥发分 4 个参数作为工艺参数；采用干燥基灰分 A_d 和干燥基全硫 $S_{t,d}$ 2 个参数作为煤对环境影响的参数。其中发热量和挥发分 2 个参数既是煤阶参数又是重要的工艺参数。

对煤进行编码时，首先要确定煤阶，根据煤阶选用不同的参数进行编码。对于低煤阶煤要依据煤的恒湿无灰基高位发热量 $Q_{gr,maf}$ 的数值，其计算公式为：

$$Q_{gr,maf}=\frac{Q_{gr,ad}\times100-MHC}{100\%-\left[M_{ad}+\dfrac{A_{ad}(100-MHC)}{100\%}\right]}$$

为了使煤炭生产企业、销售部门与用户能根据各种煤炭利用工艺的技术要求，准确无误地交流煤炭质量信息，保证各煤阶煤分类编码系统能适用于不同成因、成煤时代的煤炭，以及既适用于单一煤层，又适用于多煤层混煤或选煤，同时考虑灰分与硫分对环境的影响，依次用下列参数进行编码。

① 镜质组平均随机反射率：$\overline{R}_{ran}$，%，两位数。

② 干燥无灰基高位发热量：$Q_{gr,daf}$，MJ/kg，两位数。对于低煤阶煤采用恒湿无灰基高位发热量：$Q_{gr,maf}$，MJ/kg，两位数。

③ 干燥无灰基挥发分：V_{daf}，%，两位数。

④ 黏结指数：$G_{R.I.}$，简记 G，两位数（对中、高煤阶煤）。

⑤ 全水分：M_t，%，一位数（对低煤阶煤）。

⑥ 焦油产率：$T_{ar,daf}$，%，一位数（对低煤阶煤）。

⑦ 干燥基灰分：A_d，%，两位数。

⑧ 干燥基全硫：$w_d(S_t)$，％，两位数。

对于各煤阶煤的编码规定及顺序如下。

① 第一位及第二位数码表示 0.1％ 范围内的镜质组平均随机反射率下限值乘以 10 后取整。

② 第三位及第四位数码表示 1MJ/kg 范围内干燥无灰基高位发热量下限值，取整。对低煤阶煤，采用恒湿无灰基高位发热量 $Q_{gr,maf}$，两位数，表示 1MJ/kg 范围内的下限值，取整。

③ 第五位及第六位数码表示干燥无灰分基挥发分以 1％ 范围内的下限值，取整。

④ 第七位及第八位数码表示黏结指数；用 G 值除 10 的下限值取整，如从 0 到小于 10，记作 00；10 以上到小于 20 记作 01；20 以上到小于 30，记作 02；90 以上到小于 100 记作 09，其余类推；100 及以上记作 10。

⑤ 对于低煤阶煤，第七位表示全水分，从 0 到小于 20％（质量分数）时，记作 1；20％ 及以上为除以 10 的 M_t 的下限值，取整。

⑥ 对于低煤阶煤，第八位表示焦油产率 $T_{ar,daf}$，一位数。当 $T_{ar,daf}$ 小于 10％ 时，记作 1；大于 10％ 到小于 15％，记作 2；大于 15％ 到小于 20％，记作 3。即以 5％ 为间隔，以此类推。

⑦ 第九位及第十位数码表示 1％ 范围内取整后干燥基灰分产率的下限值。

⑧ 第十一位及第十二位数码表示 0.1％ 范围内干燥基全硫含量乘以 10 后的下限值，取整。

编码顺序按煤阶参数、工艺性质参数和环境因素指标编排。中、高煤阶煤的编码顺序是：$\overline{R}QVGAw_d(S)$；低煤阶煤的编码顺序是：$\overline{R}QVMTAw_d(S)$。

需要指出的是，各参数必须按规定顺序排列，如其中某个参数没有实测值，需在编码的相应位置注以 "×"（一位）或 "××"（两位）。

中国煤炭编码系统（GB/T 16772—1997）的详细内容见表 5-7。

表 5-7　中国煤炭编码总表

镜质组平均随机反射率 $\overline{R}_{ran}$		干燥无灰基高位发热量 $Q_{gr,daf}$（中、高煤阶煤）		恒湿无灰基高位发热量 $Q_{gr,maf}$（低煤阶煤）		干燥无灰基挥发分 V_{daf}	
编码	％	编码	MJ/kg	编码	MJ/kg	编码	％
02	0.2～<0.3	24	24～<25	11	11～<12	01	1～<2
03	0.3～<0.4	25	25～<26	12	12～<13	02	2～<3
04	0.4～<0.5	…	…	13	13～<14	…	…
…	…	35	35～<36	…	…	09	9～<10
19	1.9～<2	…	…	22	22～<23	10	10～<11
…	…	39	≥39	23	23～<24	…	…
50	≥5					49	49～<50
						…	…

黏结指数 G（中、高煤阶煤）		全水分 M_t（低煤阶煤）		焦油产率 $T_{ar,daf}$（低煤阶煤）		干燥基灰分 A_d		干燥基全硫 $w_d(S_t)$	
编码	G 值	编码	％	编码	％	编码	％	编码	％
00	0～<10	1	<20	1	<10	00	0<1	00	0～<0.1
01	10～<20	2	20～<30	2	10～<15	01	1<2	01	0.1～<0.2
02	20～<30	3	30～<40	3	15～<20	02	2～<3	02	0.2～<0.3
…	…	4	40～<50	4	20～<25	…	…	…	…
09	90～<100	5	50～<60	5	≥25	29	29～<30	31	3.1～<3.2
10	≥100	6	60～<70			30	30～<31	32	3.1～<3.2
						…	…		

2. 编码举例

① 山东某地低煤阶煤	编码
$\overline{R}_{ran}=0.53\%$	05
$Q_{gr,maf}=22.3MJ/kg$	22
$V_{daf}=47.51\%$	47
$M_t=24.58\%$	2
$T_{ar,daf}=11.80\%$	2
$A_d=9.32\%$	09
$w_d(S_t)=0.64\%$	06

该煤的编码为：05　22　47　2　2　09　06。

② 河北某地焦煤（中煤阶煤）	编码
$\overline{R}_{ran}=1.24\%$	12
$Q_{gr,daf}=36.0MJ/kg$	36
$V_{daf}=24.46\%$	24
$G=88$	08
$A_d=14.49\%$	14
$w_d(S_t)=0.59\%$	05

该煤的编码为：12　36　24　08　14　05。

③ 京西某矿无烟煤（高煤阶煤）	编码
$\overline{R}_{ran}=9.93\%$	50
$Q_{gr,daf}=33.1MJ/kg$	33
$V_{daf}=3.47\%$	03
G　未测	××
$A_d=5.55\%$	05
$w_d(S_t)=0.25\%$	02

该煤的编码为：50　33　03　××　05　02。

第三节　国际煤分类

　　由于各国煤炭资源特点的不同和科学技术水平的差异，世界各主要产煤国家都是根据各自国家的资源特点制定的煤炭分类方案，所以煤炭分类方法不统一，因此在国际煤炭贸易和信息交流中造成了很多困难。而国际煤分类就是为了解决这个问题，使国际间对煤炭分类方法有共同的认识。

　　煤炭分类体系的建立及煤炭分类指标的变化，对煤炭资源的储量及统计规范有着重大的意义，并直接关系到煤炭资源的配置和优化。国际标准化组织在1991年前没有煤炭分类国际标准制定的相关工作组织，到1993年国际标准化组织（ISO）煤炭委员会TC27成立了第十八工作组，专门从事国际煤分类的制定工作。参加制定工作的国家有中国、加拿大、澳大利亚、捷克、法国、德国、波兰、瑞典、南非、荷兰等 14 个国家，目的就是提出一个简明的分类系统，既能便于煤炭的重要性质及参数在国际间的互相比较，又能准确地评估世界各国的煤炭资源。历经多次讨论与投票，于 2005 年 2 月正式出版了 ISO 11760：2005 国际煤分类标准，2018 年修订再版。

一、国际煤分类标准介绍

国际煤分类标准采用镜质组平均随机反射率作为煤阶指标，并在低煤阶煤阶段以煤层煤水分作为煤阶辅助指标，采用镜质组含量作为煤岩相组成指标，以干基灰分作为煤的品位指标，结合命名及相关术语表述对世界煤炭资源进行分类。

1. 煤阶

最新国际煤分类标准中，采用镜质组平均随机反射率作为煤阶指标，来表征煤的煤化程度，将煤分为低煤阶煤、中煤阶煤和高煤阶煤，见表 5-8。

表 5-8   低、中、高阶煤的分类

煤阶	分类标准
低阶煤（褐煤、次烟煤）	床层水分<75% 且 $\overline{R}_{ran}$<0.5%
中阶煤（烟煤）	0.5%<$\overline{R}_{ran}$<2.0%
高阶煤（无烟煤）	2.0%≤$\overline{R}_{ran}$<6.0%（或 $\overline{R}_{v,max}$<8.0%）

注：床层水分为煤在矿层中的水分含量；$\overline{R}_{ran}$ 为镜质组平均随机反射率；$\overline{R}_{v,max}$ 为镜质组平均最大反射率。

在低煤阶煤阶段，引入床层水分作为区分煤和泥炭以及褐煤内小类的分类指标。床层水分>75% 时属于泥炭而不归属为煤，不属于国际煤分类的范畴，详见表 5-9。当煤的 35%<无灰基床层水分≤75%，镜质组平均随机反射率<0.40% 时，属于低煤阶煤 C，即褐煤 C。当煤的无灰基床层水分≤35%，镜质组平均随机反射率<0.40% 时，属于低煤阶煤 B，即褐煤 B。当煤的 0.40%≤镜质组平均随机反射率<0.5% 时，属于低阶煤 A，即次烟煤，这也是褐煤与次烟煤的分界点。按照最新的国际煤分类规定，次烟煤属于低煤阶煤。

表 5-9   低煤阶煤的次级分类

次级分类	分类标准
低阶煤 C（褐煤 C）	$\overline{R}_{ran}$<0.4% 且 35%<床层水分<75%（无灰基）
低阶煤 B（褐煤 B）	$\overline{R}_{ran}$<0.4% 且床层水分≤35%（无灰基）
低阶煤 A（次烟煤）	0.4%≤$\overline{R}_{ran}$<0.5%

在次烟煤之后，均以镜质组平均随机反射率作为煤阶的分类指标。镜质组平均随机反射率 0.5% 是低煤阶煤（次烟煤）与中煤阶煤（烟煤）的分界点。以镜质组平均随机反射率 2.0% 作为烟煤与无烟煤，即中煤阶煤与高煤阶煤的分界点。

在中煤阶煤阶段，以镜质组平均随机反射率 0.5%、0.6%、1.0%、1.4% 和 2.0% 为分界点，依次分为中煤阶煤 D（也就是烟煤 D）、中煤阶煤 C（也就是烟煤 C）、中煤阶煤 B

（也就是烟煤 B）、中煤阶煤 A（也就是烟煤 A）。在相同煤阶中，煤化程度由高到低，依次用大写英文字母 A、B、C、D 表示，详见表 5-10。

表 5-10　中煤阶煤的次级分类

次级分类	分类标准
中阶煤 D（烟煤 D）	$0.5\% < \overline{R}_{ran} < 0.6\%$
中阶煤 C（烟煤 C）	$0.6\% < \overline{R}_{ran} < 1.0\%$
中阶煤 B（烟煤 B）	$1.0\% < \overline{R}_{ran} < 1.4\%$
中阶煤 A（烟煤 A）	$1.4\% < \overline{R}_{ran} < 2.0\%$

当煤的 2.0％＜镜质组平均随机反射率＜3.0％时，煤归属于高煤阶煤 C，也就是无烟煤 C，高煤阶煤 B（无烟煤 B）与高煤阶煤 A（无烟煤 A）的分界点为镜质组平均随机反射率 4.0％。以镜质组平均随机反射率＜6.0％或镜质组平均最大反射率＜8.0％作为无烟煤的上限，镜质组反射率超过这一界限的煤，也就不属于"煤"的范畴了。详见表 5-11。

表 5-11　高煤阶煤的次级分类

次级分类	分类标准
高阶煤 C（无烟煤 C）	$2.0\% < \overline{R}_{ran} < 3.0\%$
高阶煤 B（无烟煤 B）	$3.0\% < \overline{R}_{ran} < 4.0\%$
高阶煤 A（无烟煤 A）	$4.0\% < \overline{R}_{ran} < 6.0\%$ 或 $\overline{R}_{v,max} < 8.0\%$

但是中国存在大量镜质组平均最大反射率 $\overline{R}_{v,max} > 8.0\%$ 的高变质无烟煤，所以国内好多企业有实际使用这种煤的特殊情况，用加注的方式加以说明：在中国，由于煤受接触变质影响，其镜质组平均最大反射率 $\overline{R}_{v,max}$ 可高达 10.5％，仍属无烟煤。这就有效避免了一大批较高变质程度的中国无烟煤被国际煤分类标准划出"煤"范畴的尴尬境地。

2. 岩相组成

在最新国际煤分类标准中，采用镜质组含量作为煤岩相组成指标。以煤中镜质组含量＜40％、40％≤镜质组含量＜60％、60％≤镜质组含量＜80％、镜质组含量≥80％为指标，依次称为低镜质组、中镜质组、中高镜质组及高镜质组，详见表 5-12。

表 5-12　岩相组成分类

镜质组类别	镜质组含量 $V_{t,af}$（体积分数）/％
低镜质组	＜40
中镜质组	$40 \leqslant V_{t,af} < 60$
中高镜质组	$60 \leqslant V_{t,af} < 80$
高镜质组	≥80

3. 干燥基灰分

最新国际煤分类标准中，对于煤的品位采用煤中干燥基灰分产率作为分类指标。以干燥基灰分小于5.0%、大于或等于5.0%而小于10.0%、大于或等于10.0%而小于20.0%、大于或等于20.0%而小于30.0%、大于或等于30.0%而小于50.0%为指标，把煤分成5类，分别为极低灰煤、低灰煤、中灰煤、中高灰煤和高灰煤。当煤的干燥基灰分大于或等于50.0%时，不属于煤的范畴。详见表5-13。

表5-13   干燥基灰分分类

灰分类别	干燥基灰分 A_d（质量分数）/%
极低灰煤	<5.0
低灰煤	$5.0 \leqslant A_d < 10.0$
中灰煤	$10.0 \leqslant A_d < 20.0$
中高灰煤	$20.0 \leqslant A_d < 30.0$
高灰煤	$30.0 \leqslant A_d < 50.0$

由此可见，国际煤分类标准以镜质组平均随机反射率作为煤阶指标，将煤分为低阶煤、中阶煤和高阶煤三个大类。在这基础上，又将三大类煤分为褐煤C、褐煤B、次烟煤、烟煤D、烟煤C、烟煤B、烟煤A、无烟煤C、无烟煤B和无烟煤A共10个亚类。并以煤的镜质组含量所表示的显微组分，将煤分为低镜质组含量煤、中镜质组含量煤、中高镜质组含量煤和高镜质组含量煤4类。再按干燥基灰分表示的煤中无机物含量，将煤分为极低灰煤、低灰煤、中灰煤、中高灰煤和高灰煤5类。

4. 煤样性质

煤分类在一定程度上可以用来对煤样进行表征。分类是针对特定煤样进行的，因此其并不能全面代表煤样矿层的性质，就像根据镜质组反射率分类所产生的结果一样，混合物的煤阶依赖于其中不同组分的反射率。岩相组成和灰分产率反映的是采样、制备以及混合的综合结果。所以在国际煤分类中要求说明煤样的性质，对于要求分类的煤样，要标明是全煤层煤样还是原煤样或是现场采制的煤样，是洗选后的煤样还是原煤样，还要标明煤的粒度级别，以及是否为配合煤等。

5. 分析误差

镜质组平均随机反射率、镜质组含量和干燥基灰分这三个参数的实验室间测定值的再现性允许误差，详见表5-14。

表5-14   最新国际煤分类标准的分析误差

参数	再现性允许误差/%		引用国际标准
镜质组平均随机反射率/%	0.08		ISO 7404-5:2009
镜质组含量（体积）/%	9		ISO 7404-3:2009
干燥基灰分（A_d）/%	≤10%	0.3	ISO 1171:2024
	>10%	平均为3	

二、国际煤分类标准与中国煤分类标准的异同

国际煤分类的指标体系与主要内容，可以认为是一个科学性的分类，而不是一个实用性的分类。最新的中国煤炭分类，虽然增加了对属于"煤"及其定义的描述，增加了用以说明分类体系的性质和用途，增加了对煤炭分类用煤样的要求，但仍然属于实用性分类。

1. 煤的定义

国际标准化组织（ISO）规定，干燥基灰分 A_d ＜50％，全水分 M_t ＜75％以及镜质组平均最大反射率＜8.0％的可以界定为煤。煤层全水分＞75％时属于泥炭而不归属为煤，不属于国际煤分类的范畴。以镜质组平均随机反射率＜6.0％或镜质组平均最大反射率＜8.0％作为无烟煤的上限，超过这一界值的煤，意味着将不属于"煤"的范畴。

据《中国煤炭分类》（GB/T 5751—2009）描述，煤炭是由植物遗体经煤化作用转化而成的富含碳的固体可燃有机沉积岩，含有一定量的矿物质，相应的灰分产率小于或等于50％（干燥基质量分数）。在地质煤化作用进程中，当全水分降到75％（质量分数）时，泥炭转化为煤；而在正常煤化进程中，无干扰煤层转化为石墨的上限定为镜质组平均随机反射率为6.0％，或者用镜质组平均最大反射率为8.0％为其上限更好。对于跃变的接触变质煤层，镜质组平均最大反射率的上限可以超过10％。

国际煤分类标准 ISO 11760：2018 中的注释，体现了中国煤炭分类与国际煤分类的接轨和一致性，但目前国内用于煤炭储量计算时，所统计的煤炭灰分上限为40％。

2. 分类指标体系

① 煤阶。在低煤阶煤阶段，国际分类标准引入煤层煤水分而不是发热量作为区分煤、泥炭以及褐煤的分类指标，与中国煤分类标准略有差异；而在次烟煤之后，都是以镜质组平均随机反射率作为煤阶的分类指标。进入中煤阶煤阶段后，国际煤分类标准的分类界点与中国煤分类标准相一致。中国现存大量镜质组平均最大反射率＞8.0％的高变质无烟煤，都在国内工矿企业实际使用。针对这一特殊情况，ISO 11760：2018 用加注的方式说明：对于无烟煤，由于煤受接触变质影响，其镜质组平均最大反射率可能高达10.5％，仍属无烟煤。

② 岩相组成。国际煤分类标准煤岩相组成的分界点与中国煤分类标准一致，即以煤中镜质组含量小于40％、大于等于40％而小于60％、大于等于60％而小于80％、大于等于80％为指标，依次称为低镜质组、中镜质组、中高镜质组及高镜质组四个类别。

③ 干燥基灰分。国际煤分类以干燥基灰分将煤分成五档，依次称为极低灰煤、低灰煤、中灰煤、中高灰煤、高灰煤。当干燥基灰分大于或等于50.0％时，不属于煤的范畴。国际煤分类标准与中国煤分类标准不同之处是在低灰煤和极低灰煤的干燥基灰分划界上和高灰煤的干燥基灰分范围上。

3. 称谓与命名表述

煤炭分类就是识别和掌握煤炭的本质属性，称谓与命名表述在煤炭的分类中意义重大。国际煤分类和中国煤分类的称谓与命名表述相似，冠名时以低阶煤、中阶煤或高阶煤为主体词，译为中文时，前缀属性为形容词，顺序以显微组分组、干燥基灰分及煤阶依次排列，并将煤的其他品质加注在后括号内。例如：低镜质组含量、低灰中阶煤 B（煤层煤样）；高镜质组含量、极低灰高阶煤 C（20mm×10mm，洗选煤）等。

为了更好地在煤炭资源评价方面与国际接轨，我国已经逐步按照国际煤炭分类的指标体

系统计和评价我国的煤炭资源。

三、国际煤分类举例

【例5-5】某煤样镜质组平均随机反射率为1.3%，无灰基镜质组体积含量为33%，干燥基灰分为8.0%，则这种煤为低镜质组、低灰、中阶煤B。

【例5-6】某煤样镜质组平均随机反射率为0.7%，无灰基镜质组体积含量为50%，干燥基灰分为15.0%，则这种煤为中镜质组、中灰、中阶煤C。

【例5-7】某煤样镜质组平均随机反射率为0.38%，无灰基镜质组体积含量为42%，干燥基灰分为2.6%，床层水分为28%，则这种煤为中镜质组、极低灰、低阶煤B。

> 📖 **知识拓展** 各种工业用煤对煤质的要求
>
> ## 一、炼焦用煤的质量要求
>
> 炼焦是世界上最先开发的煤化工项目，至今已有数千年的历史。由于焦炭的用途不同而常分为：高炉炼铁的冶金焦、化铁炉燃料的铸造焦、造气的气化焦、冶炼铁合金的铁合金焦等多种。《煤化工用煤技术导则》（GB/T 23251—2021）中阐述了炼焦用原料煤包括主要炼焦煤煤种和辅助炼焦煤煤种，前者包括气煤、1/3焦煤、气肥煤、肥煤、焦煤、瘦煤等较强黏结性的煤，后者主要包括弱黏煤、贫瘦煤等弱黏结性煤及41号长焰煤、不黏煤、贫煤或无烟煤，但辅助炼焦煤煤种的配比一般在10%以下。炼焦用煤的灰分、全硫、磷含量及黏结指数等指标应符合《商品煤质量 炼焦用煤》（GB/T 397—2022）。
>
> **1. 不同用途焦炭煤质要求**
>
> 不同用途的焦炭在配煤炼焦时对煤质的要求有所不同，如冶金焦要求冷、热强度高，灰分、硫分及磷含量低，其入炉煤的干燥基灰分要低于10%，焦炭块度至少要大于25mm，而4000m³以上大型高炉的焦炭块度应在40mm以上。铸造焦为专门用于化铁炉熔铁的焦炭，对焦炭块度要求大于60mm，气孔率和反应性要低，铸造焦入炉煤 $A_d \leqslant$ 9.50%、$w_d(S_t) \leqslant 1.00\%$、$P_M \leqslant 0.150\%$ 为宜。气化焦要求焦炭的反应性好，但可用耐磨强度（M_{10}）较差、气孔率大的小块焦。对不同用途的焦炭，可通过采用合适的配煤方案生产以满足其要求。
>
> 此外，对焦炉的炉型选择，则可根据当地煤源的挥发分和黏结性的不同而选择顶装焦炉或捣固焦炉。我国由于低阶炼焦煤的产量和储量均较多，所以不少地区均在大力推广捣固焦炉以提高焦炉的产能及焦炭的强度，其在配煤时可使用55%左右的气煤与1/3焦煤，比顶装焦炉的配入量增高20%左右。
>
> **2. 炼焦煤煤质要求**
>
> 炼焦用煤均须采用洗选后精煤以满足低灰、低硫和低磷等基本要求。精煤（浮煤）的黏结指数、胶质层厚度、基氏流动度、奥亚膨胀度以及煤岩显微组分中的镜质组反射率和镜质组、壳质组、惰质组等成分更是必不可少的测试项目。精煤的元素分析和挥发分产率还可预测高温煤焦油和煤气及氨等副产品产率。对顶装焦炉入炉煤的平均 V_{daf} 以26%~32%、Y 值以17~20mm为佳。若 V_{daf} 较低且 Y 值过大则炼焦时会产生较大的膨胀压力

而影响焦炉使用寿命，同时易造成推焦困难。Y值过低，则焦炭的冷热强度均会降低从而使其质量不能满足要求。此外，对炼焦煤中的碱性成分（K_2O、Na_2O）以不大于0.12%为佳。

二、发电用煤的质量要求

电厂煤燃烧炉对煤种的要求范围比较广，它既可以设计成燃用高挥发分的褐煤，也可设计成燃用低挥发分的无烟煤。但对一台已安装使用的锅炉来讲，不可能燃用各种挥发分的煤炭，因为它会受到喷燃器型式和炉膛结构的限制。发电用煤质量指标有：

（1）挥发分

挥发分是判别煤炭着火特性的首要指标，挥发分含量越高，着火越容易。根据锅炉设计要求，供煤挥发分的值变化不宜太大，否则会影响锅炉的正常运行。如原设计燃用低挥发分的煤，而改燃用高挥发分的煤后，因火焰中心逼近喷燃器出口，可能因烧坏喷燃器而停炉；若原设计燃用高挥发分的煤，而改燃用低挥发分的煤后，则会因着火过迟而燃烧不完全，甚至造成熄火事故。因此供煤时要尽量按原设计的挥发分煤种或相近的煤种供应。

（2）灰分

灰分含量会使火焰传播速度下降，着火时间推迟，燃烧不稳定，炉温下降。

（3）水分

水分是燃烧过程中的有害物质之一，它在燃烧过程中会吸收大量的热，对燃烧的影响比灰分大得多。

（4）发热量

煤的发热量是锅炉设计的一个重要依据。由于电厂煤粉对煤种的适应性较强，因此只要煤的发热量与锅炉设计要求大体相符即可。

（5）灰熔点

由于煤粉炉炉膛火焰中心温度多在1500℃以上，在这种高温下，煤灰大多呈软化或流体状态。

（6）硫分

硫是煤中的有害杂质，虽对燃烧本身没有影响，但若它的含量太高，对设备的腐蚀和环境的污染都相当严重。因此，电厂燃用煤的硫分不能太高，一般要求最高不能超过2.5%。

火力发电厂燃用的煤通常称为动力煤，其分类方法主要是依据煤的干燥无灰基挥发分进行分类。就动力煤类别来说，主要有褐煤、长焰煤、不黏结煤、贫煤、气煤以及少量的无烟煤。从商品煤来说，主要有洗混煤、洗中煤、粉煤、末煤等。劣质煤主要指对锅炉运行不利的多灰分（大于40%）低热值（小于15.73MJ/kg）的烟煤、低挥发分（小于10%）的无烟煤、水分高热值低的褐煤以及高硫（大于2%）煤等。燃用劣质煤是火电厂对社会的一项贡献。

三、气化用煤的质量要求

目前国内常采用的气化炉有常压固定床、流化床和气流床三种类型。气化炉的炉型不同，对煤质的要求也就不同。

1. 常压固定床煤气发生炉对煤质的要求

常压固定床煤气发生炉的应用比较广泛，对煤的适应性也较强，可采用的煤种有长焰煤、不黏煤、弱黏煤、1/2中黏煤、气煤、1/3焦煤、贫瘦煤、贫煤和无烟煤。煤的品种以各粒级的块煤为准，灰熔点（ST）大于1250℃，干燥基灰分（A_d）不大于24.00%，全硫 $w_d(S_t)$ 小于2.00%，热稳定性和抗碎强度亦应较高，抗碎强度应大于60%。对于无搅拌装置的煤气发生炉，要求原料煤的胶质层最大厚度 Y 小于12.0mm；有搅拌装置的煤气发生炉，则要求 Y 小于16.0mm。为保证常压固定床煤气发生炉用煤的质量，已制定出常压固定床煤气发生炉用煤质量标准（GB/T 9143—2021）。

2. 流化床气化炉对煤质的要求

我国也用流化床气化炉来生产合成氨的原料气。这种气化炉在常压下操作，以空气或氧气为气化剂，对原料煤的要求是活性越大越好（一般在950℃时 CO_2 分解率大于60%的煤即可）。可以用褐煤（一般 M_t 应小于12.0%，A_d 小于25.00%），也可用长焰煤或不黏煤，要求粒度小于8mm，但0~1mm的煤粉越少越好，否则飞灰会带出大量碳而降低煤的气化率，煤的灰熔点（ST）应大于1200℃，全硫含量小于2.00%。

3. 气流床气化炉对煤质的要求

我国常用的气流床技术主要有德士古水煤浆气化和Shell煤气化，下面介绍一下德士古水煤浆气化对煤质的要求。

从技术角度来看，德士古水煤浆加压气化技术可以适用于各种烟煤；但从经济运行角度来看，德士古水煤浆气化装置对原料煤有如下要求：

① 低水分。水分（内在水）越低越有利于制备高浓度的煤浆，水分大于8%的煤种是不经济的。

② 低灰分。灰分越低越有利于气化，在选用原料煤时，应尽量选低灰分的煤种，德士古水煤浆气化装置在灰分小于13%时能够经济稳定运行，对于高灰分的煤种还有待于在设备、管道、阀门材质及结垢方面做大量的工作。

③ 低灰熔点。灰熔点低有利于气化，选择灰熔点小于1300℃的煤种有利于气化装置经济稳定运行。

④ 煤质稳定性。煤质稳定性是气化装置运行的关键，尽可能选择服务年限长、储量大、地质条件相对好、煤层厚的矿点，选择煤中有害物质少、化学活性高、可磨性好、灰渣特性好的煤种。

四、液化用煤的质量要求

煤的液化是当前煤化工的热点，有不少煤矿都跃跃欲试，但煤的液化对煤质有一定的要求，不是所有煤都可以进行液化的。煤的液化分为直接液化和间接液化，这两种液化方法对煤质量的要求各不相同。

1. 直接液化对煤质的要求

① 煤中的灰分要低，一般小于5%。因此原煤要进行洗选，生产出精煤后进行液化。若煤的灰分高，会影响油的产率和系统的正常操作。煤的灰分组成也对液化过程有影响，

灰分中的 Fe、Co、Mo 等元素有利于液化，对液化起催化作用；而灰分中的 Si、Al、Ca、Mg 等元素则不利于液化，它们易产生结垢，影响传热和不利于正常操作，也易使管道系统堵塞、磨损，降低设备的使用寿命。

②煤的可磨性要好。因为煤的直接液化要把煤先磨成 200 目左右的煤粉，然后干燥到水分小于 2%，配制成油煤浆，再经高温、高压，加氢反应。如果煤的可磨性不好，则能耗高，设备磨损严重，配件、材料消耗大，会增加生产成本。同时，要求煤的水分要低，因为水分高不利于磨矿和制油煤浆，会加大投资和生产成本。

③煤中的氢含量越高越好，氧含量越低越好。这样可以减少加氢的供气量，也可以减少生成的废水，提高经济效益。

④煤中的硫分和氮等杂原子含量越低越好，以降低油品加工提质的费用。

⑤煤岩的组成也是液化用煤的一项主要指标。丝质组含量越高，煤的液化性能越好；镜质组含量高，则液化活性差。因此能用于直接液化的煤，一般是褐煤、长焰煤等年轻煤种，而且这些牌号的煤也不是都能直接液化的。神华的不黏煤、长焰煤和云南先锋的褐煤都是较好的直接液化煤种。

2. 间接液化对煤质的要求

煤的间接液化是先将煤气化，生成含 H_2、CO 的原料气，再在一定压力和温度下加催化剂，合成液体油，因此对煤质的要求相对要低些。

①煤的灰分要低于 15%。当然越低越有利于气化，也有利于液化。

②煤的可磨性要好，水分要低。不论采用哪种气化工艺，制粉是一个重要环节。

③对于用水煤浆制气的工艺，要求煤的成浆性能要好。水煤浆的固体浓度应在 60% 以上。

④煤的灰熔点要求。固定床气化要求煤的灰熔点温度越高越好，一般灰熔点温度不小于 1250℃；流化床气化要求煤的灰熔点温度小于 1300℃。

虽然间接液化对煤的适应性要广些，但是不同的煤要选择不同的气化方法，所以对原煤进行洗选加工、降低灰分和硫分是必要的。

习题

1. 现行《中国煤炭分类》标准使用了哪些分类指标？将煤分为哪些大类？

2.《中国煤炭分类》标准中，褐煤、烟煤、无烟煤的数码编号中个位数字和十位数字各代表什么意义？

3. 中国煤炭编码系统采用了哪些参数？

4. 国际煤分类标准中使用了哪些分类指标？

5. 某低煤阶煤的煤质化验数据为：$\overline{R}_{ran} = 0.34\%$，$Q_{gr,maf} = 13.9 MJ/kg$，$V_{daf} = 54.01\%$，$M_t = 51.02\%$，$T_{ar,daf} = 10.90\%$，$A_d = 28.66\%$，$w_d(S_t) = 3.64\%$，试对该煤进行编码。

6. 在国际褐煤分类中，褐煤是如何界定的？

7. 国际褐煤分类采用了哪些分类指标？将褐煤分为几类？

8. 简述国际煤分类标准的主要内容。

9. 简述国际煤分类标准与中国煤炭分类标准的异同之处。

第六章

煤炭的综合利用

本章学习目标

1. 知识目标
① 理解掌握煤气化的方法和煤气的种类;
② 掌握煤气化过程中发生哪些化学反应;
③ 了解煤气化的意义;
④ 理解掌握煤液化的原理和方法;
⑤ 掌握几种典型的煤液化工艺;
⑥ 了解煤液化的意义;
⑦ 了解煤燃烧的原理及燃烧用煤的要求。

2. 能力目标
① 熟练掌握煤气化的方法,能区分不同气化方法的优缺点;
② 能具体分析典型的煤气化工艺流程、主要设备等;
③ 掌握煤气化、煤液化发生哪些化学反应,原理上区分两种煤炭的利用方法;
④ 能具体分析典型的煤液化工艺流程、主要设备等;
⑤ 会根据煤炭的基本性质指导煤炭的利用方向;
⑥ 培养探索煤炭清洁利用的途径,激发创新意识。

本章思维导图

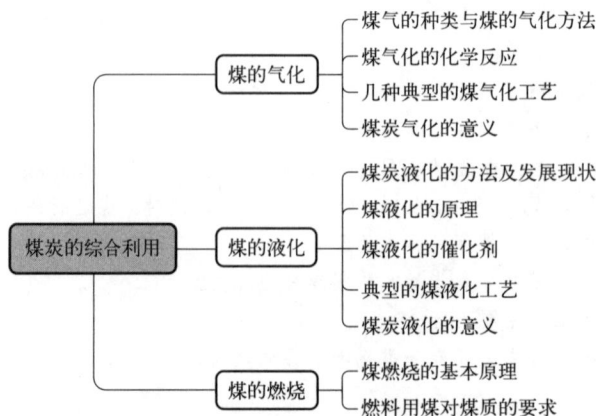

　　煤炭是我国的主要能源和重要工业原料。煤炭产业是我国重要的基础产业，煤炭产业的可持续发展关系国民经济健康发展和国家能源安全。中国煤炭资源丰富，种类繁多。如何根据每种煤的特点加以充分利用，又不污染环境，是研究煤综合利用的复杂课题。为合理、有序开发煤炭资源，提高资源利用率和生产力水平，促进煤炭工业健康发展，近年来中国在煤的综合利用方面做了大量工作，取得很大成绩，并且在今后相当长的时间内，煤的综合利用还有待向纵深发展。

　　煤的综合利用是指充分合理地利用各种煤炭资源（包括石煤、煤矸石等劣质煤），使其发挥最大的经济效益和社会效益。

　　通常煤作为一次能源直接燃烧利用。世界总发电量的 47% 来自燃煤的火力发电，中国的煤炭在一次能源消费中的比重始终维持在 70% 左右，它给人类带来温暖和光明，但燃煤对大气环境的污染是不可忽视的。世界各国也更倾向于利用煤炭转化技术，希望把煤炭转化为洁净的二次能源，既减轻了对大气环境的破坏，也以煤为原料，为人们的生产和生活提供更多的化工产品。常见的煤的加工利用技术包括煤的焦化、加氢、液化、气化等。

第一节　煤的气化

　　煤的气化是以煤或煤焦为原料，以氧气（空气、富氧或纯氧）、水蒸气或氢气等为气化剂，在高温条件下通过化学反应将煤或煤焦中的可燃部分转化为气体燃料的过程。煤气的有效成分主要是 H_2、CO 和 CH_4 等，可作为城市煤气和工业燃气，也可以作为化工原料再合成其他化工产品。

一、煤气的种类与煤的气化方法

1. 煤气的种类

　　根据所使用的气化剂的不同，煤气化得到煤气的成分与发热量也各不相同，大致可分为空气煤气、水煤气、混合煤气、半水煤气等。

　　（1）空气煤气　空气煤气是以空气为气化剂与煤炭进行反应的产物，生成的煤气中可燃组分 CO 和 H_2 很少，而且不燃组分 N_2 和 CO_2 很多。因此这种燃气发热量很低，用途局限，随着气化技术的不断提高，目前已不采用生产空气煤气的气化工艺。

　　（2）水煤气　水煤气是以水蒸气作为气化剂与煤炭进行反应的产物，由于水煤气组成中含有大量的 CO 和 H_2，所以发热量比较高，可以作为燃料，更适宜作为基本有机合成的原料，但水煤气的生产过程复杂，生产成本比较高，所以一般很少用作燃料，主要用作化工原料来合成化工产品。

　　（3）混合煤气　为了提高煤气发热量，可以采用空气和水蒸气的混合物作为气化剂，生产出来的煤气称为混合煤气，通常人们所说的发生炉煤气也是指这种煤气。混合煤气主要用作燃料气，广泛用于冶金、机械、玻璃、建筑等工业部门的熔炉和热炉。

　　（4）半水煤气　半水煤气是水、煤气和空气的混合气，是合成氨的原料气。

2. 煤的气化方法

煤的气化分类方法很多，通常按原料在气化炉中的运动状态可分为：固定床（移动床）

气化、流化床（沸腾床）气化、气流床（悬浮床）气化、熔融床气化等。

固定床气化是指在气化过程中，煤由气化炉顶部加入，气化剂由气化炉底部加入，煤料与气化剂逆流接触，相对于气体的上升速度而言，煤料下降速度很慢，甚至可视为固定不动，因此称之为固定床气化；而实际上，煤料在气化过程中是以很慢的速度向下移动的，所以比较准确地应称其为移动床气化。

流化床气化是以粒度为 0～10mm 的小颗粒煤为气化原料，在气化炉内使其悬浮分散在垂直上升的气流中，煤粒在沸腾状态进行气化反应，从而使得煤料层内温度均一，易于控制，提高气化效率。流化床气化技术是朝鲜恩德"七•七"联合企业在温克勒粉煤流化床气化炉的基础上，经长期的生产实践，逐步改进和完善的一种煤气化工艺。以恩德炉、灰熔聚为代表的气化技术，灰熔聚流化床粉煤气化技术根据射流原理，在流化床底部设计了灰团聚分离装置，形成床内局部高温区，使灰渣团聚成球，借助质量的差异达到灰团与半焦的分离，在非结渣情况下，连续有选择地排出低碳量的灰渣。

气流床气化是一种并流气化，用气化剂将粒度为 $100\mu m$ 以下的煤粉带入气化炉内，也可将煤粉先制成水煤浆，然后用泵打入气化炉内。煤料在高于其灰熔点的温度下与气化剂发生燃烧反应和气化反应，灰渣以液态的形式排出气化炉。其代表工艺壳牌干煤粉气化工艺于 1972 年开始进行基础研究，1978 年投煤量 150 t/d 的中试装置在德国汉堡建成并投入运行。1987 年投煤量 250～400 t/d 的工业示范装置在美国休斯敦投产。在取得大量实验数据的基础上，日处理煤量为 2000 t 的单系列大型煤气化装置于 1993 年在荷兰 Demkolec 电厂建成，煤气化装置所产煤气用于联合循环发电，经过 3 年多示范运行于 1998 年正式交付用户使用。我国已经引进 23 套壳牌气化炉装置。

熔融床气化又叫熔浴床气化，它是将粉煤和气化剂以切线方向高速喷入一个温度较高且高度稳定的熔池内，把一部分动能传给熔渣，使池内熔融物做螺旋状的旋转运动并气化。

煤气化分类方法还有很多，也可以按照气化过程的操作方式分为：连续式气化、间歇式气化、循环式气化等。或是按压力大小不同可分为：常压气化、加压气化（中压 0.7～3.5MPa，高压＞7.0MPa）。

二、煤气化的化学反应

气化过程发生的反应包括煤的干燥、煤的热解、气化和燃烧反应。煤的干燥主要是煤中的水分受热蒸发，属于物理变化，比较简单，就不详细说了。煤的热解、气化和燃烧这三个阶段属于化学变化。煤在气化炉中干燥以后，随着温度的进一步升高，煤分子发生热分解反应，生成大量的挥发性物质，如热解煤气、焦油和热解水等，同时煤黏结成半焦，煤热解后形成的半焦在更高的温度下与通入气化炉的气化剂发生化学反应，生成以一氧化碳、氢气、甲烷、二氧化碳、氮气、硫化氢、水等为主要成分的气态产物，即粗煤气。气化反应包括很多的化学反应，主要是碳、水、氧气、氢气、一氧化碳、二氧化碳相互间的反应，其中碳和氧气的反应又称燃烧反应，为气化过程提供热量。煤的热解是指煤从固相变为气、固、液三相产物的过程。煤的气化和燃烧反应则包括两种反应类型，即非均相气-固反应和均相的气相反应，主要的化学反应如下。

1. 燃烧反应

$$C+O_2 \longrightarrow CO_2+395.4kJ/mol$$

2. 发生炉煤气反应

$$C+CO_2 \longrightarrow 2CO-167.9kJ/mol$$

3. 碳-水蒸气反应

$$C+H_2O \longrightarrow CO+H_2-135.7kJ/mol$$

4. 变换反应

$$CO+H_2O \longrightarrow CO_2+H_2+32.2kJ/mol$$

5. 碳加氢反应

$$C+2H_2 \longrightarrow CH_4+39.4kJ/mol$$

6. 热解或脱挥发分反应

煤进行气化时，通过热解将产生更多的甲烷，该热解过程因过程条件的不同而不同，可用下列两个反应式表示。

$$C_mH_n \longrightarrow n/4CH_4+(4m-n)/4C$$

或

$$C_mH_n+(4m-n)/2H_2 \longrightarrow mCH_4$$

根据以上反应产物，煤气化过程可用下式表示。

$$煤 \xrightarrow{\text{高温、高压、气化剂}} C+CH_4+CO+CO_2+H_2+H_2O$$

在气化过程中，如果温度、压力不同，则气化产物中碳的氧化物即一氧化碳和二氧化碳的生成比率也不同。

另外，煤中含有少量的氮和硫杂质，气化过程中还可能会发生下列反应。

$$S+O_2 \Longrightarrow SO_2$$
$$SO_2+3H_2 \Longrightarrow H_2S+2H_2O$$
$$SO_2+2CO \Longrightarrow S+2CO_2$$
$$2H_2S+SO_2 \Longrightarrow 3S+2H_2O$$
$$C+2S \Longrightarrow CS_2$$
$$CO+S \Longrightarrow COS$$
$$N_2+3H_2 \Longrightarrow 2NH_3$$
$$2N_2+2H_2O+4CO \Longrightarrow 4HCN+3O_2$$
$$N_2+xO_2 \Longrightarrow 2NO_x$$

三、几种典型的煤气化工艺

1. 德士古水煤浆气化技术

德士古（Texaco）水煤浆加压气化工艺简称 TCGP，是由美国德士古石油公司开发的。第一套处理 15t 煤/d 的中试装置于 1948 年在美国洛杉矶附近的 Montebello 建成。1958 年在美国圣弗吉里 Mongantown 建立了处理 100t 煤/d 的原型炉，操作压力 2.8MPa，气化剂为空气，生产的合成气用于合成氨。1979 年在联邦德国完成工业操作试验。Texaco 提出了水煤浆的概念，水煤浆采用柱塞隔膜泵输送，克服了煤粉输送困难及不安全的缺点，经过研究机构的逐步完善，已于 20 世纪 80 年代投入工业化生产，成为具有代表性的第二代煤气化技术。中国从 20 世纪 90 年代初开始大量引进该技术，如山东鲁南化肥厂、上海焦化厂、陕西渭河化肥厂、淮化集团有限公司等均采用该流程。

德士古（Texaco）水煤浆加压气化技术，属气流床加压气化技术，原煤经磨制成水煤浆后泵送进气化炉顶部单烧嘴下行制气，原煤运输、制浆、泵送入炉系统比干粉煤加压气化要简单。单炉生产能力大，目前国际上最大的气化炉日投煤量为 2000t，国内已投产的气化炉能力最大为 1000t/d。设计中的气化炉能力最大为 1600t/d。气化炉对原煤适应性较广，气煤、烟煤、次烟煤、无烟煤、高硫煤及低灰熔点的劣质煤、石油焦等均能用作气化原料，但要求原煤含灰量较低、还原性气氛下的灰熔点低于 1300℃，灰渣黏温特性好。气化压力从 2.5MPa、4.0MPa、6.5MPa 到 8.5MPa 皆有工业性生产装置在稳定长周期运行，装置建成投产后即可正常稳定生产。气化系统的热利用有两种形式，一种是废热锅炉型，可回收煤气中的显热副产高压蒸汽，适用于联合循环发电；另一种是水激冷型，制得的合成气的水气比高达 1.4，适用于制氢、合成氨、制甲醇等化工产品。气化系统不需要外供过热蒸汽及输送气化用原煤的 N_2 或 CO_2。气化系统总热效率高达 94%～96%。气化炉结构简单，为耐火砖衬里。气化炉内无转动装置或复杂的膜式水冷壁内件，所以制造方便、造价低，在开停车和正常生产时无须连续燃烧一部分液化气或燃料气（合成气），煤气除尘比较简单。碳转化率达 96%～98%；有效气成分（$CO+H_2$）约为 80%～83%；有效气（$CO+H_2$）比氧耗为 336～410m³/km³，有效气（$CO+H_2$）比煤耗为 550～620kg/km³。

国外已建成投产的装置有 6 套，15 台气化炉，国内已建成投产的装置有 7 套，21 台气化炉，正在建设、设计的装置还有 4 套，13 台气化炉，已建成投产的装置最终产品有合成氨、甲醇、醋酸、醋酐、氢气、一氧化碳、燃料气。联合循环发电各装置建成投产后，一直连续稳定，长周期运行。装备国产化率已达 90% 以上，由于国产化率高，导致装置投资较其他加压气化装置都低。缺点是气化用原煤受气化炉耐火砖衬里的限制，适宜于气化低灰熔点的煤。气化炉耐火砖使用寿命较短，一般为 1～2 年，国产砖寿命为一年左右，有待改进。气化炉烧嘴使用寿命较短，一般使用 2 个月后，需停车进行检查、维修或更换喷嘴头部，有待改进提高。德士古煤气化技术在中国应用也几十年了，是较成熟的煤气化技术，从技术的掌握和操作的熟练方面来看，设备的国产化和配套的耐火材料的制造都有较大优势。

德士古煤气化技术的主要特点是水煤浆带来的，即较容易把压力升上去。如南化的气化炉压力达到了 8.4MPa，这样就可能实现不需压缩直接合成甲醇，节省了压缩能耗。德士古煤气化技术的缺点也跟水煤浆有关，水煤浆中含有 40% 的水，使它的热值降低。对煤质的限制变得较严格，如成浆性差的煤，灰分较高、灰熔点高的煤经济性较差；气化效率相对较低，碳转化率约为 95%。

2. Shell 煤气化技术

Shell 煤气化工艺（Shell coal gasfication process）简称 SCGP，是由荷兰 Shell 国际石油公司（Shell International Oil Products B. V.）开发的一种加压气流床粉煤气化技术。Shell 煤气化工艺的发展主要经历了如下几个阶段。

(1) 概念阶段   20 世纪 70 年代初期的石油危机引发了 Shell 公司对煤气化的兴趣，1972 年 Shell 公司决定开发煤气化工艺时，对所开发的工艺制定了如下标准：

① 对煤种有广泛的适应性,基本可气化世界上任何煤种;

② 环保问题少,有利于环境保护;

③ 高温气化,防止焦油和酚等有机副产品的生成,并促进碳的转化;

④ 气化装置工艺及设备具有高度的安全性和可靠性;

⑤ 气化效率高,单炉生产能力大。

根据上述原则,通过固定床、流化床和气流床三种不同连续气化工艺的对比,对之后煤气化工艺的开发形成了如下基本概念:

① 采用加压气化,设备结构紧凑,气化强度大;

② 选用气流床气化工艺,生产能力大,气化炉结构简单;

③ 采用纯氧气化,气化温度高,气化效率高,合成气中有效气 $CO+H_2$ 含量高;

④ 熔渣气化在冷壁式气化炉中,熔渣可以保护炉壁,并确保产生的废渣无害;

⑤ 对原料煤的粒度无特殊要求,干煤粉进料,有利于碳的转化。

(2) 小试试验 1976 年 Shell 在荷兰阿姆斯特丹建成了规模为 6t 煤/d 的小试装置,该装置的主要任务是进行煤种试验,验证 Shell 煤气化理论,为工艺模型的开发提供基础数据,并进行材料试验和煤气净化方法试验,收集基本的环保数据。在其主要试验期间(1978~1983 年),先后对 21 个煤种进行了气化试验。目前该装置仍可根据需要进行特定煤种评价及试验。

(3) 中试装置 在小试试验的基础上,1978 年 Shell 在汉堡-哈尔堡壳牌炼油厂内建设了一套日处理 150t 煤中试装置。其主要任务是进行不同煤种的气化试验,与小试试验结果关联并验证煤气化数据和工艺模型,进行相关的设备试验,确定煤气化的关键设备(如:气化炉、煤气冷却器、烧嘴、加料和排渣设备及阀门等)的设计原则,为工业化装置的设计提供数据,同时为生产装置积累操作经验、开发安全操作程序。中试装置累计进行了 6000h(包括 1000h 的连续运转)的气化试验,于 1983 年结束运转。

(4) 工业示范装置 在汉堡中试的基础上,Shell 对气化和煤气冷却系统的设计进行了大幅度的改进,并在美国休斯顿郊区壳牌的 Deer Park 总厂建设了一套命名为 SCGP-1 的粉煤气化工业示范装置,该装置于 1983 年开始设计,1986 年开始运转,气化规模为 250~400t 煤/d,气化压力 2~4MPa,约日产 $32.5×10^4$ m^3 中热值煤气和 16t 蒸汽/h。SCGP-1 示范装置的主要任务是验证 Shell 煤气化工艺技术,包括工艺特性及设备可靠性,进一步开发商业化生产的操作技能和经验。SCGP-1 气化装置的示范试验装置累计运行 15000h,最长连续运行 1500h,气化了大约 18 种煤(其中包括褐煤和石油焦),获得了比期望值更好的工艺效果。该示范装置于 1991 年关闭。

(5) 工业化应用 1993 年采用 Shell 煤气化工艺的第一套大型工业化生产装置在荷兰建成,用于整体煤气化燃气-蒸汽联合循环发电,发电量为 250MW。设计采用单台气化炉和单台废热锅炉,气化规模为 2000t 煤/d。煤电转化总(净)效率>4300(低位发热量)。1994 年 4 月首次用煤气化发电,到 1998 年初联合循环发电已经累计运行时间超过 10000h,烧嘴寿命超过 7500h,成功地气化了 14 种煤(其中部分混烧),在 1997 年下半年装置总运转率超过 8500。运转初期曾发生过一些问题,发电燃气轮机的问题占 95%,于 1996 年 9 月最终得到解决。1998 年 1 月 1 日该装置转交给当地公用事业部门,进入商业化运行(比原计划晚一年)。

Shell 煤气化技术的主要特点主要有以下几方面:

(1) 粉煤进料　煤的气化反应是非均相反应，又是剧烈的热交换反应，影响煤气化反应的主要因素除气化温度外，气固间的热量传递、固体内部的热传导速率及气化剂向固体内部的扩散速率是控制气化反应的主要因素。气流床气化是气固并流，气体与固体在炉内的停留时间几乎相同，都比较短，瞬间就完成。煤粉气化的目的是通过增大煤的比表面积来提高气化反应速度，从而提高气化炉的生产能力和碳的转化率。因此，粉煤气化通过降低入炉原料粒度来提高固体原料的比表面对气化反应就更有其特殊意义。随着采煤技术自动化程度的提高，商品煤中粉煤含量就越高，因此采用粉煤气化就显得日趋重要。

(2) 高温气化　气流床煤气化反应温度比较高，气化炉内火焰中心温度一般可高达2000℃以上，出气化炉气固夹带流的温度也高达 1400～1700℃，参加反应的各种物质的高温化学活性充分显示出来，因而碳转化率特别高。高温下煤中的挥发分如焦油、氮、硫化物、氰化物也可得到充分的转化，其他组分也通过彻底的"内部燃烧"得到钝化。因此，得到的产品煤气比较纯净，煤气洗涤污水比较容易处理。对非燃料用气如合成氨或甲醇的原料气来说，甲烷是不受欢迎的，随着气化温度的升高，其所产生的气体中甲烷含量显著降低，因此气流床煤气化特别适合生产 CO 和 H_2 含量高的合成气。高温气化生产合成气的显热可通过废热锅炉回收，生产蒸汽。在某些情况下，所生产的蒸汽除自身生产应用外，还可以和其他的化工企业或发电企业联合一起利用。由于是高温气化，因此气流床气化氧气消耗量比较高。

(3) 液态排渣　在气流床气化过程中，夹带大量灰分的气流，通过熔融灰分颗粒间的相互碰撞，逐渐结团、长大，从气流中得到分离或黏结在气化炉壁上，并沿炉壁向下流动，以熔融状态排出气化炉。经过高温的炉渣，大多为惰性物质，无毒、无害。由于是液态排渣，要保证气化炉的稳定操作，气化炉的操作温度一般在灰的流动温度（FT）以上，原料煤的灰熔点越高，要求气化操作温度也就越高，这样势必会造成气化氧气的消耗量增加，影响气化运行的经济性，因此，使用低灰熔点煤是有利的。对于高灰熔点煤，可以通过添加助熔剂，降低灰熔点和灰的黏度，从而提高气化的可操作性，气流床气化对煤的灰熔点要求不是十分严格。

(4) 煤种适应广　由于采用干法粉煤进料及气流床气化，因而对煤种适应广，可使任何煤种完全转化。它能成功地处理高灰分、高水分和高硫煤种，能气化无烟煤、石油焦、烟煤及褐煤等各种煤。对煤的性质诸如活性、结焦性、水、硫、氧含量及灰分并不敏感。

(5) 能源利用率高　由于采用高温加压气化，因此其热效率很高，在典型的操作条件下，采用了加压制气，大大降低了后续工序的压缩能耗。此外，还由于采用干法供料，避免了湿法进料消耗在水气化加热方面的能量损失。因此能源利用率也相对提高。

(6) 设备单位产气能力高　由于是加压操作，所以设备单位容积产气能力提高。在同样生产能力下，设备尺寸较小，结构紧凑，占地面积小，相对的建设投资也比较少。

(7) 环境效益好　因为气化在高温下进行，且原料粒度很小，气化反应进行得极其充分，影响环境的副产物很少，因此干法粉煤加压气流床工艺属于"洁净煤"工艺。Shell 煤气化工艺脱硫率可达 95% 以上，并生产出纯净的硫黄副产品，产品气的含尘量低于 $2mg/m^3$（标）。气化产生的熔渣和飞灰是非活性的，不会对环境造成危害。工艺废水易于净化处理和循环使用，通过简单处理可实现达标排放。生产的洁净煤气能更好地满足合成气、工业锅炉和燃气透平的要求及环保要求。

3. 鲁奇气化技术

鲁奇碎煤加压气化技术是 20 世纪 30 年代由德国鲁奇公司开发的，属第一代煤气化工艺，技术成熟可靠，是目前世界上建厂数量最多的煤气化技术。运行的气化炉达数百台，主要用于生产城市煤气和合成原料气。

德国鲁奇加压气化炉压力 2.5~4.0MPa，气化反应温度 800~900℃，固态排渣，以小块煤（对入炉煤粒度要求是 6mm 以上，且 13mm 以上占 87%，6~13mm 占 13%）为原料，蒸汽-氧气连续送风制取中热值煤气。气化床自上而下分干燥、干馏、还原、氧化和灰渣等层，产品煤气经热回收和除油，含有约 10%~12% 的甲烷和不饱和烃，适宜作城市煤气。粗煤气经烃类分离和蒸汽转化后可作合成气，但流程长、技术经济指标差、对低温焦油及含酚废水的处理难度较大、污染环境等问题不易解决。

鲁奇炉的技术特点有以下几个方面：

① 固定气化床，固态排渣，适宜弱黏结性碎煤（5~50mm）。

② 生产能力强。自工业化以来，单炉生产能力持续增长。例如，1954 年在南非沙索尔建立的 10 台内径为 3.72m 的气化炉，产气能力为 $1.53 \times 10^4 m^3/(h \cdot 台)$；而 1966 年建设的 3 台，产气能力为 $2.36 \times 10^4 m^3/(h \cdot 台)$；到 1977 年所建的 13 台气化炉，平均产气能力则达 $2.8 \times 10^4 m^3/(h \cdot 台)$。这种持续增长主要是靠操作的不断改进。

③ 气化炉结构复杂，炉内设有破黏、煤分布器、炉箅等转动设备，制造和维修费用高。

④ 入炉煤必须是块煤，原料来源受一定限制。

⑤ 出炉煤气中含焦油、酚等，污水处理和煤气净化工艺复杂、流程长、设备多，炉渣含碳 5% 左右。至今世界上共建有 107 台炉子，通过扩大炉径和增设破黏装置后，提高了气化强度和煤种适应性。煤种涉及次烟煤、褐煤、贫煤，用途为 F-T 合成、天然气、城市煤气、合成氨，气化能力 8000~100000m³/h，气化炉内径最大 5.0m，装置总规模 1100~11600t/d。与 UGI 炉相比，鲁奇炉有效地解决了 UGI 炉单炉产气能力小的问题。山西化肥厂单台气化炉的最大生产能力达 38000m³/h。同时，由于在生产中使用了碎煤，也使煤的利用率得到相应提高。但是，固定床的一些关键问题仍然没有得到解决。鲁奇炉对煤种和煤质要求较高，只能使用弱黏结性烟煤和褐煤，灰熔点（氧化气氛）大于 1500℃，对强黏结性、热稳定性差、灰熔点低及粉状煤则难以使用。第三代鲁奇炉在炉内增设了搅拌器用于破焦，但也仅局限于黏结性较小的煤种。鲁奇气化工艺的另一个问题是进料用灰锁上、下阀，长期以来这种阀门依赖进口，且最长使用寿命仅为 5~6 个月，明显增加了运行成本。究其原因，真正的问题仍在于固定床气化工艺本身。

4. 循环流化床气化技术

第一台工业流化床自 1954 年投产以来，在国内外得到了迅速的推广与发展。近年来，使用循环流化床（CFB）作气化炉的工艺得到了迅速发展，使燃烧效率、碳转换率等得到了较明显的提高。在国内煤气化领域中，主要用流化床气化炉来气化碎煤。它在环保、能源的充分利用、热效率的提高等方面都比沸腾炉效果好，而且在气化高活性、低阶煤种方面，具有其他煤气化技术不可比拟的优势。循环流化床气化技术具有煤种适应性强、传热效率高、易完成大型化操作等优点。

总体来说，气化工艺的发展非常快，是随着反应器的发展而发展的，为了提高煤气化的气化率和气化炉的生产强度，改善环境，新一代煤气化技术开发的总方向基本是：气化压力由常压向中高压（8.5MPa）发展，气化温度向高温（1500～1600℃）发展。气化原料向多样化发展，生产能力越来越强，固态排渣向液态排渣发展。

四、煤炭气化的意义

煤转化为煤气之后成为理想的二次能源，应用特别广泛，煤气化技术主要应用于如下几个领域：

1. 作为工业燃气

一般热值为 1100～1350kcal（1kcal≈4.19kJ）的煤气，采用常压固定床气化炉、流化床气化炉均可制得。主要用于钢铁、机械、卫生、建材、轻纺、食品等部门，用以加热各种炉、窑，或直接加热产品或半成品。

2. 作为民用煤气

一般热值在 3000～3500kcal，要求 CO 小于 10%，除焦炉煤气外，直接气化也可得到，采用鲁奇炉较为适用。与直接燃煤相比，民用煤气不仅可以明显提高用煤效率和减轻环境污染，而且能够极大地方便人民生活，具有良好的社会效益与环境效益。出于安全、环保及经济等因素的考虑，要求民用煤气中的 H_2、CH_4 及其他烃类可燃气体含量应尽量高，以提高煤气的热值；而 CO 有毒，其含量应尽量低。

3. 作为化工合成和燃料油合成原料气

早在第二次世界大战时，德国等就采用费托工艺（Fischer-Tropsch）合成航空燃料油。随着合成气化工和碳一化学技术的发展，以煤气化制取合成气，进而直接合成各种化学品的路线已经成为现代煤化工的基础，主要包括合成氨、合成甲烷、合成甲醇、醋酐、二甲醚以及合成液体燃料等。化工合成气对热值要求不高，主要对煤气中的 CO、H_2 等成分有要求，一般德士古气化炉、Shell 气化炉较为合适。我国合成氨的甲醇产量的 50% 以上来自煤炭气化合成工艺。

4. 作为冶金还原气

煤气中的 CO 和 H_2 具有很强的还原作用。在冶金工业中，利用还原气可直接将铁矿石还原成海绵铁；在有色金属工业中，镍、铜、钨、镁等金属氧化物也可用还原气来冶炼。因此，冶金还原气对煤气中的 CO 含量有要求。

5. 作为联合循环发电燃气

整体煤气化联合循环发电（简称 IGCC）是指煤在加压下气化，产生的煤气经净化后燃烧，高温烟气驱动燃气轮机发电，再利用烟气余热产生高压过热蒸汽驱动蒸汽轮机发电。用于 IGCC 的煤气，对热值要求不高，但对煤气净化度，如粉尘及硫化物含量的要求很高。与IGCC 配套的煤气化一般采用固定床加压气化（鲁奇炉）、气流床气化（德士古）、加压气流（Shell 气化炉）。

6. 煤炭气化燃料电池

燃料电池是由 H_2、天然气或煤气等燃料（化学能）通过电化学反应直接转化为电的化学发电技术。主要有磷酸盐型（PAFC）、熔融碳酸盐型（MCFC）、固体氧化物型（SOFC）等。它们与高效煤气化结合的发电技术就是 IG-MCFC 和 IG-SOFC，其发电效率可达 53%。

7. 煤炭气化制氢

氢气广泛地用于电子、冶金、玻璃生产、化工合成、航空航天、煤炭直接液化及氢能电池等领域，世界上 96% 的氢气来源于化石燃料转化。而煤炭气化制氢起着很重要的作用，一般是将煤炭转化成 CO 和 H_2，然后通过变换反应将 CO 转换成 H_2 和 H_2O，将富氢气体经过低温分离或变压吸附及膜分离，即可获得氢气。

8. 作为煤炭液化的气源

不论是煤炭直接液化还是间接液化，都离不开煤炭气化。煤炭液化需要煤炭气化制氢，而可选的煤炭气化工艺同样包括固定床鲁奇加压气化、加压流化床气化和加压气流床气化工艺。

第二节　煤的液化

一、煤炭液化的方法及发展现状

煤的液化是指经过一定的加工工艺，将固体煤炭转变成液体燃料或原料的过程。煤液化按化学加工方法的不同可分为两类：直接液化和间接液化。煤直接加氢液化是在高温、高压、氢气（或 $CO+H_2$，$CO+H_2O$ 等）、催化剂和溶剂的作用下进行裂解、加氢等反应，将煤直接转化成分子量较小的燃料油和化工原料的加工过程。煤的间接液化是指煤经气化产生合成气（$CO+H_2$），再催化合成液体产品。煤的间接液化法是将煤气化得到原料气（即水煤气 $CO+H_2$），并在一定条件下（温度、压力）经催化合成得合成石油及其他化学产品的加工过程，又称一氧化碳加氢法、F-T 法（即费-托法）。

1. 煤的直接液化

煤的直接液化已经走过了漫长的历程。1913 年德国科学家 F. Bergius 发明了煤炭直接液化技术，为煤的加氢液化奠定了基础。此后，德国 IG 公司在第二次世界大战期间实现了工业化，战后由于中东地区廉价石油的开发，煤炭液化失去了竞争力。20 世纪 70 年代由于石油危机煤炭液化又活跃起来。日本、德国、美国等工业发达国家相继开发出一批煤炭液化工艺。这些国家集中在如何降低反应条件的苛刻度，从而达到降低煤炭液化成本。目前，世界上煤炭直接液化有代表性的是德国的 IGOR 工艺、日本的 NEDOL 工艺和美国的 HTI 工艺。这些新工艺的特点是：反应条件与老液化工艺相比大大缓和，压力从 40MPa 降低到 17～30MPa。并且产油率和油的质量都有很大提高，具备了大规模建设液化厂的技术能力。好多技术没有实现大规模工业化生产的主要原因是原煤价格和液化设备造价以及人工费用偏高，导致液化成本相对于石油偏高，难以与石油竞争。

我国从 20 世纪 70 年代末开始进行煤炭直接液化技术的研究和攻关，其目的是用煤生产汽油、柴油等运输燃料和芳香烃等化工原料。煤炭科学研究总院先后从日本、德国、美国引进直接液化试验装置。经过近 20 年的试验研究，找出了 14 种适于直接液化的中国煤种；选出了 5 种活性较高的、具有世界先进水平的催化剂；完成了 4 种煤的工艺条件试验。为开发适于中国煤种的煤直接液化工艺奠定了基础，成功地将煤液化后的粗油类产品加工成合格的汽油、柴油和航空煤油等。目前，煤炭直接液化技术在中国已完成基础性研究，为进一步工艺放大和建设工业化生产厂打下了坚实的基础。

2. 煤的间接液化

煤炭间接液化技术最早始于德国。第二次世界大战时期，德国建造了 9 个煤炭间接液化工厂。战后由于廉价的石油开发，导致这项技术停滞不前。之后，由于铁系催化剂的研制成功，新型反应器的开发和利用，煤炭液化技术得到了发展。但是，由于煤炭间接液化工艺复杂，初期投资大，成本高，除了南非外，其他国家对间接液化的兴趣相对于直接液化来说逐渐淡弱。

间接液化的技术主要有 3 种，南非的费-托合成法、美国的莫比尔法和正在开发的直接合成法。目前间接液化技术在世界上已实现商业化生产。我国从 20 世纪 50 年代初即开始进行煤炭间接液化技术的研究，曾在锦州进行过煤间接液化试验，后因发现大庆油田而中止。由于 70 年代的两次石油危机，以及"富煤少油"的能源结构带来的一系列问题，我国自 80 年代初又恢复对煤间接液化合成汽油技术的研究，由中国科学院山西煤炭化学研究所组织实施。经过多年的开发和研究，目前我国已经具备建设万吨级规模生产装置的技术储备，在关键技术、催化剂的研究开发方面已拥有了自主知识产权。我国自己研发的煤炭液化技术已达到世界先进水平。

中国许多煤炭企业非常关注煤炭液化技术的产业化发展，对煤炭液化项目的积极性很高，其中不少企业已完成了大量前期工作，从而对我国煤炭液化产业化进程起到了推动作用。近年来，我国煤炭液化技术取得实质性进展。中国目前正在兴建和拟建的"煤液化"项目已达 1600 万吨，总投入约 150 亿美元。

根据国家能源数据，预计到 2030 年我国煤液化总产量将达到 3500 万吨，随着"双碳"目标的推进，煤液化作为清洁能源替代品的潜力日益凸显，在国家"碳中和"战略背景下得到更加大力地扶持。今后，我国将以陕西、山西、云南和内蒙古为基地，加快推进煤炭的液化战略，以减少对国际市场石油产品的依赖，缓解燃煤引起的日益严重的环境污染。

二、煤液化的原理

煤加氢液化原理主要介绍以下两方面：

1. 煤与石油的比较

煤与石油、汽油在化学组成上最明显的区别是煤的氢含量低、氧含量高，H/C 原子比低、O/C 原子比高。两者分子结构不同，煤有机质是由 2～4 个或更多的芳香环构成，呈空间立体结构的高分子聚合物；而石油分子主要是由烷烃、芳烃和环烷烃等组成的混合物；且煤中存在大量无机矿物质。因此要将煤转化为液体产物，首先要将煤大分子裂解为较小的分子，提高 H/C 比，降低 O/C 比，并脱除矿物质。

2. 煤加氢液化的主要反应

煤的加氢液化与热解温度有直接的关系。在煤开始热解的温度以下一般不发生明显的加氢液化反应，而在热解固化温度以上加氢时结焦反应大大加剧。在煤加氢液化过程中，不是氢分子直接进攻煤分子而使其裂解。煤在加氢液化过程中首先是煤发生热解反应，生成自由基"碎片"，后者在有氢供应的情况下与氢气结合而稳定，否则就要聚合为高分子不溶物。所以煤的初级液化过程中，热解和供氢是两个十分重要的步骤。

三、煤液化的催化剂

催化剂是煤直接液化过程的核心技术，在煤液化过程中起着非常重要的作用。优良的催化剂可以降低煤液化温度，减少副反应并降低能耗，提高氢转移效率，增加液体产物的收率。

到目前为止，被研究的催化剂主要有廉价的铁基催化剂、稍贵的钼基催化剂、利用金属间协同作用的复合催化剂以及一些新型的改性催化剂。下面介绍三种常用的催化剂。

1. 铁基催化剂

铁基催化剂的研究一般可分为两类：一类是天然矿物或矿渣催化剂；另一类是发展超细微粒的铁基催化剂。铁基催化剂的活性较低，一般要在有硫存在的条件下才有较高的活性，从而产生较好的液化效果。虽然铁基催化剂在加氢裂解活性上不如 Co 和 Mo 等催化剂，但由于经济和环保上的优势，并且煤灰分中也含有铁元素，因此，开发高效铁基催化剂成为近年来研究的重点。

Taka 采用配有红外聚焦炉的速热高压反应釜制备了高分散的 $Fe_{1-x}S$ 液化催化剂，考察该催化剂对 Yallourn 煤的直接液化效果，并和传统的黄铁矿催化剂的性能进行了比较。结果发现，在红外聚焦炉的快速加热作用下 γ-FeOOH 转化为磁黄铁矿，大大提高了煤转化率和产品产率。

2. 钼基催化剂

1925 年人们开始使用过渡金属钼及其钼酸盐催化剂用于煤的加氢液化研究，但对煤液化取得重要进展的是钼基硫化物催化剂的应用，它对煤液化的催化活性优于铁基催化剂，特别是对煤大分子结构中的 C_{ar}—C_{ar}、C_{ar}—O 间的化学键断裂具有一定的选择性而备受研究者的关注。

3. 复合催化剂

由于铁基催化剂的活性相对较低，而昂贵的钼镍催化剂又很难投入实际应用，因此人们制备了一系列的 Fe、Mo、Ni 三金属催化剂。

四、典型的煤液化工艺

下面简单介绍几种具有代表性的煤炭直接液化工艺，如德国 IGOR 工艺、美国 HTI 工艺、日本 NEDOL 工艺等。

1. 德国 IGOR 工艺

德国矿业技术及检测公司在 20 世纪 90 年代初改进了原 DT 工艺，形成了更先进的 IGOR 工艺。该工艺是将循环溶剂和加氢液化油提质加工与煤的直接液化结合成一体的新工艺技术。

该工艺与原工艺相比有如下优点：①液化残渣的固液分离改为减压蒸馏，其处理能力增大，操作简单；②循环油基本不含固体并且基本排除了沥青烯；③煤的直接液化与循环溶剂加氢和液化油提质加工串联在一套高压系统中，油收率增加，产品质量提高，过程氢耗降低。

2. 美国 HTI 工艺

HTI 工艺是在 H-Coal 和 CTSI 两工艺基础上，采用悬浮床反应器和胶体铁基催化剂的一种煤加氢液化工艺。该工艺的主要技术特征有：①采用胶态高分散纳米尺度的 Fe 催化剂，降低了催化剂成本，提高了活性；②采用外循环全返混三相鼓泡床反应器，增强了反应器处理能力；③对液化粗油进行在线加氢精制，进一步提高了馏分油的品质；④反应条件较为温和，温度 440～450℃，压力为 17MPa，产率高，氢耗低；⑤固液分离采用超临界溶剂萃取脱灰，油收率提高 5%。

3. 日本 NEDOL 工艺

NEDOL 工艺是日本在 EDS 工艺的基础上开发出来的烟煤液化工艺，由煤前处理单元、液化反应单元、液化油蒸馏单元及溶剂加氢单元等四个主要单元组成，用预加氢过的中、重质油溶剂将煤、催化剂制成煤浆，和氢气一起预热后在一定的温度、压力下使之反应液化，然后把得到的液化粗油进行分离、精制、改性。大部分的中质油和全部重质油馏分经加氢后被循环作为供氢溶剂，供氢性能明显优于 EDS 工艺。其工艺特点为：①反应温度 430～465℃，反应压力 17～19 MPa；②催化剂采用合成硫化铁或天然黄铁矿；③固液分离采用减压蒸馏；④采用循环溶剂单独加氢，提高了溶剂的供氢能力。它集聚了"直接加氢法""溶剂萃取法"和"溶剂分解法"这三种烟煤液化法的优点，适用于从次烟煤至煤化度低的烟煤等广泛煤种。

4. 俄罗斯低压加氢液化工艺

此工艺是俄罗斯在 20 世纪 70～80 年代针对本国煤质特点，开发的直接加氢液化工艺。其工艺特点为：使用加氢活性很高的 Mo 催化剂，并采用离心溶剂循环和焚烧进行回收；液化反应气压力低，褐煤加氢液化压力为 6.0 MPa，烟煤加氢液化压力为 10.0 MPa，有利于降低工程投资和运行成本；采用瞬间涡流仓煤干燥技术，可以增加原料煤的比表面积和孔容积，减小煤颗粒粒度，利于加氢液化反应；采用半离线固定床催化反应器对液化粗油加氢精制，便于操作。

五、煤炭液化的意义

煤的液化是具有战略意义的一种煤转化技术，可将煤转化为替代石油的液体燃料和化工原料，有利于缓解石油资源的紧张局面。每个国家由于自身能源禀赋和工业发达程度的不同，各种能源所占的比重也不同。目前全世界已探明的石油可采储量远不如煤炭，不能满足能源、石油化工生产的需求。因此可以将储量相对较丰富的煤炭，通过煤炭液化转化为石油替代用品。尤其由于我国相对"富煤、贫油、少气"的能源格局，煤炭液化技术对于保障国家能源战略安全和经济可持续发展具有重要的意义，具体总结几点如下：

① 煤的液化用于生产石油的代用品，可以缓解石油资源紧张的局面。从全世界能源消耗组成看，可燃矿物（煤、石油、天然气）占 92% 左右，其中石油占 44%，煤占 30%，天然气占 18%。

② 通过液化，将难处理的固体燃料转变成便于运输、贮存的液体燃料，减少了煤中含硫、氮化物和粉尘、煤灰渣对环境的污染。

③ 煤的液化可用于制取碳素材料、电极材料、碳素纤维、针状焦，还可制取有机化工产品等，以煤化工代替部分石油化工，扩大煤的综合利用范围。

第三节 煤的燃烧

煤的燃烧是指煤中的可燃有机质，在一定温度下与空气中的氧发生剧烈的化学反应，放出光和热，并转化为不可燃的烟气和灰渣的过程。

一、煤燃烧的基本原理

1. 煤的燃烧过程

任意大小的煤粒，不论以何种方式燃烧，都要经历如下一些主要阶段。

① 加热和干燥，依靠热源将煤粒加热到 100℃ 以上，煤中的水分逐渐蒸发；

② 析出挥发分和形成焦炭（焦渣）；

③ 挥发物和残焦的着火燃烧；

④ 灰渣的生成。

以上这些阶段是串联发生的，但在锅炉燃烧室中，实际上各阶段是相互交叉，或者某些阶段是同步进行的。各阶段历时的长短与相互交叉的情况，取决于煤的性质及燃烧方式。例如，挥发分析出的过程可能在水中没有完全蒸发尽就开始；残焦也可能在挥发物没有完全析出前就开始着火燃烧；残焦（焦渣）的燃烧伴随着灰渣的形成等。

2. 煤燃烧的基本化学反应

煤中主要的可燃元素是碳和氢，还有少量的硫和磷。煤燃烧的基本化学反应有如下几种。

（1）碳的燃烧反应

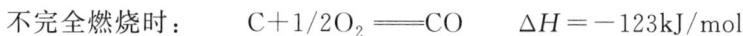

完全燃烧时： $C + O_2 \Longrightarrow CO_2$ $\Delta H = -409kJ/mol$

不完全燃烧时： $C + 1/2O_2 \Longrightarrow CO$ $\Delta H = -123kJ/mol$

（2）CO 的燃烧反应

$$CO + 1/2O_2 \Longrightarrow CO_2 \qquad \Delta H = -283kJ/mol$$

（3）氢的燃烧反应

$$H_2 + 1/2O_2 \Longrightarrow H_2O \qquad \Delta H = -242kJ/mol(汽)$$
$$H_2 + 1/2O_2 \Longrightarrow H_2O \qquad \Delta H = -286kJ/mol(液)$$

（4）硫的燃烧反应

$$S + O_2 \Longrightarrow SO_2 \qquad \Delta H = -296kJ/mol$$

此外，对煤和焦渣来说，还非常容易发生气化反应，使固态煤、焦渣转化成气态，从而加速燃烧过程。这些反应有。

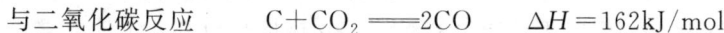

与二氧化碳反应 $C + CO_2 \Longrightarrow 2CO$ $\Delta H = 162kJ/mol$

与水蒸气气化反应 $C + H_2O \Longrightarrow CO + H_2$ $\Delta H = 119kJ/mol$

与水蒸气气化反应 $C + 2H_2O \Longrightarrow CO_2 + 2H_2$ $\Delta H = 75kJ/mol$

水煤气变换反应 $CO + H_2O \Longrightarrow CO_2 + H_2$ $\Delta H = -42kJ/mol$

甲烷化反应 $CO+3H_2 \rightleftharpoons CH_4+H_2O$ $\Delta H = -206kJ/mol$

通过上述煤燃烧基本反应式可以求出燃烧时理论耗氧量、理论烟气组成和理论烟气量。

3. 煤炭完全燃烧的条件

① 必须维持煤料的温度在着火温度以上；

② 煤料和适量的空气充分接触；

③ 及时而且妥善地排出燃烧产物；

④ 必须提供燃烧必需的足够空间和时间。

根据燃烧方式的不同，煤的燃烧可在锅炉、窑炉和其他燃烧设备中进行。受燃烧条件、燃烧设备所限，煤很难达到完全燃烧。

二、燃料用煤对煤质的要求

1. 一般工业锅炉用煤对煤质的要求

一般情况下，燃烧用煤在锅炉内有三种燃烧方式，即层状燃烧、沸腾式燃烧、悬浮式燃烧。层状燃烧就是将燃料置于固定或移动的炉排上，形成均匀的、有一定厚度的料层，空气从炉排下部通入，通过燃料层进行燃烧反应。采用层状燃烧的锅炉叫层燃炉。层燃炉根据炉排形式不同又分为：手烧炉、链条炉、振动排炉、往复推动排炉、抛煤机炉等。把固体燃料放到炉排上，从炉排下面鼓入压力较高的空气，达到某一临界速度时（吹浮力等于煤粒质量），自由放置的料层全部颗粒失去了稳定性，产生剧烈的运动，好像液体沸腾那样上下翻腾进行燃烧，这种燃烧方式叫沸腾式燃烧。沸腾炉的燃烧方式属于这一种。当鼓风速度很高时，燃料颗粒与空气流一起运动，在悬浮状态下进入燃烧室，进行燃烧，这种燃烧方式就是悬浮式燃烧。火力发电厂的悬燃炉就属于这种燃烧方式。

(1) 层燃炉用煤对煤质的要求   层燃炉是目前用得最多的锅炉，为保证其正常运行，减少热损失，提高热效率和减轻污染，要求煤的粒度均匀适中，有条件的可以考虑使用型煤。此外，煤的硫分、水分、灰分对层燃炉也有影响。硫分含量高，则烟气中 SO_2、SO_3 等有害气体多，污染大。水分一般控制在 6%～8%。水分过高，排烟热损增大；水分过低，"飞灰"损失增大。灰分增高，发热量降低，故灰分越低越好。根据炉型不同，层燃炉所用煤种也不同。

(2) 沸腾炉用煤对煤质的要求   沸腾炉是一种燃用各种劣质煤、煤矸石和石煤的新型锅炉，它可以燃用各种劣质燃料，其中包括灰分达 70%、发热量仅为 4.2MJ/kg 的燃料，挥发分仅为 2%～3% 的无烟煤以及含碳量为 15% 以上的炉渣。但它要求粒度最大不超过 8～10mm，平均粒度 2mm 左右为最佳。

2. 火力发电厂用煤对煤质的要求

火力发电厂用煤没有固定的煤质指标。但发电厂投产后，要求尽可能使用原设计选用的煤炭品种，否则就会影响锅炉的正常运行。影响电力锅炉的因素如下。

(1) 发热量   对于整个发电行业来说，所用煤的发热量没有确定的数值，有的高达 25.1MJ/kg，有的低至 4.2MJ/kg。但对于已选定的锅炉，发热量必须符合设计要求，一般不低于设计值 0.8MJ/kg，不高于设计值 1.0MJ/kg。

(2) 挥发分   挥发分是评定煤炭燃烧性能的重要指标。挥发分高的煤，燃点低，燃烧速率快；挥发分低的煤，燃点高，燃烧速率慢。

（3）水分　水分含量高，发热量降低，排烟热损失大，还容易引起煤仓、管道及给煤机内黏结堵塞。但水分的存在还有一定的好处，火焰中含有水蒸气对煤粉的悬浮燃烧是一种十分有效的催化剂；水分还可防止煤尘飞扬等。

（4）灰分　煤的灰分产率越高，发热量越低，燃烧温度下降，排灰量增大，热效低，受热面沾污和磨损越严重，所以灰分越低越好。

（5）煤灰熔融性　对于固态排渣煤粉炉，要求 ST≥1350℃，低于这个温度有可能造成炉膛结渣，阻碍锅炉正常运行。液态排渣煤粉炉要求灰熔融性越低越好，而且煤灰黏度也越低越好。

（6）硫分　硫在煤的燃烧过程中产生有毒物质，不仅腐蚀锅炉设备，而且还造成环境污染。高硫煤在煤仓内储存时易自燃，所以硫分应越低越好，$w_d(S_t)<1.25\%$ 为最好。

（7）粒度　悬燃炉均燃用煤粉。煤粉越细，越容易着火和燃烧完全，热损失小，但耗电量增加，飞扬损失大。一般要求粒度为 $0\sim300\mu m$，而且大多数为 $0\sim50\mu m$，粒度均匀。

我国规定，对供应火力发电厂煤粉炉用煤的粒度要求：（洗）末煤＜13mm，（洗）混末煤＜25mm，中煤、洗混煤＜50mm，如上述煤种供应数量不足时，可暂时供原煤。

3. 蒸汽机车用煤对煤质的要求

机车锅炉要随机车一起做高速运行，所以机车锅炉具有燃烧强度大、风速大、体积小、烟囱短等特点，要求使用优质烟煤块煤。具体指标如下。

① 粒度　当坡度＞10‰时，粒度为 13～50mm；当坡度＜10‰时，粒度为 13～25mm；平路时，粒度为 6～50mm。

② 发热量　$Q_{net,ar}>20.9MJ/kg$，越高越好。由于机车锅炉体积、质量受限制，要达到一定的牵引力，要求锅炉蒸发率高，所以要求煤的发热量高。

③ 灰分　$A_d<24\%$，越低越好。

④ 煤灰熔融性　ST＞1200℃，越高越好。

⑤ 挥发分　$V_{daf}≥20\%$。挥发分高，易点火，燃烧速率快，火焰长。

⑥ 硫分　隧道区，$w_d(S_t)<1\%$；其他，$w_d(S_t)<1.5\%$。硫分高，腐蚀设备，污染环境。

根据以上煤质指标，蒸汽机车可燃用长焰煤、弱黏煤、气煤、肥煤。具备运入多种煤配烧的铁路区段，也可将不黏煤、焦煤、瘦煤与其他类别煤配烧，在不能运入其他类别煤类的区段，经实验合格可单烧。由于优质烟煤块煤来源有限，为了满足锅炉各项用煤指标，最理想的办法是采用机车型煤。

4. 工业窑炉用煤对煤质的要求

（1）水泥生产对煤质的要求　水泥熟料的煅烧有两种形式，即立窑和回转窑，我国一半以上的水泥由立窑煅烧而成。

（2）立窑煅烧对煤质的要求　发热量大于 20.9MJ/kg，这样才能使物料达到1450℃的高温。$V_{daf}<10\%$，由于预热阶段温度低，空气少，挥发分高会白白损失掉。粒度小于5mm，其中小于3mm的要占 85%。粒度过大底火过长，冷却不利；粒度小，动力消耗大。$A_d<30\%$，越低越好，灰分全部掺入熟料中，灰分过高影响通风，发热量低。所以立窑煅烧要求用低挥发分无烟煤。

（3）回转窑煅烧对煤质的要求　发热量大于 20.9MJ/kg（干法窑大于 23.0MJ/kg）。挥

发分 $V_{daf}>18\%\sim30\%$，过低，着火缓慢，高温部火焰短；过高，火焰软弱无力，没有后劲，影响熟料质量。水分 $M_{ar}<3\%$，$A_d<27\%$（干法 $<25\%$），尽量小。粒度为 $10\%\sim15\%$（4900 孔/cm^2 筛子的筛余量）。粒度大，影响反应速率，对燃烧不利；过小，动力消耗大。所以，回转窑要求使用中等煤化程度的烟煤，即焦煤、肥煤、1/3 焦煤、气肥煤、气煤、1/2 中黏煤、弱黏煤。对具备运入多种煤搭配使用的地区，也可搭配使用无烟煤、瘦煤、贫瘦煤、贫煤、长焰煤和褐煤等煤类。

5. 陶瓷生产用煤对煤质的要求

目前陶瓷生产普遍采用隧道窑，对煤质的要求如下：发热量大于 $20.9MJ/kg$，$V_{daf}>25\%\sim30\%$，A_d 为 20% 左右，$ST>1300℃$，$w_d(S_t)<2\%$。

6. 民用型煤对煤质的要求

民用型煤包括民用煤球和蜂窝煤两类。

（1）民用煤球对煤质的要求　民用煤球根据用途分为普通煤球和手炉煤球两种。普通煤球要求使用 $A_d<25\%\sim35\%$，$Q_{net,ar}=20.9MJ/kg$ 的无烟煤。手炉煤球要求使用 $V_{daf}>7\%\sim10\%$，燃点 $450℃$，$w_d(S_t)<0.4\%$ 的无烟煤。

（2）蜂窝煤对煤质的要求　蜂窝煤按引火方向分为上点火蜂窝煤和下点火蜂窝煤两种。下点火蜂窝煤要求使用发热量保持在 $23.0MJ/kg$ 的无烟煤。上点火蜂窝煤对于蜂窝煤、无烟煤均可使用。若使用无烟煤，则具体质量要求如下：发热量稳定，为 $23.0MJ/kg$；$V_{ad}=15\%\sim20\%$（挥发分低可掺入少量褐煤、烟煤）；燃点低，$w_d(S_t)$ 0.4%。

📖 **知识拓展**　煤制化学品

煤炭不仅是一种重要的能源，而且也是一种重要的有机化工原料和高碳物料的重要原料。随着煤化工的技术发展和环境保护的要求越来越高，将煤炭这种复杂的碳氢化合物转化为洁净的二次能源及非燃料利用，是煤的高效利用和减轻煤炭对环境污染的最佳途径。

一、煤液体与煤制高聚物

1. 煤液体

广义上来说，凡是煤通过不同加工工艺转化所得的液态产物都可称为煤液体。煤液体包括煤的加氢液化所得的液态产物，煤在不同温度和条件下热解所得的焦油，煤抽提的抽出物，煤在氧化、卤化、解聚、水解、烷基化等过程所得的液态产物。

每一种煤液化过程都会产生含有几百种化合物的复杂的煤液体混合物，为便于分类研究，可按煤液在不同有机溶剂中的溶解度加以分类。一般可将煤液分为溶于戊烷或己烷的油类；溶于苯或甲苯、不溶于己烷的沥青烯；溶于吡啶、不溶于苯或己烷的前沥青烯。

煤液体作为化工原料或洁净燃料均希望主要是低硫、低氮的油类，而不希望是沥青烯和前沥青烯。为此，作为煤液体提质的第一步就是苛刻地催化加氢，以除去大部分硫、氮等杂原子，并将重而黏稠的粗煤液转化为较轻的可蒸馏的液体，即将沥青烯基本转化为油类。

氮、硫等杂原子必须在转化为燃料之前将其除掉，否则高氮、高硫的燃料在燃烧时会造成高 NO_x 和高 SO_x 的排放。降低硫含量比降低氮含量容易得多，甚至一些不使用外加催化剂的煤转化过程，也能脱去大部分有机硫以及大部分氧和无机硫；但大部分氮则留在煤液中。加氢催化剂往往也是有效的加氢脱硫催化剂，但加氢催化剂并不是有效的加氢脱氮催化剂。煤液体所含的碱性含氮化合物都是对催化剂毒性很强的物质，精制前必须将其除掉。

煤液体是个富含芳烃的物料，大约含有70%的芳烃。煤液体的基本构成是1~4环芳烃和酚类等的混合物，这是石油与天然气所不具备的。

2. 煤液体制化学制品

以前对煤液化的研究几乎一致的想法是生产合成液体燃料。然而，由煤液化生产液体燃料在经济上一时无法与石油相抗衡。实际上由于煤衍生物的芳烃特性，由煤液体可以生产出具有竞争力的化学制品的原料。问题的关键是产品的分离，如果能找到先进的分离方法，将为高值芳香单体和煤基化学制品的研究与开发做出巨大的贡献。从发展看，近代具有芳香结构的工程高聚物必须依靠煤的衍生物作为原料。例如："西方"研究公司开发了一种新工艺，在乙酸钾与水存在的情况下，对烟煤进行氧化，经系列反应可得收率为34%的对苯二酸，而对苯二酸是芳香高聚物（塑料）的重要单体。

近年来研究与开发的新型高聚材料，其研究重点已由脂肪酸的高聚物转向链上带有芳环，以及从有苯环的转向带有萘环及联苯环的高聚物。一方面是因为高聚物骨架中具有芳烃及加长主链，使大分子更具刚性，其强度比钢铁还强几倍，另一方面是，主链结构引入可挠性小、空间障碍大的芳核基团后提高了高聚材料的玻璃化温度。主链的热稳定性和刚性，由于高键能的大分子基团的引入而大为提高。聚酯、聚酰胺类高聚物的主链引入芳环结构后，提高了高聚物的熔点。例如聚酯的熔点为267℃，而聚对羟基苯甲酸的熔点则大于450℃，分解温度也相应提高。新近开发的高温耐热高聚物主链中都含有芳环，这必将使芳烃化合物的需求量大为增长，它们包括许多一环到四环的芳香化合物。

目前，全世界合成的芳香高聚物的消耗量约为70Mt/a，其中塑料约为56%，纤维约为18%，合成橡胶约为11%，其他是涂料和黏结剂。这些芳香高聚物和工程塑料都可以从煤及煤液体衍生物的单体合成而制得，它们按照不同功能与用途大体上分为下列四大类。

（1）通用芳香工程高聚物

主要有聚乙烯对苯二甲酸酯（PET），聚丁烯对苯二甲酸酯（PBT），聚乙烯萘酯（PEN），聚芳基化合物（PA），聚碳酸酯（PC），聚二甲基氧化苯（PPO），聚砜（PSF）和聚二乙醚酮（PEEK）等。二甲苯是PET和PBT的重要单体，PET聚酯强度高、韧性好，耐磨，可制造轮胎、齿轮、建筑构件，还可制胶卷、磁带，特别是软饮料瓶等；PBT有优良的热性质和机械性质，其制品可耐140℃，耐冲击、抗变形，是坚固的工程塑料，并可加工成高聚物合金。PET和PBT是热门的工程塑料，其年增长率超过10%。

（2）高温耐热塑料

主要有聚酰亚胺（PI），聚亚胺砜（PIS），聚苯并咪唑（PBI）和聚酯（E-101）等。PI可耐400℃高温，在宇航、电子、核动力和汽车工业中广泛应用，如各种密封件、轴承、齿轮、活塞、刹车与制动装置等。它是由均苯四酸二酐和二(4-氨基苯)醚合成制得，每公斤单价超过一百美元。PBI高温纤维可耐火焰，可用于生产安全手套和宇航服等，其重要单体有对羟基苯甲酸等，售价可达3~4.5美元/kg。

（3）液晶高聚物（LCP）

它是指某些高聚物在熔融状态或溶液状态是液态晶体。它有很高的强度，在宇航、电子、运输等领域可代替金属与陶瓷。LCP可制成现代最轻的18层增强纤维防弹内衣。

（4）功能高聚物

主要有高聚膜材料、离子交换树脂和膜材料、光导高聚物和缩聚多核芳香树脂等。它们主要应用于工业上气、液混合物的分离及生物和医药部门，如制取纯化水、淡化水，血液分离，人造心脏、肾、心肺肌等。其单体有苯乙烯、苯二乙烯、萘、对苯二酚等。

上述四大类芳香高聚物和工程塑料，其重要单体许多在煤液化或煤焦油中可以通过分离而获得。也可通过超临界萃取和先进的煤的液化方法，对其产品使用催化转化以及新的预处理方法和反应过程转化生产出各种重要的合成芳香高聚物的芳香单体。另一种方法是直接对煤分子进行适当的剪裁、切割和分离而直接获得。因为目前煤化学已能详尽地提供煤结构中芳环的类型，取代基的特定数目和位置，氢化芳烃和脂肪族碳的特性等。这对选择解聚方法、催化裂解过程及机理很有帮助，只要选择好适当的催化剂和反应条件，完全有可能将煤直接转化成化学制剂。如选择低煤化度煤有可能直接获得苯系、萘系、酚系、邻苯二酚系等化学制剂；也可通过温和氧化制取大量苯羧酸；某些煤中存在较多、较长链的脂肪族单元，也可剪断这些链段，回收脂肪族为原料的有用产品。

二、煤制塑料

用煤作为原料，可以通过间接或直接的方法制取塑料。间接法是先将煤裂解、气化或加氢液化变成小分子的气体或液体，然后通过分离、合成、聚合制成塑料。这一类方法上一节已叙述，本节主要介绍用煤直接制取塑料的有关原理与方法。

褐煤、残植煤、腐泥煤和低煤化度烟煤，特别是稳定组分含量高的，其中含有大量的易熔组分，它们可能是高塑性的腐殖酸或沥青质，也可能是低煤化度煤镜质组中被束缚在大分子网络相结构中、由较小分子所组成的流动相。煤的易熔组分在一定温度范围内可以塑化形成煤的黏结组分，它们可以黏结和混凝中或外加的不熔的惰性物质，热成型冷却后，可得到具有一定强度和技术性能的塑料制品。

为了增加煤的黏结组分和降低热压成型的温度，一般在煤中加入某些添加剂、改良剂或改质剂。此外，也可对煤进行轻度氧化、氯化或硝化等预处理，以增加煤中所含官能团的比例，达到促进煤分子的簇连作用而有利于塑性成型。

用于增加煤中黏结组分的添加剂有多官能团的多元醇、醛、芳基二烯以及杂环化合物等，这些添加剂可能对煤有某种软化作用，或者它们有将煤分子簇连起来的作用，同时它们的官能团可通过缩聚而脱落。如果同时添加缩聚剂，则可以促进这种缩聚作用。

某些聚合物和弹性材料可作为煤制塑料的改良剂，它们有聚乙烯、聚丙烯、聚氯乙烯、聚苯乙烯、丙烯腈、天然橡胶和丁二烯聚合物等。这些改良剂在煤制塑料的加压和热处理过程中，不但本身具有黏结作用，并且它们还可以和煤颗粒发生反应而产生黏合作用。

近年，还研究与开发了在适宜条件下将煤直接改性的单一或复合改质剂，这些改质剂对煤的改性原理是基于高分子共混工艺原理和改质剂与煤中低键能键断裂所产生的自由基的化学反应。高分子共混是高分子学科较新的领域，它是指两种或两种以上高分子材料在剪切力和温度的作用下相混合。此时，两种材料分子相互扩散，最后形成两种分子材料各自独立的相和两相之间的界面层。界面层除不同组分之间的物理作用外，还可能发生有限的化学反应，形成具有界面层复相结构的新物质，从而改变了共混物的性能，有可能形成性能更为优异的新材料。

煤制塑料的生产过程一般包括：将煤干燥并磨细到小于 0.1mm；在煤粉中均匀添加约 30% 的聚合物和弹性材料；在一定温度下混炼、反应后再在模子中加热、加压成型而得到各种形状的制品。用煤制得的塑料具有木材的一般性质，可以锯、钉、钻，用车床加工，也可用黏结剂黏结。其表面可以镶饰和涂漆，但煤制塑料本身不能着色。煤制塑料制品主要有瓦片、板石等建筑用材和农用管材、缸、桶、盆、勺等容器。

近年，北京煤化所等开发了一种煤制塑料的新工艺。该工艺利用硝化褐煤为原料，部分代替苯酚，生产出在热性能及电性能方面优于同类工业酚醛塑料的煤制酚醛塑料。这是一个降低酚醛塑料生产成本并提高褐煤附加值的、具有工业化前景的方法。

三、煤制洁净燃料

洁净煤技术的燃烧前处理的目的是将煤制成洁净燃料，从而减少燃烧产生的污染。煤制洁净燃料广义上应包括：洗选脱灰、脱硫的洗精煤、型煤、水煤浆和超纯煤等。具体介绍一下水煤浆与超纯煤。

1. 水煤浆

水煤浆是水和一定粒度的煤混合成的，稳定的，高浓度的，可泵送、雾化的浆状燃料，属于以煤代油的洁净流体燃料。一般由 62%～70% 的煤粉，29%～37% 的水及约 1% 的化学添加剂，经过一定的加工工艺而制得。水煤浆具有良好的流动性，热值相当于燃料油的一半，并且着火温度低（约比同种煤低 100℃），燃烧完全而且稳定，热效率高达 98% 以上。水煤浆属于低污染清洁燃料，烟气中的 SO_2、NO_x、烟尘排放量和排烟黑度等均明显低于燃油时的排放量，并低于环保要求的排放标准。水煤浆可在工业锅炉、电站锅炉和工业窑炉中作为油或气的代用燃料，也可在德士古气化炉中作为原料造气，生产合成氨。此外，水煤浆还可远距离管道运输，缓解铁路运输的紧张状况。

一般来说褐煤内在水分高，所得煤浆浓度低，不宜制浆。低阶烟煤中，气煤、弱黏煤成浆性较好，其次是不黏煤和长焰煤。主焦煤和瘦煤疏水性最好，成浆性也最好，但到无烟煤阶段成浆性有所降低。我国气煤储量多，就地开发水煤浆代油有很好的发展前景。目前，我国已用气煤、弱黏煤、焦煤等煤种制备出优质水煤浆，并根据煤质特点开发出不同煤种、不同水分、不同灰分和不同热值的水煤浆系列产品。

煤的亲水性越好，成浆性越差。孔隙度大、接触角小和丝炭含量高的煤种，所制煤浆黏度高，流动性差；煤化度不同，煤表面含氧官能团、O/C 原子比和最高内在水分等不同，对水煤浆的流变性影响很大。

煤中矿物质对煤的成浆性影响显著，其中可溶性矿物和黏土类矿物降低煤的成浆性，但高密度矿物有助于获得高浓度煤浆。煤的表面电动电位越高，越易制得高浓度水煤浆。

另外，水煤浆制备的关键技术在于添加的约 1% 的化学添加剂。它是一种既亲水又亲煤的表面活性剂，其作用是降低水煤浆表观黏度，增加煤浆稳定性。所选用的化学添加剂一般可分为三类：阴离子型表面活性剂、非离子型表面活性剂、高分子化合物及无机盐类。我国水煤浆的研究始于 1982 年，虽然开发起步较晚，但研究进展较快，制浆技术已达国际先进水平。

2. 超纯煤

超纯煤（ultra-clean coal）是指煤炭经物理或化学方法深度脱灰后，其灰分含量在 0.3%~1% 的超低灰煤。超纯煤可用于制备超纯水煤浆（UCCSF）来代替柴油，也可用来生产无灰冶金焦，生产电极炭、炭黑、燃料添加剂等。超纯煤是一种新型高附加值的煤炭产品，也可防止环境污染，具有良好的市场前景。

国内外制备超纯煤主要有物理洗煤和化学洗煤两大类方法。

（1）物理洗煤

物理洗煤方法主要是利用油的混合物团聚脱灰，主要有丁烷、正戊烷、正庚烷、正己烷等油团聚技术。例如：美国利用丁烷等碳氢化合物作选择性油团聚的絮凝剂，分选小于 $20\mu m$ 的粉煤。在入洗煤的灰分为 6.98%、硫分为 0.87% 时，可获得灰分为 0.57%、硫分为 0.68% 的超低灰精煤。这类方法比较简单，成本也较低，对煤的破坏性较小，具有良好的脱灰效果。但是物理法中的湿法分选，需要粒度较细，所以产品脱水难度偏大，需要进一步研究超细煤的脱水技术。

（2）化学洗煤

化学洗煤主要用 HCl-HF 或 NaOH-HCl 等化学药品溶解煤中矿物质。化学法脱灰效果比较好，但是有工艺条件苛刻，工艺复杂，成本过高和污染过大等缺点。需要开发温和的化学制备法，采取措施，降低成本。

四、煤制碳素材料

碳素材料是以碳元素为主（一般碳氢原子比大于 10）的物质和固体材料的总称。广义上讲，碳素材料应该包括金刚石在内碳原子的多种同素异形体形成的各类材料。但碳素材料工业一般不包括金刚石的开采和人工合成，也不包括天然石墨的开采。从晶体结构上讲，碳素材料通常都是以石墨微晶构成的。不过在各种碳素材料中，微晶的尺寸和微晶的三维排列有序程度有相当大的差别。因此，可以将碳素材料分为碳质、石墨质和半石墨质等类别。

煤制高碳物料一般指由煤及其衍生物经热加工制得的炭和石墨制品、活性炭和炭黑等高附加值碳素材料。煤及其衍生物可通过固相炭化、液相炭化和气相炭化方法制取各种碳素材料。例如：用固相炭化方法可制得活性炭等活性材料；用液相炭化方法可制取针状焦、改性沥青黏结剂、沥青焦、煤沥青基碳纤维、中间相炭微珠、各向同性石墨，各种类型的石墨电极、炭电极、电极糊等碳素糊类产品和高炉炭块等炭质耐火材料；用气相炭化方法制取炭黑和热解炭等。

煤制碳素材料可广泛应用于冶金、化工、电子、机械、核能、宇航等各个领域，碳素材料的各种优异功能使其成为新材料的领先者。下面主要介绍煤沥青基碳纤维和中间相炭微珠。

1. 煤沥青基碳纤维

煤沥青基碳纤维是以煤沥青为前驱体，经调制、成纤、炭化处理而制得的碳纤维。除了煤沥青基碳纤维外，还有石油沥青基碳纤维、黏胶基碳纤维、聚丙烯腈基碳纤维、气相生长碳纤维等种类。沥青基碳纤维原料来源丰富、生产成本较低，它具有优良的力学性能和耐热性，用其制成增强复合材料可广泛用作飞机的结构材料，在宇航飞船、人造卫星和导弹上也有许多应用。在汽车、造船、体育用品、医疗器材与设备和电子音响等方面，碳纤维都有广泛的用途。

沥青基碳纤维的制造过程有原料沥青的调制、熔融纺丝、不熔化处理、炭化、石墨化和碳纤维后处理等六个工序。根据原料调制方法和碳纤维性能的不同，煤沥青基碳纤维可分为通用级的各向同性沥青基碳纤维以及高性能级的中间相沥青基碳纤维和预中间相沥青基碳纤维等三类。三类不同性能的煤沥青基碳纤维在制造工艺上的区别主要在原料沥青的调制工序，而其他五个工序的基本原理与方法都是类同的。各个制备工序简述如下。

（1）原料沥青的调制

① 各向同性沥青的调制。各向同性沥青的调制的目的是使沥青组分的分子量分布均匀化且分布范围变窄，使沥青流变性能符合纺丝的要求。调制方法有三种：热处理法，先除去沥青的低沸点组分，再在添加剂下热处理；溶剂抽提法，用溶剂将沥青的可溶成分抽提出来，再添加缩合促进剂热处理；共聚合法，在沥青中添加烃类聚合物共聚，再除去低沸点的组分等。

② 中间相沥青的调制。中间相沥青的调制包括提纯和缩聚两步，以达到：一次 QI（喹啉不溶物）为痕量；两次 QI 为 $50\%\sim65\%$；呈塑性流动，黏度在 $1\sim20Pa\cdot s$ 范围；分子量分布合适并不含低沸点组分。提纯可用蒸馏法或萃取法：通过蒸馏提取高纯度澄清油或用喹啉或吡啶萃取获得喹啉可溶分或吡啶可溶分。缩聚是提纯所得纯净原料通过缩聚制取中间相沥青，通常可在 $350\sim450℃$ 下进行热缩聚，并且在缩聚过程中必须进行连续的强烈搅拌。

③ 预中间相沥青的调制。预中间相沥青的调制过程分为氢化和减压热处理两个工序。先将煤沥青在四氢喹啉等供氢溶剂存在下进行液相氢化，以制备氢化沥青。这一工序的目的是降低预中间相沥青的软化点和黏度，并且因氢化沥青中具有部分氢化的多环结构，而使可纺性与石墨化性均有较大改善。氢化沥青进一步快速升温后并维持温度一段时间，进行减压蒸馏，获得次生 QI 为 $0\sim90\%$ 的预中间相沥青。预中间相沥青是光学各向同性的，但它在施加剪切应力（例如纺丝）后，即转变为光学各向异性。因此，预中间相沥青基碳纤维是光学各向异性碳纤维。

（2）原料沥青的熔融纺丝

熔融沥青的纺丝可用喷射法或离心法生产短纤维，也可用挤压法生产连续长丝。连续挤出的沥青纤维缠卷在纺丝装置的绕丝筒上，在收丝装置的张力牵伸下纤维直径减小到 $10\sim15\mu m$。此时用热空气向纤维表面喷吹，进一步除去纤维表面上的低沸点成分，并使纤维表面轻度氧化生成不熔化表层。

（3）沥青纤维的不熔化处理

沥青纺丝所得的沥青纤维一般必须经过不熔化处理。不熔化又称预氧化，它的实质是将沥青纤维表面层由热塑性转变为热固性，从而变为不熔化的沥青纤维，防止在炭化的升温过程中软化变形。常用的预氧化方法是在一定温度和处理时间内的轻度氧化，有气相氧化、液相氧化和混合氧化等方法。

（4）沥青纤维的炭化

不熔化碳纤维在高纯 N_2 的保护下，在 $1000\sim2000℃$ 高温下炭化 $0.5\sim25min$。常用的炭化炉有卧式、立式和二者优点相结合的 L 式，大多数采用 L 式炉。

（5）沥青碳纤维的石墨化

石墨化是在高纯氢气的保护下，在 2500～3000℃温度下进行，停留时间约数 10s 到 1min。石墨化后使炭化纤维转化为具有类似石墨结构的纤维，具有更高的强度与弹性模量。

（6）碳纤维的后处理

由于碳纤维主要用于生产复合材料，为提高碳纤维和基体间的黏结力，还需进行碳纤维的表面后处理。可使用表面清洁法、空气氧化法、液相氧化法和表面涂层法等后处理方法，达到消除碳纤维的表面杂质，增加其表面能，引入具有极性的活性官能团等，以改善碳纤维的表面性质。

2. 中间相炭微珠

中间相炭微珠又称"中间相炭微球"，英文缩写"MCMB"，是一种以中温煤沥青、煤焦油催化裂化渣油等稠环芳烃化合物为原料，采用热缩聚法、乳化法和悬浮法等方法制备出具有向列液晶结构的中间相小球体，经过分离、洗涤、干燥、炭化或石墨化等工艺制成的碳原子成层片堆砌，颗粒外形为小球形的碳素材料。

中间相炭微球是制备高性能炭材料的前驱体，已被用于制备高密高强炭材料、超高比表面活性炭、锂离子电池负极材料、高效液相色谱填料、催化剂载体等。成为继中间相沥青基碳纤维和针状焦之后又一大中间相产品而越来越受到重视。

MCMB 由高分子量的缩合稠环芳烃构成，它呈层状结构，由定向的缩聚芳烃堆集而成。在 MCMB 的周边存在许多定向的芳烃的边缘基团，使 MCMB 表面具有极高的活性，并且 MCMB 具有相对大的导电性，用作电极时具有很高的放电能力。浓硫酸可以和 MCMB 发生磺化反应，磺化 MCMB 具有离子交换能力。

MCMB 可制备密度高达 1.9g/cm^3、抗压强度高达 196MPa 的高密高强炭材料。由 MCMB 制取的高密高强各向同性碳材料可用于机械密封、电火花加工、冶金模具、半导体制造容器和核石墨方面。MCMB 可用作高性能液相色谱柱填料。由 MCMB 可制备比表面积高达 3000～5000m^2/g 的超高表面积活性炭，它是应用前景广泛的新型吸附材料。MCMB 可用作二次电池电极、催化剂载体和阳离子交换剂等。此外，MCMB 基石墨可用作锂离子电池负极的内芯材料、功能复合材料和表面修饰材料等。

五、煤制活性材料

煤的表面化学性质活泼、孔隙率高、内表面积大，主要组成成分是碳。煤的化学结构使它能够制备成活性材料，从气相或液相中优先吸附有机物质和其他非极性化合物。煤制活性材料可广泛应用于工业废气和空气的净化、气体混合物的分离、溶剂回收、溶剂脱色和水的净化等方面。此外，煤制活性材料在有机合成、食品与医药、军工及高科技产业等方面也有许多应用。下面主要介绍煤制活性炭和炭分子筛。

1. 煤制活性炭

活性炭是由炭质原料（如木材、植物壳、煤炭和纤维等）经过炭化和活化等工序制成的，具有极大比表面积、很强吸附和脱色能力的一种碳素材料的统称。以特定煤种或配煤为原料，经炭化及活化工艺可制成煤质活性炭。常规煤质活性炭可分为煤质成型活性炭（含球形炭和柱状炭）和煤质无定形活性炭（含破碎炭和粉炭）两大类。若按产品性能和生产工艺又可细分为 80 多种。

（1）成型活性炭

生产过程为：原煤经粉碎、研磨后加入煤焦油等黏结剂，煤料进行混合和混捏后挤压成型，再经炭化和活化工序最后得到柱状或球状等成型活性炭。球状活性炭的成型工序采用团球设备造球后，经干燥和约 300℃ 的低温热处理，再炭化和活化制得。

（2）无定形活性炭

原煤经破碎筛选符合块度要求的无烟煤块或硬质烟煤块，不经成型工序直接炭化、活化、筛分后得到块状或粉状（筛分、研磨所得）无定形活性炭。

在活性炭生产过程中，炭化和活化是两个最关键的环节。炭化是在约 600℃ 下进行的干馏过程，目的是基本除去煤中的挥发分，使炭固定下来初步形成炭的孔隙结构。活化是为了进一步扩大炭化产物的细孔容积、调整孔径及孔隙分布。活化方法有气体活化法、化学药品活化法和两者的联合活化法三类。

气体活化法是将炭化所得的物料在 800～900℃ 高温下进行焙烧，并同时通入空气、水蒸气、氧气和二氧化碳等氧化性气体进行活化，通过碳的氧化烧失而形成活性炭的内部孔隙。气体活化法所得活性炭的吸附能力取决于氧化性气体的化学性质和浓度、反应温度、活化程度以及碳化物中灰分的种类与数量等。

化学药品活化法是将未炭化的含碳原料在液体活化剂中浸泡混合，干燥，然后加热到 500～700℃ 进行焙烧活化。活化剂通常采用对原料起脱水和侵蚀作用的药品，如 $ZnCl_2$、H_3PO_4、H_2SO_4、$CaCl_2$、$NaOH$、K_2S 和 K_2SO_4 等。活化剂可以让原料中碳氢化合物中的氢和氧以水的形态分解脱离，既改变了通常的热解反应过程，又降低了活化温度，而且产品收率高，容易通过调节活性炭的孔径分布和比孔容积而调整产品结构，生产出多种不同用途的产品。

煤制活性炭对煤质的基本要求是：低灰（$A_d \leqslant 10\%$），低硫 $[w(S_t) < 0.5\%]$，挥发分含量适中，黏结性适当。根据需要，可选择不同煤种或配煤生产不同性能的活性炭。泥炭、褐煤、烟煤和无烟煤都可以作为活性炭的原料。但是，通常高煤化度煤结构比较致密，制得的活性炭微孔系统较发达，中孔较少，适用于气相吸附和脱除小分子物质。而低煤化度煤结构较疏松，制得活性炭中孔系统较发达，而微孔的容积较小，适于脱色、脱 H_2S 和水中大分子化合物。

随着科技的发展，煤制活性炭不断出现新的品种和新的应用范围。新品种的活性炭在吸附容量、吸附能力和吸附速度等方面都有明显的提高，也将更高效地应用在化工、环保、医疗、卫生、生物工程和军工等重要领域。

2. 煤制炭分子筛

炭分子筛（CMS），具有分子尺度孔径，能够对不同大小的分子进行选择性吸附分离，即具有分子筛效应的多孔炭。采用碳氢化合物热分解沉积法、热收缩法、气体活化法、覆盖法等制成。煤制炭分子筛是含有特别发达的细孔和亚细孔（孔直径 < 0.8nm）的炭质吸附剂。它的孔隙结构不同于活性炭，主要是微孔结构，孔径比较均一，微孔孔径分布在 0.3～1nm 的范围内。炭分子筛（CMS）是非极性吸附剂，对原料气的干燥要求不高，

而且价格低廉，炭质稳定，耐热和耐化学品的性能较好。

泥炭、褐煤、烟煤和无烟煤都可用于制备 CMS，但因煤种及其性质不同，制备工艺各有差别。CMS 的一般制备工艺如下，煤粉碎到约 200 目，在煤的燃点附近用空气氧化（对低挥发分、黏结性煤）形成氧化煤，氧化之后加煤焦油或纸浆等黏结剂挤压成型，900~1000℃的氮气保护下高温炭化，通过堵孔或开孔处理，来调整孔结构。

制备工艺中炭化是关键，关于炭化温度、升温速度、终温和恒温时间的选择对 CMS 的孔径大小、吸附性能和吸附选择性影响很大。煤种不同，炭化工艺也不同。堵孔或开孔是调节细孔结构的重要步骤。可用 CO_2、H_2O 等气体活化开孔；也可应用加热（1200~1800℃）缩孔法、碳沉积法（浸渍烃类或树脂等，热解后析出炭）和综合法（同时利用活化反应与碳沉积作用）等活化开孔。

CMS 可作为吸附剂用于气体的吸附与分离。例如，可用于空气的分离制氮，用于焦炉煤气和冶金燃气中回收与精制氢等。CMS 还可作为择形催化剂载体；可用于气相色谱中作为固定相；还可用于酿制食品、酒类的除味；水果的保鲜和原子反应堆稀有气体的保持等方面。

习题

1. 什么是煤的综合利用？煤的综合利用途径主要有哪些？
2. 什么是煤的气化？煤气化有何意义？
3. 根据气化剂的不同，煤气的种类有哪几种？
4. 什么叫煤的液化？煤的液化有何意义？液化的方法有哪几种？
5. 煤的气化过程发生哪些主要化学反应？
6. 煤的气化工艺主要有哪些？
7. 简述煤的液化原理。
8. 煤的燃烧过程发生哪些主要化学反应？
9. 煤完全燃烧的条件有哪些？
10. 煤可以制备哪些化学品？

附录

煤质分析实验

为培养学生的动手操作能力，以及综合运用所学知识分析、解决实际问题的能力，本书列举了十个典型实验。所选实验注重实用性和实践性，一律采用现行国家标准，而且采用生产中最常用的实验方法。实验中增加了注意事项，实验后增加了思考题，帮助学生巩固所学内容。

实验一　一般分析试验煤样水分的测定

《煤的工业分析方法》（GB/T 212—2008）规定了煤中水分的测定方法有 A 法（通氮干燥法）和 B 法（空气干燥法），并在附录中介绍了微波干燥法。其中 A 法适用于所有煤种，B 法仅适用于烟煤和无烟煤，微波干燥法仅适用于褐煤和烟煤水分的快速测定。在仲裁分析中遇到用一般分析试验煤样水分进行校正以及基准换算时，应采用方法 A 测定一般分析试验煤样的水分。本实验采用方法 B（空气干燥法）。

一、实验目的

① 学习和掌握一般分析试验煤样水分的测定方法及原理。
② 了解一般分析试验煤样的主要作用。

二、实验原理

称取一定质量的一般分析试验煤样，置于 105～110℃鼓风干燥箱中，于空气流中干燥到质量恒定。然后根据煤样的质量损失计算出水分的质量分数。

三、实验试剂和仪器设备

① 无水氯化钙（HGB 3208）：化学纯，粒状。
② 变色硅胶（HG/T 2765.4—2005）：工业用品。
③ 鼓风干燥箱：带有自动控温装置，温度能保持在 105～110℃范围内。
④ 玻璃称量瓶：直径 40mm，高 25mm，并带有严密的磨口盖（见附图 1）。

⑤ 干燥器：内装变色硅胶或粒状无水氯化钙。

⑥ 分析天平：感量 0.0001g。

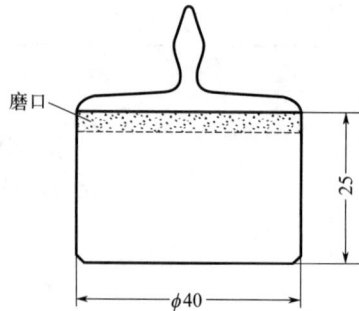

附图 1 玻璃称量瓶

四、实验步骤

① 在预先干燥并已称量过的称量瓶内称取粒度小于 0.2mm 的一般分析试验煤样 (1±0.1)g（称准至 0.00g），平摊在称量瓶中。

② 打开称量瓶盖子，放入预先鼓风并已加热到 105～110℃ 的干燥箱中。在一直鼓风的条件下，烟煤干燥 1h，无烟煤干燥 1.5h。

③ 从干燥箱中取出称量瓶，立即盖上盖子，放入干燥器中冷却至室温（约 20min）。

④ 进行检查性干燥，每次 30min，直到连续两次干燥煤样质量的减少不超过 0.0010g 或质量增加时为止。水分含量小于 2.00% 时，不必进行检查性干燥。

五、实验记录和结果计算

（1）实验记录表（供参考）

见附表 1。

附表 1 一般分析试验煤样水分的测定   年   月   日

煤样名称				
重复测定			第一次	第二次
称量瓶编号				
称量瓶质量/g				
煤样质量/g				
(煤样＋称量瓶)质量/g				
(干燥后煤样＋称量瓶)质量/g				
检查性干燥	(干燥后煤样＋称量瓶)质量/g	第一次		
		第二次		
		第三次		

续表

$M_{ad}/\%$		
M_{ad} 平均值/%		

测定人：　　　　审核人：

（2）结果计算

一般分析试验煤样水分的质量分数按下式计算：

$$M_{ad}=\frac{m_1}{m}\times100\%$$

式中　M_{ad}——一般分析试验煤样水分的质量分数，%；

　　　m——一般分析试验煤样的质量，g；

　　　m_1——煤样干燥后减少的质量，g。

六、测定精密度

水分测定的精密度见表 4-12。

对同一煤样进行两次水分重复测定，两次测定值的差如不超过表 4-12 的算术平均值则作为测定结果，否则需进行第三次测定。

七、注意事项

① 称取试样前，应将煤样充分混合。

② 样品务必处于空气干燥状态后方可进行水分的测定。国家标准《煤样的制备方法》（GB/T 474—2008）规定，煤样在空气中连续干燥 1h 后煤样质量变化≤0.1%，煤样即达到了空气干燥状态。

③ 试样粒度应小于 0.2mm，干燥温度必须按要求控制在 105~110℃；干燥时间应为煤样达到完全干燥的最短时间。不同煤源即使是同一煤种，其干燥时间也不一定相同。

④ 预先鼓风的目的在于促使干燥箱内空气流动，一方面使箱内温度均匀，另一方面使煤中水分尽快蒸发，缩短实验周期。应在将装有煤样的称量瓶放入干燥箱前 3~5min，就开始鼓风。

⑤ 进行检查性干燥中，遇到质量增加时，采用质量增加前一次的称量质量作为计算依据。

八、思考题

1. 干燥箱为什么要预先鼓风？
2. 为什么要进行检查性干燥？

实验二　煤中全水分的测定

煤的外在水分和内在水分之和称为煤的全水分，它代表刚开采出来或使用单位刚刚接收到或即将投入使用状态时的煤的水分。国家标准《煤中全水分的测定方法》（GB/T 211—2017）规定了煤中全水分的测定方法。

在氮气流中干燥的方式（方法 A1 和方法 B1）适用于所有煤种；在空气流中干燥的方式（方法 A2 和方法 B2）适用于烟煤和无烟煤；微波干燥法（方法 C）仅适用于烟煤和褐煤；方法 D 适用于外在水分高的烟煤和无烟煤。其中方法 A1 为仲裁法。

本实验采用方法 B2（在空气流中干燥法）测定煤中全水分。

一、实验目的

① 学习和掌握煤中全水分的测定方法及原理。

② 了解煤中全水分测定的用途。

二、实验原理

称取一定量粒度小于 13mm（或小于 6mm）的煤样，于 105～110℃下，在空气流中干燥到质量恒定，然后根据煤样干燥后的质量损失计算出全水分的含量。

三、实验试剂和仪器设备

① 无水氯化钙（HGB 3208）：化学纯，粒状。

② 变色硅胶（HG/T 2765.4—2005）：工业用品。

③ 空气干燥箱：带有自动控温和鼓风装置，温度能控制在 30～40℃和 105～110℃范围内，有气体进、出口，有足够的换气量，如每小时可换气 5 次以上。

④ 玻璃称量瓶：直径 70mm，高 35～40mm，并带有严密的磨口盖。

⑤ 浅盘：由镀锌铁板或铝板等耐热、耐腐蚀材料制成，其规格能容纳 500g 煤样，且单位面积负荷不超过 $1g/cm^2$。

⑥ 分析天平：感量 0.0001g。

⑦ 工业天平：感量 0.1g。

⑧ 干燥器：内装变色硅胶或粒状无水氯化钙。

⑨ 流量计：量程 100～1000mL/min。

⑩ 干燥塔：容量 250mL，内装变色硅胶或粒状无水氯化钙。

四、实验步骤

1. 粒度＜13mm 煤样的全水分测定

① 在预先干燥和已称量过的浅盘内迅速称取粒度＜13mm 的煤样（500±10）g（称准至 0.1g），平摊在浅盘中。

② 将浅盘放入预先加热到 105～110℃的空气干燥箱中，在鼓风条件下，烟煤干燥 2h，无烟煤干燥 3h。

③ 将浅盘取出，趁热称量，称准至 0.1g。

④ 进行检查性干燥，每次 30min，直到连续两次干燥煤样的质量减少不超过 0.5g 或质量增加时为止。在后一种情况下，采用质量增加前一次的称量质量作为计算依据。

2. 粒度＜6mm 煤样的全水分测定

① 在预先干燥和已称量过的称量瓶内迅速称取粒度＜6mm 的煤样 10～12g，称准至

0.001g，平摊在称量瓶中。

②打开称量瓶盖子，放入预先鼓风并已加热到 105～110℃ 的空气干燥箱中，在鼓风条件下，烟煤干燥 2h，褐煤和无烟煤干燥 3h。

③从干燥箱中取出称量瓶，立即盖上盖子，在空气中放置约 5min，然后放入干燥器中，冷却到室温（约 20min）称量，称准至 0.001g。

④进行检查性干燥，每次 30min，直到连续两次干燥煤样的质量减少不超过 0.01g 或质量增加时为止。在后一种情况下，采用质量增加前一次的称量质量作为计算依据。

五、实验记录和结果计算

（1）实验记录

参考一般分析试验煤样水分测定。

（2）测定结果

全水分测定结果按下式计算：

$$M_t = \frac{m_1}{m} \times 100\%$$

式中　M_t——煤样全水分的质量分数，%；

　　　m——称取的煤样质量，g；

　　　m_1——干燥后煤样减少的质量，g。

报告值修约至小数点后一位。

如果在运送过程中煤样的水分有损失，则按下式求出补正后的全水分值。

$$M_t = M_1 + \frac{m_1}{m}(100 - M_1)$$

式中，M_1 是煤样运送过程中的水分损失量（%），当 M_1 大于 1% 时，表明煤样在运送过程中可能受到意外损失，则不可补正。

六、测定精密度

两次重复测定中，当 $M_t < 10\%$ 时其差值应不超过 0.4%；当 $M_t \geq 10\%$ 时其差值应不超过 0.5%。

七、注意事项

①采集的全水分试样应保存在密封良好的容器内，并放在阴凉的地方。

②制样操作要快，最好用密封式破碎机，以保证破碎过程中水分无明显损失。

③全水分试样送到实验室后应立即测定，保证从制样到测试前的全过程煤样水分无变化。

八、思考题

1. 全水分煤样可由哪些渠道制取？

2. 全水分测定前需做哪些准备工作？

实验三　煤灰分的测定

　　煤的灰分是煤在规定条件下完全燃烧后的残留物，是煤中矿物质的衍生物，可以用灰分估算煤中矿物质含量。

　　国家标准《煤的工业分析方法》(GB/T 212—2008) 规定，煤的灰分测定包括缓慢灰化法和快速灰化法。其中缓慢灰化法为仲裁法，快速灰化法为例行分析方法。

　　本实验采用快速灰化法中的 A 法测定煤的灰分。

一、实验目的

　　① 学习和掌握煤灰分的测定原理和方法。

　　② 了解煤的灰分与煤中矿物质的关系。

二、实验原理

　　将装有煤样的灰皿放在预先加热至 (815±10)℃的灰分快速测定仪的传送带上，煤样自动送入仪器内完全灰化，然后送出。以残留物占煤样的质量分数作为煤样的灰分。

三、实验仪器设备

　　(1) 快速灰分测定仪：附图 2 是一种比较适宜的快速灰分测定仪，它由马蹄形管式电炉、传送带和控制仪三部分组成。

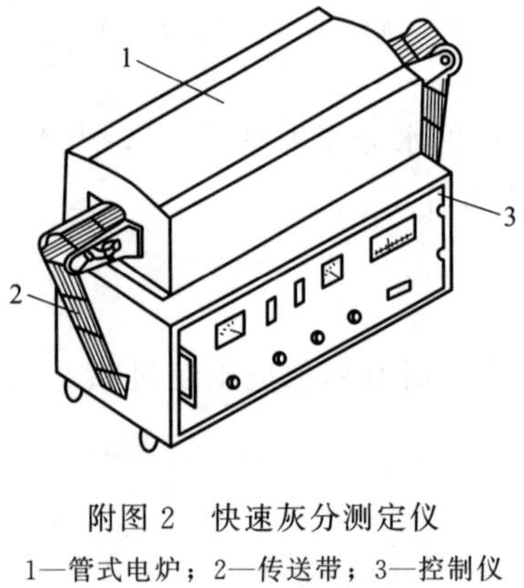

附图 2　快速灰分测定仪

1—管式电炉；2—传送带；3—控制仪

　　① 马蹄形管式电炉：炉膛长约 700mm，底宽约 75mm，高约 45mm，两端敞口，轴向倾斜度为 5°左右。其恒温带要求：(815±10)℃部分长约 140mm，750～825℃部分长约 270mm，出口端温度不高于 100℃。

　　② 链式自动传送装置（简称传送带）：用耐高温金属制成，传送速度可调，在 1000℃下不变形不掉皮。

　　③ 控制仪：主要包括温度控制装置和传送带传送速度控制装置。温度控制装置能将炉

温自动控制在（815±10)℃；传送带传送速度控制装置能将传送速度控制在15～50mm/min之间。

（2）灰皿：瓷质，长方形，底长45mm，底宽22mm，高14mm（见附图3）。

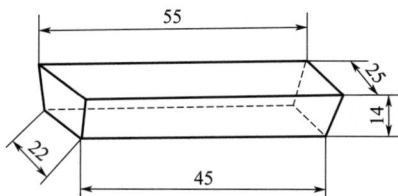

附图3　灰皿

（3）干燥器：内装变色硅胶或粒状无水氯化钙。
（4）分析天平：感量0.0001g。
（5）耐热板：耐热瓷板或石棉板。

四、实验步骤

① 将快速灰分测定仪预先加热至（815±10)℃，开动传送带并将其传送速度调节至17mm/min左右或其他合适的速度。

② 在预先灼烧至质量恒定的灰皿中，称取粒度小于0.2mm的一般分析试验煤样（0.5±0.01)g（称准至0.0002g），均匀平摊在灰皿中，使其每平方厘米的质量不超过0.08g。

③ 将盛有煤样的灰皿放在快速灰分测定仪的传送带上，灰皿即自动送入炉中。

④ 当灰皿从炉内送出时，取下，放在耐热瓷板或石棉板上，在空气中冷却5min左右，移入干燥器中冷却至室温（约20min）后称量。

五、实验记录和结果计算

1. 实验记录表（供参考）

见附表2。

附表2　煤中灰分测定　　　　年　月　日

煤样名称		
重复测定	第一次	第二次
灰皿编号		
灰皿质量/g		
煤样质量/g		
（煤样＋灰皿）质量/g		
（灼烧后残渣＋灰皿）质量/g		
残渣质量/g		

右上角：续表

$A_{ad}/\%$		
A_{ad} 平均值$/\%$		

测定人：　　　　　审核人：

2. 结果计算

空气干燥煤样灰分的质量分数按下式计算：

$$A_{ad} = \frac{m_1}{m} \times 100\%$$

式中　A_{ad}——一般分析试验煤样灰分的质量分数，%；

　　　　m——称取的一般分析试验煤样的质量，g；

　　　　m_1——灼烧后残留物的质量，g。

六、测定精密度

煤中灰分测定精密度见表 4-13。

七、注意事项

① 凡能达到以下要求的其他形式的快速灰分测定仪均可使用。

a. 高温炉能加热至（815±10）℃并具有足够长的恒温带。

b. 炉内有足够的空气供煤样燃烧。

c. 煤样在炉内有足够长的停留时间，以保证灰化完全。

d. 能避免或最大限度地减少煤中硫氧化生成的硫氧化物与碳酸盐分解生成的氧化钙。

② 煤样在灰皿中要铺平，以避免局部过厚，使燃烧不完全。

③ 灰化过程中始终保持良好的通风状态，使硫氧化物一经生成就及时排出。因此马蹄形管式电炉两端敞口，以保证炉内空气自然流通。

④ 管式电炉快速灰化法可有效避免煤中硫固定在煤灰中。因使用轴向倾斜度为 5°的马蹄形管式电炉，炉中央段温度为（815±10）℃，两端有 500℃温度区，煤样从温度高的一端进入 500℃温度区时，煤中硫氧化的生成物由高端（入口端）逸出，不会与到达（815±10）℃区煤样中的碳酸钙分解生成的氧化钙接触，从而可有效避免煤中的硫被固定在煤灰中。

⑤ 对于新的快速灰分测定仪，应对不同煤种进行与缓慢灰化法的对比实验，根据对比实验的结果及煤的灰化情况，调节传送带的传送速度。

八、思考题

1. 马蹄形管式电炉快速灰化法为什么能有效避免煤中硫固定在煤灰中？

2. 快速灰化法中对高温炉有哪些要求？

实验四　煤挥发分的测定

工业分析中测定的挥发分不是煤中固有的挥发性物质，而是煤在严格规定条件下加热时的热分解产物。根据煤的挥发分和焦渣特性能初步判断煤的加工利用途径，挥发分还可大致判断煤的煤化程度。挥发分的测定是一个规范性很强的实验项目，本实验采用 GB/T 212—2008 测定煤的挥发分。

一、实验目的

① 掌握煤的挥发分测定原理及方法。

② 根据挥发分判断煤的煤化程度，初步确定煤的加工利用途径。

二、实验原理

称取一定量的一般分析试验煤样放入带盖的坩埚中，在 (900 ± 10)℃下隔绝空气加热 7min。以减少的质量占煤样质量的质量分数减去该煤样的水分含量作为煤样的挥发分。

三、实验仪器设备

① 挥发分坩埚：带有配合严密盖子的瓷坩埚，形状和尺寸如附图 4 所示。坩埚总质量为 15～20g。

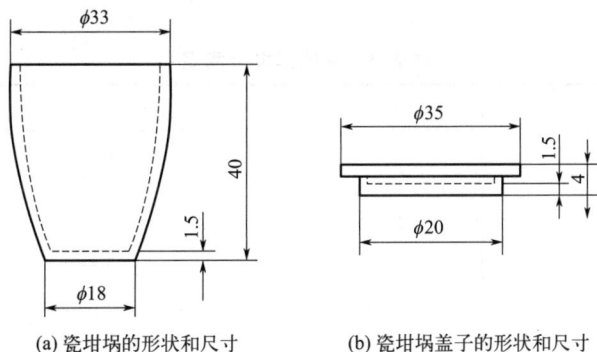

(a) 瓷坩埚的形状和尺寸　　　　(b) 瓷坩埚盖子的形状和尺寸

附图 4　挥发分坩埚

② 马弗炉：带有高温计和调温装置，温度能保持在 (900 ± 10)℃，并有足够的 (900 ± 5)℃的恒温区。炉子的热容量为当起始温度为 920℃左右时，放入室温下的坩埚架和若干坩埚，关闭炉门，炉温在 3min 内恢复到 (900 ± 10)℃。炉后壁有一个排气孔和一个插热电偶的小孔，小孔位置应使热电偶插入炉内后其热接点在坩埚底和炉底之间，距炉底 20～30mm 处。

马弗炉的恒温区应在关闭炉门下测定，并至少每年测定一次，高温计（包括毫伏计和热电偶）至少每年校准一次。

③ 坩埚架：用镍铬丝或其他耐热金属丝制成。其规格尺寸以能使所有的坩埚都在马弗

炉恒温区内，并且坩埚底部紧邻热电偶接点上方。

④ 坩埚架夹。

⑤ 干燥器：内装变色硅胶或粒状无水氯化钙。

⑥ 分析天平：感量 0.0001g。

⑦ 压饼机：螺旋式或杠杆式压饼机，能压制直径约 10mm 的煤饼。

⑧ 秒表。

四、实验步骤

① 在预先于 900℃ 下灼烧至质量恒定的带盖瓷坩埚中，称取粒度小于 0.2mm 的一般分析试验煤样 (1±0.01)g（称准至 0.0002g），然后轻轻振动坩埚，使煤样摊平，盖上盖子，放在坩埚架上。褐煤和长焰煤应预先压饼，并切成约 3mm 的小块。

② 将马弗炉预先加热至 920℃ 左右。打开炉门，迅速将放有坩埚的坩埚架送入恒温区，立即关上炉门并计时，准确加热 7min。坩埚及坩埚架放入后，要求炉温在 3min 内恢复至 (900±10)℃，此后保持在 (900±10)℃，否则此次实验作废。加热时间包括温度恢复时间在内。

③ 从炉中取出坩埚，放在空气中冷却 5min 左右，移入干燥器中冷却至室温（约 20min）后称量。

五、实验记录和结果计算

1. 实验记录表（供参考）

见附表 3。

附表 3   煤的挥发分测定   年   月   日

煤样名称		
重复测定	第一次	第二次
坩埚编号		
坩埚质量/g		
煤样质量/g		
(煤样＋坩埚)质量/g		
(焦渣＋坩埚)质量/g		
煤样加热后减少的质量/g		
$M_{ad}/\%$		
$V_{ad}/\%$		
V_{ad} 平均值/%		

2. 结果计算

空气干燥煤样挥发分的质量分数按下式计算：

$$V_{ad}=\frac{m_1}{m}\times100\%-M_{ad}$$

式中　V_{ad}——空气干燥基挥发分的质量分数，%；

m——一般分析试验煤样的质量，g；

m_1——煤样加热后减少的质量，g；

M_{ad}——一般分析试验煤样水分的质量分数，%。

六、测定精密度

挥发分测定精密度见表 4-19。

七、固定碳的计算

煤的固定碳含量不直接测定，一般是根据测定的灰分、水分、挥发分用差减法求得。

$$w_{ad}(FC)=100\%-(M_{ad}+A_{ad}+V_{ad})$$

式中　$w_{ad}(FC)$——空气干燥基固定碳的质量分数，%；

M_{ad}——一般分析试验煤样水分的质量分数，%；

A_{ad}——空气干燥基灰分的质量分数，%；

V_{ad}——空气干燥基挥发分的质量分数，%。

八、注意事项

① 测定低煤化程度的煤如褐煤、长焰煤时必须压饼。这是由于它们的水分和挥发分很高，如以松散状态测定，挥发分大量释出，易把坩埚盖顶开带走煤粒，使结果偏高，且重复性较差。压饼后试样紧密，可减缓挥发分的释放速度，有效防止煤样爆燃、喷溅，使测定结果稳定可靠。

② 挥发分的测定是一项规范性很强的实验，其测定结果受测定条件的影响很大，须严格掌握以下操作。

a. 定期对热电偶及毫伏计进行校正。校正和使用热电偶时，其冷端应放入冰水中或将零点调到室温，或采用冷端补偿器。

b. 定期测量马弗炉的恒温区，装有煤样的坩埚必须放在马弗炉的恒温区内。

c. 马弗炉应经常验证其温度恢复速度是否符合要求，或应手动控制以保证符合要求。

d. 每次实验最好放同样数目的坩埚，以保证坩埚及坩埚架的热容量基本一致。

e. 要使用符合规定的坩埚，坩埚盖子必须配合严密。

f. 要用耐热金属制作的坩埚架，它受热时不能掉皮，若沾在坩埚上会影响测定结果。

g. 坩埚从马弗炉中取出后，在空气中冷却时间不宜过长，以防焦渣吸水。

九、思考题

1. 煤的挥发分指标为什么不能称为挥发分含量？

2. 固定碳与煤中碳元素含量有何区别？

3. 测定低煤化程度煤的挥发分时，为什么要压饼？

实验五　煤中碳和氢含量的测定

煤中的碳和氢在氧气中燃烧时，分别生成二氧化碳和水。国家标准 GB/T 476—2008 规定了煤和水煤浆中碳氢分析的三节炉法、二节炉法，及用电量法测定煤及水煤浆中的氢、用重量法测定碳的方法。

本实验采用国家标准的三节炉法，用吸收法测定二氧化碳和水，从而间接求得煤中碳和氢的含量。

一、实验目的

① 掌握三节炉法测定煤中碳、氢元素含量的基本原理。
② 了解三节炉的结构和燃烧管的充填方法，并学会实验操作。

二、实验原理

一定量的煤样或水煤浆干燥煤样在氧气流中燃烧，生成的水和二氧化碳分别用吸水剂和二氧化碳吸收剂吸收，即用碱石棉或碱石灰吸收水，用无水氯化钙或无水高氯酸镁吸收二氧化碳，由吸收剂的增量计算煤中碳和氢的质量分数。煤样中硫和氯对碳测定的干扰在三节炉中用铬酸铅和银丝卷消除，氮对碳测定的干扰用粒状二氧化锰消除。

三、实验试剂和仪器设备

1. 实验试剂

① 碱石棉：分析纯，粒度 1～2mm。或碱石灰：分析纯，粒度 0.5～2mm。
② 无水高氯酸镁：分析纯，粒度 1～3mm。或无水氯化钙：分析纯，粒度 2～5mm。
③ 氧化铜：化学纯，线状（长约 5mm）。
④ 铬酸铅：分析纯，制备成粒度 1～4mm。
制法：将市售的铬酸铅用蒸馏水调成糊状，挤压成型，放入马弗炉中，在 850℃下灼烧 2h，取出冷却后备用。
⑤ 银丝卷：丝直径约 0.25mm。
⑥ 铜丝卷：丝直径约 0.5mm。铜丝网：0.15mm（100 目）。
⑦ 氧气：99.9%，不含氢。氧气钢瓶需配有可调节流量的带减压阀的压力表（可使用医用氧气吸入器）。
⑧ 三氧化钨：分析纯。
⑨ 粒状二氧化锰：化学纯，市售或用硫酸锰和高锰酸钾制备。
制法：称取 25g 硫酸锰，溶于 500mL 蒸馏水中，另称取 16.4g 高锰酸钾，溶于 300mL 蒸馏水中。将两溶液分别加热到 50～60℃，在不断搅拌下将高锰酸钾溶液慢慢注入硫酸锰溶液中，并剧烈搅拌。然后加入 10mL（1+1）硫酸，将溶液加热到 70～80℃并继续搅拌 5min。停止加热，静置 2～3h。用热蒸馏水以倾泻法洗至中性。将沉淀移至漏斗过滤，除去水分，然后放入干燥箱中，在 150℃左右干燥 2～3h，得到褐色、疏松状的二氧化锰，小心破碎和过筛，取粒度 0.5～2mm 的备用。

⑩ 真空硅脂。

⑪ 硫酸：化学纯。

⑫ 带有磨口塞的玻璃管或小型干燥器（不放干燥剂）。

2. 实验仪器设备

（1）分析天平

感量 0.0001mg。

（2）碳氢测定仪

装置图（见附图 5），包括净化系统、燃烧装置和吸收系统三个主要部分。

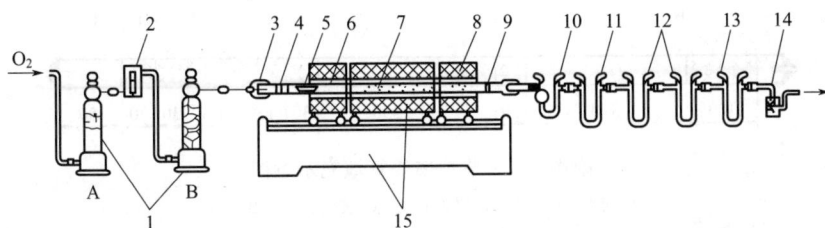

附图 5　碳氢测定仪

1—气体干燥塔；2—流量计；3—橡皮塞；4—铜丝卷；5—燃烧舟；6—燃烧管；7—氧化铜；8—铬酸铅；

9—银丝卷；10—吸水 U 形管；11—除氮氧化物 U 形管；12—吸收二氧化碳 U 形管；

13—保护 U 形管；14—气泡计；15—三节电炉及控温装置

① 净化系统　用来脱除氧气中的二氧化碳和水。包括以下部件。

a. 气体干燥塔：容量 500mL，2 个，一个（A）上部（约 2/3）装无水氯化钙（或无水高氯酸镁），下部（约 1/3）装碱石棉（或碱石灰）；另一个（B）装无水氯化钙（或无水高氯酸镁）。

b. 流量计：测量范围 0～150mL/min。

② 燃烧装置　包括三节管式炉及控温装置，用以将煤样完全燃烧使其中的碳和氢分别生成二氧化碳和水，同时脱除干扰测定的硫氧化物和氯。主要有以下部件。

a. 三节炉（双管炉或单管炉）：炉膛直径约 35mm，每节炉装有热电偶、测温和控温装置。第一节长约 230mm，可加热到（850±10）℃，并可沿水平方向移动；第二节长 330～350mm，可加热到（800±10）℃；第三节长 130～150mm，可加热到（600±10）℃。

b. 燃烧管：素瓷、石英、刚玉或不锈钢制成，长 1100～1200mm，内径 20～22mm，壁厚约 2mm。

c. 燃烧舟：素瓷或石英制成，长约 80mm。

d. 塞子：橡皮塞或橡皮帽（最好用耐热硅橡胶）或铜接头。

e. 镍铬丝钩：直径约 2mm，长约 700mm，一端弯成钩。

③ 吸收系统　用来吸收燃烧生成的二氧化碳和水，并在二氧化碳吸收管前将氮氧化物脱除。包括以下部件。

a. 吸水 U 形管：装药部分高 100～200mm，直径约 15mm，入口端有一球形扩大部分，内装无水氯化钙或无水高氯酸镁。

b. 吸收二氧化碳 U 形管 2 个：装药部分高 100～120mm，直径约 15mm，前 2/3 装碱石棉或碱石灰，后 1/3 装无水氯化钙或无水高氯酸镁。

c. 除氮 U 形管：装药部分高 100～120mm，直径约 15mm，前 2/3 装粒状二氧化锰，后 1/3 装无水氯化钙或无水高氯酸镁。

d. 气泡计：容量约 10mL，内装浓硫酸。

四、实验步骤

1. 实验准备

（1）燃烧管的填充

使用三节炉时，按附图 6 所示填充。

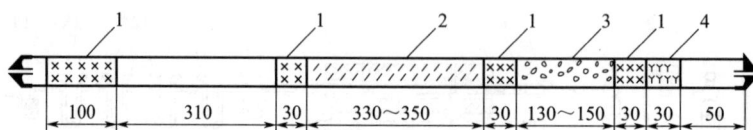

附图 6　三节炉燃烧管填充示意图

1—铜丝卷；2—氧化铜；3—铬酸铅；4—银丝卷

用直径约 0.5mm 的铜丝制作三个长约 30mm 和一个长约 100mm，直径稍小于燃烧管，使之能自由插入管内又与管壁密接的铜丝卷。

从燃烧管出口端起，留 50mm 空间，依次填充 30mm 直径约 0.25mm 银丝卷，30mm 铜丝卷，130～150mm（与第三节电炉长度相等）铬酸铅（使用石英管时，应用铜片把铬酸铅与石英管隔开），30mm 铜丝卷，330～350mm（与第二节电炉长度相等）线状氧化铜，30mm 铜丝卷，310mm 空间和 100mm 铜丝卷。燃烧管两端通过橡皮塞或铜接头分别同净化系统和吸收系统连接。橡皮塞使用前应在 105～110℃下干燥 8h 左右。

燃烧管中的填充物（氧化铜、铬酸铅和银丝卷）经 70～100 次测定后应检查或更换。

（2）炉温的校正

将工作热电偶插入三节炉的热电偶孔内，使热端插入炉膛，冷端与高温计连接。将炉温升至规定温度，保温 1h。然后沿燃烧管轴向将标准热电偶依次插到空燃烧管中对应于第一、第二、第三节炉的中心处（注意勿使热电偶和燃烧管管壁接触）。根据标准热电偶指示，将管式电炉调节到规定温度并恒温 5min。记下相应工作热电偶的读数，以后即以此为准控制炉温。

（3）测定仪整个系统的气密性检查

将仪器按附图 5 所示连接好，将所有 U 形管磨口塞旋开，与仪器相连，接通氧气；调节氧气流量为 120mL/min，然后关闭靠近气泡计处 U 形管磨口塞，此时若氧气流量降至 20mL/min 以下，表明这个系统气密性良好（检查气密性时间不宜过长，以免 U 形管磨口塞因系统内压力过大而弹开）；否则应逐个检查 U 形管的各个磨口塞，查出漏气处，予以解决。

（4）测定仪可靠性检验

为了检查测定仪是否可靠，称取 0.2g 标准煤样，称准至 0.002g 进行碳氢含量测定。如果实测的碳氢值与标准值的差值不超过标准煤样规定的不确定度，表明测定仪可用；否则需查明原因并纠正后才能进行正式测定。

（5）空白实验

将仪器各部分按附图 5 所示连接，通电升温。将吸收系统各 U 形管磨口塞旋至开启状态，接通氧气，调节氧气流量为 120mL/min，并检查系统气密性。在升温过程中，将第一节电炉往返移动几次，通气约 20min 后，取下吸收系统，将各 U 形管磨口塞关闭，用绒布擦净，在天平旁放置 10min 左右，称量。当第一节炉达到并保持在（850±10)℃，第二节炉达到并保持在（800±10)℃，第三节炉达到并保持在（600±10)℃后开始做空白实验。此时将第一节炉移至紧靠第二节炉，接上已经通气并称量过的吸收系统。在一个燃烧舟内加入三氧化钨（质量和煤样分析时相当）。打开橡皮塞，取出铜丝卷，将装有三氧化钨的燃烧舟用镍铬丝推棒推至第一节炉入口处，将铜丝卷放在燃烧舟后面，塞紧橡皮塞，接通氧气并调节氧气流量为 120mL/min。移动第一节炉，使燃烧舟位于炉子中心，通气 23min，将第一节炉移回原位。2min 后取下吸收系统 U 形管，将磨口塞关闭，用绒布擦净，在天平旁放置 10min 后称量。吸水 U 形管增加的质量即为空白值。

重复上述实验，直到连续两次空白测定值相差不超过 0.0010g，除氮管、二氧化碳吸收管最后一次质量变化不超过 0.0005g 为止。取两次空白值的平均值作为当天氢的空白值。在做空白实验前，应先确定燃烧管的位置，使出口端温度尽可能高又不会使橡皮塞受热分解。如空白值不易达到稳定，可适当调节燃烧管的位置。

2. 实验内容

① 将第一节炉炉温控制在（850±10)℃，第二节炉炉温控制在（800±10)℃，第三节炉炉温控制在（600±10)℃，并使第一节炉紧靠第二节炉。

② 在预先灼烧过的燃烧舟中称取粒度小于 0.2mm 的空气干燥煤样 0.2g（称准至 0.002g)，并均匀铺平。在煤样上铺一层三氧化钨。可将装有试样的燃烧舟暂存入专用的磨口玻璃管或不加干燥剂的干燥器中。

③ 接上已恒定并称量的吸收系统，并以 120mL/min 的流量通入氧气。打开橡皮塞，取出铜丝卷，迅速将燃烧舟放入燃烧管中，使其前端刚好在第一节炉炉口，再放入铜丝卷，塞上橡皮塞。保持氧气流量为 120mL/min，1min 后向净化系统方向移动第一节炉，使燃烧舟的一半进入炉子；2min 后移动炉体，使燃烧舟全部进入炉子；再 2min 后，使燃烧舟位于炉子中央。保温 18min 后，把第一节炉移回原位。2min 后，取下吸收系统，将磨口塞关闭，用绒布擦净，在天平旁放置 10min 后称量（除氮管不必称量）。如果第二个吸收二氧化碳 U 形管变化小于 0.0005g，计算时忽略。

五、实验记录和结果计算

1. 实验记录表（供参考）

见附表 4。

附表 4 煤中碳和氢含量的测定　　　　年　月　日

煤样名称			煤样来源		
瓷舟编号	瓷舟质量/g	瓷舟+煤样质量/g	煤样质量/g	空白值(m_3)/g	
				空气干燥煤样 水分/%	

续表

U形管质量	U形管	吸收前质量/g	吸收后质量/g	增量值/%	重复测值/%	平均值/%
	水分吸收管				$w_{ad}(H)=$	$w(H)=$
					$w_{ad}(H)=$	
	二氧化碳吸收管				$w_{ad}(C)=$	$w(C)=$
					$w_{ad}(C)=$	

测定人：　　　　　　审核人：

2. 结果计算

一般分析试验煤样碳和氢的质量分数分别按下式计算：

$$w_{ad}(C)=\frac{0.2729m_1}{m}\times100\%$$

$$w_{ad}(H)=\frac{0.1119(m_2-m_3)}{m}\times100\%-0.1119M_{ad}$$

式中　$w_{ad}(C)$——一般分析试验煤样或水煤浆干燥试样碳的质量分数，%；

$w_{ad}(H)$——一般分析试验煤样或水煤浆干燥试样氢的质量分数，%；

m——一般分析试验煤样质量，g；

m_1——吸收二氧化碳U形管的质量增量，g；

m_2——吸水U形管的质量增量，g；

m_3——空白值，g；

M_{ad}——一般分析试验煤样水分（按GB/T 212——2008测定）的质量分数，%；

0.2729——将二氧化碳折算为碳的系数；

0.1119——将水折算成氢的系数。

若煤样碳酸盐二氧化碳的质量分数大于2%，则：

$$w_{ad}(C)=\frac{0.2729m_1}{m}\times100\%-0.2729w_{ad}(CO_2)$$

式中　$w_{ad}(CO_2)$——一般分析试验煤样中碳酸盐二氧化碳的质量分数，%。

其余符号意义同前。

六、测定精密度

碳、氢测定的精密度见表4-22。

七、注意事项

① 整个测定过程中，各节炉温不能超过规定温度，特别是第三节炉温不能超过（600±10）℃，否则铬酸铅颗粒可能熔化粘连，降低脱硫效果，干扰碳的测定。遇此情况，应立即停止实验，切断电源，待炉温降低后，更换燃烧管内的试剂重新测定。

② 燃烧管出口端的橡皮帽或橡皮塞使用前应于105～110℃下烘烤8h以上至恒重。因为新的橡皮帽或橡皮塞受热要分解，既干扰碳、氢的测定，又会使空白值不恒定。

③ 瓷制燃烧管导热性能差，燃烧管出口端露出部分的温度较低，煤样燃烧生成的水蒸气会在燃烧管出口端凝结，冬天或测定水分含量较高的褐煤和长焰煤时此现象更为明显，易造成氢测定值偏低。因此要在燃烧管出口端露出部分加金属制保温套管，使此处温度维持在既不使水蒸气凝结，又不会烧坏橡皮帽。若不用保温套管，也可通过调节燃烧管出口端露出部分的长度来调节该段的温度。

④ 燃烧管内填充物经 70～100 次测定后应更换。填充剂氧化铜、铬酸铅、银丝卷经处理后可重复使用。

氧化铜：用 1mm 孔径筛筛去粉末。

铬酸铅：用热的稀碱液（约 50g/L 氢氧化钠溶液）浸渍，用水洗净、干燥，并在 500～600℃下灼烧 0.5h。

银丝卷：用浓氨水浸泡 5min，在蒸馏水中煮沸 5min，用蒸馏水冲洗干净并干燥。

⑤ 吸收系统取下后，需在天平旁放置 10min 后再称量。这是因为氯化钙吸水、碱石棉吸收二氧化碳都是放热反应，放置一定时间，使其温度降到室温后再称量，可保证称量的准确性。

⑥ 吸水管和二氧化碳吸收管在测定过程中发生下述现象应及时更换。

a. 吸水管中靠近燃烧管端的氯化钙开始熔化粘连并导致气流不畅时，应及时更换，否则部分吸出的水被气流带走，会使氢的测定结果偏低。

b. 两个串联的二氧化碳吸收管中，第二个 U 形管增量超过 50mg，应更换第一个 U 形管中的二氧化碳吸收剂。如不及时更换，会使碳的测定值偏低。

⑦ 除氮管应在 50 次测定后检查或更换。否则，一旦二氧化锰试剂失效，氮的氧化物将被碱石棉吸收，使碳的测定结果偏高。

检查方法：将氧化氮指示胶装在一玻璃管内，两端塞上棉花，接在除氮管后面。燃烧煤样，若指示胶由绿色变为红色，表明试剂失效，应更换。用上述方法检查时，不接二氧化碳吸收管，否则会使碳的测值偏高。

八、思考题

1. 测定碳、氢元素的原理是什么？
2. 怎样进行气密性检查？

实验六　煤中全硫含量的测定

硫是煤中的有害元素之一，它给煤炭加工利用和环境带来极大危害。硫燃烧后产生的二氧化硫严重腐蚀锅炉，污染环境；炼焦时，煤中的硫大部分转入焦炭，使钢铁产生热脆性。因此，为了更好地利用煤炭资源，必须了解煤中全硫含量。

一、实验目的

① 掌握库仑滴定法测定煤中全硫含量的基本原理、方法和步骤。
② 进一步训练和加强化学分析、仪器分析等基础理论和操作技能。

二、实验原理

煤样在催化剂作用下于空气流中燃烧分解，煤中的硫生成硫化物，其中二氧化硫被碘化钾溶液吸收，以电解碘化钾溶液所产生的碘进行滴定，根据电解所消耗的电量计算煤中全硫的含量。

三、实验试剂和仪器设备

① 三氧化钨：化学纯。

② 变色硅胶：HG/T 2765.4—2005，工业品。

③ 氢氧化钠：GB/T 629—1997，化学纯。

④ 电解液：称取碘化钾（GB/T 1272—2007）、溴化钾（GB/T 649—2023）各 5.0g，冰乙酸（GB/T 676—2007）10mL，溶于 250～300mL 水中。

⑤ 燃烧舟：素瓷或刚玉制品，装样部分长约 60mm，耐温 1200℃以上。

⑥ 库仑测硫仪：主要由以下各部分组成。

a. 管式高温炉。能加热到 1200℃以上，并有至少 70mm 长的 (1150±10)℃高温恒温带，附有铂铑-铂热电偶测温及控温装置，炉内装有耐温 1300℃以上的异径燃烧管。

b. 电解池和电磁搅拌器。电解池高 120～180mm，容量不少于 400mL，内有面积约 150mm² 的铂电解电极对和面积约 15mm² 的铂指示电极对。指示电极响应时间应小于 1s，电磁搅拌器转速约 500r/min 且连续可调。

c. 库仑积分器。电解电流 0～350mA 范围内积分线性误差应小于 ±0.1%，配有 4～6 位数字显示器或打印机。

d. 送样程序控制器。可按指定的程序灵活前进、后退。

e. 空气供应及净化装置。由电磁泵和净化管组成，供气量约 1500mL/min，抽气量约 1000mL/min，净化管内装氢氧化钠及变色硅胶。

⑦ 分析天平：感量 0.0001g。

四、实验步骤

1. 实验准备

① 将管式高温炉升温至 1150℃，用另一组铂铑-铂热电偶高温计测定燃烧管中高温带的位置、长度及 500℃的位置。

② 调节送样程序控制器，使煤样预分解及高温分解的位置分别处于 500℃和 1150℃处。

③ 在燃烧管出口处充填洗净、干燥的玻璃纤维棉，在距出口端 80～100mm 处充填厚度约 3mm 的硅酸铝棉。

④ 将程序控制器、管式高温炉、库仑积分器、电解池、电磁搅拌器和空气供应及净化装置组装在一起。燃烧管、活塞及电解池之间连接时应口对口紧接，并用硅橡胶管密封。

⑤ 开动抽气泵和供气泵，将抽气流量调节到 1000mL/min。然后关闭电解池与燃烧管之间的活塞，如抽气量降到 300mL/min 以下，证明仪器各部件及各接口气密性良好，可以进行测定，否则需检查各部件及其接口。

2. 仪器标定

（1）标定方法

使用有证煤标准物质，按以下方法之一进行测硫仪标定。

① 多点标定法：用全硫含量能覆盖被测样品全硫含量范围的至少 3 个有证煤标准物质进行标定。

② 单点标定法：用与被测样品全硫含量相近的标准物质进行标定。

（2）标定程序

① 按 GB/T 212—2008 测定煤标准物质的空气干燥基水分，计算其空气干燥基全硫 $w_{ad}(S_t)$ 标准值。

② 按后述库仑滴定法测定步骤，用被标定仪器测定煤标准物质的全硫含量。每一标准物质至少重复测定 3 次，以 3 次测定值的平均值作为煤标准物质的全硫测定值。

③ 将煤标准物质的全硫测定值和空气干燥基标准值输入测硫仪（或仪器自动读取），生成校正系数。有些仪器可能需要人工计算校正系数，然后再输入仪器。

（3）标定有效性核验

另外选取 1~2 个煤标准物质或者其他控制样品，用被标定的测硫仪按照测定步骤测定其全硫含量。若测定值与标准值（控制值）之差在标准值（控制值）的不确定度范围（控制限）内，说明标定有效，否则应查明原因，重新标定。

3. 实验内容

① 将管式高温炉升温并控制在（1150±10）℃。

② 开动供气泵和抽气泵并将抽气流量调节到 1000mL/min。在抽气条件下，将电解液加入电解池内，开启电磁搅拌器。

③ 在瓷舟中放入少量非测定用的煤样，按④所述的方法进行终点电位调整实验。如实验结束后库仑积分器的显示值为 0，应再次测定直至显示值不为 0。

④ 在瓷舟中称取粒度小于 0.2mm 的空气干燥煤样（0.05±0.005）g（称准至 0.0002g），煤样上盖一薄层三氧化钨。将瓷舟置于送样的石英托盘上，开启送样程序控制器，煤样即自动送进炉内，库仑滴定随即开始。实验结束后，库仑积分器显示出硫的质量（mg）或质量分数，或由打印机打出。

4. 标定检查

仪器测定期间应使用煤标准物质或者其他控制样品，定期（建议每 10~15 次测定后）对测硫仪的稳定性和标定的有效性进行核查，如果煤标准物质或者其他控制样品的测定值超出标准值的不确定度范围（控制限），应按上述步骤重新标定仪器，并重新测定自上次检查以来的样品。

五、实验记录和结果计算

当库仑积分器最终显示数为硫的质量（mg）时，全硫的质量分数按下式计算：

$$w_{ad}(S_t) = \frac{m_1}{m} \times 100\%$$

式中　$w_{ad}(S_t)$——一般分析试验煤样中全硫的质量分数，%；

m_1——库仑积分器显示值，mg；

m——一般分析试验煤样质量，mg。

六、测定精密度

库仑滴定法测定全硫含量的精密度见表 4-27。

七、注意事项

① 实验结束前，首先应关闭电解池与燃烧管间的旋塞，以防电解液流入燃烧管而使燃烧管炸裂。

② 必须在抽气泵开启，并且燃烧管和电解池的旋塞关闭时，方可将电解液加入电解池。

③ 试样称量前，应尽可能将试样混合均匀。

④ 电解液可以重复使用，但当电解液 pH<1 时需更换，否则会使测定结果偏低。

⑤ 三氧化钨是一种非常好的催化剂，可促进硫酸盐硫分解。考虑二氧化硫和三氧化硫的可逆平衡可知要提高二氧化硫的生成率，需保持较高的燃烧温度，但温度过高又会缩短燃烧管的寿命。在煤样上覆盖一层三氧化钨，可使煤中硫酸盐硫在较低温度（1150～1200℃）下完全分解。

⑥ 燃烧管中充填 3mm 的硅酸铝棉是为了避免某些气肥煤、褐煤等高挥发分煤引起爆燃，造成熔板和管道发黑，影响测值。在燃烧管高温区紧靠瓷舟头部位置充填 3mm 厚、直径与燃烧管内径相当的硅酸铝棉可取得良好的抗爆燃效果。

⑦ 硅橡胶是一种无硫的有机硅聚合材料，实验证明，当把硅橡胶管连在温度为 120℃ 的燃烧管出口处，对测定值无影响。而普通橡胶管含有硫分，使用一段时间后橡胶分解，影响测定结果。但硫氧化物、亚硫酸和硫酸对硅橡胶仍有较强的腐蚀作用，故需将各玻璃器件的玻璃口对紧后再用硅橡胶管封接，以尽量减少酸及酸性氧化物与其接触而腐蚀。

⑧ 从二氧化硫和三氧化硫的可逆平衡来考虑，必须保持较低的氧气分压，才能提高二氧化硫的生成率。因此，库仑滴定法选用空气而不是氧气作载气。用未经干燥的空气作载气会使二氧化硫（或三氧化硫）在进入电解池前就形成亚硫酸（或硫酸），吸附在管路中，使测定结果偏低，因此空气流应预先干燥。

⑨ 煤灰中的硫均以硫酸盐硫的形式存在，在高温下，硫酸盐硫分解为金属氧化物和三氧化硫。由于存在二氧化硫和三氧化硫的可逆平衡，分解生成的三氧化硫将有 97% 转化为可被库仑滴定法测定的二氧化硫，所以库仑滴定法也可测定煤灰中的硫酸盐硫。

八、思考题

1. 库仑滴定法为什么必须使用干燥的空气作载气？

2. 在煤样上覆盖一层三氧化钨的作用是什么？

3. 煤灰中的硫可以用库仑滴定法测定吗？

实验七　煤发热量的测定

一、实验目的

① 掌握煤的发热量测定原理及恒温式热量计测定煤发热量的步骤和方法。
② 学会热量计的安装与使用方法。
③ 了解热容量及仪器常数的标定方法。

二、实验原理

见第四章第四节煤的发热量。

三、实验试剂和仪器设备

1. 实验试剂

① 氧气：99.5%纯度，不含可燃成分，不允许使用电解氧，压力足以使氧弹充氧至 3.0MPa。
② 氢氧化钠标准溶液：浓度为 0.1mol/L。
③ 甲基红指示液：浓度为 2g/L。
④ 苯甲酸：基准量热物质，二等或二等以上，经权威计量机构鉴定并标明热值。
⑤ 点火丝：直径 0.1mm 左右的铂、铜、镍丝或其他已知热值的金属丝，如使用棉线，则应选用粗细均匀，不涂蜡的白棉绒。各种点火丝放出的热量如下：
铁丝 6700J/g；镍铬丝 6000J/g；钢丝 2500J/g；棉线 17500J/g。
⑥ 酸洗石棉绒：使用前在 800℃下灼烧 30min。
⑦ 擦镜纸：使用前先测出其燃烧热。方法为抽取 3~4 张擦镜纸，团紧，称准质量，放入燃烧皿中，然后按常规方法测定发热量。取三次结果的平均值作为擦镜纸热值。
⑧ 点火导线：直径 0.3mm 左右的镍铬丝。

2. 恒温式热量计

（1）氧弹
由耐热、耐腐蚀的镍铬或镍铬钼合金钢制成，需要具备三个主要性能：
① 不受燃烧过程中出现的高温和腐蚀性产物的影响而产生热效应；
② 能承受氧气压力和燃烧过程中产生的瞬时高压；
③ 实验过程中能保持完全气密。
（2）内筒
用紫铜、黄铜或不锈钢制成。筒内装水 2000~3000mL，以能浸没氧弹（进、出气阀和电极除外）为准。内筒外面应电镀抛光，以减少与外筒间的辐射作用。
（3）外筒
用金属制成的双壁容器，并有上盖。外筒底部设有绝缘支架，以便放置内筒。恒温式热量计配置恒温式外筒，盛满水的外筒热容量应不小于热量计热容量的 5 倍，以保持实验过程中外筒温度基本恒定。外筒外面可加绝缘保护层，以减少室温波动对实验的影响。用于外筒的温度计应有 0.1K 的最小分度值。绝热式热量计配置绝热式外筒，通过自动控温装置，外筒水温能紧密跟踪内筒的温度，外筒的水还应在特制的双层盖中循环。

（4）搅拌器

为螺旋桨式，转速 400～600r/min 为宜。搅拌效率应能使热容量标定过程中由点火到终点的时间不超过 10min，同时又要避免产生过多的搅拌热（当内、外筒温度和室温一致时，连续搅拌 10min 所产生的热量不应超过 120J）。

（5）量热温度计

① 玻璃水银温度计。常用的玻璃水银温度计有两种：一种是固定测温范围的精密温度计，一种是可变测温范围的贝克曼温度计。两者的最小分度值应为 0.01K（1K＝－272.15℃）。使用时应根据检定证书中的修正值做必要的校正。两种温度计都应进行刻度修正（贝克曼温度计称为孔径修正）。另外，贝克曼温度计还要进行"平均分度值"的修正。

② 数字显示温度计。数字显示温度计可代替传统的玻璃水银温度计，它是由诸如铂电阻、热敏电阻以及石英晶体共振器等配备合适的电桥，和零点控制器、频率计数器或其他电子设备构成的，它们应能提供符合要求的分辨率。数字显示温度计的短期重复性不应超过 0.001K，6 个月内的长期漂移不应超过 0.05K。

3. 附属设备

（1）温度计读数放大镜和照明灯

为了使温度计读数能估计到 0.001K，需要一个大约 5 倍的放大镜。通常放大镜装在一个镜筒中，筒的后部装有照明灯，用以照明温度计的刻度。镜筒借适当装置可沿垂直方向上、下移动，以便跟踪观察温度计中水银柱的位置。

（2）振荡器

电动振荡器用以在读取温度前振动温度计，以克服水银柱和毛细管之间的附着力。如无此装置，可用套有橡皮管的细玻璃棒等敲击温度计。

（3）燃烧皿

以铂制品最理想，一般可用镍铬钢制品。规格可采用高 17～18mm，底部直径 19～20mm，上部直径 25～26mm，厚 0.5mm。其他合金钢或石英制的燃烧皿也可使用，但以能保证试样燃烧完全而本身又不受腐蚀和产生热效应为原则。

（4）压力表和氧气导管

压力表应由两个表头组成，一个指示氧气瓶中的压力，另一个指示充氧时氧弹内的压力。表头上应装有减压阀和保险阀。压力表每年应经计量机关至少检定一次，以保证指示正确和操作安全。

压力表通过内径 1～2mm 的无缝钢管与氧弹连接，以便导入氧气。

压力表和各连接部分禁止与油脂接触或使用润滑油。如不慎沾污，必须依次用苯和酒精清洗，并待风干后再用。

（5）点火装置

点火采用 12～24V 的电源，可由 220V 交流电源经变压器供给。线路中应串接一个调节电压的变阻器和一个指示点火情况的指示灯或电流计。

点火电压应预先实验确定，方法如下。

接好点火丝，在空气中通电实验，在熔断式点火的情况下，调节电压使点火丝在 $1\sim2s$ 内达到亮红；在非熔断式点火的情况下，调节电压使点火线在 $4\sim5s$ 内达到暗红。在非熔断式点火的情况下如采用棉线点火，则在遮火罩以上的两电极柱间连接一段直径约 0.3mm 的镍铬丝，镍铬丝的中部预先绕成螺旋数圈，以便发热集中。通电，准确测出电压、电流和通电时间，以便计算电能产生的热量。

（6）压饼机

螺旋式或杠杆式压饼机。能压制直径 10mm 的煤饼或苯甲酸饼。模具及压杆应用硬质钢制成，表面光洁，易于擦拭。

（7）秒表

秒表或其他指示 10s 的计时器。

4. 天平

① 分析天平：感量 0.1mg。

② 工业天平：载量 $4\sim5kg$，感量 0.5g。

四、实验步骤

1. 恒温式热量计法

① 按使用说明书安装调节热量计。

② 在燃烧皿中精确称取粒度小于 0.2mm 的空气干燥煤样或水煤浆干燥试样 $0.9\sim1.1g$（称准至 0.0002g）。

对于燃烧时易飞溅的试样，可先用已知质量和热值的擦镜纸包紧再进行测试，或先在压饼机上压饼并切成 $2\sim4mm$ 的小块使用。对于不易完全燃烧的试样，可先在燃烧皿底部铺一个石棉垫，或用石棉绒作衬垫（先在燃烧皿底部铺一层石棉绒，并用手压实以防煤样掺入）。如加衬垫后仍燃烧不完全，充氧压力可提高至 3.2MPa，或用已知质量和热值的擦镜纸包裹称好的试样并用手压紧，然后放入燃烧皿中。

③ 在熔断式点火的情况下，取一段已知质量的点火丝，把两端分别接在氧弹的两个电极柱上，点火丝和电极柱必须接触良好。再把盛有试样的燃烧皿放在支架上，调节点火丝使之下垂至刚好与试样接触。对于易飞溅或易燃的煤，点火丝应与试样保持微小的距离。特别要注意，不能使点火丝接触燃烧皿，以免发生短路导致点火失败，甚至烧毁燃烧皿。同时还应防止两电极之间以及燃烧皿与另一电极之间的短路。在非熔断式点火的情况下，当用棉线点火时，把已知质量的棉线一端固定在已连接到两电极柱上的点火导线上（最好夹紧在点火丝的螺旋中），另一端搭接在试样上，根据试样点火的难易调节搭接的程度。对于易飞溅的煤样，应保持微小的距离。

往氧弹中加入 10mL 蒸馏水，小心拧紧氧弹盖，注意避免因振动而改变燃烧皿和点火丝的位置。接通氧气导管，往氧弹中缓缓充入氧气（速度太快，容易使煤样溅出燃烧皿），直到压力达到 $2.8\sim3.0MPa$，且充氧时间不得小于 15s；如果充氧压力超过 3.2MPa，应停止实验，放掉氧气后，重新充氧至 3.2MPa 以下。当钢瓶中氧气的压力降到 5.0MPa 以下时，充氧时间应酌情延长；当钢瓶中氧气压力低于 4.0MPa 时，应更换新的氧气钢瓶。

④ 往内筒中加入足够的蒸馏水，使氧弹盖的顶面（不包括突出的氧气阀和电极）淹没

在水面以下 10～20mm。每次实验时水量应与标定热容量时一致（相差不超过 0.5g）。

水量最好用称量法测定。如用容量法测定，需对温度变化进行补正。还要恰当调节内筒水温，使到达终点时内筒比外筒高 1K 左右，使到达终点时内筒温度明显下降。外筒温度应尽量接近室温，相差不得超过 1.5K。

⑤ 把氧弹放入装好水的内筒中，如果氧弹内无气泡冒出，表明气密性良好，即可把内筒放在外筒的绝缘架上；如果氧弹内有气泡冒出，则表明有漏气处，此时应找出原因，加以纠正并重新充氧。然后接上点火电极插头，装上搅拌器和量热温度计，并盖上外筒筒盖。温度计的水银球（或温度传感器）对准氧弹主体（进、出气阀和电极除外）的中部，温度计和搅拌器不能接触氧弹和内筒。靠近量热温度计露出水银柱的部位，应另悬一支普通温度计，用来测定露出柱的温度。

⑥ 开动搅拌器，5min 后开始计时，同时读取内筒温度（t_0）后并立即通电点火，随后记录外筒温度（t_j）和露出柱温度（t_e）。外筒温度至少读到 0.05K（精度），借助放大镜将内筒温度读到 0.001K。读取温度时，视线、放大镜中线和水银柱顶端应位于同一水平，以避免视觉对读数的影响。每次读数前，应开动振荡器振动 3～5s。

⑦ 观察内筒温度（注意：点火后 20s 内不要把身体的任何部位伸到热量计上方）。

点火后，如果在 30s 内温度急剧上升，则表明点火成功。点火后 1.67min 时读取一次内筒温度（$t_{1.67}$），点火后最初几分钟内，温度急剧上升，读温精确到 0.01K 即可。但只要有可能，读温应精确到 0.001K。

⑧ 一般点火后 7～8min 测热过程就将接近终点，接近终点时，开始按 1min 间隔读取内筒温度。读温度前开动振荡器，读准到 0.001K。以第一个下降温度作为终点温度（t_n）。若终点时不能观察到温度下降（内筒温度低于或略高于外筒温度时），可以随后连续 5min 内温度增量（以 1min 间隔）的平均变化不超过 0.001K/min 时的温度作为终点温度（t_n）。实验主要阶段至此结束。

⑨ 停止搅拌，取出内筒和氧弹，开启放气阀，放出燃烧废气。打开氧弹仔细观察弹筒和燃烧皿内部，如果有试样燃烧不完全的迹象（如：试样有飞溅）或有炭黑存在，实验作废。

量出未烧完的点火丝长度，以便计算点火丝的实际消耗量。

用蒸馏水充分冲洗氧弹内各部分、放气阀、燃烧皿内外和燃烧残渣，把全部洗液（共 100mL）收集在一个烧杯中供测硫使用。

2. 绝热式热量计法

① 按使用说明书安装和调节热量计。

② 按照与恒温式热量计法相同的步骤准备试样。

③ 按照与恒温式热量计法相同的步骤准备氧弹。

④ 按照与恒温式热量计法相同的步骤称取内筒所需的水量。调节内筒水温时使其尽量接近室温，相差不要超过 5K（−268.15℃），稍低于室温最理想。内筒温度太低，易使水蒸气凝结在内筒的外壁；内筒温度过高，易造成内筒水蒸发过多，这都将给测值带来误差。

⑤ 按照与恒温式热量计相同的步骤安放内筒和氧弹及装置搅拌器和温度计。

⑥ 开动搅拌器和外筒循环水泵，打开外筒冷却水和加热器开关。当内筒温度趋于稳定后，调节冷却水流速，使外筒加热器每分钟自动接通 3～5 次（由电流计或指示灯观察）。如

果自动控温电路采用可控硅代替继电器，则冷却水的调节应以加热器中有微弱电流为准。

调好冷却水后，开始读取内筒温度，借助放大镜读到 0.001K，每次读数前，开动振荡器 3～5s。当以 1min 为间隔连续 3 次温度读数极差不超过 0.001K 时，即可通电点火，此时的温度即为点火温度 t_0。如果点不着火，可调节电桥平衡钮，直到内筒温度达到平衡后再行点火。

点火后 6～7min，再以 1min 间隔读取内筒温度，直到连续三次读数极差不超过 0.001K 为止。取最高的一次读数作为终点温度 t_n。

⑦ 关闭搅拌器和加热器（循环水泵继续开动），然后按照恒温式热量计法的步骤结束实验。

3. 自动氧弹热量计法

① 按照仪器说明书安装、调节热量计。

② 按照与恒温式热量计法相同的步骤准备试样。

③ 按照与恒温式热量计法相同的步骤准备氧弹。

④ 按仪器操作说明书进行其余步骤完成试样测定，然后按恒温式热量计法相同的步骤结束。

⑤ 实验结果被打印或显示后，核对输入的参数，确定无误后报出结果。

五、实验记录和结果计算

1. 实验记录

见附表 5。

附表 5 煤发热量测定   年   月   日

煤样编号		热容量 E		$t_0/℃$		$M_{ad}/℃$	
煤样质量/g		常数 K		$t_{1.67}/℃$		$A_{ad}/℃$	
露出柱温度/℃		常数 A		$t_n/℃$		$Q_{b,ad}/(J/g)$	
基点温度/℃		n		$w_{ad}(S_t)/\%$		$Q_{gr,ad}/(J/g)$	
点火时外筒温度/℃		NaOH 标液浓度/(mol/L)		NaOH 溶液耗量/mL			
时间/min	内筒温度/℃	时间/min	内筒温度/℃	时间/min	内筒温度/℃	时间/min	内筒温度/℃
0		3		6		9	
1		4		7		10	
1.67		5		8		11	

测定人：   审核人：

2. 结果计算

测定结果的校正和计算如下。

（1）恒温式热量计法

恒温式热量计法计算弹筒发热量之前，需进行温度计刻度校正、贝克曼温度计平均分度值校正、冷却校正和点火丝热量校正。

① 校正

a. 温度计刻度校正。根据检定书中所给的孔径修正值校正点火温度 t_0 和终点温度 t_n，再由校正后的温度 (t_0+h_0) 和 (t_n+h_n) 求出温升，其中 h_0 和 h_n 分别表示 t_0 和 t_n 时的孔径修正值。

b. 贝克曼温度计平均分度值的校正。调定基点温度后，根据检定证书中所给的平均分度值计算该基点温度下对应于标准露出柱温度（根据检定证书所给的露出柱温度计算而得）的平均分度值 H_0。

在实验中，当实验时的露出柱温度 t_e 与标准露出柱温度 t_s 相差 3℃ 以上时，按下式计算平均分度值 H。

$$H = H_0 + 0.00016\ (t_s - t_e)$$

式中 H_0——该基点温度下对应于标准露出柱温度时的平均分度值；

t_s——该基点温度所对应的标准露出柱温度，℃；

t_e——实验中的实际露出柱温度，℃；

0.00016——水银对玻璃的相对膨胀系数。

c. 冷却校正。因为恒温式热量计的内筒在实验过程中与外筒之间始终进行着热交换，所以需要对散失的热量进行校正。其办法是在温升中加上一个校正值 C，这个校正值称为冷却校正值，计算方法如下。

首先根据点火时和终点时的内外筒温差 (t_0-t_j) 和 (t_n-t_j) 从 $v\text{-}(t-t_j)$ 关系曲线中查出相应的 v_0 和 v_n 或根据预先标定出的公式计算 v_0 和 v_n：

$$v_0 = K(t_0 - t_j) + A$$
$$v_n = K(t_n - t_j) + A$$

式中 v_0——对应于点火时内外筒温差的内筒降温速度，℃/min；

v_n——对应于终点时内外筒温差的内筒降温速度，℃/min；

K——热量计的冷却常数，min^{-1}；

A——热量计的综合常数，℃/min；

t_0-t_j——点火时的内外筒温度差，℃；

t_n-t_j——终点时的内外筒温度差，℃。

然后按下式计算冷却校正值。

$$C = (n-a)v_n + \alpha v_0$$

式中 C——冷却校正值，℃；

n——由点火到终点的时间，min；

α——当 $\Delta/\Delta_{1.67} \leqslant 1.20$ 时，$\alpha = \Delta/\Delta_{1.67} - 0.10$；当 $\Delta/\Delta_{1.67} > 1.20$ 时，$\alpha = \Delta/\Delta_{1.67}$。

其中，Δ 为周期内总温升 $(\Delta = t_n - t_0)$，$\Delta_{1.67}$ 为点火后 1.67min 时的温升 $(\Delta_{1.67} = t_{1.67} - t_0)$。

d. 点火丝热量校正。在熔断式点火法中，应由点火丝的实际消耗量（原用量减去残余量）和点火丝的燃烧热计算实验中点火丝放出的热量。

在非熔断点火法中，用棉线点火，首先算出所用一根棉线的燃烧热（剪下一定数量适当长度的棉线，称出它们的质量，然后算出一根棉线的质量，再乘以棉线的单位热值），然后确定每次消耗的电能热（电能热＝电压×电流×时间）。

棉线的燃烧热和电能热的总和即为点火热。

② 弹筒发热量的计算。弹筒发热量的计算公式（适用于恒温式热量计法计算空气干燥煤样或水煤浆试样）如下：

$$Q_{b,ad} = \frac{EH\left[(t_n + h_n) - (t_0 + h_0) + C\right] - (q_1 + q_2)}{m}$$

式中　$Q_{b,ad}$——空气干燥煤样（或水煤浆干燥试样）的弹筒发热量，J/g；

　　　　E——热量计的热容量，J/℃；

　　　　q_1——点火热，J；

　　　　q_2——添加物（如擦镜纸等）产生的总热量，J；

　　　　m——试样质量，g；

　　　　H——贝克曼温度计的平均分度值，使用数字显示温度计时，$H=1$；

　　　　h_0——t_0 时的温度计刻度修正值，使用数字显示温度计时，$h_0=0$；

　　　　h_n——t_n 时的温度计刻度修正值，使用数字显示温度计时，$h_n=0$。

（2）绝热式热量计法

绝热式热量计法计算弹筒发热量之前也需进行温度计刻度校正、贝克曼温度计平均分度值校正和点火丝热量校正，校正方法与恒温热量计法相同。因为绝热式热量计散失的热量可以忽略不计，所以不需进行冷却校正。

弹筒发热量的计算公式如下：

$$Q_{b,ad} = \frac{EH\left[(t_n + h_n) - (t_0 + h_0) + C\right] - (q_1 + q_2)}{m}$$

如果称取的是水煤浆试样，计算的弹筒发热量为水煤浆试样的弹筒发热量 $Q_{b,cwm}$。

六、测定精密度

发热量测定的精密度要求如附表 6 所示。

附表 6　发热量测定的精密度要求

项目	重复性限 $Q_{gr,ad}$	再现性临界差 $Q_{gr,d}$
高位发热量（折算到同一水分基）/(J/g)	120	300

七、注意事项

① 实验室应设在一单独房间，不得在同一房间内同时进行其他实验项目。室温尽量保持恒定，每次测定室温变化不应超过 1℃，室温以 15～35℃ 范围为宜。实验过程中应避免开启门窗。

② 发热量测定中所用的氧弹必须经过耐压（≥20MPa）实验，并且充氧后保持完全气密。

③ 氧气瓶口不得沾有油污及其他易燃物，氧气瓶附近不得有明火。

八、思考题

1. 为什么要在氧弹内加 10mL 蒸馏水？
2. 为什么要检验氧弹的气密性？
3. 为什么要标定仪器的热容量？
4. 为什么要限定搅拌器的转速？

实验八   烟煤胶质层厚度的测定

一、实验目的

① 掌握胶质层厚度测定的原理、方法及具体操作步骤。
② 了解胶质层厚度测定仪的构造以及在加热过程中煤杯内煤样的变化特征。

二、实验原理

胶质层厚度测定是模拟工业焦炉的炭化室，通过对特制煤杯中的煤样进行单侧加热，使其形成一系列的等温层面。各层面温度由加热端开始依次递减，并使煤杯中煤样相应形成半焦层、胶质层和未软化的煤样层三个部分。在温度相当于固化点的层面以下形成半焦，在温度相当于软化点的层面以下形成胶质体，而在软化点层面以上是未软化煤样。利用探针测量出胶质体的最大厚度——Y，用它来表示煤的结焦性；根据实验过程中得到的体积曲线可反映出胶质体的厚度、黏度、透气性，以及气体的析出情况和温度间隔。在实验终了时测得的收缩度——X，可用来表示实验终结时半焦收缩的程度。

三、实验仪器设备

（1）双杯胶质层厚度测定仪

有带平衡砣（见附图 7）和不带平衡砣的（除无平衡砣外，其余构造同附图 7）两种类型。

（2）程序温控仪

温度低于 250℃ 时，升温速度约为 8℃/min；250℃ 以上，升温速度为 3℃/min。在 300～600℃ 期间，显示温度与应达到的温度差值不超过 5℃，其余时间内不应超过 10℃，也可用电位差计（0.5 级）和调压器来控温。

（3）煤杯

由 45 号钢制成，其规格如下：外径 70mm；杯底内径 59mm；从距杯底 50mm 处至杯口的内径 60mm；从杯底到杯口的高度 110mm。

煤杯使用部分的杯壁应当光滑，不应有条痕和缺凹，每使用 50 次后应检查一次使用部分的直径。检查时，沿其高度每隔 10mm 测量一点，共测 6 点，测得结果的平均数与平均直径（59.5mm）相差不得超过 0.5mm，杯底与杯体之间的间隙也不应超过 0.5mm。

杯底和压力盘的规格及其上面气孔的布置方式如附图 8 所示。

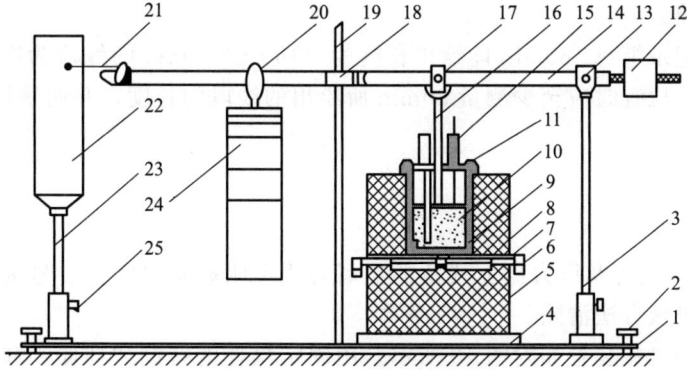

附图7　胶质层厚度测定仪

1—底座；2—水平螺丝；3—立柱；4—石棉板；5—下部砖垛；6—接线夹；7—硅碳棒；8—上部砖垛；9—煤杯；
10—热电偶铁管；11—压板；12—平衡砣；13，17—活轴；14—杠杆；15—探针；16—压力盘；18—方向控制板；
19—方向柱；20—砝码挂钩；21—记录笔；22—记录转筒；23—记录转筒支柱；24—砝码；25—固定螺钉

（4）探针

由钢针和铝制刻度尺组成（如附图9所示）。钢针直径为1mm，下端是钝头。刻度尺上刻度的最小单位为1mm。刻度线应平直清晰，线粗0.1～0.2mm。

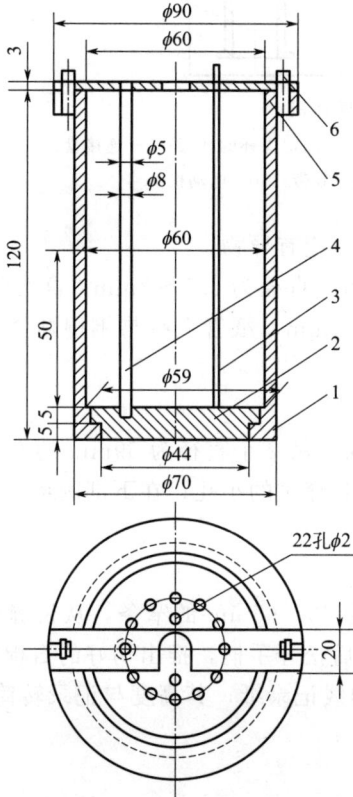

附图8　煤杯及其他构造（单位：mm）

1—杯体；2—杯底；3—细钢棍；

4—热电偶铁管；5—压板；6—螺钉

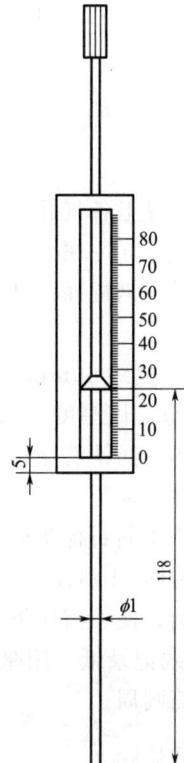

附图9　探针（测胶质层层面专用）

（单位：mm）

（5）记录转筒

其转速应以记录笔每 160min 能绘出长度为（160±2）mm 的线段为准。每月应检查一次记录转筒转速，检查时应至少测量 80min 所绘出的线段的长度，并调整到合乎标准。

四、实验步骤

1. 实验准备

① 煤杯、热电偶管及压力盘上残留的焦屑等用金刚砂布（3 号/2 号为宜）人工清除干净，也可用下列机械方法清除。

清洁煤杯用的机械装置如附图 10 所示。用固定煤杯的特制"杯底"和固定煤杯的螺钉把煤杯固定在连接盘上。启动电动机带动煤杯转动，手持裹着金刚砂布的圆木棍（直径约 56mm、长 240mm）伸入煤杯中，并使之紧贴杯壁，将煤杯上的焦屑除去。

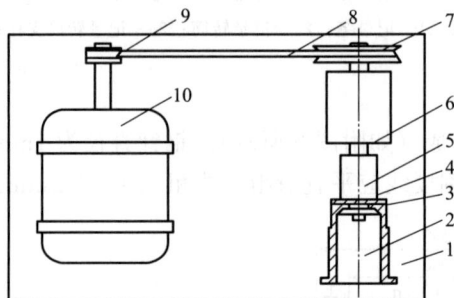

附图 10   擦煤杯机

1—底；2—煤杯；3—固定煤杯的螺钉；4—固定煤杯的杯底；5—连接盘；

6—轴承；7，9—胶带轮；8—胶带；10—电动机

杯底及压力盘上各气孔应通畅，热电偶管内不应有异物。

② 纸管制作。在一根细钢棍上用香烟纸黏制成直径为 2.5～3mm，高度约为 60mm 的纸管。装煤杯时将钢棍插入纸管，纸管下端折约 2mm，纸管上端与钢棍贴紧，防止煤样进入纸管。

③ 滤纸条。宽约 60mm，长 190～220mm。

④ 石棉圆垫。用厚度为 0.5～1.0mm 的石棉纸做 2 个直径为 59mm 的石棉圆垫。在上部圆垫上有供热电偶铁管穿过的圆孔和供上述纸管穿过的小孔；在下部圆垫上，对应压力盘上的探测孔处做一标记。

用下列方法切制石棉垫或手工制成。

切垫机如附图 11 所示。将石棉纸裁成宽度为 63～65mm 的窄条，从长缝中放入切垫机内，用力压手柄，使切刀压下，切割石棉纸，然后松开手柄，推出切好的石棉圆垫。

⑤ 体积曲线记录纸。用毫米方格纸作体积曲线记录纸，其高度与记录转筒的高度相同，长度略大于转筒圆周。

⑥ 装煤杯。

a. 将杯底放入煤杯使其下部凸出部分进入煤杯底部圆孔中，杯底上放置热电偶铁管的凹槽中心点与压力盘上放热电偶的孔洞中心点对准。

b. 将石棉垫铺在杯底上，石棉垫上的圆孔应对准杯底上的凹槽，在杯内下部沿壁围一

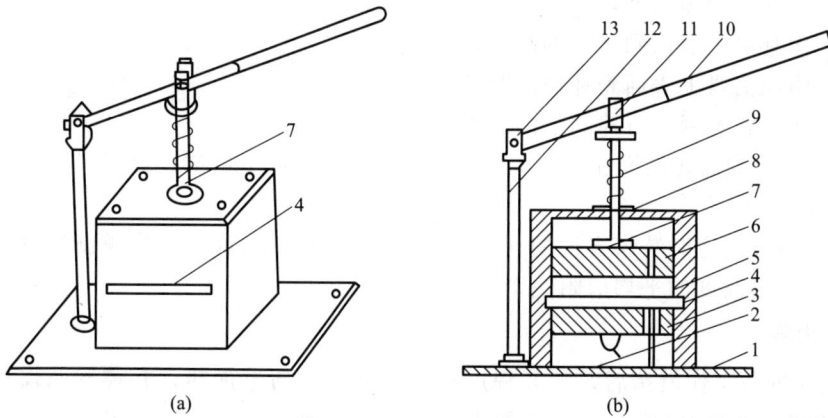

附图11　切垫机

1—底座；2，9—弹簧；3—下部切刀；4—石棉纸放入缝；5—切刀外壳；6—上部切刀；
7—压杆；8—垫片；10—手柄；11，13—轴心；12—立柱

条滤纸条。将热电偶铁管插入煤杯底凹槽，把带有香烟纸管的钢棍放在下部石棉圆垫的探测孔标志处，用压板把热电偶铁管和钢棍固定，并使它们都保持垂直状态。

c. 将全部试样倒在缩合板上，混合均匀，摊成厚约10mm的方块。用直尺将方块划分为许多30mm×30mm左右的小块，用长方形小铲按棋盘式取样法隔块分别取出2份试样，每份试样质量为（100±0.5）g。

d. 将每份试样用堆锥四分法分为4部分，分4次装入煤杯中。每装25g之后，用金属针将煤样摊平，但不得捣固。

e. 试样装完后，将压板暂时取下，把上部石棉圆垫小心地平铺在煤样上，并将露出的滤纸边缘折覆于石棉垫上，放入压力盘，再用压板固定热电偶铁管。将煤杯放入上部砖垛的炉孔中。把压力盘与杠杆连接起来，挂上砝码，调节杠杆到水平。

f. 如试样在实验中生成流动性很大的胶质体溢出压力盘，则应按步骤a重新装样实验。重新装样的过程中，需在折叠滤纸后用压力盘压平，并用直径2～3mm的石棉绳在滤纸和石棉垫上方沿杯壁和热电偶铁管外壁围一圈，再放上压力盘，使石棉绳把压力盘与煤杯、压力盘与热电偶铁管之间的缝隙严密地堵起来。

g. 在整个装样过程中香烟纸管应保持垂直状态。当压力盘与杠杆连接好后，在杠杆上挂上砝码，把细钢棍小心地从纸管中抽出来（可轻轻旋转），务必使纸管留在原有位置。如纸管被拔出，或煤粒进入了纸管（可用探针试出），需重新装样。

⑦ 用探针测量纸管底部时，将刻度尺放在压板上，检查指针是否指在刻度尺的零点。如不在零点，则表明有煤粒进入纸管内，应重新装样。

⑧ 将热电偶置于热电偶铁管中，检查前杯和后杯热电偶连接是否正确。

⑨ 把毫米方格纸装在记录转筒上，并使纸上的水平线始、末端彼此衔接起来。调节记录转筒的高低，使其能同时记录前、后杯2个体积曲线。

⑩ 检查活轴轴心到记录笔尖的距离，并将其调整为600mm，将记录笔充好墨水。

⑪ 加热以前按下式求出煤样的装填高度。

$$h = H - (a - b)$$

式中 h——煤样的装填高度，mm；

H——由杯底上表面到杯口的高度，mm；

a——由压力盘上表面到杯口的距离，mm；

b——压力盘和两个石棉圆垫的总厚度，mm。

a 值测量时，顺煤杯周围在 4 个不同地方共量 4 次，取平均值；H 值应在每次装煤前实测；b 值可用卡尺实测。

同一煤样重复测定时装煤高度的允许差为 1mm，超过允许差时应重新装样。报告结果时，应将煤样装填高度的平均值附注于 h 值之后。

2. 实验内容

① 当上述准备工作就绪后，打开程序控温仪开关，通电加热，并控制两煤杯杯底升温速度如下：250℃以前为 8℃/min，并要求 30min 内升到 250℃；250℃以后为 3℃/min，每 10min 记录一次温度。在 350～600℃期间，实际温度与应达到温度的差不应超过 5℃，在其余时间表内不应超过 10℃，否则实验作废。

在实验中应按时记录时间和温度。时间从 250℃起开始记录，以分为单位。

② 温度到达 250℃时，调节记录笔尖使之接触到记录转筒，固定其位置，并旋转记录转筒一周，画出一条"零点线"；再将笔尖对准起点，开始记录体积曲线。

③ 对一般煤样，测量胶质层层面在体积曲线开始下降后几分钟开始，到温度升至约 650℃时停止。当试样的体积曲线呈"山形"或生成流动性很大的胶质体时，其胶质层层面的测定可适当地提前停止。一般可在胶质层最大厚度出现后再对上下部层面各测 2～3 次即可停止，并立即用石棉绳或石棉绒把压力盘上探测孔严密地堵起来，以免胶质体溢出。

④ 测量胶质层上部层面时，将探针刻度尺放在压板上，使探针通过压板和压力盘上的专用小孔小心地插入纸管中，轻轻向下探测，直到探针下端接触到胶质层层面（手感有了阻力为上部层面）。读取探针刻度值（为层面到杯底的距离），将读数填入记录表中"胶质层上部层面"栏内，并同时记录测量层面的时间。

⑤ 测量胶质层下部层面时，用探针首先测出上部层面，然后轻轻穿透胶质层到半焦面，手感阻力明显加大为下部层面，将读数填入记录表中"胶质层下部层面"栏内，同时记录测量层面的时间。探针穿透胶质层和从胶质层中抽出时，均应小心缓慢。在抽出时还应轻轻转动，防止带出胶质体或使胶质层内积存的煤气突然逸出，以免破坏体积曲线形状和影响层面位置。

⑥ 根据转筒所记录的体积曲线的形状及胶质体的特性，来确定测量胶质层上、下部层面频率。

a. 当体积曲线呈"之"字形或波形时，在体积曲线上升到最高点时测量上部层面，在体积曲线下降到最低点时测量上部层面和下部层面（但下部层面的测量不应太频繁，每 8～10min 测量一次）。如果曲线起伏非常频繁，可间隔一次或两次起伏，在体积曲线的最高点和最低点测量上部层面，并每隔 8～10min 在体积曲线的最低点测量一次下部层面。

b. 当体积曲线呈山形、平滑下降型或微波形时，上部层面每 5min 测量一次，下部层面每 10min 测量一次。

c. 当体积曲线分阶段符合上述典型情况时，上、下部层面测量应分阶段按其特点依上述规定进行。

d. 当体积曲线呈平滑下降型时（属结焦性不好的煤，Y 值一般在 7mm 以下），胶质层上、下部层面往往不明显，总是一穿即达杯底。遇此种情况时，可暂停 $20\sim25min$，使层面恢复，然后以每 $15min$ 不多于一次的频率测量上部和下部层面，并力求准确地探测出下部层面的位置。

e. 如果煤在实验时形成流动性很大的胶质体，下部层面的测定可稍晚开始，然后每隔 $7\sim8min$ 测量一次，到 $620℃$ 也应堵孔。在测量这种煤的上、下部胶质层层面时应特别注意，以免探针带出胶质体或胶质体溢出。

⑦ 当温度到达 $730℃$ 时，实验结束。此时调节记录笔离开转筒，关闭电源，卸下砝码，使仪器冷却。

⑧ 当胶质层测定结束后，必须等上部砖垛完全冷却或更换上部砖垛，方可进行下一次实验。

⑨ 在实验过程中，当煤气大量从杯底析出时，应不时地向电热元件吹风，使从杯底析出的煤气和炭黑烧掉，以免发生短路，烧坏硅碳棒、镍铬线或影响热电偶正常工作。

⑩ 如实验时煤的胶质体溢出到压力盘上，或在香烟纸管中的胶质层层面骤然高起，则实验应作废。

⑪ 推焦。推焦器如附图 12 所示。仪器全部冷却至室温后，将煤杯倒置在底座上的圆孔上，并把煤杯底对准丝杆中心，然后旋转丝杆，直至焦块被推出煤杯为止，尽可能保持焦块的完整。

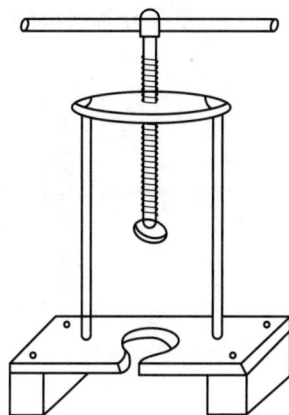

附图 12 推焦器

五、实验记录和结果计算

1. 实验记录表（供参考）

见附表 7。

附表 7 胶质层指数实验记录表

煤样编号												装煤高度 h /mm	前			
煤样来源			收样日期		年 月 日											
仪器号码			煤杯号码		前 后							后				
时间/min	0	10	20	30	40	50	60	70	80	90	100	110	120	130	140	150	160

温度（前）/℃	应到																
	实到																
温度（后）/℃	应到																
	实到																

时间（前）/min	胶质层层面距杯底的距离/mm		时间（后）/min	胶质层层面距杯底的距离/mm	
	上部	下部		上部	下部

2. 曲线的加工及胶质层测定结果的确定

① 取下记录转筒上的毫米方格纸，在体积曲线上方水平方向标出温度，在下方水平方向标出"时间"作为横坐标。在体积曲线下方、温度和时间坐标之间留一适当位置，在其左侧标出层面距杯底的距离作为纵坐标。根据记录表上所记录的各个上、下部层面位置和相应的"时间"数据，按坐标在图纸上标出"上部层面"和"下部层面"的各点，分别以平滑的线加以连接，得出上下部层面曲线。如按上法连成的层面曲线呈"之"字形，则应通过"之"字形部分各线段的中部连成平滑曲线作为最终的层面曲线，如附图 13 所示。

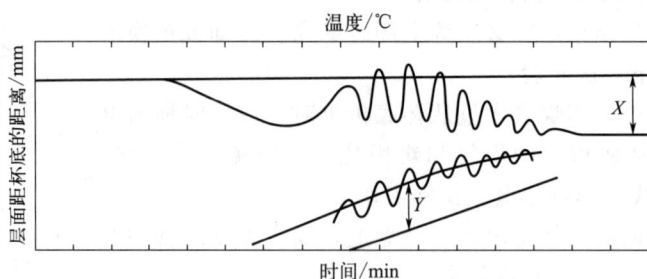

附图 13   胶质层曲线

② 取胶质层上、下部层面曲线之间沿纵坐标方向的最大距离（读准到 0.5mm）作为胶质层最大厚度 Y（如附图 13 所示）（结果取前杯和后杯重复测定的算术平均值，计算到小数点后一位）。

③ 取 730℃时体积曲线与零点线间的距离（读准到 0.5mm）作为最终收缩度 X（如附图 13 所示）。

④ 在整理完毕的曲线图上，标明试样的编号，贴在记录表上一并保存。

⑤ 体积曲线的类型及名称表示见图 3-29。

3. 焦块技术特征的鉴定

焦块技术特征的鉴别方法如下。

（1）缝隙

缝隙的鉴定以焦块底面（加热侧）为准，一般以无缝隙、少缝隙和多缝隙三种特征表示，并附以底部缝隙示意图（如附图 14 所示）。

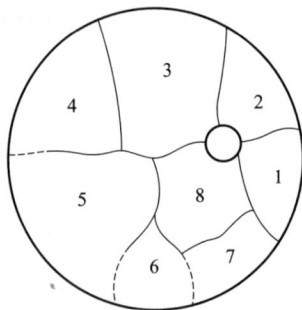

附图 14   单体焦块和缝隙示意图

—缝隙；┄缝隙；⋯不完全缝隙

  无缝隙、少缝隙和多缝隙按单体焦块数的多少区分如下（单体焦块数是指裂缝把焦块底面划分成的区域数。当一条裂缝的一小部分不完全时，允许沿其走向延长，以清楚地划出区域。如附图 14 所示焦块的单体数为 8 块，虚线为裂缝沿走向的延长线）。

  单体焦块数为 1 块——无缝隙；

  单体焦块数为 2~6 块——少缝隙；

  单体焦块数为 6 块以上——多缝隙。

  （2）孔隙

  指焦块剖面的孔隙情况，以小孔隙、小孔隙带大孔隙和大孔隙很多来表示。

  （3）海绵体

  指焦块上部的蜂焦部分，分为无海绵体、小泡状海绵体和敞开的海绵体。

  （4）绽边

  指有些煤的焦块由于收缩应力而裂成的裙状周边（如附图 15 所示），依据其高度分为无绽边、低绽边（约占焦块全高 1/3 以下）、高绽边（约占焦块全高 2/3 以上）和中等绽边（介于高绽边和低绽边之间）。

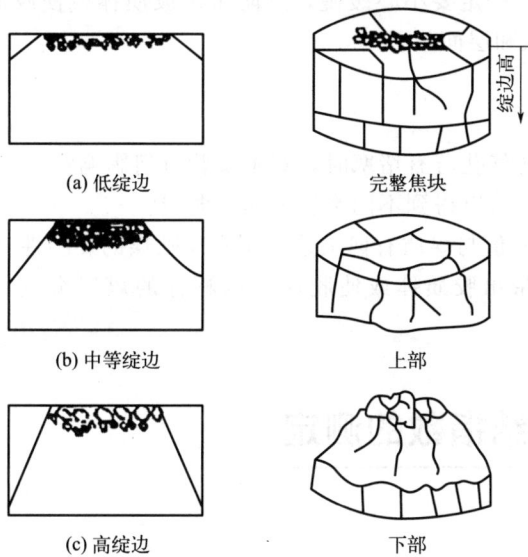

(a) 低绽边   完整焦块

(b) 中等绽边   上部

(c) 高绽边   下部

附图 15　焦块绽边示意图

  海绵体和焦块绽边的情况应记录在表上，以剖面图表示。

  （5）色泽

  以焦块断面接近杯底部分的颜色和光泽为准。焦色分黑色、深灰色、银灰色等。

  （6）熔合情况

  分为粉状（不结焦）、凝结、部分熔合、完全熔合等。

  将焦块技术特征填入下面。

     1. 焦块缝隙（平面图）

     2. 海绵体绽边（剖面图）

    缝隙_____色泽_____

孔隙_____海绵体_____

绽边_____熔合状况_____

成焦率 前____%   后____%

胶质层厚度 Y _____mm

体积曲线形状_____形

附注_____

六、注意事项

① 装煤样前，煤杯、热电偶管内等相关部件要清除干净，杯底及压力盘上各析气孔应通畅。

② 装煤样时，热电偶、纸管都必须保持垂直并与杯底标志对准，而且要防止煤样进入纸管。

③ 装好煤样后，用探针测量纸管底部时，指针必须指在刻度尺的零点。

④ 升温速度必须严格按照实验内容①规定进行，否则实验作废。

⑤ 使用探针测量时，一定要小心缓慢，严防带出胶质体或使胶质层内积存的煤气突然逸出而影响体积曲线形状和层面位置。

七、思考题

1. 杯底及压力盘上各气孔若有堵塞时，对本实验有何影响？

2. 为什么不同的煤样可以得到不同类型的体积曲线？

3. 胶质层最大厚度 Y 值与煤质有何关系？用它反映煤的黏结性有何优点和局限性？

4. 实验时如果探针带出胶质体或使胶质层内积存的煤气突然逸出，对测定结果有何影响？

实验九   烟煤黏结指数的测定

一、实验目的

① 掌握测定烟煤黏结指数的原理、方法和具体操作步骤。

② 了解烟煤黏结指数在中国煤炭分类中的应用。

二、实验原理

将一定质量的试验煤样和专用无烟煤，在规定的条件下混合均匀快速加热成焦，所得焦块在一定规格的转鼓内进行强度检验，以焦块的耐磨强度表示试验煤样的黏结能力。

三、实验仪器设备

① 分析天平：感量 0.1mg。

② 马弗炉：具有均匀加热带，其恒温区（850±10）℃，长度不小于 120mm，并附有调压器或定温控制器。

③ 转鼓实验装置：包括 2 个转鼓、1 台变速器和 1 台电动机，转鼓转速必须保证（50±2)r/min；转鼓内径 200mm、深 70mm，壁上铆有 2 块相距 180°、厚为 3mm 的挡板（见附图 16）。

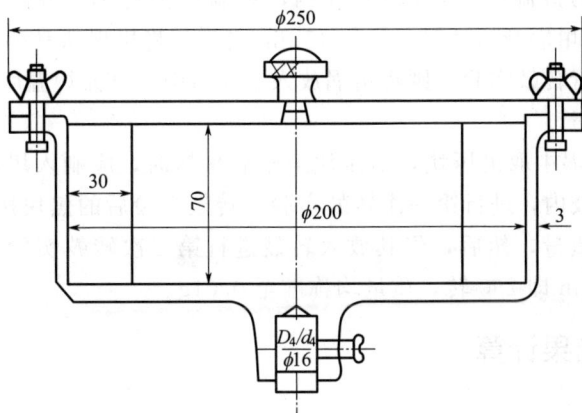

附图 16　转鼓

④ 压力器：以 6kg 质量压紧实验煤样与专用无烟煤混合物。

⑤ 坩埚：瓷质。

⑥ 搅拌丝：由直径 1～1.5mm 的硬质金属丝制成。

⑦ 压块：镍铬钢制成，质量为 110～115g。

⑧ 圆孔筛：筛孔直径 1mm。

⑨ 坩埚架：由直径 3～4mm 镍铬丝制成。

⑩ 秒表。

⑪ 干燥器。

⑫ 镊子。

⑬ 刷子。

⑭ 带手柄平铲或夹子：用来送取盛样坩埚架出入马弗炉，手柄长 600～700mm，平铲外形尺寸（长×宽×厚）为 200mm×20mm×1.5mm。

四、实验步骤

① 先称取 5g 专用无烟煤，再称取 1g 实验煤样放入坩埚，质量应称准至 0.001g。

② 用搅拌丝将坩埚内的混合物搅拌 2min，搅拌方法是：坩埚做 45°左右倾斜，逆时针方向转动，每分钟约 15 转，搅拌丝按同样倾角做顺时针方向转动，每分钟约 15 转，搅拌时搅拌丝的圆环接触坩埚壁与底相连接的圆弧部分。约经 1.75min 后，一边继续搅拌，一边将坩埚与搅拌丝逐渐转到垂直位置，约 2min 时，搅拌结束。亦可用能达到同样搅拌效果的机械装置进行搅拌。在搅拌时，应防止煤样外溅。

③ 搅拌后，将坩埚壁上煤粉用刷子轻轻扫下，用搅拌丝将混合物小心地拨平，并沿坩埚壁的层面略低 1～2mm，以便压块将混合物压紧后，使煤样表面处于同一平面。

④ 用镊子夹压块置于坩埚中央，然后将其置于压力器下，将压杆轻轻放下，静压 30s。

⑤ 加压结束后，压块仍留在混合物上，加上坩埚盖。注意从搅拌时开始，带有混合物的坩埚应轻拿轻放，避免受到撞击与振动。

⑥ 将带盖的坩埚放置在坩埚架中，用带手柄的平铲或夹子托起坩埚架，放入预先升温到850℃的马弗炉内的恒温区。要求6min内，炉温应恢复到850℃，以后炉温应保持在(850±10)℃。从放入坩埚开始计时，焦化15min之后，将坩埚从马弗炉中取出，放置冷却到室温。若不立即进行转鼓实验，则将坩埚放入干燥器中。马弗炉温度测量点应在两行坩埚中央。炉温应定期校正。

⑦ 从冷却后的坩埚中取出压块，当压块上附有焦屑时，应刷入坩埚内，称量焦渣总质量，然后将其放入转鼓内，进行第一次转鼓实验。转鼓实验后的焦块用1mm圆孔筛进行筛分，再称量筛上物的质量，然后，将其放入转鼓进行第二次转鼓实验，重复筛分、称量操作。每次转鼓实验5min即250转，质量均称准至0.01g。

五、实验记录与结果计算

1. 黏结指数

黏结指数（G）按下式计算：

$$G = 10 + \frac{30m_1 + 70m_2}{m}$$

式中 m_1——第一次转鼓实验后，筛上物的质量，g；

m_2——第二次转鼓实验后，筛上物的质量，g；

m——焦化处理后焦渣总质量，g。

计算结果取到小数点后一位。

2. 补充实验

当测得的 G 小于 18 时，需重做补充实验。此时，实验煤样和专用无烟煤的比例改为3:3。即3g实验煤样和3g专用无烟煤。其余步骤均和上述步骤相同。结果按下式计算：

$$G = \frac{30m_1 + 70m_2}{5m}$$

式中符号意义均与上式相同。

六、注意事项

① 焦化前，一定要按要求将坩埚内的煤样搅拌均匀，并防止搅拌过程中煤样外溅。

② 从搅拌开始，带有混合物的坩埚一定要轻拿轻放，避免受到撞击与振动。

③ 严格按照实验步骤⑥规定控制焦化温度。

七、思考题

1. 当测得 G 小于 18 时，为什么要做补充实验？

2. 进行补充实验时，为什么要将烟煤与专用无烟煤的比例由 1:5 改为 3:3?

3. 带有混合物的坩埚为什么要避免撞击与振动？

实验十　烟煤奥亚膨胀度的测定

一、实验目的

① 掌握测定奥亚膨胀度的实验原理、方法和具体操作步骤。

② 了解不同煤质的膨胀曲线类型，学会计算软化温度 T_1、开始膨温度 T_2、固化温度 T_3、最大收缩度 a 和最大膨胀度 b。

二、实验原理

将试验煤样按规定方法制成一定规格的煤笔，放入膨胀管内，其上放置一根能在管内自由滑动的膨胀杆。将上述装置放在专用的电炉内，以规定的升温速度进行加热记录膨胀杆的位移曲线。以位移曲线的最大距离占煤笔原始长度的百分数来表示煤样膨胀度（b）的大小。

三、实验仪器设备

1. 测试记录设备

① 膨胀管及膨胀杆：见附图 17，膨胀管由冷拔无缝不锈钢管加工而成，其底部带有不漏气的丝堵。膨胀杆由不锈钢圆钢加工而成。膨胀杆和记录笔的总质量应调整到（150±5）g。

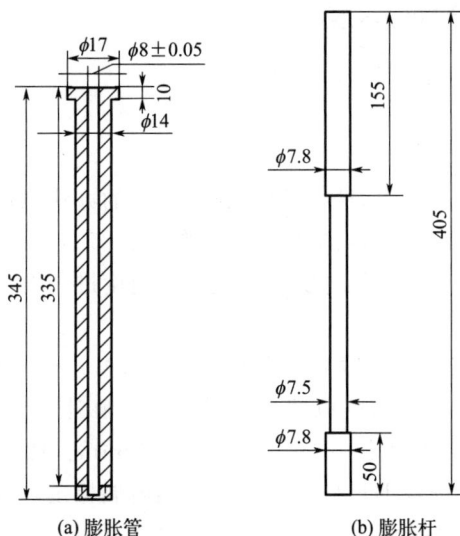

附图 17　膨胀管及膨胀杆（单位：mm）

② 电炉：由带有底座、顶盖的外壳与一金属炉芯构成。炉芯由能耐氧化的铝青铜金属块制成，在金属块上包以云母，再绕上电炉丝，电炉丝外面再包以云母，金属块上有两个直径 15mm、深 350mm 的圆孔，用以插入膨胀管。另有直径 8mm、深 320mm 的圆孔，用以

放置热电偶。炉芯与外壳之间充填保温材料。电炉的使用功率不应小于1.5kW，以满足在300～550℃范围内的升温速度不低于5℃/min的要求。电炉的使用温度为0～600℃。

③ 程序温控仪和自动记录装置：升温速度为3℃/min时，控温精度应满足5min内温升(15±1)℃要求。也可用电位差计（0.5级）和调压器，电位差计精度0.5级，量程0～24.902mV，调压的容量3kV·A。

④ 记录转筒：周边速度应为1mm/min。

2. 制备煤笔的设备

① 成型模及其附件，内部光滑，带有漏斗和模座。

② 量规，用以检查模子的尺寸。

③ 成型打击器。

④ 脱模压力器及其附件。

⑤ 切样器。

3. 辅助用具

① 膨胀管清洁工具：由直径约6mm头部呈斧形金属杆、铜丝网刷和布拉刷组成，以便从膨胀管中挖出半焦。铜丝网刷由80目的铜丝网绕在直径6mm的金属杆上制成，用以擦去黏附在管壁上的焦末。布拉刷由适量的纱布系上一根金属丝构成。各清洁工具总长度不应小于400mm。

② 成型模清洁工具：由试管和布拉刷组成。试管刷直径20～25mm，布拉刷由适量的纱布系上一根长约150mm的金属丝构成。

③ 涂蜡棒：尺寸与成型模相配的金属棒。

④ 托盘天平：最大称量500g，感量0.5g。

⑤ 酒精灯。

4. 仪器的校准和检查

（1）炉孔温度的校正

采用对比每一孔中膨胀计管内温度与测温孔内温度的办法来进行校正。在实验所规定的升温速度下，使热电偶在膨胀管孔内的热接点与管底上部30mm处管壁接触，然后测量测温孔与膨胀管内的温度差，根据差值对实验时读取的温度进行校正。

（2）电炉温度场的检查

在电炉的测温孔及膨胀管内各放置一热电偶，以5℃/min的升温速度加热，在400～550℃范围内，每5min记录一次两热电偶的差值。改变膨胀管内热电偶的位置，在膨胀管底部往上180mm总长内，至少测定0mm、60mm、120mm、180mm 4点。计算各点位两热电偶差值的平均值，结果应符合JJF 1184—2024《热电偶检定炉温度场测试技术规范》。

（3）成型模的检查

可用量规检查实验中所用模子的磨损情况，同样也可用于检查新的模子。如果将量规从被检查模子的大口径一端插入，可以观察到：

① 有两条线时，则模子过小，应重新加工；

② 有一条线时，模子适合使用；

③ 没有线时，则模子已磨损，应予以替换。

（4）膨胀管检查

将已做了 100 次测定后的膨胀管及膨胀杆，与一套新的膨胀管和膨胀杆所测得的 4 个煤样结果相比较。如果平均值大于 3.5（不管正负号），则弃去旧管、旧杆。如果膨胀管、膨胀杆仍然适用，则以后每测定 50 次再重新检查。

四、实验步骤

1. 煤笔的制备

用布拉刷擦净成型模，并用涂蜡棒在成型模内壁涂上一薄层蜡。称取制备好的煤试样 4g，放在小蒸发皿中，用 0.4mL 水润湿试样，迅速混匀，并防止有气泡产生。然后将模子的小口径一端向下，放置在模座上，并将漏斗套在大头上。用牛角勺将试样顺着漏斗的边拔下，直到装满模子，将剩余的试样刮回蒸发皿中。将打击导板水平压在漏斗上，用打击杆沿垂直方向压实试样（防止试样外溅或卡住打击杆）。

将整套成型模放在打击器下，先用长打击杆打击 4 下，然后加入试样再打击 4 下；依次使用长、中、短 3 种打击杆各打击 2 次（每次 4 下共 24 下）。

移开打击导板和漏斗，取下成型模，将出模导器套在相对应的模子小口径的一端，将接样管套在模子的另一端，再将出模活塞插入出模导器。然后将整套装置置于脱模压力器中，用压力器将煤笔推入接样管中。当推出有困难时，需将出模活塞取出擦净。当无法将煤笔推出时，需用铝丝或铜丝将模子中煤样挖出，重新称取试样制备煤笔（遇到脱模困难的煤，应适当增加水量）。

将装有煤笔的接样管放在切样器槽中，用打击杆将其中的煤笔轻轻地推入切样器的煤笔槽中，在切样器中部插入固定片使煤笔细的一端与其靠紧，用刀片将伸出煤笔槽部分的煤笔（即长度大于 60mm 的部分）切去，煤笔长度要调整到（60±0.25）mm。

将制备好的煤笔从膨胀管的下端轻轻推入膨胀管中（小头向上），再将膨胀杆慢慢插入膨胀管中。当试样的最大膨胀度超过 300％时，改为半笔实验，即将长 60mm 的煤笔从两头各切掉 15mm，留下中间的 30mm 进行实验。

2. 膨胀度的测定

将电炉预先升温至一定温度，其预升温度根据试样挥发分大小可有所不同，如附表 8 所示。

附表 8　不同煤样所需预升的温度

$V_{daf}/\%$	预升温度/℃
＜20	380
20～26	350
＞26	300

将装有煤笔的膨胀管放入电炉孔内，再将记录笔固定在膨胀杆的顶端，并使记录笔尖与转筒上的记录纸接触。调节电流使炉温在 7min 内恢复到入炉时温度，然后以 3℃/min 的速度升温。必须严格控制升温速度，满足每 5min 升温（15±1）℃ 的要求，每 5min 记录一次温度。

待试样开始固化（膨胀杆停止移动）后，继续加热 5min，然后停止加热。并立即将膨胀管和膨胀杆从炉中取出，分别垂直放在架子上（不能平放，以免膨胀管、膨胀杆变形）。

3. 膨胀管和膨胀杆的清洁

（1）膨胀管

卸去管底的丝堵，用头部呈斧形的金属杆除去管内的半焦，然后用铜丝网刷清除管内残留的半焦粉，再用布拉刷擦净，直到内壁光滑明亮为止。当管子不易擦净时，可用其他适当的溶剂装满管子，浸泡数小时后再清擦。

（2）膨胀杆

用细砂纸擦去黏附在膨胀杆上的焦油渣，并注意不要将其边缘的棱角磨圆。最后检查膨胀杆能否在膨胀管中自由滑动。

五、实验记录与结果计算

根据实验记录曲线并参考典型膨胀曲线（附图 18），算出下面 5 个基本参数：

① 软化温度（T_1）。
② 开始膨胀温度（T_2）。
③ 固化温度（T_3）。
④ 最大收缩度（a）。
⑤ 最大膨胀度（b）。

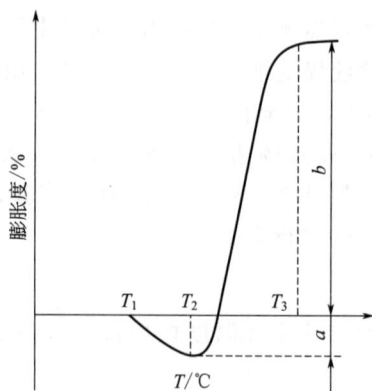

附图 18　典型膨胀曲线

煤的性质不同，膨胀的高低、快慢也不相同，而膨胀杆运动的状态和位置与煤的性质有密切的关系。

实验结果均取两次重复测定的算术平均值，计算结果修约到小数点后一位，报出结果取整数。

六、注意事项

① 实验前，一定要用细砂纸将膨胀管内壁及膨胀杆擦至光滑明亮并使膨胀杆能在膨胀管中自由滑动。

② 制备煤笔时，一定要防止气泡进入。

③ 实验过程中，必须严格按步骤控制升温速度并准确记录各实验数据。

七、思考题

1. 奥亚膨胀曲线与煤质之间有何联系？

2. 在中国的煤炭分类标准中，奥亚膨胀度测定实验有什么用途？

参考文献

[1] 谢克昌. 煤结构和反应性的多方位认识和研究. 煤炭转化，1992，15(1)：24-29.

[2] 陈德仁，秦志宏，陈娟，等. 煤结构模型研究及展望. 煤化工，2011，4(155)：28-31.

[3] 冯杰，王宝俊，叶翠平，等. 溶剂抽提法研究煤中小分子相结构. 燃料化学学报，2004，32(2)：160-164.

[4] 王飞，张代钧，杨明莉，等. 煤的溶剂抽提规律及其产物性能的研究进展. 煤炭转化，2003，26(1)：8-11.

[5] 朱银惠. 煤化学. 4 版. 北京：化学工业出版社，2021.

[6] 赵新法，贾风军. 煤化学. 北京：煤炭工业出版社，2011.

[7] 贺永德. 现代煤化工技术手册. 3 版. 北京：化学工业出版社，2011.

[8] 刘峻琳，杜海庆，徐国镛. 煤质化验工. 北京：煤炭工业出版社，2006.

[9] 李英毕. 煤质分析应用技术指南. 北京：中国标准出版社，2009.

[10] 何选明. 煤化学. 2 版. 北京：冶金工业出版社，2010.

[11] 虞继舜. 煤化学. 北京：冶金工业出版社，2000.

[12] GB/T 479—2016 烟煤胶质层指数测定方法. 北京：中国标准出版社，2016.

[13] GB/T 1572—2018 煤的结渣性测定方法. 北京：中国标准出版社，2018.

[14] 郭树才. 煤化工工艺学. 北京：化学工业出版社，2006.

[15] 张双全. 煤化学. 徐州：中国矿业大学出版社，2004.

[16] 杨金和，陈文敏，段云龙. 煤炭化验手册. 北京：煤炭工业出版社，2003.

[17] 程庆辉. 煤炭产运销质量检测验收与选煤技术标准实用手册. 北京：科海电子出版社，2003.

[18] GB/T 5447—2014 烟煤黏结指数测定方法. 北京：中国标准出版社，2014.

[19] 朱银惠，郭立达. 煤化学. 4 版. 北京：化学工业出版社，2020.

[20] 张双全. 煤及煤化学. 北京：化学工业出版社，2013.

[21] 陈鹏. 中国煤炭性质、分类和利用. 2 版. 北京：化学工业出版社，2007.

[22] 朱银惠，王中慧. 煤化学. 2 版. 北京：化学工业出版社，2022.

[23] GB/T 5448—2014 烟煤坩埚膨胀序数的测定 电加热法. 北京：中国标准出版社，2014.

[24] GB/T 5449—2015 烟煤罗加指数测定方法. 北京：中国标准出版社，2015.

[25] GB/T 5751—2009 中国煤炭分类. 北京：中国标准出版社，2010.

[26] GB/T 211—2017 煤中全水分的测定方法. 北京：中国煤炭工业协会，2017.

[27] GB/T 212—2008 煤的工业分析方法. 北京：中国煤炭工业协会，2008.

[28] GB/T 474—2008 煤样的制备方法. 北京：中国煤炭工业协会，2008.